寧夏珍稀方志叢刊

主編 胡玉冰

嘉靖 固原州志
〔明〕楊 經 纂修 韓 超 校注

萬曆 固原州志
〔明〕劉敏寬 董國光 纂修 韓 超 校注

民國 化平縣志
〔民國〕蓋世儒 修 〔民國〕張逢泰 纂 胡玉冰 穆 旋 校注

宣統 新修硝河城志
〔清〕楊修德 纂 胡玉冰 魏舒婧 校注

民國 西吉縣志
〔民國〕馬國璵 纂 魏舒婧 胡玉冰 校注

上海古籍出版社

圖書在版編目(CIP)數據

〔嘉靖〕固原州志/(明)楊經纂修；韓超校注.
〔萬曆〕固原州志/(明)劉敏寬 董國光纂修；韓超校注.
〔民國〕化平縣志/蓋世儒修 張逢泰纂；胡玉冰,穆旋校注.
—上海：上海古籍出版社，2018.8
（寧夏珍稀方志叢刊）
本書與"〔宣統〕新修硝河城志；〔民國〕西吉縣志"合訂
ISBN 978-7-5325-8738-4

Ⅰ.①嘉… ②萬… ③民… Ⅱ.①楊… ②王… ③劉… ④張… ⑤韓… ⑥胡… ⑦穆… Ⅲ.①固原縣—地方志 Ⅳ.①K294.34

中國版本圖書館CIP數據核字(2018)第032914號

寧夏珍稀方志叢刊
〔嘉靖〕固原州志
(明)楊經 纂修 韓超 校注
〔萬曆〕固原州志
(明)劉敏寬 董國光 纂修 韓超 校注
〔民國〕化平縣志
(民國)蓋世儒 修 (民國)張逢泰 纂 胡玉冰 穆旋 校注
〔宣統〕新修硝河城志
(清)楊修德 纂 胡玉冰 魏舒婧 校注
〔民國〕西吉縣志
(民國)馬國璵 纂 魏舒婧 胡玉冰 校注

上海古籍出版社出版發行

（上海瑞金二路272號 郵政編碼200020）

(1) 網址：www.guji.com.cn
(2) E-mail: guji1@guji.com.cn
(3) 易文網網址：www.ewen.co

啓東市人民印刷有限公司印刷

開本710×1000 1/16 印張27 插頁3 字數485,000
2018年8月第1版 2018年8月第1次印刷
ISBN 978-7-5325-8738-4
K·2445 定價：138.00元
如有質量問題，請與承印公司聯繫

國家社科基金重大項目（批准號：17ZDA268）成果

國家社科基金重點項目（批准號：12AZD081）成果

寧夏大學哲學社會科學重大創新項目（項目編號：SKZD2017002）成果

《寧夏珍稀方志叢刊》編審委員會

主　　任：姚愛興

副 主 任：崔曉華　金能明　張　廉　何建國　許　興　劉天明
　　　　　謝應忠

委　　員：(按姓氏筆畫排序)　方建春　田富軍　安正發　李進增
　　　　　李學斌　李建設　邵　敏　負有強　馬春寶　湯曉芳
　　　　　楊　浣　劉鴻雁　薛正昌　韓　超　韓　彬　羅　豐

學術顧問：陳育寧　吳忠禮

主　　編：胡玉冰

總　　序

胡玉冰

　　地方舊志在中國傳統的古籍"四分法"中屬於史部地理類，但它所記載的内容遠遠超出了歷史學、地理學範疇，舉凡政治、經濟、語言、文學等亦多有涉及，故舊志往往被稱爲一地之全史，其學術研究價值也就不言而喻。對舊志進行規範整理與研究，既有助於準確理解其内容，也有助於客觀分析其價值，從而達到古爲今用、推陳出新的目的。規範的舊志整理會爲今人研究提供極大的便利，否則就會有誣古人，貽誤後人。開展陝甘寧三省地方舊志整理與研究工作，是以筆者爲學術帶頭人的學術團隊長期堅持的學術方向。2012年，筆者著《寧夏地方志研究》由中國社會科學出版社正式出版。2018年，該書修訂後改名《寧夏舊志研究》，由上海古籍出版社正式出版。該書首次對寧夏舊志進行了系統全面的研究，基本摸清了寧夏舊志的家底，尤其梳理清楚了寧夏舊志的版本情況。2012年，筆者主持的"寧夏地方文獻整理與研究"獲批爲國家社科基金重點項目。以此爲契機，筆者提出了全面整理寧夏舊志的科研設想，計劃用三年（2015—2018）時間，將傳世的寧夏舊志全部規範整理，成果分批出版，匯編爲叢書《寧夏珍稀方志叢刊》，首批8部成果由中國社會科學出版社2015年正式出版。

　　自元迄清，嚴格意義上的寧夏舊志有38種，傳世的寧夏舊志有33種，其中9種爲孤本。寧夏舊志中，元代《開成志》成書時代最早，惜已亡佚；完整傳世者最早編修於明代；清代編成者傳世數量最多。傳世舊志中，成於明代者6種，成於清代者20種，成於民國者7種。從舊志編纂類型看，有通志7種，分志（州志、縣志）26種。除中國外，日本、美國等也藏有寧夏舊志。日藏數量最多，種類較全，8家藏書機構共藏有13種原版舊志，其中兩種爲孤本。日本主要通過商貿活動與軍事掠奪這兩種方式輸入寧夏舊志。寧夏舊志整理研究工作主要始於20世紀80年代，在文獻著録、綜合或專題研究、文本整理刊佈等方面取得了一定的成就，爲寧夏文史研究奠定了資料基礎。但也要實事求是地認識到，隨着各種與寧夏有關的新資料不斷發現，尤其是多學科研究視角的創新，已有成果中存在的諸多不足越來越明顯。如在文獻著録時因部分舊志未能目驗，或者學術見解不同，致使著錄內容存在分歧甚至錯誤。研究成果多爲概括性、提要式介紹，多角度、多學科深入分析的成果缺乏。整理成果只是部分解決了舊志存在的文字或內容問題，整理方法不規範、質量不高的現象較爲突出。學術發展的需要，要求舊志整理要更加規範化，整體質量要進一步提高。整理研究寧夏舊志，需要科學的理論與方法來指導。在充分吸收他人學術經驗的基礎上，通過整理研究實踐工作，我們也形成了一些自己的認識，在此想總結出來，與大家一起交流探討。

一、整理前的準備工作

整理舊志，前期需要全面了解整理對象，對其編修者、編修經過、主要內容、文本的語言風格、版本傳世情況等要深入研究。規範整理舊志，要以扎實的研究成果爲基礎，以便選擇最佳底本，準備合適的參校文獻，制定規範的整理方法。

（一）確定整理對象

爲保證舊志整理工作的順利開展，提高工作效率，確定整理對象是正式開始舊志整理前首先要做的，也是必須要做的工作。確定整理對象時，要綜合分析其學術價值、史料價值、傳世情況及今人閱讀理解該對象的困難程度等，一方面要認真通讀原作，另一方面，要同步查檢古今目錄文獻對原作的著錄情況。

通讀原作，有助於全面了解志書的內容及其史源、結構體例及其語言特點等情況。對內容及其史源的了解，可以幫助我們確定該志有無整理的必要。如傳世的民國十四年（1925）朱恩昭修纂 6 卷本《豫旺縣志》一直被學界當作寧夏同心縣重要的地方文獻在利用。實際上，這部舊志是撮抄之作，並非編者獨立編修。編纂者直接把《〔民國〕朔方道志》中與同心縣前身鎮戎縣有關的內容撮抄出來，參考《朔方道志》的體例，再雜以《〔光緒〕平遠縣志》的部分內容，把資料匯爲一編，取名《豫旺縣志》行世。在明晰了《朔方道志》與《豫旺縣志》的關係後，我們認爲沒有必要再整理《豫旺縣志》，只需將《朔方道志》整理出來即可。

對舊志結構體例的了解有助於對舊志存真復原。如天津古籍出版社 1988 年版《寧夏歷代方志萃編》、海南出版社 2001 年版《故宮珍本叢刊》等叢書都影印出版了明朝楊壽等纂修的《〔萬曆〕朔方新志》，所據底本原有補版現象，某些版面的內容重複，特別在卷二有幾處嚴重的錯頁、錯版現象，天津、海南的影印本都未能給予糾正。這些問題若不能發現，整理成果就會出現內容錯亂現象。

每種舊志的編修都有其具體的時代背景，舊志的語言與內容一樣具有時代性，通讀舊志，了解其語言特點，掌握其語言規律，有助於更好地開展標點、分段工作。凡古籍，遣詞造句都有一定的時代風格和特點，只要其內容或文字無誤，就不能按當代行文習慣或理解對原文進行增、删、改等，否則就是替古人寫書。有些舊志語句原本就是通順的，符合特定時代的語言規範，若整理者在原志語句中隨意增加"之""於""以"等字，看似符合當代人的閱讀習慣了，實則畫蛇添足。

　　同步查檢古今目錄文獻對舊志原作的著錄情況，將著錄內容與通讀舊志時了解的情況相對照，一方面，可以加深對舊志基本情況的了解，使得對舊志的了解更具條理性。另一方面，可以驗證著錄是否準確，糾正存在的問題，以求對舊志基本信息的了解更符合實際。如朱栴編修的《寧夏志》，明朝周弘祖編《古今書刻》上編中就有著錄，這是目錄學著作中最早著錄《寧夏志》的。張維1932年編《隴右方志錄》時，據《〔乾隆〕寧夏府志》所載內容著錄《寧夏志》，由於他未經眼《寧夏志》，以爲該書已佚，故著錄其爲佚書，且將書名誤著錄爲《永樂寧夏志》，《寧夏地方志存佚目錄》《稀見地方志提要》等，都沿襲了張維的錯誤。較早披露日藏《寧夏志》信息的是《日本主要圖書館研究所所藏中國地方志總合目錄》，但將"朱栴"誤作"朱梔"。《中國地方志聯合目錄》《寧夏地方文獻聯合目錄》《甘肅省圖書館藏地方志目錄》《中國地方志總目提要》等對《寧夏志》也作了著錄或提要。其中《中國地方志聯合目錄》以《寧夏志》重刻時間定其書名爲《萬曆寧夏志》，巴兆祥《中國地方志流播日本研究》下編《東傳方志總目》沿襲此説。

（二）了解整理對象的研究現狀

　　確定整理對象，並對其有基本的認識和了解後，還需要梳理、分析整理對象的學術研究現狀，主要包括目錄著錄、研究論著、整理成果等三方面的信息。

1. 目錄著錄

　　查檢古今目錄的著錄內容，可以對舊志修纂者、卷數、流傳、內容、館藏、版本等情況有基本的了解。對著錄的每一條信息，都要結合原志進行核查，發現問題，一定要深入研究。如《中國地方志聯合目錄》《甘肅省圖書館藏地方志目錄》均著錄了一部《〔乾隆〕平涼府志》，爲"清乾隆間修，光緒增修，抄本"。[1] 此書孤本傳世，原抄本藏於南京圖書館。甘肅省圖書館有傳抄本，筆者在開展陝甘舊志中寧夏史料輯校工作時，最初設想把此志作爲重要的參校文獻。國家圖書館出版社2012年版《南京圖書館藏稀見方志叢刊》第十五和第十六冊即爲《平涼府

---

[1] 中國科學院北京天文臺編：《中國地方志聯合目錄》，中華書局1985年版，第212頁。

志》。筆者通過研究發現，古代目錄書中沒有著錄過乾隆時期編修的《平凉府志》，且乾隆以後的平凉各舊志的編纂者也未曾提到過乾隆時期編修《平凉府志》一事，通過對比發現，南圖藏本實際上是撮抄《〔乾隆〕甘肅通志》中的平凉府部分而成，且成書時間不會早於同治十三年（1874），故其雖爲孤本，但無校勘整理價值，所以我們放棄了以此書做參校本的最初設想。

2. 研究論著

充分梳理、分析他人對整理對象的研究成果，一方面，可以使我們清晰地看到學界對整理對象研究的角度及深入程度，避免重複勞動。另一方面，發現已有成果中存在的問題，結合自己的研究糾正這些問題，提高對整理對象的研究水準。如現藏於日本東洋文庫的海内外孤本《〔光緒〕寧靈廳志草》是研究寧靈廳的一手材料，張京生最早撰文研究，[①] 巴兆祥研究最爲詳實，[②] 胡建東、張京生提供了整理文本。[③] 各家整理研究各有優長，部分整理研究成果亦多值得商榷之處。通過研究，我們的結論是：該本係編纂者稿本，正文內容有 67 頁。是書類目設置上全同《甘肅通志》，撰寫方法及輯錄内容則多同《〔嘉慶〕靈州志迹》。因其非定稿，故編修體例、内容、文字等方面尚需進一步完善、充實、修訂，但其在研究寧靈廳歷史、地理、經濟、教育、語言等方面的價值還是應該值得肯定。

3. 整理成果

充分重視研讀已有的整理成果，可以幫助我們了解目前整理所達到的水準，明確重新整理所要達到的目標。如《寧靈廳志草》出版過兩種整理本，通過比較研究，我們發現，兩整理本在整理體例、整理方式、整理結論等方面都存在缺憾。兩書出現多處標點錯誤，誤識原抄本文字，任意剪接原書内容，變亂原書體例，校勘粗糙，原稿中的多處錯誤未能校出，注釋不嚴謹，出現多處誤注現象，等等。有鑒於此，儘管《志草》已出版了兩種整理本，但我們決定還是要重新整理它。

（三）確定底本，選擇參校本及其他參考文獻

通過查檢目錄著錄，實地開展館藏調查，將目驗的各本進行分析比較，梳理出舊志的版本系統後，最終確定一種爲工作底本。原則上，底本當刊刻或抄錄質量較優，内容最全。底本確定後，還要確定一批參校本和他校資料。一般而言，若舊志版本系統不複雜，建議將傳世各本都列爲參校本，以最大限度地發現底本

[①] 張京生：《〈寧靈廳志草〉考述》，《圖書館理論與實踐》1992 年第 1 期；《歷史的見證——日本藏清稿本〈寧靈廳志草〉的學術價值探析》，《圖書館理論與實踐》2008 年第 6 期。

[②] 巴兆祥：《日本藏孤本寧夏〈寧靈廳志草〉考述》，《寧夏社會科學》2002 年第 5 期。

[③] 寧夏人民出版社 2008 年版胡建東整理本《光緒寧靈廳志》，陽光出版社 2010 年版張京生整理本《光緒寧靈廳志草》。

中存在的問題，整理出最優的文本。

　　他校資料的選擇，在通讀舊志時就開始着手進行。整理者可在通讀原本的基礎上，將舊志中明確提到的他書文獻進行梳理，列爲基本參考文獻，並在其後的整理實踐中不斷充實、完善。他校資料的確定，有的可以根據舊志本身提供的信息來選擇。如《〔弘治〕寧夏新志·凡例》言："宦迹在前代者據正史，在國朝者序其時之先後而不遺其人，備參考也。"這就提示我們，校勘《〔弘治〕寧夏新志》的《人物志》《宦迹》時，一定要以正史如《史記》《漢書》等爲他校材料。《凡例》又説："沿革、赫連、拓跋三《考證》，悉據經史及朱子《通鑑綱目》、本朝《續綱目》摘編。"這提示我們，《〔弘治〕寧夏新志》的三卷考證内容，必須要以宋朝朱熹、趙師淵撰《資治通鑑綱目》、明朝商輅撰《續資治通鑑綱目》爲基本的對校資料。《凡例》之後的《引用書目》列舉了編修《〔弘治〕寧夏新志》所引的42種文獻，基本按引書成書時代排序。這些文獻，只要有傳世，就一定要將其列入參考文獻之中，因爲它們都是《〔弘治〕寧夏新志》最直接的史料來源。

　　選擇他校資料時，切不可畫地爲牢，只關注某一地區，而是要結合一地的地理沿革情況，擴大他校資料的搜集範圍。歷史上，西北地方陝甘寧三地的地緣關係和政治、文化等關係都非常密切。寧夏在明朝隸屬陝西布政使司管轄，在清朝則隸屬甘肅省管轄，成於明清時期的陝西、甘肅地方文獻特别是舊地方志中，散見有非常豐富且重要的寧夏歷史資料。《〔嘉靖〕陝西通志》《〔萬曆〕陝西通志》《〔康熙〕陝西通志》等三志是陝西舊通志中寧夏史料最豐富者。《〔嘉靖〕平涼府志》所載明朝固原州、隆德縣史料非常系統、豐富。《〔乾隆〕甘肅通志》《〔宣統〕甘肅新通志》是甘肅舊通志中寧夏史料最豐富者。上述六種陝甘舊志中的寧夏史料，爲明清寧夏舊志編纂提供了最豐富、最系統的基本史料。明清寧夏舊志多因襲陝甘通志的材料和編纂體例。如寧夏《〔萬曆〕朔方新志》自《〔嘉靖〕陝西通志》取材，嘉靖、萬曆《固原州志》自《〔嘉靖〕平涼府志》取材，《〔光緒〕花馬池志迹》自《〔嘉慶〕定邊縣志》取材，《〔乾隆〕寧夏府志》《〔民國〕朔方道志》從體例到内容分别受《〔乾隆〕甘肅通志》《〔宣統〕甘肅新通志》的影響，等等。同時，明清時期的寧夏舊志也是研究陝甘文史、整理陝甘舊志的重要資料，如明朝正德、弘治、嘉靖三朝《寧夏志》成書時間均早於《〔嘉靖〕陝西通志》，都可爲整理後者提供重要的參校資料。所以，整理陝、甘、寧任何一省的舊志，尤其是通志及相鄰地區的舊志，確定他校資料時一定要同時關注另外兩省的舊志資料。

　　另外，出土文獻和檔案材料也是重要的他校資料，過去的研究者均未予重視。如慶靖王朱㮵之名，文獻中還出現過"朱栴""朱旃"等兩種寫法，筆者據出土於寧夏同心縣的《慶王壙志》，結合明清傳世文獻，考證認爲，慶王之名當爲"朱栱"而非"朱栴",更非"朱旃"。① 再如,《寧夏府志》卷十三《人物》載,寧夏鄉賢謝王寵"壽七十三卒",而據寧夏靈武出土的《清通義大夫謝觀齋墓志銘》載,謝王寵生於康熙十年(1671),卒於雍正十一年(1733),享年六十三(虛歲),故可據以改正《寧夏府志》記載的錯誤。②

(四)編寫整理說明

整理說明的主要作用有二,一是規範整理方法,二是方便利用整理成果。整理說明要扼要、準確,方法力求易於操作,切忌繁瑣。一篇規範的整理說明是需要反復完善的。舊志正式整理之前,可先據常規的古籍整理規範,就標點、注釋、校勘等工作草擬出基本的整理要求,選擇部分舊志內容先開展預備性整理工作。再結合遇到的具體問題,對整理說明不斷完善。凡多人合作開展舊志整理工作,或在相對固定的時間內整理多部舊志時,整理說明的這些完善步驟尤其重要。必要時,可選擇典型問題,集體討論,形成統一意見。待整理方法合乎規範、易於操作之後,再最後定稿整理說明,讓它成爲大家都要遵守的原則要求,不能輕易改變。

二、整理的具體環節及方法

整理的前期準備工作結束後,就進入到具體的整理環節了。下面主要從"錄文""標點""校勘""注釋"等幾方面談談具體的整理方法。

(一)錄文、標點

具體整理舊志的第一個環節就是錄文。高質量地將底本文字轉錄爲可以編輯的文檔,可以有效減少由出版機構照原手稿重新錄排造成的錯誤。一般來說,錄文要求在內容上一仍底本原貌(包括卷帙、卷次、文字、分段等),不改編,以保持內容的原始性、完整性和獨立性,便於整理者與底本對校。將以繁體字出版的舊志,特別需要重視底本存在的異體字、俗體字、通假字、古今字等用字現象,除因特殊的出版要求外,志書原字形不當以意輕改。如有的整理者改"昏"爲"婚",改"禽"爲"擒",改"地里"爲"地理",等等,均顯係誤改。利用軟件進行繁簡字轉換時,要注意其識別率。有些簡體字,軟件無法將其轉換成繁體字,有些甚至會

---

① 參見胡玉冰:《寧夏舊志研究》,上海古籍出版社2018年版,第二章第一節。
② 參見胡玉冰、韓超:《清代寧夏人謝王寵生平及其〈愚齋反經錄〉考略》,《圖書館理論與實踐》2015年第2期,第105—108頁。

轉換錯誤,如動詞"云"誤轉作"雲",地支"丑"誤轉作"醜",職官名"御史"誤轉作"禦史",表示距離的"里"誤轉作"裏"。因出版要求,還要注意新舊字形問題,如"戶""呂""吳""黃""彥"等爲舊字形,相對應的新字形則是"户""吕""吴""黄""彦"。舊志用字,常有字形前後不一現象,如"強、彊、强""蹟、跡、迹""敕、勅、勑""爲、為"等幾組字,可能會在同一部舊志中交替出現,這類字的字形統一當慎重。整理時原則上遵從舊志原版的用字習慣,盡量用原書字形(俗字或異體字)。多種字形混用者,可統一爲出現頻次較多的字形。但有的整理者將"並、幷、竝、併""采、彩、綵、採""升、陞、昇"三組字分別統改爲"並""采""升",就很值得商榷了。

不同的字形,若有其特殊的用途或意義,就不能隨意地合并統改。特別是地名用字,一定不能以今律古。如寧夏平羅縣之"平羅"係清朝開始使用的地名用字,《〔萬曆〕朔方新志》卷一《地理》中作"平虜",《〔康熙〕陝西通志》卷二《疆域·寧夏衛》避清朝諱改作"平羅"。整理時不能將《朔方新志》的"平虜"改爲"平羅",因爲明朝原本就叫"平虜",清朝因避諱而改,因此不能因其今名而改動明朝舊志的地名用字。同樣,整理清朝舊志,就需要把明朝的地名回改爲當時的用字。如《〔乾隆〕寧夏府志》卷二《地里·疆域·邊界》"北長城"條"雖有平虜城""以故於平虜城北十里許"兩句,"平虜"原均作"平羅",當據《〔萬曆〕朔方新志》卷二《外威·邊防》回改爲"平虜"。

整理者録文時對文稿要做一定的文檔編輯工作,認真閲讀原志,合理區別内容層次及隸屬關係,規範標注各級標題。舊志常用不同的版式風格和大小字體來區分不同類型的内容,録文時要給予充分的考慮。舊志常用不同類型的符號來標示内容的層級隸屬關係,充分理解了這一點,有助於録文時對内容進行分段。舊志原版中多雙行小字,有的雙行小字是補充説明性質的文字,有的雙行小字是解釋性文字。録文排版舊志原版中的雙行小字,若字體、字號同正文文字,就有可能使讀者不能正確判斷原志内容的隸屬關係,有的還可能造成標點符號的混亂,影響對文意的理解。故録文時,最好以不同的字體、字號把舊志原版雙行小字與正文區別開來。

處理舊志中的地圖等圖像文獻時要注意,舊志往往不用一整幅版面來呈現完整的圖像,而是分兩個半版來呈現,今人整理時最好能將其合二爲一。合成後的圖像文獻盡可能保持版面清晰,必要時可將原版中模糊不清的字迹、綫條等修飾清晰,以便他人的正確利用,但有一個原則,那就是不能以意亂改。不要改變原字體,不能改變原綫條走向等,盡量保持原版原貌。有些整理者會請專業的繪圖人員照舊圖另外繪制新圖,上述原則也應該遵守。修飾原版中模糊不清的文字時,盡量結合正文中的相應内容如《疆域》《城池》等内容,避免出錯。

舊志標點，可根據現行標點符號的用法，結合古籍整理的通例，進行規範化標點，具體可參考中華書局編寫的《古籍校點釋例（初稿）》（原載《書品》1991年第4期）。爲統一舊志的標點工作，某些要求可以細化。如整理寧夏舊志時統一規定，凡原書中用以注明具體史料出處的"通志""府志""郡志""縣志""新志""舊志"之類，能考證確定所指文獻者，在正文中均加書名號，標點作《通志》《府志》《郡志》《縣志》《新志》《舊志》，並腳注說明具體所指文獻。如："府志：指《〔乾隆〕寧夏府志》。"凡不能確定具體所指者，則不加書名號，亦腳注說明。如："縣志：具體所指文獻不詳。"

（二）注釋

以往舊志整理，多注重對疑難字詞、典故、人名、地名等的注解，爲進一步提高舊志的利用價值，還應加强以下幾方面內容的注釋工作：

1. 史料出處的注釋

舊志於行文中有時會注明史料出處，但無定制，如朱栴《寧夏志》卷上《河渠》所引史料出處包括："酈道元水經""周禮""西羌傳""唐吐蕃傳""李聽傳""地理志""會要""元和志""元世祖紀""張文謙傳""郭守敬傳"等，考其諸文，分別指酈道元《水經注》、《周禮·地官司徒·遂人》、《後漢書》卷八七《西羌傳》、《新唐書》卷二一六下《吐蕃傳》、《新唐書》卷一五四《李晟傳附李聽傳》、《新唐書》卷三七《地理志》、《唐會要》、《元和郡縣圖志》、《元史》卷五《世祖本紀》、《元史》卷一五七《張文謙傳》、《元史》卷一六四《郭守敬傳》，如果整理者不對其引文細加考究並給予注明，讀者恐怕很難判斷引文的具體出處。

2. 原文體例中資料互見者的注釋

地方舊志行文時，常常會出現"見前""見《進士》""見《藝文》""詳見《人物》""詳見《鄉賢》"等字樣，對這些內容進行注釋，一方面可以驗證原志記載是否可信，另一方面，省去讀者查檢之勞。

3. 干支紀年及缺省內容的注釋

舊志紀年多以干支爲主，有的會承前省略帝王年號，有些行文中常常不出現人物全名，只稱某公，或只稱其職官名，具體年代及人物在原文中没有交代，故整理者當結合上下文來注釋，以幫助讀者正確理解。如多種寧夏舊志中均收錄有唐朝楊炎《靈武受命宫頌并序》一文，記載了唐肅宗李亨至德元年（756）至靈武即皇帝位事，其中有"丁卯，廣平王俶、太尉光弼、司徒子儀、尚書左僕射冕、兵部尚書輔國"句。"丁卯"指何時，廣平王等具體指何人，若不熟悉該序寫作時間及歷史背景的話，很難搞清楚。有關唐肅宗李亨至靈武即皇帝位事，《舊唐書》卷十

《肅宗本紀》、《新唐書》卷六《肅宗本紀》、《資治通鑑》卷二一八《唐紀三十四》、《通鑑紀事本末》卷三一中《安史之亂二》等有記載，有的記載相同，有的則相異。如肅宗李亨至靈武和即位的時間，四書記載一致，均記載他於七月辛酉（七月初九）至靈武，甲子（七月十二）即位。而大臣奏請李亨即皇帝位的上奏時間，《舊唐書》記載在七月辛酉，即李亨到達靈武的當天。《新唐書》記載在七月壬戌，是李亨到達靈武的第二天。《資治通鑑》《通鑑紀事本末》記載在七月甲子，是李亨到達靈武的第四天，也就是他即皇帝位的當天。而《靈武受命宮頌》記載的時間"丁卯"（七月十五）則是李亨到達靈武的第七天，是他即位後的第三天了，《資治通鑑》《通鑑紀事本末》都載，這天，上皇制以太子亨充天下兵馬元帥，領朔方、河東、河北、平盧節度都使，南取長安、洛陽。很明顯，楊炎所記時間與事實不符。關於上奏人，《舊唐書》《資治通鑑》《通鑑紀事本末》都記爲"裴冕、杜鴻漸等"，《新唐書》記爲"裴冕等"。而《靈武受命宮頌》所提及的李光弼、郭子儀此時均不在靈武。因此，整理者通過梳理文獻當注明，人物分別指廣平王李俶、太尉李光弼、司徒郭子儀、尚書左僕射裴冕、兵部尚書李輔國，但李光弼、郭子儀此時均不在靈武。所記上奏時間史書記載不一，楊炎所記"丁卯"疑誤。

（三）校勘

以往寧夏舊志的整理本中，有價值的校勘成果非常少見，更説明舊志整理一定要加强校勘工作。校勘的方法，常用的是校勘四法，即對校、本校、他校、理校，此四法往往需要綜合運用，不能只是簡單地運用其中的某一種方法。筆者校勘《寧夏志》卷上《祥異》"永樂甲戌歲金波湖産合歡蓮一"句，查明成祖"永樂"年號紀年干支名（自癸未至甲辰，1403—1424）中無"甲戌"。《寧夏志》卷下《題詠》録有凝真（朱栴之號）七律《戊戌歲金波湖合歡蓮》一首，所詠即爲永樂年間金波湖出"祥瑞"合歡蓮一事。故知"永樂甲戌歲金波湖産合歡蓮一"句中"甲戌"當作"戊戌"，永樂戊戌歲即永樂十六年（1418）。

古籍整理要充分吸收已有研究成果，以最大限度地减少原始文本中存在的錯誤，避免利用者以訛傳訛。朱栴編修《寧夏志》卷下録有兩篇重要的西夏文獻，其中《大夏國葬舍利碣銘》有"大夏天慶三年八月十日建"句，朱栴考證後認爲，葬舍利時間"乃夏桓宗純祐天慶三年、宋寧宗慶元二年丙辰也"。寧夏舊志編者甚至許多當代學者都認同這一結論。據牛達生先生考證，[1] "天慶三年"句當作"大

---

[1] 參見牛達生：《〈嘉靖寧夏新志〉中的兩篇西夏佚文》，《寧夏大學學報》1980年第4期，第44—49頁。

慶三年",故朱栻的考證結論當改作"乃夏景宗元昊大慶三年、宋仁宗景祐五年戊寅也"。

校勘所用他校資料不能失之過簡,亦不能失之過濫,某些關係明確的他書資料當作爲重要的他校資料重點利用,如《〔乾隆〕寧夏府志》大量内容來自《〔萬曆〕朔方新志》和《〔乾隆〕甘肅通志》,我們就要將這兩種舊志作爲《寧夏府志》最主要的他校資料。關於這一點,可以結合整理前要進行參校文獻篩選工作來理解。校勘成果的表達要規範、簡練,術語使用要準確。校勘時凡改必注,改動一定要有堅實的證據,否則只出異文即可。

三、整理研究舊志規範

(一) 整理力求存真復原

整理舊志,不能變亂舊式,隨意在原文中增加原本没有的文字内容,切忌以今律古。舊志,特别是明清舊志,都有一定的編修體式,不應隨意去變亂它。如許多舊志每條凡例之前都會有"一"這一符號,以使凡例眉目清晰,可有的整理者誤認爲其爲序號,將其改成阿拉伯數字或漢語數目字等。有舊志整理者爲便於讀者統計,往往在山名、河名、人名、詩題、文題等之前添加序數詞,看似眉目清晰了,實則違反了古籍整理的原則。實際上,古人在刻舊志時,往往有一套符號系統表示層次及隸屬關係,今人隨意增加,實在有畫蛇添足之嫌。更有甚者,會調整原書内容的次序、位置,任意删並原志,這就完全變成是當代整理者編修的地方志了。宋人彭叔夏在其《文苑英華辨證自序》中記載:"叔夏嘗聞太師益公先生(指宋人周必大)之言曰:'校書之法:實事是正,多聞闕疑。'"舊志整理要力求做到存真復原,按照一定的整理原則對舊志進行規範的整理。

(二) 研究需要實事求是

評價舊志,一定要實事求是,充分了解舊志編纂的時代性特點,不可苛求古人、求全責備。評價一部舊志的價值,常常從體例、内容兩方面着手,而内容猶重。譚其驤先生曾説過:"舊方志之所以具有保存價值,主要在於它們或多或少保留了一些不見於其他記載的原始史料。"[①]這實際上要求我們,在評價舊志内容價值時,要區别看待,只有獨見於志書的内容價值才更高些,而那些因襲其他

---

① 譚其驤:《地方史志不可偏廢,舊志資料不可輕信》,載《中國地方史志論叢》,中華書局 1984 年,第 12 頁。

志書，或者自其他史書中摘抄的内容，其價值就要另當別論了。如寧夏舊志，其科舉、賦稅、公署、學校、藝文等資料多獨見於志書者，而人物類資料多自他志承襲，評價内容價值時，就要慎言人物類資料的價值。另外，寧夏舊志承襲前代史料時多未加以辨别考證，致使其中的錯誤也被承襲，甚至錯上加錯。如隋朝人柳或徙配地在"朔方懷遠鎮"，自明朝《〔弘治〕寧夏新志》始，一直被作爲流寓寧夏的歷史名人而載之史册。明朝胡侍《真珠船》"懷遠鎮"條考證認爲，柳或徙配地"朔方懷遠鎮"在遼東，與今寧夏無關。《〔弘治〕寧夏新志》《〔嘉靖〕寧夏新志》《〔嘉靖〕陝西通志》《〔萬曆〕朔方新志》等均誤以爲柳或流放在今寧夏故地，故載柳或爲寧夏流寓者。《〔乾隆〕甘肅通志》亦襲其説。過去研究寧夏舊志者都僅限於舊志本身談其價值，没能從史料流傳上分析其價值。如評價《〔乾隆〕銀川小志》内容及學術價值時，有學者認爲該志幾乎將與寧夏有關的歷代詩文全部輯録在志書中，所輯録的水利、學校、風俗等資料都很有研究價值，等等，這些觀點值得進一步商榷。實際上，《〔乾隆〕銀川小志》相當多的内容都是照録明朝人所編寧夏舊志，並非汪繹辰的獨創。從内容的完整性和全面性來看，該志尚不能與明朝所編的寧夏舊志相比。① 有學者認爲，寧夏舊志中以資料而論有三條最爲珍貴，其中的一條就是《〔乾隆〕寧夏府志》中的《恩綸記》。可事實上此段史料最早出自《平定朔漠方略》，《〔乾隆〕寧夏府志》還將左翼額駙"尚之隆"誤抄作"尚之龍"。②

加强舊志的比較研究，會有助於提升舊志的研究水準。比如，以往從事西北古代文史研究特别是寧夏古代文史研究者常將寧夏舊志當作第一手資料來利用，而從史源學角度看，這些資料實際上並非"一手"，而多是從陝甘地方志中輯録的。從現有的寧夏舊志整理成果看，學者也多没有把陝甘方志資料當作必需的參校資料來利用，致使寧夏舊志沿襲自陝甘方志的文字錯訛衍倒、内容遺漏及新增的文字、内容錯誤問題都没有得到糾正，使後人以訛傳訛。同時，從事陝甘古代文史研究、開展陝甘舊方志整理研究，也要注意借鑒寧夏舊志的整理研究成果。辨明史料正誤，以避免以訛傳訛。

（三）成果確保完整呈現

一部完整的舊志整理之作，至少要包括五部分内容：第一，前言。主要介紹舊志的整理研究現狀、編修始末、編修者、版本、内容、價值等方面。第二，校注説

---

① 參見胡玉冰：《寧夏舊志研究》，上海古籍出版社 2018 年版，第三章第一節。
② 參見韓超：《甘肅舊志中的寧夏史料述考》，寧夏大學 2014 届碩士畢業論文，第 43 頁。

明。説明底本、校本等選擇情況，列舉標點、注釋、校勘等原則。第三，新編目錄。舊志一般都有原編目錄，但不便今人利用，故要據整理成果編輯眉目清晰、層次分明、使用方便的新目錄。第四，舊志正文。第五，參考文獻。目前出版的舊志中，有些不列舉參考文獻，有些參考文獻或按文獻出版時間排序，或按在文中出現的順序排序，或按或書名、作者名首字的音序排序，這些都起不到指導學術研究的作用。參考文獻要便於按圖索驥，最好能分類編排。依四庫法進行排列，就是很好的選擇。某些舊志，可根據需要增加索引、附錄等內容。編索引可方便使用者查找相關專題資料，附錄可在一定程度上彌補舊志正文內容不足的缺點。如民國時期寧夏地區對土地、資源等進行過較爲詳細地調查，形成的調查報告是最原始的檔案資料，這些資料往往散見且不能單獨成書，但它們對有關舊志而言具有很好的補充作用，故應該在附錄中予以保留。

目　　録

總序 …………………………………………… 胡玉冰　1

〔嘉靖〕固原州志

前言 ………………………………………………………… 3
整理説明 …………………………………………………… 12
固原州志序 ………………………………………………… 14
明固原州志目録 …………………………………………… 15
明固原州志卷之一 ………………………………………… 18
　　創建州治 …………………………………………… 18
　　城池 ………………………………………………… 19
　　疆界 ………………………………………………… 19
　　山川 ………………………………………………… 20
　　古蹟 ………………………………………………… 21
　　土産 ………………………………………………… 22
　　風俗 ………………………………………………… 23
　　文武衙門 …………………………………………… 23
　　　　〔固原州〕 …………………………………… 23
　　　　〔户口〕 ………………………………………… 23
　　　　〔税糧〕 ………………………………………… 23
　　　　〔固原州儒學〕 ………………………………… 23
　　　　〔固原州倉〕 …………………………………… 24
　　　　〔永寧驛〕 ……………………………………… 24
　　　　〔固原巡檢司〕 ………………………………… 24
　　　　〔固原鹽引批驗所五廠〕 ……………………… 24
　　　　陰陽學 ………………………………………… 24

醫學 …………………………………… 24
　　僧正司 ………………………………… 24
　　道正司 ………………………………… 24
　　〔固原衛千户所城堡〕 ………………… 24
　　苑馬寺所屬坐落固原州地方監苑 …… 27
　　總制邊務大臣 ………………………… 28
　　鎮守固原武職大臣 …………………… 30
　　分守固原參將 ………………………… 31
　　固原等處游擊將軍 …………………… 31
　　整飭固原兵備憲臣 …………………… 31
　　守備固原武臣 ………………………… 32
　　固原州并所屬官 ……………………… 33
　　固原衛并守禦千户所官 ……………… 35
　人物 ……………………………………… 36
　　開城縣儒學歲貢監生 ………………… 36
　　固原州儒學歲貢監生 ………………… 38
　節婦 ……………………………………… 39
明固原州志卷之二 ……………………… 42
　前代原州人物 …………………………… 42
　　魏 ……………………………………… 42
　　宋 ……………………………………… 42
　　金 ……………………………………… 43
　前代名宦 ………………………………… 44
　　魏 ……………………………………… 44
　　隋 ……………………………………… 44
　　唐 ……………………………………… 45
　　東晉 …………………………………… 46
　　宋 ……………………………………… 46
　　金 ……………………………………… 50
　詩 ………………………………………… 51
　　送項都憲平虜凱還集句　副使宋有文撰 … 51
　　西行至固原　秦紘 …………………… 52
　　題固原鼓樓　楊一清 ………………… 52

又　　前人 …… 53
偕寇中丞登固原鼓樓次韻　　王瓊 …… 53
嘉靖己丑夏五月兵過預望城　　前人 …… 53
嘉靖乙酉六月登鎮西樓次遼庵翁韻　　唐龍提學副使 …… 53
又　　前人 …… 53
辛卯冬仗鉞駐州重登樓次濬南中丞韻　　前人 …… 54
預望城次晉溪翁韻　　前人 …… 54
過開城　　孟洋參政 …… 54
巡邊寫懷　　李素巡茶御史 …… 54
彭陽城曉行　　桑溥兵備副使 …… 54
登須彌山閣　　郭鳳翔兵備副使 …… 55

記 …… 55
重修朝那湫龍神廟記　　學正李誠撰 …… 55
重修顯靈義勇武安王廟記　　廉訪使梁遺撰 …… 56
創建城隍廟碑記　　平涼知府田暘撰 …… 57
乾鹽池碑記　　戶部尚書楊鼎撰 …… 57
靖虜衛右所察院記　　提學副使戴刪撰 …… 59
打剌赤碑記　　巡檢柳世雄立石 …… 60
重建靖虜衛打剌赤城記　　僉事楊勉撰 …… 61
固原增修廟學記　　太子太保王恕撰 …… 62
固原州增修廟學記後　　張泰撰 …… 63
固原鎮鼓樓記　　康海狀元 …… 63
固原州行水記　　呂柟狀元 …… 64
重修北亂池龍神廟碑記 …… 65
兵備道題名記　　唐龍提學副使 …… 65
平虜碑記　　康海狀元 …… 66

〔序〕 …… 67
平虜凱旋詩序　　馬文升撰 …… 67
西征紀行詩圖序　　劉天和巡撫都御史 …… 68
賀平土番序　　康海狀元 …… 69
元老靖邊詩序　　王九思翰林編修 …… 70
靖邊詩序　　段炅翰林檢討 …… 70
平夷退虜賀狀　　唐澤巡撫都御史 …… 71

〔奏議〕……………………………………………… 72
　　設險守邊大省勞費奏議　王　瓊……………… 72
　　設重險以固封守奏議　王　瓊………………… 74
　　甘露降固原奏　王　瓊………………………… 75

〔萬曆〕固原州志

前言 ……………………………………………… 85
整理説明 ………………………………………… 94
固原州志敘 ……………………………………… 96
固原疆域圖 ……………………………………… 97
固原州城圖 ……………………………………… 98
固原州志目錄 …………………………………… 99
固原州志上卷 …………………………………… 100
　地理志第一 …………………………………… 100
　　山川 ………………………………………… 101
　　古蹟 ………………………………………… 102
　建置志第二 …………………………………… 103
　　城堡 ………………………………………… 103
　　邊隘 ………………………………………… 105
　　公署 ………………………………………… 106
　　行署 ………………………………………… 106
　祠祀志第三 …………………………………… 107
　田賦志第四 …………………………………… 108
　　物產 ………………………………………… 108
　兵制志第五 …………………………………… 109
　官師志第六 …………………………………… 110
　　元魏 ………………………………………… 110
　　後周 ………………………………………… 111
　　隋 …………………………………………… 112
　　唐 …………………………………………… 113
　　五代 ………………………………………… 113

  宋⋯⋯⋯⋯⋯⋯⋯⋯⋯⋯⋯⋯⋯⋯⋯⋯⋯⋯⋯⋯⋯⋯⋯⋯⋯⋯ 113
  國朝⋯⋯⋯⋯⋯⋯⋯⋯⋯⋯⋯⋯⋯⋯⋯⋯⋯⋯⋯⋯⋯⋯⋯⋯⋯ 117
固原州志下卷⋯⋯⋯⋯⋯⋯⋯⋯⋯⋯⋯⋯⋯⋯⋯⋯⋯⋯⋯⋯⋯⋯⋯⋯ 132
 人物志第七⋯⋯⋯⋯⋯⋯⋯⋯⋯⋯⋯⋯⋯⋯⋯⋯⋯⋯⋯⋯⋯⋯ 132
  東漢⋯⋯⋯⋯⋯⋯⋯⋯⋯⋯⋯⋯⋯⋯⋯⋯⋯⋯⋯⋯⋯⋯⋯⋯⋯ 132
  隋⋯⋯⋯⋯⋯⋯⋯⋯⋯⋯⋯⋯⋯⋯⋯⋯⋯⋯⋯⋯⋯⋯⋯⋯⋯⋯ 133
  宋⋯⋯⋯⋯⋯⋯⋯⋯⋯⋯⋯⋯⋯⋯⋯⋯⋯⋯⋯⋯⋯⋯⋯⋯⋯⋯ 136
  皇明⋯⋯⋯⋯⋯⋯⋯⋯⋯⋯⋯⋯⋯⋯⋯⋯⋯⋯⋯⋯⋯⋯⋯⋯⋯ 136
 文藝志第八⋯⋯⋯⋯⋯⋯⋯⋯⋯⋯⋯⋯⋯⋯⋯⋯⋯⋯⋯⋯⋯⋯ 145
  記⋯⋯⋯⋯⋯⋯⋯⋯⋯⋯⋯⋯⋯⋯⋯⋯⋯⋯⋯⋯⋯⋯⋯⋯⋯⋯ 145
  頌⋯⋯⋯⋯⋯⋯⋯⋯⋯⋯⋯⋯⋯⋯⋯⋯⋯⋯⋯⋯⋯⋯⋯⋯⋯⋯ 153
  歌⋯⋯⋯⋯⋯⋯⋯⋯⋯⋯⋯⋯⋯⋯⋯⋯⋯⋯⋯⋯⋯⋯⋯⋯⋯⋯ 156
  行⋯⋯⋯⋯⋯⋯⋯⋯⋯⋯⋯⋯⋯⋯⋯⋯⋯⋯⋯⋯⋯⋯⋯⋯⋯⋯ 157
  詩⋯⋯⋯⋯⋯⋯⋯⋯⋯⋯⋯⋯⋯⋯⋯⋯⋯⋯⋯⋯⋯⋯⋯⋯⋯⋯ 157
固原州志後序⋯⋯⋯⋯⋯⋯⋯⋯⋯⋯⋯⋯⋯⋯⋯⋯⋯⋯⋯⋯⋯⋯⋯⋯ 169
參考文獻⋯⋯⋯⋯⋯⋯⋯⋯⋯⋯⋯⋯⋯⋯⋯⋯⋯⋯⋯⋯⋯⋯⋯⋯⋯⋯ 170

〔民國〕化平縣志

前言⋯⋯⋯⋯⋯⋯⋯⋯⋯⋯⋯⋯⋯⋯⋯⋯⋯⋯⋯⋯⋯⋯⋯⋯⋯⋯⋯⋯ 179
整理説明⋯⋯⋯⋯⋯⋯⋯⋯⋯⋯⋯⋯⋯⋯⋯⋯⋯⋯⋯⋯⋯⋯⋯⋯⋯⋯ 191
〔蓋世儒〕化平縣志序⋯⋯⋯⋯⋯⋯⋯⋯⋯⋯⋯⋯⋯⋯⋯⋯⋯⋯⋯ 193
〔張建勳序〕⋯⋯⋯⋯⋯⋯⋯⋯⋯⋯⋯⋯⋯⋯⋯⋯⋯⋯⋯⋯⋯⋯⋯⋯ 194
〔謝國選序〕⋯⋯⋯⋯⋯⋯⋯⋯⋯⋯⋯⋯⋯⋯⋯⋯⋯⋯⋯⋯⋯⋯⋯⋯ 195
〔郝遇林序〕⋯⋯⋯⋯⋯⋯⋯⋯⋯⋯⋯⋯⋯⋯⋯⋯⋯⋯⋯⋯⋯⋯⋯⋯ 196
〔原佑仁序〕⋯⋯⋯⋯⋯⋯⋯⋯⋯⋯⋯⋯⋯⋯⋯⋯⋯⋯⋯⋯⋯⋯⋯⋯ 197
〔張逢泰序〕⋯⋯⋯⋯⋯⋯⋯⋯⋯⋯⋯⋯⋯⋯⋯⋯⋯⋯⋯⋯⋯⋯⋯⋯ 198
化平縣志目録⋯⋯⋯⋯⋯⋯⋯⋯⋯⋯⋯⋯⋯⋯⋯⋯⋯⋯⋯⋯⋯⋯⋯⋯ 200
化平縣志凡例⋯⋯⋯⋯⋯⋯⋯⋯⋯⋯⋯⋯⋯⋯⋯⋯⋯⋯⋯⋯⋯⋯⋯⋯ 202
化平縣志銜名⋯⋯⋯⋯⋯⋯⋯⋯⋯⋯⋯⋯⋯⋯⋯⋯⋯⋯⋯⋯⋯⋯⋯⋯ 204
化平縣志卷一⋯⋯⋯⋯⋯⋯⋯⋯⋯⋯⋯⋯⋯⋯⋯⋯⋯⋯⋯⋯⋯⋯⋯⋯ 205
 輿地志⋯⋯⋯⋯⋯⋯⋯⋯⋯⋯⋯⋯⋯⋯⋯⋯⋯⋯⋯⋯⋯⋯⋯⋯⋯ 205
  〔化平縣輿地總圖〕⋯⋯⋯⋯⋯⋯⋯⋯⋯⋯⋯⋯⋯⋯⋯⋯⋯ 206

〔化平縣山脉水道圖〕…………………… 207
沿革　附表 …………………………………… 207
疆域 …………………………………………… 208
形勝 …………………………………………… 208
山脈 …………………………………………… 208
水道 …………………………………………… 210
地質 …………………………………………… 211
氣候　附風雨 ………………………………… 211
水利 …………………………………………… 211
化平縣太陽高度表 …………………………… 211
化平縣經緯度分表 …………………………… 212
風俗 …………………………………………… 212
方言 …………………………………………… 213
物產 …………………………………………… 214
建置志 …………………………………………… 216
城郭 …………………………………………… 217
縣署 …………………………………………… 217
廟寺 …………………………………………… 217
文廟祀位 ……………………………………… 218
區村 …………………………………………… 222
堡寨 …………………………………………… 223

化平縣志卷二 …………………………………… 225
經政志 …………………………………………… 225
蠲恤 …………………………………………… 225
田賦 …………………………………………… 225
雜項 …………………………………………… 226
稅課 …………………………………………… 226
經費支出考 …………………………………… 226
化平縣地方收入調查報告表 ………………… 228
民族 …………………………………………… 232
户口 …………………………………………… 232
倉儲 …………………………………………… 233
恤政 …………………………………………… 233

驛傳⋯⋯⋯⋯⋯⋯⋯⋯⋯⋯⋯⋯⋯⋯⋯⋯⋯⋯⋯⋯ 233

　　郵政⋯⋯⋯⋯⋯⋯⋯⋯⋯⋯⋯⋯⋯⋯⋯⋯⋯⋯⋯⋯ 233

　　生業　附衣、食、住、行⋯⋯⋯⋯⋯⋯⋯⋯⋯⋯⋯⋯ 233

　　衛生⋯⋯⋯⋯⋯⋯⋯⋯⋯⋯⋯⋯⋯⋯⋯⋯⋯⋯⋯⋯ 234

　　文化⋯⋯⋯⋯⋯⋯⋯⋯⋯⋯⋯⋯⋯⋯⋯⋯⋯⋯⋯⋯ 234

　　宗教⋯⋯⋯⋯⋯⋯⋯⋯⋯⋯⋯⋯⋯⋯⋯⋯⋯⋯⋯⋯ 235

職官志⋯⋯⋯⋯⋯⋯⋯⋯⋯⋯⋯⋯⋯⋯⋯⋯⋯⋯⋯⋯⋯ 235

　　通判⋯⋯⋯⋯⋯⋯⋯⋯⋯⋯⋯⋯⋯⋯⋯⋯⋯⋯⋯⋯ 236

　　縣知事〔縣長〕⋯⋯⋯⋯⋯⋯⋯⋯⋯⋯⋯⋯⋯⋯⋯⋯ 236

　　照磨⋯⋯⋯⋯⋯⋯⋯⋯⋯⋯⋯⋯⋯⋯⋯⋯⋯⋯⋯⋯ 238

　　都司⋯⋯⋯⋯⋯⋯⋯⋯⋯⋯⋯⋯⋯⋯⋯⋯⋯⋯⋯⋯ 238

　　經制⋯⋯⋯⋯⋯⋯⋯⋯⋯⋯⋯⋯⋯⋯⋯⋯⋯⋯⋯⋯ 238

　　訓導⋯⋯⋯⋯⋯⋯⋯⋯⋯⋯⋯⋯⋯⋯⋯⋯⋯⋯⋯⋯ 238

　　管獄員⋯⋯⋯⋯⋯⋯⋯⋯⋯⋯⋯⋯⋯⋯⋯⋯⋯⋯⋯ 239

　　警佐⋯⋯⋯⋯⋯⋯⋯⋯⋯⋯⋯⋯⋯⋯⋯⋯⋯⋯⋯⋯ 239

　　公安局局長⋯⋯⋯⋯⋯⋯⋯⋯⋯⋯⋯⋯⋯⋯⋯⋯⋯ 239

　　縣黨部⋯⋯⋯⋯⋯⋯⋯⋯⋯⋯⋯⋯⋯⋯⋯⋯⋯⋯⋯ 239

　　國民自衛隊⋯⋯⋯⋯⋯⋯⋯⋯⋯⋯⋯⋯⋯⋯⋯⋯⋯ 240

　　司法處⋯⋯⋯⋯⋯⋯⋯⋯⋯⋯⋯⋯⋯⋯⋯⋯⋯⋯⋯ 240

　　合作指導員辦事處⋯⋯⋯⋯⋯⋯⋯⋯⋯⋯⋯⋯⋯⋯ 240

　　回教公會⋯⋯⋯⋯⋯⋯⋯⋯⋯⋯⋯⋯⋯⋯⋯⋯⋯⋯ 240

　　教育會⋯⋯⋯⋯⋯⋯⋯⋯⋯⋯⋯⋯⋯⋯⋯⋯⋯⋯⋯ 240

　　地方財政監理委員會⋯⋯⋯⋯⋯⋯⋯⋯⋯⋯⋯⋯⋯ 240

　　文獻委員會⋯⋯⋯⋯⋯⋯⋯⋯⋯⋯⋯⋯⋯⋯⋯⋯⋯ 240

　　回民教育促進分會⋯⋯⋯⋯⋯⋯⋯⋯⋯⋯⋯⋯⋯⋯ 241

　　戒烟所⋯⋯⋯⋯⋯⋯⋯⋯⋯⋯⋯⋯⋯⋯⋯⋯⋯⋯⋯ 241

　　教育館⋯⋯⋯⋯⋯⋯⋯⋯⋯⋯⋯⋯⋯⋯⋯⋯⋯⋯⋯ 241

選舉志⋯⋯⋯⋯⋯⋯⋯⋯⋯⋯⋯⋯⋯⋯⋯⋯⋯⋯⋯⋯⋯ 241

　　貢生⋯⋯⋯⋯⋯⋯⋯⋯⋯⋯⋯⋯⋯⋯⋯⋯⋯⋯⋯⋯ 241

　　武舉⋯⋯⋯⋯⋯⋯⋯⋯⋯⋯⋯⋯⋯⋯⋯⋯⋯⋯⋯⋯ 241

　　附貢⋯⋯⋯⋯⋯⋯⋯⋯⋯⋯⋯⋯⋯⋯⋯⋯⋯⋯⋯⋯ 241

　　增生⋯⋯⋯⋯⋯⋯⋯⋯⋯⋯⋯⋯⋯⋯⋯⋯⋯⋯⋯⋯ 242

　　優生⋯⋯⋯⋯⋯⋯⋯⋯⋯⋯⋯⋯⋯⋯⋯⋯⋯⋯⋯⋯ 242

附生……………………………………………………………242
　　　民國畢業生………………………………………………243
　教育志……………………………………………………………244
　　舊學校………………………………………………………244
　　歸儒書院……………………………………………………244
　　義學…………………………………………………………244
　　勸學所………………………………………………………244
　　新學校　以所在地名爲校名。……………………………245
　　短期義務教育………………………………………………245
　　學田…………………………………………………………246
　　學產…………………………………………………………246
　　學款…………………………………………………………246
　　教育機關……………………………………………………247
　　教養…………………………………………………………247
　　救濟事項……………………………………………………248
　　禁烟…………………………………………………………249
化平縣志卷三………………………………………………………250
　武備志……………………………………………………………250
　　兵防…………………………………………………………250
　　營制…………………………………………………………250
　　警備隊………………………………………………………251
　　團練…………………………………………………………251
　　公安局………………………………………………………251
　　保安隊………………………………………………………251
　　保甲…………………………………………………………252
　　兵役…………………………………………………………252
　古蹟志……………………………………………………………252
　　城原…………………………………………………………253
　　〔名勝〕……………………………………………………256
　　井泉…………………………………………………………257
　　陵墓…………………………………………………………257
　　喬木…………………………………………………………258
　　金石…………………………………………………………258

人物志··258
  鄉賢··258
  忠烈··260
  孝義··261
  列女··261
  耆瑞··262
  方技··262
  流寓··263
  隱逸··263
  仙釋··263
災異志··263

化平縣志卷四··266
藝文志··266
  總督左宗棠　奏勘明分撥化平廳轄境疏··266
  呈請劃撥錢糧細數變通辦理稟　左壽崑　同治十二年署化平
    通判··268
  皇清　武全文　涇源辨··268
  涇水真源記　碑在華亭明倫堂，乾隆五十五年泐石。　潞陽胡
    紀謨··269
  趙先甲　涇源詩二首··270
  涇源記　通判　曾麟綬··270
  左文襄公　歸儒書院碑記　光緒四年泐石。··272
  民國顯考李老府君諱正芳字馨齋行一正性之碑序銘··273
  勵俗俚言　邑人張逢泰··273
  雜記··274
  化平縣勸學所學事年報··275
  朱主席覆回教公會、回民教育促進會電文··279
  回教公會、回民教育促進會又電··279
  朱主席覆回教公會電··279
  第八戰區司令長官甘肅主席朱公一民德政碑記··279
  化平縣縣長郝遇林德政碑記··280
  歌詞　甘肅省長薛篤弼　山西人··281

附叙言 ·· 288
　　楹聯 ·· 288
附錄 ·· 291
　《〔宣統〕甘肅新通志》所載化平直隸廳資料 ·················· 291
　　卷一《天文志》 ·· 291
　　卷三《輿地志·圖考》 ·································· 292
　　卷四《輿地志·沿革表·化平川直隸廳》 ·················· 292
　　卷五《輿地志·疆域·化平川直隸廳》 ···················· 293
　　卷六《輿地志·山川上·化平川直隸廳》 ·················· 293
　　卷八《輿地志·形勝·化平川直隸廳》 ···················· 294
　　卷九《輿地志·關梁·化平川直隸廳》 ···················· 295
　　卷十一《輿地志·風俗》 ································ 295
　　卷十三《輿地志·古蹟·化平川直隸廳》 ·················· 295
　　卷十四《建置志·城池·化平川直隸廳》 ·················· 295
　　卷十五《建置志·官廨·化平川直隸廳》 ·················· 296
　　卷十六《建置志·貢賦上·化平川直隸廳》 ················ 296
　　卷十七《建置志·貢賦下·附户口·化平川直隸廳》 ········ 296
　　卷十八《建置志·倉儲》 ································ 296
　　卷十九《建置志·驛遞》 ································ 296
　　卷二〇《建置志·鹽法》 ································ 296
　　卷二六《祠祀志·壇廟·化平川直隸廳》 ·················· 296
　　卷二八《祠祀志·祠宇上·化平川直隸廳》 ················ 297
　　卷三〇《祠祀志·寺觀·化平川直隸廳》 ·················· 297
　　卷三一《學校志·學額·化平川直隸廳》 ·················· 297
　　卷三五《學校志·書院·化平川直隸廳》 ·················· 297
　　卷三八《學校志·學堂·化平川直隸廳》 ·················· 297
　　卷四〇《學校志·選舉下》 ······························ 297
　　卷四一《兵防志·兵制》 ································ 297
　　卷四三《兵防志·巡警·化平川直隸廳》 ·················· 298
　　卷四八《職官志·歷代官制》 ···························· 298
　　卷五三、卷五四《職官志·職官表》 ······················ 298
　　卷五七《職官志·名宦上·平凉府》 ······················ 298
　　卷六二《職官志·將才·化平川直隸廳》 ·················· 299

|　　卷六六《人物志·群材一·化平川直隸廳》…………………… 299
|　　卷七三《人物志·孝義上·化平川直隸廳》…………………… 300
|　　卷七八《人物志·列女三·化平川直隸廳》…………………… 300
參考文獻 ……………………………………………………………… 302

〔宣統〕新修硝河城志

前言 ………………………………………………………………… 309
整理説明 …………………………………………………………… 314
〔硝河疆域圖〕 ……………………………………………………… 316
〔硝河城圖〕 ………………………………………………………… 317
〔楊修德〕新修硝河城志序 ………………………………………… 318
〔編修人員〕 ………………………………………………………… 319
天文志 ……………………………………………………………… 320
　　分野 ………………………………………………………… 320
　　經緯度 ……………………………………………………… 321
　　氣候 ………………………………………………………… 321
地輿志 ……………………………………………………………… 323
　　建置 ………………………………………………………… 323
　　疆域 ………………………………………………………… 323
　　城垣 ………………………………………………………… 323
　　山川 ………………………………………………………… 323
　　祠宇 ………………………………………………………… 324
　　官署 ………………………………………………………… 324
　　鋪司 ………………………………………………………… 324
　　古蹟 ………………………………………………………… 325
　　村堡 ………………………………………………………… 325
　　景致 ………………………………………………………… 326
官師志 ……………………………………………………………… 327
　　文職 ………………………………………………………… 327
　　武職 ………………………………………………………… 327
　　俸餉 ………………………………………………………… 328

貢賦志 329
　　額徵 329
　　估撥 329
　　物産 329
學校志 330
　　學堂 330
　　師範 330
兵防志 331
　　兵額 331
　　塘汛 331
　　馬廠 331
　　校場 331
人物志 332
　　文科 332
　　武科 332
　　議敘 332
　　戰功 333
　　忠義 333
　　節孝 334
　　耆瑞 335
　　方技 335
藝文志 336
　　疏 336
　　　奏設硝河州判與鹽茶廳等處劃撥地界疏　左宗棠 336
　　碑碣 338
　　　重修武廟碑 338
　　　重修文昌宫碑 338
庶務志 340
　　巡警 340
　　商務 340
軼事志 341
　　風俗 341

〔民國〕西吉縣志

前言 345
整理説明 352
西吉縣志目録 354
〔馬國璵〕創修縣志序 355
第一章 沿革 357
第二章 自然 358
 星野 358
 經緯 358
 氣候 358
 地質 358
第三章 地理 360
 疆域 360
 地形 360
 地勢 360
 山脉 360
 河流 361
 名勝與古蹟 361
  八景 361
  古蹟 363
第四章 建置 367
 縣治 367
  城池 367
  縣政府 368
  縣黨部 368
  看守所 368
  沐家營中心學校及中正中心女校 368
 忠烈祠 368
 苗圃 368
 集市 369
 鄉鎮 369

學校	369
橋梁	369
公路	370
鄉鎮道	370
衛生院	370
附錄	372
一　《〔宣統〕甘肅新通志》所載硝河城史料	372
卷一《天文志》	372
卷三《輿地志·圖考》	373
卷四《輿地志·沿革表》	373
卷五《輿地志·疆域》	373
卷六《輿地志·山川上·固原直隸州》	374
卷十四《建置志·城池》	374
卷十五《建置志·官廨》	374
卷十六《建置志·貢賦上》	374
卷十七《建置志·貢賦下·附戶口》	374
卷十八《建置志·倉儲》	375
卷十九《建置志·驛遞》	375
卷二〇《建置志·鹽法》	375
卷二三《建置志·厘稅》	375
卷二六《祠祀志·壇廟·固原直隸州》	375
卷二八《祠祀志·祠宇上·硝河城分州》	375
卷三〇《祠祀志·寺觀·硝河城分州》	376
卷三八《學校志·學堂》	376
卷四一《兵防志·兵制》	376
卷四三《兵防志·巡警》	376
卷四八《職官志·歷代官制·國朝文職官制》	376
卷六六《人物志·群材一·固原直隸州·國朝》	376
卷七〇《人物志·忠節一·固原直隸州·國朝》	377
卷七三《人物志·孝義上·固原直隸州·國朝》	377
卷七八《人物志·列女三·固原直隸州·國朝》	377
二　〔民國〕西吉縣政叢紀	390
要目	390

緒論……………………………………………………………… 390
　　一、計劃提要…………………………………………………… 391
　　二、治安第一…………………………………………………… 391
　　三、教養第一…………………………………………………… 392
　　四、一舉數得…………………………………………………… 394
　　五、樹立風尚…………………………………………………… 394
　　六、體察民隱…………………………………………………… 395
　　七、減輕民負…………………………………………………… 395
　　八、尊重民意…………………………………………………… 395
　　九、征服荒山…………………………………………………… 396
　　十、政治測驗…………………………………………………… 396
　　十一、政情靈通………………………………………………… 397
　　十二、管理訓練………………………………………………… 397
　　結論……………………………………………………………… 398

參考文獻……………………………………………………………… 400

後記……………………………………………………………… 胡玉冰　403

〔嘉靖〕固原州志

(明) 楊 經 纂修 韓 超 校注

前　　言

《〔嘉靖〕固原州志》（簡稱《〔嘉靖〕固志》）2卷，嘉靖十一年（1532）刊刻行世。明人朱睦㮮《萬卷堂書目》卷二《地志》載："《固原州志》二卷，楊經。"嘉靖十一年（1532），總制陝西三邊地方軍務兵部尚書唐龍所撰《〈固原州志〉序》載："《固原州志》乃進士楊經所輯，而裁正於前總制尚書晉溪先生。"①故知，《〔嘉靖〕固志》主要由楊經、王瓊兩人編輯完成。

一　整理研究現狀

該志在《隴右方志錄》《中國地方志聯合目錄》《稀見地方志提要》《寧夏地方文獻聯合目錄》《甘肅省圖書館藏地方志目錄》《中國地方志總目提要》等方志目錄中有著錄或提要。《天一閣藏明代地方志考錄》對《〔嘉靖〕固志》傳世情況及志書內容有簡介。20世紀80年代開始，有學者撰文對《〔嘉靖〕固志》進行介紹或研究。朱潔撰《介紹寧夏明代地方志五種（下）》（《寧夏大學學報》1980年第3期），高樹榆《寧夏方志錄》（《寧夏史志研究》1988年第2期）、《寧夏方志評述》（《圖書館理論與實踐》1993年第3期）、《寧夏回族自治區地方志述評》（載金恩暉、胡述兆編《中國地方志總目提要》，漢美圖書有限公司1996年版）等文對《〔嘉靖〕固志》都有著錄或提要式的介紹。

牛春生、牛達生《明代兩種〈固原州志〉及其史料價值》（載高樹榆等編《寧夏方志述略》，吉林圖書館學會1985年內部發行）對《〔嘉靖〕固志》的內容價值進行了詳細地研究。胡迅雷《楊經與〈嘉靖固原州志〉》（載《寧夏歷史人物研究文集》，寧夏人民出版社1993年版）一文扼要介紹了楊經的生平事蹟，並對《〔嘉靖〕固志》的內容及研究價值進行了簡要的分析；同書載《王瓊與寧夏》一文，多據《〔嘉靖〕固志》梳理、評價王瓊治邊政績。薛正昌《固原歷史地理與文化》第八章

---

① 《前言》引《〔嘉靖〕固原州志》，除特別說明外，皆直接引自中國國家圖書館藏明嘉靖十一年（1532）刻本《固原州志》，恕不一一注明。

《明清固原地方志書與文化》(甘肅文化出版社1998年版)、《地方志與寧夏歷史文化(下)》(《固原師專學報》2005年第1期)、《明代寧夏與固原兩大軍鎮的地方志書及其特點》(《史學史研究》2009年第1期)二文論述了《〔嘉靖〕固志》對於固原文化的研究價值,後文還對《〔嘉靖〕固志》的撰寫方法進行了比較研究。

學者對《〔嘉靖〕固志》進行過整理,主要對該書進行標點、斷句、分段、校勘,並對比較重要的人物、地名、事件和難懂的字詞進行注釋、標音,寧夏人民出版社1985年正式出版了牛春生、牛達生整理本《嘉靖萬曆固原州志》。2003年,固原市地方志辦公室組織專家新點校並内部出版《明清固原州志》,其中包括由李作斌標點、校注的《明嘉靖固原州志》。學苑出版社2003年出版《中國西藏及甘青川滇藏區方志彙編》第三輯《甘肅藏區及涉藏方志》,影印出版了牛春生、牛達生整理本《〔嘉靖〕固志》。

二 編修者生平

(一) 楊經

楊經,寧夏平虜城(今寧夏平羅縣)人,[1]曾任河北大名府推官,[2]卒於河南浚縣,生卒年不詳。《〔道光〕平羅記略》卷七《人物·鄉達》有傳。

《〔嘉靖〕寧夏新志》卷二、《〔萬曆〕朔方新志》卷三、《陝西通志》卷三一、《甘肅通志》卷三三等載,楊經中正德十一年(1516)丙子科舉人,且爲《春秋》魁,即《春秋》科目考試第一名。同年中舉者還有《〔嘉靖〕寧夏新志》編纂者管律。嘉靖五年(1526)中丙戌科進士,任大名府推官。同年中進士者還有《平涼府志》編修者趙時春。《平羅記略》本傳據《楊氏家譜》載,楊經"操行純潔,歷官清勤。嘉靖間,夏郡多故,奉母遷固原,旋卜居長安,以負郭田散給緬、緇二弟,有范文正風,後疾卒浚縣"。[3]

一般舊志主要編修者本人會撰寫序言或跋語介紹志書的編修緣起等事,但《〔嘉靖〕固志》無楊經序或跋。楊經編修《〔嘉靖〕固志》一事只在《萬卷堂書目》、唐龍撰《〈固原州志〉序》中提及,《〔嘉靖〕固志》正文中楊經之名只出現過一次,在卷一《文武衙門》"平虜守禦千户所"條中引用"進士楊經曰"等對平虜城沿革的考證文字。

---

[1] 王亞勇認爲楊經爲寧夏後衛(今寧夏鹽池縣)人。參見王亞勇校注:《平羅記略·續增平羅記略》,寧夏人民出版社、寧夏教育出版社2003年版,第174頁校注[三十六]。

[2] 《河南通志》卷三二載,楊經於嘉靖六年至九年(1527至1530)任開封府推官。

[3] 王亞勇校注:《平羅記略·續增平羅記略》,寧夏人民出版社、寧夏教育出版社2003年版,第182頁。

(二) 王瓊

王瓊(1459 至 1532),字德華,號晉溪,山西太原人,明憲宗成化二十年(1484)中甲辰科進士。嘉靖七年(1528),以兵部尚書兼右副都御史總制陝西三邊軍務,十年(1531)卸任,繼任者爲《〈固原州志〉序》的作者唐龍。十一年(1532)秋,卒,官贈太師,諡曰恭襄。《明史》卷一九八有傳,《山西通志》卷一〇七、《陝西通志》卷五一、《甘肅通志》卷三〇、寧夏舊志如《〔嘉靖〕寧夏新志》卷二、《〔嘉靖〕固志》卷一等亦都有王瓊的專傳。

《〔嘉靖〕固志》卷一專傳記王瓊總督三邊事甚詳,載其"有《環召新疏》九卷,一百九十二條。又自著《西夷事蹟》一卷,《北虜事蹟》一卷,印板俱在總制府書厨收貯。"另據《千頃堂書目》卷五、八、九、三〇載,他還著有《㮣溪雜記》2 卷、《漕河圖志》8 卷、《武舉奏議》1 卷、《本兵敷奏》14 卷、《户部奏議》4 卷、《晉溪奏議》6 卷等。可以看出,王瓊對邊事頗爲留意,並有相關著述刊行於世。至少在嘉靖十一年(1532),其部分著述的雕版還有保存。由於王瓊對三邊特別是寧夏固原的貢獻,時人頗重其行,把他與曾三次總制陝西三邊的著名大臣楊一清相提並論。陝西按察副使李准輯録王瓊西征經行題詠,繪圖以贈,《〔嘉靖〕固志》卷二輯録的劉天和撰《西征紀行詩圖序》記其始末。關中士大夫作詩歌頌其治邊政績,詩集題名《元老靖邊》,《〔嘉靖〕固志》卷二輯録的王九思撰《元老靖邊詩序》、段昄撰《靖邊詩序》均詳述其始末。寧夏舊志中多收録王瓊詩文。如《〔嘉靖〕固志》輯録的 3 篇奏議《設險守邊大省勞費奏議》《設重險以固封守奏議》《甘露降固原奏議》全部都是王瓊所寫,並録《偕寇中丞登固原鼓樓次韻》《嘉靖己丑夏五月兵過預望城》詩 2 首。《〔萬曆〕固原州志》亦録此二詩。

唐龍在《〈固原州志〉序》引用王瓊守邊議論,説明固原地勢對於明朝守邊的重要意義,引文與《〔嘉靖〕固志》卷一《疆域》中的議論頗爲相似,而王瓊又寫過多篇議固原邊事的奏議,故知,唐龍説王瓊"裁正"過《〔嘉靖〕固志》的説法是可信的,王瓊對於固原邊地重要性的見解與認識已經融入在《〔嘉靖〕固志》的相關内容中了。所以,王瓊當真正參與過《〔嘉靖〕固志》的編寫,楊經編修該志時對王瓊的議邊奏議也多有借鑒參考。

三 版本及内容

《〔嘉靖〕固志》原刻本流傳稀少,僅寧波天一閣等有藏。《天一閣書目》卷二著録:"平涼府《固原州志》二卷,刊本。明楊經纂輯,唐龍序。"據記載,天一閣藏本已被盗出,"散出後曾爲吴興蔣氏傳書堂所收藏,一九三一年又歸前北平圖書館,今存臺灣省。"①原刻本白口,四周單邊,雙、黑、對魚尾,版框 17.3×13.1(厘米)。卷端題名"明固原州志",版心題名"固原志"。卷端次行有"進士楊經纂輯"6 字。唐龍序每半頁 6 行,行 10 字。正文每半頁 11 行,行 18 字。正文内容共兩卷 16 子目。子目無《分野》,《〔嘉靖〕固志》對此解釋道:"凡作州縣誌者,多志分野與形勝。今固原州分野,見《平凉府志》,故《州志》不書,統於一也。"②

該志内容依次包括:嘉靖十一年(1532)唐龍《〈固原州志〉序》5 頁,《明固原州志目録》2 頁,③正文 109 頁,其中卷一 41 頁,卷二 68 頁。④

卷一包括《創建州治》《城池》《疆界》《山川》《古蹟》《土産》《風俗》《文武衙門》《人物》《節婦》等 10 子目。

《創建州治》主要梳理明朝固原建州的沿革,並引《續資治通鑑綱目》卷四七上之内容,對"固原"地名的由來進行考證。

《城池》記載了固原城在明景泰三年(1452)、成化五年(1469)、弘治十五年(1502)3 次興修歷史,詳記修城時間、主持修城者及城池建築規模。其後有"按"語對宋、金時期興修史進行了追敍。所記金宣宗興定三年(1219)六月十八日固原地震、四年(1220)四月二十一日修築固原城事,由出土文獻證實不誤。志書記載在城隍廟有石碣,卷二輯録的平凉知府田暘撰《創建城隍廟碑記》即此石碣碑文。

《疆界》載固原州四至里數。論及固原地區形勝時,楊經認爲,"舊志以李繼和所奏'中華襟帶'爲固原形勝,過矣。"然後又引《左傳》,結合固原地區的具體情況,深刻指出:"蓋守近、守遠,利、不利,懸絶若此,謀國者可不慎之於初哉?"

---

① 駱兆平:《天一閣藏明代方志考録》,書目文獻出版社 1982 年版,第 175 頁。按:吴興蔣氏傳書堂所藏,參見吴汝藻《傳書堂書目》。

② 平凉府專志中,趙時春編纂的 13 卷本《平凉府志》成書時間最早,成於嘉靖三十九年(1560),《四庫全書總目》卷七四《史部·地理類存目》、《明史》卷九七《藝文志》、《千頃堂書目》卷七等都有著録。該志晚於《〔嘉靖〕固原州志》28 年成書,故引文中"平凉府志"當不是趙時春所編《平凉府志》。天順五年(1461),李賢等奉敕撰《明一統志》90 卷成書,卷三五爲平凉府專志,其"形勝"内容中有"中華襟帶"語。《〔嘉靖〕固原州志》下文有"舊志以李繼和所奏'中華襟帶'爲固原形勝"語,故引文中"平凉府志"當指《明一統志》卷三五《平凉府》,"舊志"指《明一統志》。

③ 卷一《文武衙門》、卷二《詩》《記》《序》等爲二級目録,於一級目録下詳列其所屬子目。其他 10 類均只列出　級類目名稱。卷一"創建州治"類目原目録漏載,《詩》題"嘉靖己丑夏五月兵過豫望城","五月"原誤作"六月",志書整理者已糾正其誤。《詩》題《嘉靖乙酉六月登鎮西樓次邊庵翁韻》《辛卯冬仗鉞駐州重登樓次滹南中丞韻》《預望城次晉溪翁韻》原目録均無,志書整理者已據正文補;《記》題《固原州增修廟學記後》,"後"字原脱,《重修北亂池龍神廟碑記》"廟"字原脱,《序》題《賀平魯土番序》,"魯"字原脱,《奏議》下三題目中"奏議"二字原脱,志書整理者都已據正文補。

④ 原刻本卷一最後 1 頁版心頁碼數位原爲"三十九",但第 25、30 頁後又各加 1 頁。卷二頁碼自"四十"始,止於"一百六",但第 62 頁後又加 1 頁。故卷一、卷二頁碼實際上共有 109 頁,而非 106 頁。

《山川》共記載固原9處"山"、15處"川"距離州城里數等内容。"馬髦山"條中，楊經通過考證認爲，《元和郡縣誌》記作"馬屯山"是錯誤的。這條結論被《甘肅通志》卷五《山川》"固原州"條所採納。"北亂池"條中，記載說池旁有元朝及明朝正統年立碑。卷下輯錄的《重修北亂池龍神廟碑記》記載，此碑立於明朝正統七年(1442)，當係此"正統年碑"。本部分有的内容編輯不當，《山川》的記述順序是先"山"後"川"，但青羊泉山、印子山卻夾雜於"川"中記述。

　　《古蹟》記載立馬城等19處遺址距州城的里數及其興廢沿革。《土產》把固原動植物種類分成穀、果、蔬、藥、花、木、豢養、鳥、獸等9類。"豢養類"的劃分在寧夏舊志物產分類中有一定的創新性，牛、馬、驢、騾、羊、犬、豕、狐狸、猫、雞、鵝、鴨、鴿、駱駝等13種動物歸入其中，除狐狸一類外，其他12種均爲常見的家養畜、禽，寧夏舊志多把這些動物都歸入"獸類"。《〔嘉靖〕固志》單立"豢養類"，且把它們歸入其中，分類顯然更合理些。《風俗》記載内容非常簡單，因其與内地相比没有什麽大的不同，只是突出强調了當地"土達"樸質强悍的特點。另外指出當地儒學漸興的現象。

　　《文武衙門》是《〔嘉靖〕固志》中内容較爲複雜的一類。究其内容，可分兩大部分。第一部分相當於隸屬地概貌，第二部分相當於"職官志"。第一部分涉及固原州、固原衛、西安州守禦千户所、鎮戎守禦千户所、平虜守禦千户所、甘州群牧千户所、海剌都營、紅古城堡、白馬城堡、下馬房關等10處轄地及苑馬寺所屬坐落固原州地方監苑，包括長樂監、開城苑、廣寧苑、黑水苑等。以固原州爲例，敘述的内容包括固原州所處地理方位、州城内各官署名稱、房屋間數、興修情況、官員設置及任職情況、户口(含原額、現額)、地方基層組織、賦稅、學校、倉廒、驛遞等，其他職掌專門事務的官府機構如鹽引批驗所(附五鹽廠)、陰陽學、醫學、僧正司、道正司等亦附於後。各守禦千户所、營堡等主要記其地理方位、建置沿革、興修經歷、規模大小、官員設置及任職情況、官軍人數、屯田及賦稅等情況。本部分還有"論曰"内容，主要引宋朝禦西夏事來議論明朝邊備的得失。

　　固原衛鼓樓原來懸有一口取自安定縣的古寺巨鐘，其上鑄"大宋靖康元年八月鑄起復修寺熙河路兵馬鈐轄隴右都護馬祐昌"等27字銘文。由銘文可知，該鐘鑄於北宋將亡的前一年，主持鑄鐘者爲馬祐昌。祐昌事蹟史書記載不多，主要雜見於宋人孫昭遠的傳記資料中。宋周必大撰《文忠集》卷二九《京西北路制置安撫使孫公昭遠行狀》(乾道七年撰)載，靖康元年(1126)十一月，金兵逼近北宋都城開封，"永興路安撫使范致虛自稱御前會合軍馬勤王入援，所號召諸路之師，公至督其進。……又遍檄諸帥，使出師。已而環慶帥王似、熙河帥王倚各以師來會,而涇原帥席貢、秦鳳帥趙點、鄜延帥張深皆不至。公二十八疏劾之,合諸路兵得十餘萬,范致虛命馬祐昌統之,斬杜常、夏淑於華陰。公與致虛同出關。俄祐昌遇敵於石壕千秋間,戰,敗績。"宋李幼武編《宋名臣言行錄》續集卷七、《宋史》卷四五三《孫昭遠傳》均載此事。固原鼓樓鐘文可以補充傳世文獻對於馬祐昌事蹟記載的不足,綜合兩者記載可知,北宋人馬祐昌在靖康元年(1126)任熙河路兵馬鈐轄隴右都護,同年率宋兵爲保衛開封而與金兵交戰,戰敗。

《文武衙門》的第二部分相當於舊志中的《職官志》,記載了截至嘉靖十年(1531)與固原有關的官員共 214 位。各官職先述其設置緣由或時間,然後對官職較高的歷任官員生平有較爲詳細的介紹,官職級別較低的官員只記其姓名、籍貫、科第、任職時間等。

總制邊務大臣共 9 任,弘治十五年(1502)由兵部建議設置,首任大臣是秦紘,唐龍爲嘉靖十年(1531)任職者。唐龍的前任王瓊事蹟記載最詳。鎮守固原武職大臣共 10 任,弘治十八年(1505)楊一清奏請設置,首任者爲曹雄。分守固原參將共 3 任,嘉靖四年(1525)楊一清奏設,劉文是首任者。固原等處游擊將軍共 10 任,只記其姓名,弘治十五年(1502)秦紘奏設。整飭固原兵備憲臣共 22 任,成化五年(1469)馬文升因土達滿四反奏設,楊勉爲首任者。守備固原武臣始設於天順五年(1461),共 19 任,榮福爲首任者。

固原州所屬官員中,知州於弘治十年(1497)設,岳思忠於弘治十五年(1502)初任,共 8 任。嘉靖七年(1528)添設同知,有兩任。吏目有 5 任。本州儒學學正有 5 任,訓導有 15 任。固原衛並守禦千户所低級官員共 106 位,前八位記其簡單的仕履,其他的只記姓名。

《人物》相當於舊志中的"選舉",分舉人(含人才薦舉)、歲貢監生兩種層次來記述當地學子的科舉考試情況。其中舉人有劉仲祥等 7 人,記其姓名、籍貫、科舉及仕履情況。開城縣與固原州的儒學歲貢監生分開記載,開城縣共有 40 名,固原州共 36 名,大多只記其姓名、官職,有些只記姓名。《節婦》記載固原趙氏、楊氏兩人。

卷二包括《前代原州人物》《前代名宦》《詩》《記》《序》《奏議》等 6 子目。

《前代原州人物》相當於舊志的"鄉賢",共記載明朝以前 5 位固原歷史人物,其中魏朝田弘 1 人,宋朝、金朝各 2 人。《前代名宦》相當於舊志的"宦蹟",共記載明朝以前 34 位曾在固原爲官的歷史人物,其中魏朝 4 人,隋朝 4 人,唐朝、金朝各 2 人,後晉 1 人,宋朝最多,有 21 人。《〔嘉靖〕固志》對於前代人物、名宦事蹟的編輯主要從各人物傳記中取材。如魏人田弘在《周書》卷二七、《北史》卷六五中有專傳，①隋人獨孤楷在《隋書》卷五九有傳，唐人元載在《新唐書》卷一四五有傳，後晉人王殷在《新五代史》卷五〇有傳，宋人曹瑋、李繼隆、李繼和等在《宋史》卷二五八有傳，陳興、許均在卷二七九有傳，向寶在卷三二三有傳，曲端在卷三六九有傳，金人張中孚、張中彥在《金史》卷七九有傳，石盞女魯歡在卷一一六有傳，蕭貢在《大金國志》卷二八、《歸潛志》卷四、《中州志》卷五有傳。故整理《〔嘉靖〕固志》是可以以這些傳記資料爲重要的參校文獻。

《詩》《記》《序》《奏議》等4子目相當於舊志的"藝文志"。《〔嘉靖〕固志》共錄"詩"14首，"記"14篇，"序"6篇，"奏議"3篇。藝文的作者均爲明朝人，詩中唐龍的最多，有4首被輯入。14篇"記"對於研究固原歷史沿革均具有較高的史料價值，其中楊鼎的《乾鹽池碑記》、楊勉的《重建靖虜衛打拉赤城記》還被錄入《〔光緒〕新修打拉池縣丞志》。3篇"奏議"均爲王瓊所撰，傳世本中《設重險以固封守奏議》疑有殘缺。其中《甘露降固原奏議》記載固原降甘露的具體時間爲"嘉靖十年閏六月下旬"，這是《〔嘉靖〕固志》記事中發生時間最晚者，據此也可以推斷該志成書的最早時間。

四　編修質量及文獻價值

唐龍對《〔嘉靖〕固志》的編修質量評價頗高，他説該志"事簡而核，辭辨而經，其諸山川險易，地理迂直，疆畔廣狹，尤秩秩然。"評價顯然有溢美之嫌。張維對該志的評價較爲公允，他説："此志策議邊防，時有偉識。其論固原形勢艱於戰守，一反方志誇陳之習。又謂周宣王時獫狁内侵至於涇陽，尹吉甫將兵伐之，至於大原，'原'之名始見於此。乃雍州涇北之大原，非冀州汾水所出之太原。其説先於顧亭林。今言固原沿革率引顧言，不知此志先有是説也。'名宦'列元載，亦得善善從長之義。惜分目過簡，不足經紀衆事，於是户口、税課、兵衛、軍實、職官、名宦，盡歸入《文武衙門》一目，而前代人物、名宦又復别自爲録。《名宦》後晉

---

① 田弘在《通志》卷一五八《後周·列傳》、《册府元龜》卷七八二《總録部·榮遇》亦有傳。1996年，原州聯合考古隊在寧夏固原西郊鄉大堡村出土了田弘墓誌，引起了學界對田弘其人其事的關注。北周庾信曾撰寫《周柱國大將軍紇幹弘神道碑》。傳世文獻中，《庾開府集箋注》（庾信撰，清朝吴兆宜注）卷八、《庾子山集》（北周庾信撰，清朝倪璠纂注）卷十四均録其碑文，並有箋注。庾信所撰碑文還被收入宋李昉等編《文苑英華》卷九〇五、明梅鼎祚編《後周文紀》卷六、明張溥編《漢魏六朝百三家集》卷一一一中。原州聯合考古隊發掘調查報告之二《北周田弘墓》所收《田弘墓誌疏證》（東京：勉誠出版社2000年版）一文率先次對出土的田弘墓誌進行疏證。羅新、葉煒在其《新出魏晉南北朝墓誌疏證》（中華書局2005年版）一書中，《田弘墓誌》的疏證主要參考了《庾子山集注》卷十四所録疏證内容。

誤爲東晋,列於唐後,北周王盟誤爲後周,列於宋前,尤錯誤之顯然者。"①張維首先肯定《〔嘉靖〕固志》於明朝邊備方面高人一等的識見。又舉例說明,顧炎武在其《日知録》卷三中有"大原"條,專考"薄伐玁狁至於大原"句之"大原"非過去認爲的是冀州汾水所出之太原,而應該是雍州涇北之大原。而《〔嘉靖〕固志》對於"大原"地址的考訂結論要早於顧炎武。張維分析《〔嘉靖〕固志》的缺點也比較中肯。如分類上過於簡略,致使某些類目内容過多、過於集中,而某些類目分類又有重複之嫌。更明顯的錯誤則出現在時代分段上。

從實際編修質量看,《〔嘉靖〕固志》還有缺點前人没有提及。如某些文字有錯訛現象,有些已被點校者糾正,如"貞元"(唐德宗年號)誤作"真元","高繼嵩"(宋朝人)誤作"高繼崇","青楊""白楊"(皆樹名)誤作"青陽""白陽",等等。部分内容的編輯失誤有的也被點校者糾正,如魏人王盟,卷二《前代名宦》將其事蹟誤入五代後周,點校本將其事蹟移置於魏人中。有些内容的記載有誤,如下卷載唐龍撰《兵備題名記》,有"元立開成路咸平府"語,實際上,開城路與咸平府没有任何隸屬關係。②

《〔嘉靖〕固志》人物傳記資料多取自正史,節録史料時有脱文、訛文等情況存在。以《前代原州人物》曲端事蹟爲例,《宋史》卷三六九有《曲端傳》。《〔嘉靖〕固志·曲端傳》"義兵統領張宗諤誘斌入長安而散其衆"句,"入"當作"如";"會張浚宣撫陝西"句,當作"會張浚宣撫川陝";"公嘗患諸路兵不合"句,"嘗"當作"常";"今敬可勝"句,"敬"當作"敵";"我嘗爲主"句,當作"我常爲客彼常爲主";"今按兵據險以擾其耕獲"句,當作"今按兵據險時出偏師以擾其耕獲";"既而金軍不得據險以防衝突"句,"不得"下脱"不"字。分析訛文可知,"如"誤作"入"、"常"誤作"嘗"當屬音同或音近而誤,"敵"誤作"敬"當屬形近而誤。某些脱文甚至使句意完全成了相反的意思,如"我常爲客彼常爲主"脱誤爲"我嘗爲主","不得不據險以防衝突",脱誤爲"不得據險以防衝突"。"今按兵據險時出偏師以擾其耕獲"原句意爲,把主要兵力部署在險要地方據守,不時出奇兵騷擾金兵耕獲。《〔嘉靖〕固志》脱"時出偏師"4字,使"按兵據險"與"以擾其耕獲"意思相矛盾,據險不出兵,又何以去擾其耕獲呢? 故不當省"時出偏師"4字。

該志有些地方引用資料有誤。如卷一《文武衙門》"平虜守禦千户所"條引楊經對平虜城沿革的考證文字曰:"考之《元史》,順帝冬十二月丙寅朔,豫王阿剌忒納失里,徙居北海,尋還六盤山。北海,疑即今平虜城地,故俗呼爲豫王城云。"本

---

① 張維:《隴右方志録》,《中國西北文獻叢書》據北平大北印刷局1934年版影印,蘭州古籍書店1990年版,第77册第690至691頁。
② 參見魯人勇等:《寧夏歷史地理考》,寧夏人民出版社1993年版,第209頁。

段資料有兩處問題。第一，元順帝有"元統""至元""至正"等三個年號，引文沒有具體說明是哪個年號當中的哪一年的十二月，時間指代不明。第二，"北海"當作"白海"。楊經所言內容見載於《元史》卷四五《順帝本紀》，載曰，至正十八年"冬十月丙寅朔，詔豫王阿剌忒納失里徙居白海，尋遷六盤。"①白海今址不詳，楊經誤引作"北海"，且據此指出"疑即今平虜城地，故俗呼爲豫王城云"，這樣的結論很值得懷疑。"十月"，楊經衍文作"十二月"。

《〔嘉靖〕固志》是傳世的固原舊志中成書時間最早的一部，比嘉靖十九年（1540）刊行的《〔嘉靖〕寧夏新志》還要早8年。由於固原在明朝邊防中具有特殊重要位置，故志書多處從邊備的角度來談及固原，並由此展開對明朝邊備政策的反思。尤其關於固原建置沿革和固原地名由來的梳理是其他文獻中所罕見的。卷一《創建州治》載："周宣王時，獫狁內侵，至於涇陽；命尹吉甫將兵伐之，至於大原。'原'之名始見於此，乃雍州涇河北之大原，非冀州汾水所出之太原也。後魏於此置原州，廢。唐武德初，復置原州，皆因'大原'之舊名。宋改爲鎮戎軍，金爲鎮戎州，而涇原之名不廢。《綱目》書：唐貞元三年冬十月，吐蕃城故原州而屯之，'故原'之名始此，今名'固原'，音同而字不同也。"另外，"土達叛亂"的資料在該志中也較爲豐富。所謂"土達"，是土著"韃人"的俗稱。"土達叛亂"是明憲宗時發生在固原的一次重大政治事件，《明史》有關紀傳中的記載較爲粗略，《〔嘉靖〕固志》則較爲詳細地記載了此次事件發生的前因後果。

總之，志書較爲全面地記載了明朝固原的地理、人文、經濟、藝文等內容，爲其後編修的《〔嘉靖〕寧夏新志》、《〔萬曆〕固原州志》都提供了可資參考的材料，更爲今天研究固原文史提供了寶貴資料。但令人困惑的是，無論是《〔嘉靖〕寧夏新志》還是《〔萬曆〕固原州志》的編者，都沒有提到《〔嘉靖〕固志》，甚至清朝末年《〔宣統〕新修固原直隸州志》的編纂者及各篇序文的作者在提到固原地方舊志時，也只提及劉敏寬纂次《〔萬曆〕固原州志》，對楊經編纂《〔嘉靖〕固志》事隻字未提。但事實上，這些舊志在編修時諸多內容實際上都直接承襲了《〔嘉靖〕固志》。

---

① （明）宋濂等：《元史》，中華書局1976年版，第4冊第945頁。

整 理 説 明

　　一、本書主要以標點、校勘、注釋等方式對《〔嘉靖〕固原州志》進行整理，以中國國家圖書館藏明朝嘉靖十一年（1532）刻本爲底本，以《〔嘉靖〕陝西通志》、《〔嘉靖〕平凉府志》、《〔萬曆〕固原州志》等爲參校本。部分整理成果參考寧夏人民出版社1985年版牛春生、牛達生整理本。

　　二、整理成果以繁體橫排形式出版。注釋條目以當頁脚注形式注明，用圈碼①②③排序。正文或脚注中漫漶不清、破損的文字，以"□"表示，一個"□"代表一個字；原本缺漏内容較多者以脚注説明，并以"……"標明；凡正文中"〔 〕"括注的文字，均係整理者增加。

　　三、以"〔校〕"字樣於卷末注校勘成果。校勘以校異文爲主，酌校内容異同。因用字習慣不同而出現人名、地名、族名等同名異寫現象，均出校説明。底本或對校本中存在明顯的誤、脱、衍、倒等現象，於正文中校改後出校説明。雖有異文但意可兩通者，不改正文，僅在校記中説明。

　　四、《固原州志》在刊刻時明顯誤刻之字，如"己""巳"誤作"已"，"戊""戌"誤作"戍"等，整理時徑改，不一一出校説明。底本中的異體字、俗體字、通假字、古今字等，一律不出校。某些不規範的異體字、俗體字、古今字等，或前後用字不一者，均按出版要求適當統一成規範的字體，不出校記。《固原州志》轉引他書文字内容，引文若與該書通行版本文字不同，除引文確實有誤，如誤録人名、地名、時間等需要出校説明外，凡不影響文意理解者，一般不改動引文。

　　五、當頁脚注徑出注釋條目。注釋内容主要包括：原文易致惑者（如文獻簡稱或省稱、干支紀年等）、原文提及的詩文或史料出處、原文體例中資料互見者、整理者對輯補史料的出處説明和整理者的補充文字等。

　　六、脚注中，凡言"本志"者，均指《〔嘉靖〕固原州志》。凡言"本志書例"者，均指《〔嘉靖〕固原州志》編修體例。徵引文獻書名較長者沿用習慣簡稱，具體簡稱參見《參考文獻》。

　　七、脚注中，凡引古代文獻，均只注明書名、卷次、篇名等，其作者、版本等信息詳見《參考文獻·古代文獻》。凡引現當代文獻，均只注明作者、書名或論文篇名、頁碼等，其出版社、刊物名、發表時間等信息詳見《參考文獻·現當代文獻》。若被引用的古代文獻已有整理成果，一般直接吸收其合理意見，不再重複敘述校注理由，注明"參見××"字樣。注明引文出處、他校資料或他人校勘、考證成果，亦注明"參見××"字樣。

八、《參考文獻》分《古代文獻》和《現當代文獻》分別著錄。其中，《古代文獻》分陝甘寧舊志、經部、史部、子部、集部等五類著錄，《現當代文獻》分著作、論文兩類著錄。

固原州志序

　　《固原州志》乃進士楊經所輯，而裁正於前總制、尚書晉溪先生。事簡而核，辭辨而經，其諸山川險易、地里迂直、疆畔廣狹，尤秩秩然。嘉靖辛卯之冬，[1]敬奉天子命，秉鉞而至，首務考據方輿、揆敘形勢，乃縮而諦觀之，憮然嘆曰："'薄伐獵狁，至於大原'，[2]其在斯乎！"稽於前代，置州、置軍、置總管、置郡而復置州，不一也。國朝初，置千户所。成化三年，徙開城縣，於中撤所置衛。弘治十五年，改開城縣爲固原州。先是，開府諸公咸曰："形勝之地在此爾。"是故樹營結柵，增戍徙丁，轉糧聚粮，中建大將，而游擊操備，亦罔不備。官將非謂兵之利、地之助乎？予昔年作《兵備題名記》亦曰：[3]"三邊據險，固原居中，左顧則赴援綏、靈，右顧則迎應甘、凉，是謂四塞之接也。殆取乎昔人'中華襟帶'之論云爾。"既誦先生《守邊議》曰：[4]"固原四通八達，土曠而勢分，形勝惡乎在邪。由州而北三百里，曰下馬房關。又三百里，曰花馬池。長塹連山，迂縵峻極，是則可以設險矣。上計興工，大募徒兵，即關之東西，塹山堙谷，池之左右，築壘疏溝，踰年迄用告成。復議曰，此守在四夷之道也。自茲固原兵可撤備，糧可減輸，守遠守近，其效固較然哉。"夫諸公之計，先生之策，志載之至詳也。

　　兵法曰："知戰之地，則可千里而會戰。"[5]又曰："不知山林、險阻、沮澤之形者，不能行軍。"[6]是故不可不審也。夫知言之要，理而已矣；制敵之本，勢而已矣。籌邊君子，覘諸虜所出没之衝，抑審我兵設伏張奇，拒守擊戰，險要何在也。於是先據不可勝之形，以爲可勝之勢。執百二之樞，峻山川之防，制四夷之命，殆不出乎志矣。

　　嘉靖壬辰孟春初吉，[7]賜進士第、總制陝西三邊地方軍務、兵部尚書、兼都察院右都御史漁石唐龍撰。

---

① 嘉靖辛卯：嘉靖十年（1531）。
② 參見《詩經·小雅·六月》。
③ 參見本志卷二《記》載唐龍撰《兵備道題名記》。
④ 具體文獻不詳。
⑤ 參見《孫子·虛實第六》。
⑥ 參見《孫子·軍争第七》。
⑦ 嘉靖壬辰：嘉靖十一年（1532）。

明固原州志目録

卷之一
    城池   疆界   山川   古蹟   土産   風俗
    文武衙門
        固原州   户口   税糧[1]
        固原州儒學
        固原州倉   永寧驛
        固原巡檢司   固原鹽引批驗所五廠
        陰陽學   醫學   僧正司   道正司
        長樂監   開城苑   廣寧苑   黑水苑
        固原衛千户所城堡[2]
        總制邊務大臣
        鎮守固原武職大臣
        分守固原參將
        固原等處游擊將軍
        整飭固原兵備憲臣
        守備固原武臣
        固原州并所屬官
        固原衛并守禦千户所官
    人物   節婦

卷之二
    前代原州人物
    前代名宦
    詩
        送項都憲平虜凱還集句
        西行至固原
        題固原鼓樓

　　　　借寇中丞登固原鼓樓次韻
　　　　嘉靖己丑夏五月兵過預望城[3]
　　　　過開城
　　　　巡邊寫懷
　　　　彭陽城曉行
　　　　登須彌山閣
　　記
　　　　重修朝那湫龍神廟記
　　　　重修顯靈義勇武安王廟記
　　　　創建城隍廟碑記
　　　　乾鹽池碑記
　　　　靖虜衛右所察院記
　　　　打剌赤碑記
　　　　重建靖虜衛打剌赤城記
　　　　固原增修廟學記
　　　　固原州增修廟學記[4]
　　　　固原鎮鼓樓記
　　　　固原州行水記
　　　　重修北亂池龍神碑記[5]
　　　　兵備道題名記
　　　　平虜碑記
　　序
　　　　平虜凱旋詩序
　　　　西征紀行詩圖序
　　　　賀平土番序
　　　　元老靖邊詩序
　　　　靖邊詩序
　　　　平夷退虜賀狀
　　奏議
　　　　設險守邊大省勞費
　　　　設重險以固封守
　　　　甘露降固原[6]

【校勘記】

[1] 固原州户口税糧：正文無此七字。
[2] 固原衛千户所城堡：正文中，"固原衛千户所城堡"内容在長樂監、開城苑、廣寧苑、黑水苑前。
[3] 五月：原作"六月"，據本志卷二中詩題改。
[4] 固原州增修廟學記：本志卷二《記》作"固原州增修廟學記後"。
[5] 重修北亂池龍神碑記：本志卷二《記》作"重修北亂池龍神廟碑記"。
[6] 本志卷二《奏議》内，《設險守邊大省勞費》《設重險以固封守》二奏議題目後均有"奏議"二字。《甘露降固原》後有"奏"一字。

明固原州志卷之一

進士楊經纂輯

創建州治

　　弘治十五年，總制軍務、户部尚書秦紘駐節固原，奏改開城縣爲固原州。初，開城縣設在固原之南四十里。洪武初，[1]固原止設巡檢司。正統十四年，北虜阿渠寇陝西平涼。景泰二年，[2]始築固原城，調洮、岷、臨、鞏等衛官軍於固原操守，令都指揮榮福往來提督。三年，調平涼衛右千户所全伍官軍於固原，立爲守禦千户所，調靖虜衛署指揮僉事張正掌所事，榮福仍統理之。天順五年，以平涼衛指揮使哈昭守備固原。成化三年，北虜内侵，攻破開城縣，知縣于達、教諭湯敏死之，因徙縣治於固原。成化四年，土達滿四反，據石城，都御史項忠討平之。遂會巡撫都御史馬文升，奏改固原守禦千户所爲固原衛，立左、右、中三千户所。[3]五年，[4]馬文升又奏添陝西按察司僉事一員。楊勉整飭固原兵備，[5]又奏設西安州守禦千户所。成化十九年，巡撫陝西都御史余子俊奏設鎮戎守禦千户所，又奏設平虜守禦千户所，皆隸固原衛。

　　洪武初，設立陝西等處承宣布政使，司西安等八府，并所屬州縣。其在北邊者，自西至東，亘千餘里。有曰蘭州，曰金縣，則屬臨洮府；曰安定縣，曰會寧縣，則屬鞏昌府；曰静寧州，曰隆德縣，曰開城縣，今改固原州，則屬平涼府；曰環縣，則屬慶陽府。固原、環縣北至寧夏、靈州、花馬池，大約六百餘里。中間多山溪草莽，居民鮮少。其地自古及今，無郡縣之建。北虜住牧黄河套，離花馬池營僅二十里。每大舉深入，必先犯固原，而後至平涼、鳳翔、臨、鞏。黄河套即古河南朔方之地，周宣王時，玁狁内侵，至於涇陽，命尹吉甫將兵伐之，至於大原。原之名始見於此，乃雍州涇河北之大原，非冀州汾水所出之太原也。後魏於此置原州，廢。唐武德初，復置原州，皆因大原之舊名。宋改爲鎮戎軍，金爲鎮戎州，而涇原之名不廢。《綱目》書，① 唐貞元三年"冬十月，吐蕃城故原州而屯之"。[6]故原之

---

① 參見《通鑑綱目》第四七"貞元三年冬十月"條。

名始此，今名"固原"，音同而字不同也。

城池

　　景泰三年，苑馬寺奏修固原城。成化五年，兵備僉事楊勉增築，建樓鋪城門二：南曰鎮夷，東曰安邊。弘治十五年，尚書秦紘增築外關城，周圍二十里，設關門四，外爲溝池，深闊各二丈。復開城西一門，曰威遠。

　　按：宋真宗咸平中，曹瑋築鎮戎軍城，周圍九里七分，壕塹二重，深二丈。金宣宗興定三年六月十八日地震，城頹。四年四月二十一日，起夫二萬人築完。有石碣，在今城隍廟内，①今固原州城皆其故壘。

疆界

　　東至鎮原縣二百四十里。
　　南至隆德縣一百二十里。
　　西至會寧縣三百六十里。
　　北至寧夏韋州界三百里。

　　凡作州縣志者，多志"分野"與"形勝"。今固原州分野見《平凉府志》，②故《州志》不書，統於一也。

　　若今固原境界，四面相距各五百里，土曠人稀，四通八達，難以拒守，不可以形勝言。舊志以李繼和所奏"中華襟帶"爲固原形勝，③過矣。唐置原州，後没於吐蕃。宋韓琦會兵數萬，趨鎮戎軍拒趙元昊，爲其所敗。我朝自弘治十五年設總制於固原，增兵添戍，勞費無算，而勢分力弱，虜每大舉深入，卒不能禦。以此觀之，固原之形勝安在哉！

　　《左傳·昭公二十三年》：楚子常城郹，沈尹戌曰："郹苟不能衛，城無益也。

---

①　1979年，今寧夏固原市原州區城南門西側牆壁發現一方磚，其上有景泰二年（1451）九月初一日劉彬、張純所刻三百二十四字，述及同年七月二十二日修補固原城時掘出金代所刻方磚一塊，上記金宣宗完顏珣興定三年（1219）六月十八日巳時固原地震，四年（1220）四月二十一日差軍民夫二萬餘人興工修築，五月十五日工畢。1994年，固原東嶽山魯班廟遺址中出土了著名的"地震刻石"，記載了明朝嘉靖十年（1531）十一月朔日，信士蒲璋把金朝磚刻文字内容轉爲石刻的情況，所轉述的金朝磚刻内容與景泰二年（1451）磚刻内容一樣，兩者可以相互印證。兩方出土材料現藏固原博物館。"地震刻石"圖片、釋文參見《固原歷代碑刻選編》，第160—161頁。研究成果參見羅豐：《金代興定三年陝西地帶發生的地震是幾次》；許成、韓兆民：《寧夏固原出土明代磚刻》；王世平：《關於明固原城的兩點考論——兼爲〈固原出土明代磚刻〉一文補證》。
②　參見《大明一統志》卷三五《平凉府·建置沿革》，其曰："天文井鬼分野。"
③　參見《宋史》卷二五七、《東都事略》卷二〇《李繼和傳》。

古者天子守在四夷。天子卑,守在諸侯。諸侯守在四鄰。諸侯卑,守在四境。慎其四境,結其四援,民狎其野,三務成功。民無內憂,而又無外懼,國焉用城。今吳是懼,而城於郢,守已小矣。"①至哉斯言也！楚以守郢爲小,我國家大一統,全陝之北,盡朔方靈、夏之境,皆歸統御,而議者拘拘以固原一州爲守,不尤小乎。昔周宣王命尹吉甫城朔方,以除獫狁之患,正"守在四夷"之義,惜後人弗之考也。

今奉聖天子明命,於寧夏花馬池東西三百里,皆爲深溝高壘,屯兵拒守。又於近裏地名下馬房東西三百里,塹山湮谷,設立重門,以待非常,正得"守在四夷"之上策。而固原草莽之區,衛所之增置、兵馬之調集、供輸之困弊皆可裁省矣。蓋守近、守遠,利、不利,懸絕如此,謀國者可不慎之於初哉。

山川

　　大六盤山,在州西南一百一十里。[7]

　　臺山,在州南四十里。

　　馬髦山,在州西南四十里。宋元嘉五年,夏主昌被擒,其弟平原公定,奔平凉郡即帝位。魏兵追之,三月,敗於馬髦嶺,即此。《元和郡縣志》作"馬屯山",②誤。

　　須彌山,在州北九十里。上有古寺,松柏桃李鬱然,即古石門關遺址。

　　砲架山,在州西北一百二十里,[8]石城之前。四壁削立,極爲險峻。成化四年,[9]滿四反,據此山。

　　照壁山,與砲架山相連。

　　香爐山,在州南四十里。

　　清水河,在州西南四十里。發源六盤山下,至鳴沙州入黃河。

　　大黑水,在州北一百一十里,[10]流入清水河。

　　小黑水,在州北八十里,[11]流入大黑水。

　　須滅都河,在州北九十里,流入小黑水。

　　硝河,在州北一百里,[12]流入須滅都河。

　　海子河,在州西南三十里,[13]流入硝河,即西海之流波也。

　　東海,在州東南四十里。[14]泉流有聲,廣五里,闊一里。東岸有廟。餘波入清水河,即古朝那湫。

---

①　參見《春秋左傳·昭公二十三年》。
②　參見《元和郡縣圖志》卷三《關內道三·原州》。

西海，在州西南四十里。山腰有泉眼，東西闊一里，南北長三里。北岸有廟，舊傳祭龍神潤澤侯處。正德十一年，鎮守總兵官趙文、兵備副使景佐，因本城井水苦鹹，人病於飲，遂導引於州城。由西門而入，環流於街巷，自東門而出，入清水河，即古朝那湫。

北亂池，在州西南九十里。[15]闊一百七十丈，莫測其深。旱魃，禱雨輒應。有胡元時及國朝正統年碑。①

養魚池，在舊開城西三里，元安西王養魚處，又名"蓮花池"。

暖泉，在州北五里，隆冬不凍，流入清水河。

青羊泉山，山頂有泉，故名。在平虜所西四十里。

印子山，絕頂有印蹟，如篆刻狀，故名。在紅古城西南十里。

甜水河，在紅古城西門外。味甘可飲，且便於灌溉，居人引之以種稻。去紅古城二十里，入清水河。

大南川，在州東南七十里。[16]

小南川，在州東南六十里。[17]

乾川，在州東北一百六十里。

古蹟

立馬城，在州東一百四十里，有遺址。

西安州城，在州北二百里。宋元符二年置，詳見"西安州"下。②

東山砦，在州東南四十里。宋咸平中置。金爲東山縣，隸鎮戎州。元改爲廣安縣，尋陞爲州，隸開城路。今廢爲東山城堡。

彭陽城，唐爲豐義縣，[18]宋改彭陽，今爲堡。在州東一百二十里。

細腰葫蘆硤城，在州東北一百五十里。通韋州、靈、夏諸處。其路兩山相夾，最爲要害。宋范仲淹以原州屬羌明珠、[19]滅臧二族，兵數萬，與元昊隔絶鄰道。公聞涇原欲襲討之，奏言："二族道險，不可攻，前日高繼嵩已嘗喪師。[20]平時猶懷反側，今討之，必與賊相爲表裏，南入原州，西擾鎮戎，東侵環州，邊患未艾也。宜因元昊別路大入之際，即并兵北取細腰、葫蘆泉爲保障，[21]以斷賊路，則二族自安，而環州、鎮戎等處徑路通徹，可無憂矣。"後二歲，遂築細腰、葫蘆諸砦，屬羌歸服。金、元以來，城守漸廢。今猶存遺址云。

---

① 參見本志卷二《記》載吕柟撰《重修北亂池龍神廟碑記》。
② 參見本志卷一《文武衙門・固原衛千户所城堡・西安州守禦千户所》。

秦長城，在州西北二十五里，[22]有遺址。《綱目》：秦滅義渠，築長城以拒胡。① 即此地。

定川寨，在州西北二十五里。宋置，金省。

天聖寨，在州東北八十里。宋置，②屬鎮戎軍。

石城堡，在州西北一百五里。古有是堡，莫知所創。四壁削立，中有石井五，各闊丈餘以貯水。惟一路可登，地甚險窄。成化四年，土達滿四等據之以叛，次年遂毀其險隘，以絕後患焉。今爲廢城矣。

開遠堡，宋時置。元陞爲縣，隸開成路。[23]

群牧監，舊基在開城東南三里。

平安寨，在開城東一百二十里。

第六將營，大金時立，莫考其所在。

紅城子，在州北七十里秦長城外，今廢。

耳朵城，在州東北一百六十里。宋慶曆中重修。今廢，有遺址。

圓城兒，在白馬城東，有遺址。

磚城兒，在白馬城東三十里，有遺址。

瓦亭關，在州南九十里。[24]後漢，隗囂使牛邯守瓦亭，即此地。漢文帝時，匈奴入寇，至朝那蕭關，疑即今瓦亭關是。

石硤口，在紅古城西五里。古嘗設關，遺址猶存。

土產

穀類：大麥、小麥、蕎麥、莞豆、豳豆、大豆、白穀、青穀、黃穀、紅穀、白糜、紅糜、青糜、黃糜、黑糜、胡麻、麻子、菜子、蘇子。

菓類：桃、李、杏、榛、林禽、梨、秋子、冬菓。

蔬類：蔥、韭、蒜、芥菜、芹菜、白菜、萵苣、蔓菁、茖蓮、小蒜、茄子、白蘿蔔、胡蘿蔔、紅蘿蔔、藤蒿、王瓜、瓠了、蕨菜、薺。

藥類：甘草、秦艽、芍藥、柴胡、知母、防風、羊須草、麻黃、蒼朮、草芽、野烏藥、菖蒲、枸杞、貝母、車前子。

花類：牡丹、芍藥、薔薇、萱草、葵花、十樣錦、珍珠花、米殼花、地棠花、赤金盤、麗春花、黃金蓮、山丹花、石竹花、金盞花、馬蓮花、紫葉蝶、金銀花、玉簪花、紫

---

① 參見《通鑑綱目》第一"周赧王四十五年"條。
② 《元豐九域志》卷三《鎮戎軍》載，天聖元年(1023)置天聖寨，屬鎮戎軍，在軍東北六十里。

荆花、紅荷、菊花。

木類：松、柏、槐、柳、青陽、白陽、椿、榆、桑。

豢養類：牛、馬、驢、騾、羊、犬、豕、狐狸、猫、雞、鵝、鴨、鴿、駱駝。

鳥類：雁、鶴、鶯、鷹、燕、鷗、鵲、野雞、烏、鳩、雀、鷺、布谷、[25]鴒鴿、山雞、鵪鶉、火燕、沙雞、鴞、鸕鷀。

獸類：虎、狼、狐、鹿、兔、獐、鼠、黃鼠、黃羊、野豬、計狸、跳兔、青羊、麝。

風俗

元萬户把丹據平涼，洪武初歸附，授平涼衛正千户。部落散處開城等縣，仍號"土達"。其民樸質強悍，選爲兵者，類多驍勇善戰。儒學之士，通習五經，文教漸興。指揮等官，有以軍功累陞至將官者。風俗視內郡無大異焉。

文武衙門

〔固原州〕

固原州在十字街東。正廳三間，戒石亭一座，儀門三間，大門三間，左庫房三間，右吏目廳三間，東西六房各三間，儀門左預備倉三間，右官倉三間，獄房一所。嘉靖五年，知州趙承祖重修。初設知州一員，吏目一員。嘉靖八年，添設同知一員。

〔户口〕

原額七百七十三户，逃絶八十六户，見在六百八十七户。

男子三千三百三十八丁。凡十里：在城里、東山里、南川里、石仁里、新興里、榆林里、固原里、底堡里、彭陽里、新增里。

〔稅糧〕

夏稅一千八百三十石六合四勺。

秋糧二千六百九石一斗六升二合四勺。

草三千二百六十一束六斤十二兩七錢二分。

〔固原州儒學〕

固原州儒學在城内大街西。弘治十六年，總制、尚書秦紘建。

〔固原州倉〕

固原州倉在城內西北。初設，直隸布政司。嘉靖八年，改屬固原州。大使、副使各一員，兼管草場。添設平凉府監收通判一員。

〔永寧驛〕

永寧驛在城內西南。成化七年，兵備僉事楊勉建。嘉靖五年，副使桑溥重修。驛丞一員。

〔固原巡檢司〕

固原巡檢司，洪武初設，成化八年移開城，後又移涇州圪塔鋪。

〔固原鹽引批驗所五廠〕

固原鹽引批驗所，舊在州衙西，弘治十一年，移於東關廂。大使一員。

五鹽廠，弘治十六年，[26]總制軍務、尚書秦紘奏設。東鹽廠在東關，南北四十五步，東西八十步。南鹽廠在南關，東西三十二步，南北一十六步。西鹽廠在西關，東西二十丈，南北二十二丈。北鹽廠在北關，南北二十丈，東西六十二丈，後改爲小教場。中鹽廠在西關，東西十五丈，南北三十五丈。

陰陽學

醫學

僧正司

道正司①

〔固原衛千戶所城堡〕

固原衛，在大街西，成化六年建。正廳五間，東西六房各六間，後廳五間，大門東西廂房各三間，二門三間。經歷司三間。鎮撫司三間。獄房一所。左、右、中三千戶所。

本衛馬步官軍二千四百八十七員名：正兵營馬隊官軍一千一百一十三員

---

① 陰陽學、醫學、僧正司、道正司下無具體內容。

名,馬隊五百三員名,步隊守城、守墩、雜差等項八百七十一員名。因堪戰軍止有一千六百,故遇虜住套,必調集各衛官軍於固原助力。因設墩數多,故占役軍人至八百之上。然勞費雖多,而竟不能禦虜者,因所守者小故也。

屯田一千二百三十三頃四十五畝。每年該徵夏秋子粒七千四百三十七石八斗,馬草一萬一千一百五十七束一十二斤。

教場在城東南三里,周圍九里。成化八年,僉事楊勉建。弘治八年,副使陶琰、守備都指揮烏銘種樹千株。正德二年,都督同知曹雄重修。正德十一年,鎮守署都督僉事趙文於演武廳後築望軍樓臺一座,以防虜至據守。

神機庫在城內大街北。正德二年,都督曹雄建。

兵車廠在南門月城內。嘉靖五年,副使桑溥建。

鼓樓在州城大街中。僉事楊勉修築。歲久傾圮。正德八年,總制右都御史張泰、兵備副使景佐重修,極雄壯。取安定縣古寺巨鐘置樓上,[27]鐘識云:"大宋靖康元年八月鑄,起復修寺,熙河路兵馬鈐轄隴右都護馬祐昌。"①

西安州守禦千戶所,在州西北二百五十里。宋初為南牟會,元符二年,經略使章楶始令太守折可適建築之。是夏四月,賜名西安州,領堡寨二十二。靖康元年,夏人陷之。元廢。國朝為楚府牧地。成化五年,巡撫陝西都御史馬文升奏立西安州守禦千戶所,隸固原衛。城周九里三分,壕塹一道,深闊各三丈,池深闊與城等。東、西二門,城四面有樓,曰東寧、西靖、安南、定北。按察分司并千戶所操守衙門,俱僉事楊勉建。

官軍一千三百四十九員名:馬隊四百四十四員名,步隊九百五員名。

屯田三百頃。歲徵夏秋子粒一千八百石,馬草二千七百束。

鎮戎守禦千戶所,在州北一百二十里。宋紹興四年,章楶上言城葫蘆河川,據形勝以逼夏,即此地。國朝成化九年,巡撫都御史馬文升奏修。城周三里,高闊各三丈,池深闊與城等,東南二門。成化十二年,巡撫都御史余子俊,始奏設鎮戎守禦千戶所,隸固原衛。成化十八年,增設操守指揮一員。嘉靖三年,增築關廂,周二里,高闊各一丈五尺,南北二門。內有帥府、察院及大小官廳、操守廳。

官軍一千一百六員名:馬隊二百八十一員名,步隊八百二十五員名。

屯田三百頃。歲徵夏秋子粒一千八百石,馬草二千七百束。

---

① 馬祐昌,宋朝人,其事蹟雜見於宋人孫昭遠的傳記資料中。《文忠集》卷二九《京西北路制置安撫使孫公昭遠行狀》(乾道七年撰)載,靖康元年(1126)十一月,金兵逼近北宋都城開封,"永興路安撫使范致虛自稱御前會合軍馬勤王入援,所號召諸路之師,公至督其進。……又遍檄諸帥,使出師。已而環慶帥王似、熙河帥王倚各以師來會,而涇原帥席貢、秦鳳帥趙點、鄜延帥張深皆不至。公二十八疏劾之,合諸路兵得十餘萬,范致虛命馬祐昌統之,斬杜常、夏淑於華陰。公與致虛同出關。俄祐昌遇敵於石壕千秋間,戰,敗績。"《宋名臣言行錄續集》卷七、《宋史》卷四五三《孫昭遠傳》均載此事。

平虜守禦千户所，在州東北二百一十里。成化十二年，巡撫陝西都御史余子俊奏設。地無井泉，惟蓄潦水供飲，不堪多駐軍馬。弘治十四年，總制、尚書秦紘修築城池及東西關。弘治十七年，總制、右都御史楊一清奏請銓官降印、募軍給馬，隸固原衛。城周二里三分，高闊各二丈，池深闊與城等。關周三里二分，高闊各二丈。進士楊經曰："平虜古有是城，莫考所創，相傳爲豫王城。考之《元史》，順帝冬十二月丙寅朔，[28]豫王阿剌忒納失里徙居北海，尋還六盤山。北海，疑即今平虜城地，故俗呼爲豫王城云。"

官軍一千二百四十五員名：馬隊五百三十一員名，步隊七百一十四員名。

屯田三百頃，該徵子粒一千八百石，馬草二千七百束。

甘州群牧千户所，在州西二十里，肅府牧馬地。城高二丈五尺，周三里七分，東南北三門。嘉靖五年，巡撫陝西都御史王藎奏設，操守官一員，管領本所軍馬，聽調殺賊。

官軍九百二十八員名：馬隊四百九十四員名，步隊四百三十四員名。

海剌都營，在州西北二百一十里，楚府牧馬地。洪武二十三年，調撥武昌護衛前所六百户，官軍一千五百員名，屯牧於此。舊無城池，權於乾城兒建立公署、倉庫。天順三年，營人始自築小城，周二里，高一丈餘。成化四年，巡撫都御史馬文升始奏，選本府官軍七百員名，冬操夏種，設操守指揮一員約束之。成化七年，兵備僉事楊勉始增築其城，高闊皆三丈，周四里三分，東西南三門，池深闊各一丈五尺。內有大小官廳、操守廳及承奉行司。

官軍九百四十八員名：馬隊四百五十七員名，步隊四百九十一員名。

紅古城堡，在州北二百二十里，有古城址。弘治十七年，秦紘奏立。正德二年，楊一清募軍戍守，奏調寧夏等衛百户五員領之。設操守指揮一員，坐堡官一員。城周二里三分，高二丈五尺，闊三丈。西南二門，俱秦紘建。嘉靖五年，尚書王憲、副使桑溥增築外關，周三里二分，高闊如內城，壕深闊各一丈五尺。門二，與內門直。於內城二門上各建有樓。城內有大小官廳，及操守、坐堡官廳。

官軍七百九十員名：[29]馬隊四百四十四員名，步隊三百八十六員名。

白馬城堡，在州東一百二十里，一名撒都兒城。本苑馬寺牧地，有井泉。嘉靖四年，楊一清復來總制，築城。周二里三分，高二丈八尺，闊二丈七尺。東北二關，周五里三分。東南北三門，上各有樓。壕深二丈，闊一丈五尺。募軍戍守，人給地一頃，使自耕種爲業。奏調榆林衛百户五員領之。

下馬房關，在固原北三百里下馬房東。自定邊營南山口起，西歷榆林所管石澇池堡、饒陽堡、三山堡，環縣所管憩水堡關，固原所管地名嚮石溝、下馬房關、紅古城堡，靖虜衛所管乾鹽池、打剌赤地名青沙峴，至靖虜衛，綿延五百三十餘里，中間山勢連絡，可以設險。

弘治十七年，尚書秦紘奏起陝西八府民夫，鏟山挑溝，設險以備胡，未久坍塞。十八年正月，虜賊大舉入寇，圍困靈州等處。十二月十七日，自花馬池、清水營兩處拆墻進入，由下馬房、嚮石溝直至固原隆德縣、靜寧州、會寧縣搶掠。二十八日，由西安州出境。

下馬房山溝險隘，止一路通寧夏韋州。上置關門，無人據守。嘉靖五年，尚書王憲奏築小城，周一里，欲調軍守之事未就。嘉靖九年，尚書王瓊令鎮守都督劉文領軍八千，於下馬房東嚮石溝挑乞壕塹三十里五分，深闊各二丈五尺，南面塹上築墻高五尺，共三丈之數。又於靖虜衛打剌赤北青沙峴四十里三分，隨山就崖鏟削陡峻。其餘但係通賊隘口，俱修理阻塞，凡一百六十四里。又將環縣憩水堡至石澇池堡，靖虜至蘭州要害之處，皆築墻挑溝，設險以守。下馬房關起蓋城樓營房，撥軍守之，懸榜於樓上曰"重門禦暴"，於憩水堡關樓上曰"北地重門"，於蘭州刻石曰"千里巨防"。

論曰：環縣、固原北至寧夏花馬池、靈州六百餘里，土曠人稀，自古無郡縣之設。志□地里者曰環、曰原而已。殊不知環、原之北三百里，東西山勢連絡，自榆林黃河至蘭州黃河，凡二千餘里。中間深溝懸崖，逶迤相接，可以阻隔胡騎者十之六七，平漫可通行者十之三四耳。以在環、原境上者言之，自環縣憩水堡關至靖虜衛，凡五百餘里，中間平漫可以挑塹鏟崖者七十里餘，皆略加鏟削，用力不多而險成矣。宋趙元昊據靈夏，命范仲淹守鄜延，韓琦出兵鎮戎軍以禦之，敗績。蓋不知守環、原北面形勝阨塞之地，而欲以攻戰先之，是以終宋之世，不能免夏人之侵也。

本朝於靈夏之地建衛屯兵，命將拒守，而設險之策，未遑講究。既添設固原衛倚以為重，又增置西安、平虜、鎮戎三千戶所，紅古城、白馬城二堡，銓官募軍，以備北虜之入。所守已小而益小，為費已多而益多，無怪乎虜之不能禦也。今天子明聖，屈盡群策，於花馬池東西三百里，皆為深溝高壘，據而守之，所謂"天子守在四夷"者是已。又於下馬房東西三百里，塹山湮谷，設立重險，所謂"重門擊柝，以待暴客"者，①非是之謂乎？其視於固原曠漫之野增兵添戍、勞費無益者，得失豈不較然明著矣乎。

苑馬寺所屬坐落固原州地方監苑

長樂監，在州城東北隅。監正一員，錄事一員。有苑馬行寺、馬神廟所屬在

---

① 參見《周易·繫辭下》。

固原者三苑。

開城苑,在頭營內。圍長三員,領八營馬房六百三十九間,草廠八所,草場、馬圈一十三處。二營內置有苑馬行寺,東至可可川、天城山、私鹽路,南至古黑城,抵廣寧苑,西至須彌都、把關山,北至韓府群牧所,抵中營灣、[30]三峰兒堆。[31]南北長一百二十六里,[32]東西闊八十里。

廣寧苑,在州城內監衙西。圍長二員,領鞏昌、青州、臨洮、平涼四營馬房四百五十四間,草廠四所,草場、馬圈三十六處。東至北河川,[33]南至木廠溝,西至武原川,[34]北至開城苑頭營。東西長一百里,南北闊五十里。

黑水苑,在州城北九十里。圍長二員,馬房三百九十七間,草廠二所,草塲、馬圈九處,內有苑馬行寺。東至紅城子大路,南至深溝民楊鑑地,北至亂堆溝。成化十三年,巡撫都御史余子俊奏設。正德元年,楊一清開拓城堡。嘉靖五年,王憲奏撥秦、鞏等衛官軍六百員名戍守,後因戍軍奏路遠艱苦,停罷。

總制邊務大臣

弘治十四年,虜酋火篩大舉由花馬池入寇平、鳳、臨、鞏。十五年,兵部建議設大臣一員,開府固原,總制延綏、寧夏、甘肅、陝西四鎮軍務以備虜。

秦紘,山東單縣人,景泰辛未進士。① 由御史歷陞都御史,巡撫山西、宣府、河南,總督漕運及兩廣軍務。所至搏擊權豪,風裁茂著。以南京戶部尚書致仕。弘治十五年,用廷臣薦起用,改戶部尚書兼都察院右副都御史,[35]總制陝西三邊軍務。奏陞開城縣爲固原州。選將練兵,疏通鹽利,修理孔廟以興學,開拓城郭以安軍。於下馬房東西阨塞之地,棧崖挑塹,設險以守。在固原三年,北虜未嘗入。十七年,召還,掌戶部事。尋卒。

楊一清,雲南安寧州人。寄籍湖廣巴陵縣,後又入籍鎮江府丹徒縣。十二歲,以奇童舉送翰林院讀書。成化八年,登進士第。除中書舍人,陞僉事、副使。提督山西、陝西學政,教條嚴謹,人以有政事才目之。入爲太常卿,陞左副都御史,[36]督理陝西苑馬寺馬政。弘治十八年正月,巡撫陝西地方。是月,虜賊大舉入寇,圍困靈州等處。尋命一清總制陝西、延綏、寧夏、甘肅邊務。十二月,虜賊大舉由花馬池入寇固原、安、會等處。認罪建議於花馬池營立寧夏後衛,興武營立守禦千戶所,改靈州千戶所爲守禦千戶所,屬陝西都司。奏築定邊營至橫城墻三百里。發八府各衛丁夫九萬人,築完橫城堡墻三十里,丁夫潰散。會劉瑾用事,取回。後以少傅兼太子太傅、吏部尚書、武英殿大學士致仕。嘉靖三年,[37]

① 景泰辛未:景泰二年(1451)。

起用,復任陝西總制。未一年,復入内閣。嘉靖八年,以事革職,冠帶閑住,卒於家。有督府奏議印本,在兵備道。

才寬,直隸遷安縣人,成化戊戌進士。① 正德四年,以工部尚書總制陝西三邊軍務。時大虜住套,帥師由興武營出,遇賊,斬首數十級。忽伏兵起,中流矢,卒於軍。事聞,蔭子錦衣衛百户,世襲。

張泰,直隸肅寧縣人,成化戊戌進士。正德六年,以都察院右都御史總制陝西三邊軍務。八年,卒於固原。

鄧璋,直隸涿州人,成化丁未進士。② 正德九年,以都察院右都御史總制陝西三邊軍務。時都御史彭澤總督甘肅等處軍務,處置哈密事情,約璋赴甘州會議。虜賊大舉由花馬池入寇固原,直至隴州。致仕,後官至南京户部尚書。

李鉞,河南祥符縣人,弘治丙辰進士。③ 嘉靖元年,以兵部左侍郎兼都察院左僉都御史巡視三邊,後改總制。虜賊大舉由花馬池入寇固原,直至涇州,降旨切責。榆林游擊將軍彭楧於定邊營南山追賊,斬首八十級,復受獎賞。二年,[38]取回京,陞本部尚書。未幾,卒。

王憲,山東東平州人,弘治庚戌進士。④ 原任兵部尚書,致仕。嘉靖四年,[39]起用,兼都察院右都御史,提督陝西三邊軍務。六年六月,虜賊千餘由花馬池入寇黑水苑,未至固原九十里。先是,已調榆林等處兵二萬,分布固原境内,賊至,各路兵會合擊之,斬首三百餘級。捷聞,降敕獎勵,加太子太保,蔭子錦衣衛百户,世襲。七年,改南京兵部尚書,參贊機務。八年,改都察院左都御史。有督府奏議印本,在兵備道。

王瓊,山西太原縣人,成化甲辰進士。⑤ 正德八年,任户部尚書。改兵部尚書,後改吏部尚書、少師兼太子太師。十六年,爲權奸構害,謫戍上郡。嘉靖六年,復兵部尚書職,致仕。七年,起用,兼都察院右都御史,提督陝西三邊軍務,後改總制。時土魯番不靖,侵擾肅州。督兵擊斬,走之。奏放節年羈留貢使千人回本土,番夷畏服,朝貢如常。八年,套虜犯邊。六月,統兵三萬出花馬池禦之,斬首六十三級。蒙降敕獎勵,賞銀五十兩,紵絲四表裏。又賊二萬,東由把都河堡入境,發兵禦之,出境。又賊二千由興武營入寇靈州,發兵擊之,退走。以平夷退虜功,加太子太保。九年,洮、岷番夷若籠等族反,寇掠鞏、昌等處,議令鎮守都督劉文、游擊將軍彭楧領兵討之,斬首三百五十餘級,撫定七十餘族,通貢如舊。蒙

---

① 成化戊戌:成化十四年(1478)。
② 成化丁未:成化二十三年(1487)。
③ 弘治丙辰:弘治九年(1496)。
④ 弘治庚戌:弘治三年(1490)。
⑤ 成化甲辰:成化二十年(1484)。

降敕褒獎賞銀五十兩，紵絲四表裏。十年，巡視定邊營、花馬池，提督官軍挑挖壕塹。賊知有備，率衆二萬東由鎮靖堡入。時秋九月，人畜已收斂，野無所掠，遁回。建議於花馬池東西三百里，盡爲溝壘，罷戰設守，以省勞費。於花馬池置關門，起樓扁曰"朔方天塹"。又於環縣憇水堡起至蘭州止，東西八百餘里，因地形勢，塹山堙谷，設立重險，益固封守。修理憇水堡關門，起樓扁曰"北地重門"。下馬房關門，起樓扁曰"重門禦暴"。又奏修寧夏鎮城北平虜城一帶墙塹，東西長三十二里，置立關門，起樓扁曰"朔方天塹"。內築二堡，移軍屯守。有《環召新疏》九卷，凡一百九十二條。又自著《西夷事蹟》一卷，《北虜事蹟》一卷，印板俱在總制府書厨收貯。

唐龍，浙江蘭谿縣人，正德戊辰進士。[①] 由御史，辛巳七月陞陝西提學副使，[②]至嘉靖丙戌十一月，[③]歷陞山西按察使、太僕寺卿、漕運僉都御史、掌院事副都御史，吏部右侍郎、左侍郎。辛卯九月，[④]陞兵部尚書兼都察院右都御史，總制陝西三邊軍務，管理西安等府賑濟，兼制河南、湖廣、山西三省。

鎮守固原武職大臣

初設武職大臣，與太監一同鎮守陝西，操練軍馬，撫安兵民，修理城池，防禦賊寇，凡事與巡撫都御史公同計議而行。弘治十八年十月，巡撫陝西都御史楊一清奏稱，鎮守陝西武安侯鄭英怯懦失事，取回，薦舉都督曹雄鎮守，移住固原，候邊城無事，仍回鎮城住劄。

曹雄，都督同知，弘治十八年鎮守固原。寧夏指揮何錦等反，殺死鎮巡官。雄領兵駐靈州，欲渡河，向寧夏。游擊仇鉞借其聲援，擒何錦等，事平。後以劉瑾鄉親註誤充軍。

韓玉，都督僉事，正德五年鎮守。[40]

楊英，都督同知，正德六年鎮守。[41]

侯勳，都督同知，正德九年鎮守。因套虜犯固原參提，病卒。

趙文，署都督僉事，正德十一年鎮守。[42]套賊入寇安定、會寧，又因別事被劾革任。

劉淮，都督僉事。先任鎮守宣府總兵官，失事降級，後復職。正德十六年鎮守固原。嘉靖元年，套賊犯涇州，革任。今又推用鎮守遼東總兵官。

---

① 正德戊辰：正德三年（1508）。
② 辛巳：正德十六年（1521）。
③ 嘉靖丙戌：嘉靖五年（1526）。
④ 辛卯：嘉靖十年（1531）。

鄭卿，署都督僉事，嘉靖元年鎮守固原。[43]六年，以鎮戎之捷陞都督同知。以洮、岷事被劾革任。

張鳳，先任都督僉事、右軍都督府僉書。嘉靖三年，任榆林游擊。調涼州，殺賊有功，陞都督同知。六年，鎮守固原。未幾，與魯經更調，鎮守榆林。

魯經，都督同知，莊浪衛土官。嘉靖七年，尚書王憲薦舉鎮守榆林，大學士楊一清奏調鎮守固原。套賊由花馬池至靖虜衛青沙峴入寇安、會，督兵截殺，斬首三十餘級，後以足疾辭任。

劉文，先任涼州副總兵，嘉靖八年，陞署都督僉事，鎮守固原。九年，洮、岷番夷若籠剌即等族反，寇掠鞏昌等處。統兵征剿，斬首三百五十餘級，撫定七十餘族。地方平定，陞俸一級，賞白金綵幣。秋，督軍修完下馬房東嚮石溝及乾鹽池、青沙峴要害墻塹七十餘里，剗削崖塹一百六十四里，陞實授都督僉事，仍賞白金綵幣，食一品俸。靖虜衛起至蘭州，長三百里，中間要害去處，又皆修築墻塹，以斷胡虜西入臨、鞏之路。

分守固原參將

嘉靖四年，總制尚書楊一清奏設。九年，改分守蘭、靖，常在蘭州住劄，固原參將裁革。

劉文，嘉靖四年任。陞涼州副總兵，轉固原鎮守。

李佐，嘉靖六年任。以疾辭任，卒。

苗鑾，嘉靖八年任。改分守蘭、靖。

固原等處游擊將軍

弘治十五年，總制、尚書秦紘奏設。常在慶陽、環縣北紅德城住劄。嘉靖九年，改陝西游擊將軍，省城住劄，往來固原等處殺賊。

陳善、姚振、李佐、張雄、張鎬、張環、雍斌、陶文、夏欽、彭械。

整飭固原兵備憲臣

成化五年，巡撫都御史馬文升因土達滿四反奏設。專一在於固原、高橋、靖虜等處往來巡歷，撫安土達。仍整飭固、靖、甘、蘭兵備，操練軍馬，修理城池、墩臺、關堡，防禦賊寇，兼理詞訟糧儲。

楊勉，四川安岳縣人。由進士，成化五年任事。方創始，悉其經營。

嚴憲，河南扶溝縣人。由進士，以僉事，成化十一年任兵備。

邊完，河南杞縣人。由進士，以副使，成化十三年任兵備。

翟廷蕙，河南洛陽縣人。由進士，以副使，成化十五年任兵備。

王繼，河南祥符縣人。由進士，以監察御史陞副使，成化十八年任兵備。累官至右副都御史巡撫甘肅、南京兵部尚書參贊機務，卒。

孫逢吉，山西渾源州人。由舉人，成化二十年任兵備。值歲凶，賑救有方，人多德之。

李經，山西陽城縣人。由進士，以監察御史陞副使，弘治二年任兵備。爲守備都指揮張欽所怨，幾被害。致仕。

陶琰，山西絳州人。由進士，以副使，弘治七年任兵備。屢官至都御史、刑部侍郎、工部尚書，加太子太保，致仕。

胡倬，廣西桂林縣人。由進士，弘治十四年任兵備。

陳珍，遼東廣寧衛人。由進士，弘治十五年任兵備。

胡經，山東濱州人。由進士，以副使，弘治十五年任兵備。

高崇熙，山西石州人。由進士，以副使，弘治十七年任兵備。後官至右副都御史，巡撫四川。

王凱，直隸蠡縣人。由進士，以副使，正德四年任兵備。

黃繡，江西清江縣人。由進士，以副使，正德五年任兵備。

景佐，山西蒲州人。由進士，以副使，正德六年任兵備。

羅玹，河南扶溝縣人。由進士，以副使，正德十一年任兵備。[44]

許諫，河南洛陽縣人。由進士，以副使，正德十二年任兵備。

毛思義，山東陽信縣人。[45]由進士，以副使，嘉靖元年任兵備。獄訟立決，人服其明。歷陞右副都御史，總督漕運。

成文，山西山陰縣人。由進士，以副使，嘉靖二年任兵備。政尚平恕，人咸德之。歷陞右副都御史巡撫遼東。

桑溥，山東濮州人。由進士，以副使，嘉靖四年任兵備。有治事才。在州三年，修理城垣、倉場、公署、驛鋪、戍樓，坊市煥然一新，風紀振揚，奸盜屏息。又能設法價銀，差義官夏景榮收買銅三千餘斤，鑄造廟學祭器四百四十餘件。六年，以鎮戎之捷，陞浙江按察使。

郭鳳翱，河南祥符縣人。由進士，以副使，[46]嘉靖七年任兵備。蒞事公勤，屢經薦舉。十年考滿，便道省親，卒於家。

沈圻，浙江平湖縣人。由進士，以副使，嘉靖十年任兵備。

守備固原武臣

景泰元年，始築固原城。令都指揮榮福往來提督。三年，立固原守禦千户所。天順五年，始設守備，操練軍馬，修理城池，撫恤土達，防禦賊寇。後用指揮守備。成化五年，都御史馬文升奏，復用方面官守備。嘉靖四年裁革，十年復設。

榮福，都指揮僉事。景泰間，往來提督。

哈昭，都指揮僉事。天順五年，守備固原。成化二年，大虜入寇，率兵出戰，沒於陣。

馮傑，指揮同知。成化四年，土達滿四反，事連伏誅。

樊盛，都指揮僉事，成化五年守備。

常謙，都指揮僉事，成化六年守備。

甘澤，都指揮僉事，成化七年守備。凡十有八年，守備領敕自澤始。

張欽，都指揮僉事，弘治二年守備。因謀殺副使李經，自刎。

郭鋿，都指揮僉事，後陞都督僉事，鎮守寧夏。

馬榮，都指揮僉事，後陞涼州東路參將。

烏銘，都指揮僉事，後陞延綏東路參將。

楊宏，都指揮僉事。弘治十四年，因大虜寇固原，充軍。總制、尚書秦紘奏，免充軍。累立軍功，陞都督僉事，鎮守四川，革任。後充總兵官，鎮守淮安，督理漕運。

苗英，都指揮僉事，弘治十七年守備。

趙洪，都指揮僉事。

陳善，都指揮僉事，後陞固原游擊將軍。

陶文，都指揮僉事，後陞固原游擊將軍。

趙瑛，以都指揮體統行事指揮，正德十四年守備。累陞都督僉事，鎮守宣府。後調寧夏鎮守，北虜寇掠鎮城境內，革任。

楊振，都指揮僉事，正德十六年守備。嘉靖元年，北虜寇掠隆德等處，革任。十年，推舉陝西都司掌印。

劉文，都指揮僉事，嘉靖二年守備。裁革。總制、尚書楊一清保陞固原參將。

周繼勳，指揮使，以都指揮體統行事，嘉靖十年守備。

固原州并所屬官

知州弘治十五年除

岳思忠，河南儀封縣人，弘治十五年初任。

洪恩，四川成都縣人。由舉人，正德元年任。本州民糧舊起運寧夏邊倉，恩奏留本州倉交納，州民便之。

石堅，山西介休縣人。由監生，正德三年任。

張洪，山東曹縣人。由舉人，正德七年任。

嚴玘，河南陳州人。由舉人，正德九年任。[47]

張經，山東濱州人。由舉人，正德十二年任。[48]

王龍，直隸束鹿縣人。由舉人，正德十五年任。

趙承祖，山西介休縣人。由舉人，嘉靖四年任。[49]撫字民安。

同知嘉靖七年添設

承宣，山東安丘縣人。由監生，原任綏德州同知，嘉靖七年裁革，調本州。

孫爵，山西壽陽縣人，由吏員。嘉靖八年，巡撫以才幹保陞。

吏目

李玉，山東人，由監生任。

郭英，直隸香河縣人，由監生任。

張霈，山西朔州人，由監生任。

盛景，監生任。

李逢陽，山西石州人，由監生，嘉靖六年任。①

本州儒學

學正

李佐，四川潼川州人，由監生任。②

周价，四川巴縣人，由監生，正德十六年任，學規嚴整。後陞夔昌府儒學教授。

丁琰，山西聞喜縣人，由監生任。③

李鶡，四川茂州衛人，由監生，嘉靖六年任，風度文雅。後陞臨洮府儒學教授。

申一鷟，山西臨汾縣人，由監生除訓導陞任。④

訓導

王謨。

劉謨，山西臨汾縣人，由監生任。

符節，湖廣均州人，[50]由監生任。

陳滿，河南閿鄉縣人，由監生任。

劉智，山西河曲縣人，[51]由監生任。

蔣倫，河南原武縣人，由監生任。

李澄，四川鹽亭縣人，由監生任。

---

① 據《平涼府志》卷九《固原州》載，李玉任職於嘉靖十一年(1532)，郭英任職於弘治十五年(1502)，張霈任職於嘉靖元年(1522)，盛景任職於嘉靖四年(1525)，則其排序當為：郭英、張霈、盛景、李逢陽、李玉。

② 據《平涼府志》卷九《固原州》，李佐任職於正德十二年(1517)。

③ 據《平涼府志》卷九《固原州》，丁琰任職於嘉靖五年(1526)。

④ 據《平涼府志》卷九《固原州》，申一鷟任職於嘉靖十年(1531)。

胡貫,四川巴縣人,由監生任。
李宗義,山西陽曲縣人,由監生任。①
羅袞,四川宜賓縣人,由監生任。②
馬元,四川華陽縣人,由監生任。③
武威,山東樂陵縣人,由監生任。④
毛鳳起,四川宜賓縣人,由監生任。學博行方,士子嚴憚。⑤
魏世禎,河南睢陽衛人,由監生任。⑥
朱崇易,[52]四川新寧縣人,由監生,嘉靖六年任,陞麟游縣儒學教諭。

固原衛并守禦千户所官

固原衛

張愷,都指揮僉事,任蘭州守備。
黄海,指揮使,功陞都指揮僉事。
王爵,都指揮使,任甘肅游擊將軍。
楊振,都指揮僉事,任固原守備。革任,復陞陝西都司掌印。
趙昶,署都指揮僉事,任靖虜守備。
王佐,襲父爵職,功陞都指揮僉事。
楊信,署都指揮僉事,甘州領班備禦。
黄振,襲父海職,以都指揮體統操守固原。

指揮使
胡琮、張塤、季臣。

指揮同知
劉東、趙欽、李勇、申甫。

指揮僉事
陳經、曹隆、郭完、晏灝、孟澤、田國、楊琮、汪洋、黄雄、徐源。

左所

正千户:朱璉。

副千户:陳源、楊文學。

---

① 據《平涼府志》卷九《固原州》,李宗義任職於正德十年(1515)。
② 據《平涼府志》卷九《固原州》,羅袞任職於正德十一年(1516)。
③ 據《平涼府志》卷九《固原州》,馬元任職於正德十六年(1521)。
④ 據《平涼府志》卷九《固原州》,武威任職於嘉靖元年(1522)。
⑤ 據《平涼府志》卷九《固原州》,毛鳳起任職於嘉靖元年(1522)。
⑥ 據《平涼府志》卷九《固原州》,魏世禎任職於嘉靖五年(1526)。

百戶：方鸞、吉佑、蔣仁、王隆、薛良、張添福、李堂、蔣天爵、劉琦。

右所

正千戶：尹福。

副千戶：任經、唐鸞、單清、張祿。

百戶：柳洪、高鳳、趙奉、李江、馬騰、阿勳、王仲、唐西、王堂、馬名、陳英、馬得福、王隆、李得隆。

中所

副千戶：符節、陳準、梁鳳、甘昇、陳完、徐傑。

百戶：高隆、王臣、崔振、呼鉞、蔣鸞、高嵐、黃倫、尚恩、劉繼先。

西安州守禦千戶所

千戶：方良甫、吳宏、成威。

百戶：楚玉、蕭謙、蔣善、李讓、陳鑾、劉源、李縉、韓義、王傑、裴愷。

鎮戎守禦千戶所

千戶：賈燧、馬玄、張諫。

百戶：仇西、徐欽、馬恩、李珍、周縉、白璽、謝陞、徐泰、余欽、賀朝。

平虜守禦千戶所

千戶：薛福、萬章、韓傑、翟勳。

百戶：王玉、蔣鎮、倪松、瞿鐸、趙琛。

人物

劉仲祥，開城縣人，以人才薦除直隸無錫縣知縣。

王旻，開城縣人，永樂年中舉。

何居恭，開城縣人，永樂年中舉，除四川保寧府通判。

楊可度，開城縣人，永樂年中舉。

章文，開城縣人，天順年中舉，除山西祁縣知縣。

虎繼宗，開城縣人，正統年中舉。

彭璘，固原州人，弘治十七年中舉，除灤州知州，陞太平府同知。

開城縣儒學歲貢監生

王亨，除山東丘縣知縣。

何文郿，除四川保寧府照磨。

翟顯。

白珪。

曾讓，除山東高密縣縣丞。

王文秀，直隸滄州判官。

李廷芳，[53]直隸平山縣儒學訓導。

曾友直，山西太原縣知縣，剛直廉幹，民謠曰："有曹廉使曾知縣，鄉間雞皆養白頭了。"言里胥不敢下鄉科擾，雞犬亦得寧也。

馬良，山西榆次縣知縣。

白玉，山西垣曲縣主簿。

張信，河南舞陽縣主簿。

田福，四川眉州吏目。

李恕，河南太康縣主簿。

馬馴。

張善。

韓斌，河南信陽州吏目。

楊存，楊可度子，山西沁水縣主簿。

馮泰，山西榆次縣主簿。

陳寧，大興縣主簿。

康鑑，河南淇縣縣丞。[54]

翟紳，翟顯子，山東福山縣主簿。

徐恒，廬州府檢校。幼時出游海刺都，見女子三十不嫁，問之，云："楚王有禁，不得嫁非本府人。"心不平。及爲諸生，陳其事，遂弛其禁。又嘗上言錢法利病及防邊廢事，多見采納。位卑，不究其用。

胥泰，山西河津縣縣丞。

張寅，山東萊州府教授。

施文。

袁鏗。

李愷，四川忠州判官。

馬恕，四川南川縣主簿。

陰順，山西平定州吏目。

馮浩，四川永川縣主簿。

蘇勉。

彭鋭。

胡秀，四川蒼溪縣訓導，改雙流縣。

袁瑾，四川仁壽縣訓導。
翟琇，翟紳子，河南鈞州判官。
楊獻之。
劉綱。[55]
張翔，山西高遠縣教諭。
張恭，江西九江府檢校。
張洪，鴻臚寺序班。

固原州儒學歲貢監生

王璋，河南泌陽縣教諭。
白文繪，上林苑録事。
楊欽，河南縣縣丞。
翟璣，翟紳子。
陰廷鳳，陰順子，四川武隆縣主簿。
陳夔，河南睢州吏目。
張正學。
陳言，江西按察司照磨。
張錦，四川南部縣主簿。
崔紀，河南臨漳縣教諭。
徐尚忠，徐恒子，山西芮城縣主簿。
史暐，四川會川衛經歷。
王英。
胥保。
胡子鈺。[56]
陳介。
彭鉉。
王鋐。
馬文輝。
康時亨。
趙夔。
徐尚文，徐恒子。
蔣翱，長蘆運司經歷。
趙宏。

安宣。
康雄,康鑑子,四川巴縣縣丞。
孫成,浙江處州府檢校。
趙英,四川資陽縣主簿。
王鳳。
李憲。
梁材。
趙寅。
任錫。
黄繡。
陳簡。
徐遷,徐恒孫。

節婦

趙氏,固原州民馮宣妻。年二十三而寡,家素貧,趙撫育幼子銘鎮,不再嫁,年八十四終。

楊氏,固原衛人彭珏妻。年二十四而寡,家貧無依,甘貧守節,誓不再醮嫁,年七十有七。

明固原州志卷之一

【校勘記】

[1] 洪武初:《明英宗實錄》卷一三〇:"(正統十年六月庚申)於彼處開設固原巡檢司以捕盜寇。"則事當在正統十年(1445)。

[2] 景泰二年:原作"景泰元年"。《明英宗實錄》卷一九五"景泰元年(1450)八月戊寅"條載:"築陝西開城縣城,以其臨邊也。"又卷二〇四"景泰二年(1451)五月乙巳"條載:"命修陝西平涼府固原州廢城,調西安等衛官軍成之。"則景泰元年所築者爲開城縣城,固原城築於景泰二年。又"景泰二年重修固原城方磚"載:"景泰二年七月二十三日,興工重修固原城。"據改。參見《寧夏歷史地理考》卷一四《明朝·固原州》,羅豐《固原地區歷代建置沿革考述》,許成、韓兆民《寧夏固原出土明代磚刻》,王世平《關於明固原城的兩點考論——兼爲〈固原出土明代磚刻〉一文補證》。

[3] 據《明憲宗實錄》卷六三"成化五年二月戊子"條、卷七二"成化五年十月丙子"條載,陞固原州爲固原衛事在成化五年(1469)。參見《寧夏歷史地理考》卷一四《明朝·固

原州》。
［4］五年：原作"六年"，據《明憲宗實錄》卷六八、本志卷一《文武衙門》等改。
［5］楊勉：《西征石城記》及《明憲宗實錄》卷六九、《靖遠衛志》卷五《藝文志》均作"楊冕"。下同。
［6］貞元：原作"真元"，據唐德宗李適年號用字改。
［7］一百一十：《〔嘉靖〕陝志》卷三《土地二‧山川‧平凉府》作"七十"。
［8］一百二十：《〔嘉靖〕陝志》卷三《土地二‧山川‧平凉府》作"二十"。
［9］四年：原作"五年"，據《明史》卷一五六《毛忠傳》、《明憲宗實錄》卷五五、《明名臣琬琰續録》卷一七《伏羌使武勇毛公傳》等改。
［10］一百一十：《〔嘉靖〕陝志》卷三《土地二‧山川‧平凉府》作"五十"，《大明一統志》卷三五《平凉府》、《〔萬曆〕陝志》卷六《山川‧平凉府》均作"一百五十"。
［11］八十：《〔嘉靖〕陝志》卷三《土地二‧山川‧平凉府》作"百二十"。
［12］北：《〔萬曆〕固志》上卷《地理志第一‧山川》作"西北"。
［13］西南：《〔嘉靖〕陝志》卷三《土地二‧山川‧平凉府》作"西北"。
［14］東南四十里：《〔嘉靖〕陝志》卷三《土地二‧山川‧平凉府》作"東北十五里"。
［15］九十：《〔萬曆〕固志》上卷《地理志第一‧山川》作"七十"。
［16］東南七十里：《〔嘉靖〕陝志》卷三《土地二‧山川‧平凉府》作"東六十里"。
［17］六十：《〔嘉靖〕陝志》卷三《土地二‧山川‧平凉府》作"五十"。
［18］豐義縣：原作"義豐縣"，據《舊唐書》卷三八《地理志》、《讀史方輿紀要》卷五八《陝西七》等改。按：此豐義縣爲鎮原之彭陽縣，非固原之彭陽，舊志均誤。參見韓超《甘肅舊志中的寧夏史料述考》。
［19］明珠：原作"月珠"，據《宋史》卷三一四《范仲淹傳》改。
［20］高繼嵩：原作"高繼崇"，據《宋史》卷三一四《范仲淹傳》改。
［21］葫蘆泉爲保障："葫蘆泉"，《宋史》卷三一四《范仲淹傳》作"胡蘆衆泉"，《長編》卷一三八"仁宗慶曆二年(1042)冬十月"條、《太平統類》卷八《仁宗經制西夏要略》作"蘆泉"。"保障"，《宋史》卷三一四《范仲淹傳》作"堡障"。
［22］二十五里：《元和郡縣圖志》卷三《關内道三‧原州》、《〔萬曆〕固志》上卷《地理志第一‧古蹟》均作"十里"。
［23］開成路：原作"開城路"，據《元史》卷六〇《地理志》、《大明一統志》卷三五《平凉府》改。
［24］九十里：《元和郡縣圖志》卷三《關内道三‧原州》、《太平寰宇記》卷三三《關西道九‧原州》均作"七十里"。
［25］布谷：《〔萬曆〕固志》上卷《田賦志第四‧物產》作"布穀"。
［26］十六年：《平凉府志》卷九《固原州‧鹽課》作"十四年"。
［27］鐘：原作"鍾"，據文意改。下同。
［28］十二月：《元史》卷四五《順帝本紀》載事在順帝十八年冬十月丙寅朔。
［29］七百九十：馬隊加步隊官軍總數爲八百三十員。

[30] 中營灣：《平涼府志》卷一《官師》作"中營兒灣"。
[31] 三峰兒堆：《平涼府志》卷一《官師》作"三峰堆"。
[32] 二十六里：《平涼府志》卷一《官師》作"六十里"。
[33] 北河川：《平涼府志》卷一《官師》作"小河川"。
[34] 武原川：《平涼府志》卷一《官師》作"武延川"。
[35] 右副都御史：原作"左副都御史"，據《明孝宗實錄》卷一七九、《明史》卷一七八《秦紘傳》及《〔嘉靖〕寧夏新志》卷二《宦蹟》等改。
[36] 左副都御史：此同《明史》卷一九八《楊一清傳》，《明孝宗實錄》卷一九四作"右副都御史"。
[37] 三年：原作"五年"，據《明史》卷一九八《楊一清傳》、《明世宗實錄》卷四六改。
[38] 二年：原作"三年"，據《明史》卷一九九《李鉞傳》、《明世宗實錄》卷二五改。
[39] 四年：原作"五年"，據《明史》卷一九九《王憲傳》、《明世宗實錄》卷五八改。
[40] 五年：原作"六年"，據《明武宗實錄》卷六六、《〔萬曆〕陝志》卷十三《公署》改。
[41] 六年：原作"八年"，據《明武宗實錄》卷七九、《〔萬曆〕陝志》卷十三《公署》改。
[42] 十一年：《明武宗實錄》卷一二四、《〔萬曆〕陝志》卷十三《公署》均作"十年"。
[43] 元年：原作"二年"，據《明世宗實錄》卷十七、《〔萬曆〕陝志》卷十三《公署》改。
[44] 十一年：《平涼府志》卷九《固原州》、《〔萬曆〕固志》上卷《官師志第六·國朝·兵備》均作"十年"。
[45] 陽信：原作"信陽"，據《明史》卷一八八《張文明傳》、《弇山堂別集》卷六一《卿貳表·總督漕運兼巡撫鳳陽等處都御史年表》等改。
[46] 副使：《平涼府志》卷九《固原州》作"僉事"。
[47] 九年：《平涼府志》卷九《固原州》作"十二年"。
[48] 十二年：《平涼府志》卷九《固原州》作"十三年"。
[49] 四年：《平涼府志》卷九《固原州》作"八年"。
[50] 均州：原作"鈞州"，據《平涼府志》卷九《固原州》、《〔萬曆〕固志》上卷《官師志第六·國朝·訓導》、《大明一統志》卷六〇《興都·襄陽府》等改。
[51] 河曲：原作"河渠"，據《平涼府志》卷九《固原州》、《〔萬曆〕固志》上卷《官師志第六·國朝·訓導》、《大明一統志》卷一九《山西布政司·太原府》等改。
[52] 朱崇易：《〔萬曆〕固志》上卷《官師志第六·國朝·訓導》作"朱崇義"。
[53] 李廷芳：《平涼府志》卷九《固原州·人物》、《〔萬曆〕固志》下卷《人物志第七·皇明》均作"李廷秀"。
[54] 縣丞：《平涼府志》卷九《固原州》作"主簿"。
[55] 劉綱：《〔萬曆〕固志》下卷《人物志第七·皇明》作"劉剛"。
[56] 胡子鈺：《〔萬曆〕固志》下卷《人物志第七·皇明》作"胡子旺"。

明固原州志卷之二

進士楊經纂輯

前代原州人物

魏

紇干弘，字廣略，原州長城縣人，本姓田氏。永安中，任都督，鎮原州城，受隴西王節度。永熙中，奉迎魏武帝入關，封鶉陰縣國子，邑五百户。大統三年，轉帥都督，進爵爲公。十四年，授使持節都督原州諸軍事，又進爵，封雁門郡公，食邑通前二千七百户。保定元年，授使持節都督岷州諸軍事。建德元年，[1]拜大司空。二年，遷少保。三年，授使持節都督襄郢昌豐塘蔡六州諸軍事。[2]入仕四十五年，身經一百六戰。後贈周柱國大將軍。

宋

向寶，鎮戎軍人。爲御前忠佐，擢禮賓使，涇原秦鳳鈐轄。積勞，自皇城使帶御器械，歷真定、鄜延副總管，遷龍神衛四厢都指揮使、嘉州團練使。寶善騎射，年十四，與敵戰，斬首二級。及壯，以勇聞。有虎踞五原卑邪州，東西百里斷人蹟，寶一矢殪之。道過潼關，巨盜郭邈山多載關中金帛、子女，寶射走之，盡得其所掠。嘗至太原，梁適射弩再中的，授寶矢，射之，四發三中。適曰："今之飛將也。"神宗稱其勇以比薛仁貴。及死，厚恤其家。

曲端，鎮戎軍人。父渙，任左班殿直，戰死。端警敏知書，善屬文，自幼長於兵略。歷秦鳳路隊將、涇原路通安砦兵馬監押，權涇原路第三將，復知鎮戎軍兼經略司統。建炎元年十二月，金婁宿攻陝西。二年正月，入長安、鳳翔，關隴大震。二月，義兵起，金人自鞏東還。端時治兵涇原，招流民潰卒，所過人供糧秸，道不拾遺。金游騎入境，端遣副將吳玠據清溪嶺，與戰，大破之。初，叛將史斌圍興元，不克，引兵還關中。義兵統領張宗諤誘斌入長安而散其衆，欲徐圖之。端遣吳玠襲斌，擒之。端自襲宗諤，殺之。三年九月，遷康州防禦使，涇原路經略安撫使。自謝亮歸，朝廷聞端欲斬王庶，疑有叛意，召端。端疑不行。議者喧言端反。會張浚宣撫陝西，[3]入辭，以百口明端不反。浚以端在陝西屢與敵角，欲仗其威聲，承制築壇，拜端爲威武大將軍，知渭州。端登壇受禮，軍士歡聲如雷。浚欲用端，然未測端意，遣張彬詣渭州察之。彬見端問曰："公嘗患諸路兵不合，財不足，今兵已合，財已足，婁宿以孤軍入吾境，我合諸路攻之不難。萬一粘罕併兵而來，何以待之？"端曰："不然，兵法先較彼己。今敵可勝，[4]止婁宿孤軍一事，然將士精銳，不減前日。我不可勝，亦止合五路兵一事，然將士無以大異於前。況金人因糧於我，我嘗爲主。[5]今按兵據險，以擾其耕稼，彼必取糧河東，則我爲主，彼爲客。不一二年必自困斃，可一舉而滅也。萬一輕舉，後憂方大。"[6]彬以端言復命，浚不主端説。四年春，金人攻環慶。端遣吴玠等拒於彭原店，端自將屯宜禄。玠先勝。既而金軍復振，玠小卻，端退屯涇州，金乘勝焚邠州而去。玠怨端不爲援，而端謂玠前軍已敗，不得不據險以防衝突，[7]乃劾玠違節制。端爲帥，訓練有方，極力報國。及卒，陝西士大夫莫不恤之，軍士爲之涕泣。

金

張中孚，字信甫，其先自安定徙居張義堡。父達，仕宋至太師，封慶國公。中孚以父任補承節郎。宗翰圍太原，其父戰歿。中孚泣涕請跡父尸，乃獨率部曲十餘人入大軍中，[8]竟得其尸以還。累官知鎮戎州兼安撫使，[9]屢從吴玠、張浚以兵拒大軍。浚走巴蜀，中孚權帥事。天會九年，[10]睿宗以左副元帥次涇州，中孚率其將吏來降，睿宗以爲鎮洮軍節度使知渭州，兼涇原路經略安撫使。齊國建，以什一法括民田，籍丁壯爲鄉軍。中孚以爲涇原地瘠無良田，且保甲之法行之已習，今遽紛更，人必逃徙，衹見其害，未見其利也。竟執不行。時齊政甚急，莫敢違，人爲中孚懼，而中孚不之顧。未幾，齊國廢，一路獨免掊克之患。天眷初，爲陝西諸路節制使知京兆府，朝廷賜地江南，中孚遂入宋。宗弼再定河南、陝西，移文宋人，[11]使歸中孚。至汴，就除行臺兵部尚書，遷除參知行臺尚書省事。明年，拜參知政事。貞元元年，遷尚書左丞，封南陽郡王。三年，以疾告老，乃爲濟南尹，加開府儀同三司，封宿王。移南京留守，又進封崇王。卒，年五十九，加贈鄧王。中孚天性孝友剛毅，與弟中彦居，未嘗有間言。喜讀書，頗能書翰。其御士卒嚴而有恩，西人尤畏愛之。葬之日，老稚扶柩流涕，蓋數萬人，至爲罷市。其得西人之望如此。

張中彦，字才甫，中孚弟。少以父任仕宋，爲涇原副將，知德順軍事。[12]睿宗經略陝西。① 後轉真定尹兼河北西路兵馬都總管。② 未幾，致仕，西歸京兆。起

---

① "睿宗經略陝西"與下文不相連屬，據《金史》卷七九《張中彦傳》載："睿宗經略陝西，中彦降。"
② 據《金史》卷七九《張中彦傳》，事在金世宗大定二年（1162）。

爲臨洮尹兼熙秦路都總管。① 鞏州劉海構亂,既敗,籍民之從亂者數千人,中彥惟論爲首者戮之。西羌吹折、密藏、隴逋、龐拜四族,恃險不服。使侍御史沙醇之就中彥論方略,中彥曰:"此羌服叛不常,若非中彥自行,勢必不可。"即至積石達南寺,酋長四人來,與之約降,事遂定,賞而遣之。還奏,上大悅。遣張汝玉馳驛勞之,賜以毬文金帶,[13]用郊恩加儀同三司。[14]以疾卒於官,年七十五。百姓哀號輟市,立像祀之。

前代名宦

魏

竇熾,爲原州刺史。抑挫豪右,申理幽滯,每親巡壟畝,勸民耕桑。在州十載,甚有政績。州城之北有泉水,屢經游踐,嘗與僚吏宴於泉側,因酌水自飲曰:"吾在此州,惟當飲水而已。"及去職之後,吏民感其遺惠,每至此泉者,無不懷之。

王盟,[15]爲積射將軍。隨賀拔岳爲先鋒,擒万俟醜奴,[16]平秦隴,常先登力戰。拜征西將軍、平秦郡守。太祖討侯莫陳悦,以盟爲留後大都督,鎮高平。及悦平,除原州刺史。後進爵至長樂郡公。

李賢,字賢和,漢騎都尉陵之後也,爲原州都督。大統二年,州人豆盧狼害都督大野樹兒等,據州城反。賢率敢死士戰敗之,狼斬關遁走,賢追斬之。八年,以功授原州刺史。俄而茹茹圍逼州城,賢追擊之,捕獲不可勝計,人得安堵。加授使持節、車騎大將軍儀同三司。

李遠,賢之弟,爲征東大將軍。從征竇泰,[17]復弘農,并有殊勳,授都督、原州刺史。沙苑之役,遠功居多,除車騎大將軍儀同三司,進爵陽平郡公,[18]邑三千户。[19]

隋

元襃,爲原州總管。有商人爲賊劫,其人疑同宿者而執之,襃察其色冤而辭正,遂捨之。商人詣闕訟襃受金縱賊,隋文帝遣窮之,使者簿責襃:"何故利金而捨盗?"襃引咎無異詞。使者與襃俱詣京師,遂坐免官。其盗尋發他所,上謂曰:"何至自誣?"襃曰:"臣受委一州,不能息盗,臣罪一也。百姓爲人所謗,不付法司即放免,臣罪二也。不存形迹,至今爲物所疑,臣罪三也。臣有三罪,何所逃責。臣又不言受賂,使者復將有所窮究,然則縲絏橫及良善,重臣之罪,是以自誣。"上

---

① 據《金史》卷七九《張中彥傳》,事在金世宗大定三年(1163)。

嘆異之，稱爲長者。

趙軌，開皇初爲齊州別駕，有能名。考績連最，詔至京，與牛弘撰定律令格式。時衛王爽爲原州總管，召爲司馬。在道夜行，其左右馬逸入田中，暴人禾。軌駐馬待明，訪禾主，酬直而去。原州人吏聞之，莫不改操。

獨孤楷，仁壽初爲原州總管。時蜀王秀鎮益州，文帝徵之，猶豫未發。朝廷恐王秀變，拜楷益州總管，馳傳代之。秀果有悔色，因勒兵爲備。秀至興樂，去益州四十餘里，將反襲楷，密令左右覘所爲，知楷不可犯而止。

李穆，字顯慶，隴西成紀人。[20]漢騎都尉陵之後也。建德初，拜太保。歲餘，出爲原州總管。數年，進位上柱國。

唐

元載，字公輔，鳳翔岐山人。大曆八年，吐蕃寇邠寧。議者謂三輔以西無襟帶之固，而涇州散地不足守。載嘗在西州，具知河西、隴右要領，乃言於帝曰："國家西境極於潘原，吐蕃防戍乃在摧沙堡，而原州界其間。草薦水甘，舊壘存焉，比吐蕃毀夷垣墉，棄而不居。其右則監牧故地，巨壍長濠，重復深固。原州雖早霜不可藝，而平凉在其東，獨耕一縣，可以足食。請徙京西軍戍原州，[21]乘間築作，二旬可訖，貯粟一歲。戎人夏牧青海上，羽書比至，[22]則我功集矣。徙子儀大軍在涇，以爲根本，分兵守石門、木峽，隴山之關北抵於河，皆連山峻險，寇不可越。稍置鳴沙縣、豐安軍爲之羽翼，北帶靈武五城，爲之形勢，然後舉隴右之地，以至安西，是謂斷西戎之脛，朝廷可高枕矣。"因圖上地形，使吏間入原州度水泉，計徒庸，車乘畚鍤之器悉具。[23]而田神功沮短其議，乃曰："興師料敵，老將所難。陛下信一書生言，舉國從之，誤矣。"帝由是疑不決。

楊炎，素德元載，思有以報之。大曆十四年，於是復議城原州。節度使段秀實謂："安邊卻敵，宜以緩計，方作農事，[24]不可遽興功。"炎怒，遣秀實爲司農卿，以邠寧李懷光督作，遣朱泚、崔寧統兵各萬人翼之。詔書下，涇軍恚曰："吾軍爲國西屏十餘年，始自郊土，農桑地著之安，徙此榛莽中，手披足踐，[25]既立城壘，則又投之塞外，且安置此乎？"又懷光持法嚴，舉軍畏之。裨將劉文喜因人之怨，乃上疏求秀實，朱泚爲使，詔以泚代懷光，文喜不奉詔，閉城拒守，質其子吐蕃以求援。時方賜旱，人情騷攜，群臣皆請赦文喜，[26]帝不聽。詔減服御給軍，且趣師涇州，士當受春服者皆即賜。命泚、懷光率軍攻之，壘環其州。別將劉海賓斬文喜，獻其首。涇州平，而原卒不能城。

康季榮，以宣宗大中三年鎮涇原，收復吐蕃原州及石門、驛藏、木硤、制勝、六盤、石硤等六關。

東晉

王殷，①大名人也。少爲軍卒，以功累遷靈武馬步軍都指揮使。[27]晉天福中，徙原州刺史。殷事母以孝聞，欲與人游，必先白母，母所不可者，未嘗敢往。及爲刺史，政事有小失，母責之，殷即取杖授婢僕，自答於母前。母亡，服喪。晉高祖詔殷起復，以爲憲州刺史，殷乞終喪。服闋，始出。[28]

宋

陳興，澶州衛南人。開寶中，知鎮戎軍。[29]上言："鎮戎軍南去渭州瓦亭砦七十餘里，中有二堡，請留兵三百人戍之。"俄與曹瑋、秦翰領兵抵鎮戎軍西北武延鹹泊川，[30]掩擊蕃寇章埋族帳，斬二百餘級，生擒三百餘人，奪鎧甲、牛馬、駝羊三萬計。[31]詔書嘉獎，賜金帶、錦袍、器幣。

許均，開封人。咸平六年，[32]知鎮戎軍。嘗出游至隴山木峽口，[33]真宗以其無故離城，慮有狂寇奔突，詔書戒敕。俄以其不明吏治，用曹瑋代之。

曹瑋，武惠王彬子。[34]太宗時，[35]徙知鎮戎軍。李繼遷虐用其國人，瑋知其下多怨，即移書諸部，諭以朝廷恩信，撫養無所間，以動諸羌。由是康奴等請内附。繼遷西蕃還，瑋邀擊於石門川，俘獲甚眾。[36]以鎮戎軍據平地，便於騎戰，非中國之利，請自隴山以東，循古長城塹以爲限。又以弓箭手皆土人，[37]習障塞蹊隧，曉羌語，耐寒苦，官未嘗與兵械資糧，而每戰輒使先拒賊，恐無以責死力，遂給以境内閑田。[38]春秋耕斂，州爲出兵護作，而蠲其租。繼遷死，其子德明請命於朝。瑋言："繼遷擅河南地二十年，兵不解甲，使中國有西顧之憂。今國危子弱，不即捕滅，後更强盛，不可制矣。願假臣精兵，出其不意，禽德明送闕下，復河西爲郡縣，此其時也。"帝方以恩致德明，不報。既而西延家、妙娥、熟魏數大族請拔帳自歸，[39]諸將猶豫不敢應。瑋曰："德明野心，不急折其翩，後必颺去。"即日，將騎士薄天都山，[40]受降者内徙，德明不敢拒。遷西上閤門使。瑋嘗上涇原、環慶兩道圖。至是，帝以示左右曰："華夷山川城郭險固，出入戰守之要，舉在是矣。"因敕別繪二圖，以一留樞密院，一付本道，俾諸將按圖計事。復爲涇原路都鈐轄，知渭州，與秦翰破章埋族於武延川，分兵滅撥臧於平涼，於是隴山諸族皆來獻地。瑋築堡山外，爲籠竿城，[41]募土兵守之，曰："異時秦、渭有警，此必争之地也。"復知秦州，兼涇、原、儀、渭、鎮戎緣邊安撫使。時唃廝囉强盛，立遵佐之。立遵乃上書求號"贊普"，瑋言："贊普，可汗號也。立遵一言得之，何以處唃斯囉邪？

---

① 王殷：王殷爲五代時期後晉人。

且復有求，漸不可制。"乃以立遵爲保順軍節度使，恩如廝鐸督。西羌將舉事，必先定約束，號爲"立文法"。唃廝囉使其舅賞樣丹與廝敦立文法於離王族，謀内寇。瑋陰結廝敦，解寶帶與之。廝敦感激，[42]求自效，間謂瑋曰："吾父何所使？欲吾首，猶可斷以獻。"瑋曰："我知賞樣丹時至汝帳下，汝能爲我取賞樣丹首乎？"廝敦愕然應之。後十餘日，果斷其首來。廝敦因獻南市地。南市地者，秦、渭之陬也。瑋城之，表廝敦爲順州刺史。初，張佶知秦州，[43]置四門砦，侵奪羌地，羌人多叛去，畏得罪不敢出。瑋招出之，令入馬贖罪，還故地。至者數千人，每送馬六十匹，給綵一端。唃廝囉帥衆數萬大入寇，瑋迎擊三都谷，追奔三十里，斬首千餘級，獲馬牛、雜畜、器杖三萬餘。遷客省使，康州防禦使。自是，唃廝囉勢蹙，退保磧中不出。秦人請刻石紀功，優詔褒之。

　　劉謙，字漢宗，開封府祥符縣人。爲涇原路總管，徙知涇州。未行，會賊寇鎮戎軍，謙引兵深入賊境，破其聚落而還。以功擢龍神衛四廂都指揮使。

　　李繼隆，至道初，白守恭等送糧靈州，[44]爲賊所邀。太宗急命趨之，①繼隆請由古原州蔚茹河路便。衆議不一，繼隆固執論其事，太宗許焉。遂率師以進，壁古原州，令如京使胡守澄城之，是爲鎮戎軍。真宗即位，改爲鎮安軍節度、檢校太傅。踰月召還，加同中書門下平章事，解兵柄，歸本鎮。

　　李繼和，繼隆弟。上言："鎮戎軍爲涇、原、儀、渭北面扞蔽，又爲環、慶、原、渭、儀、秦熟户所依，正當回鶻、西涼、六谷、吐蕃、咩逋、賤遇、[45]馬臧、梁家諸族之路。自置軍已來，克張邊備，方於至道中所葺，今已數倍。誠能常用步騎五千守之，涇、原、渭州苟有緩急，會於此軍，併力戰守，則賊必不敢過此軍。而緣邊民户不廢耕織，熟户老幼有所歸宿。此軍苟廢，則過此新城止皆廢壘。有數路來寇：若自隴山下南去，則由三百堡入儀州制勝關；自瓦亭路南去，則由彈筝峽入渭州安國鎮；自清石嶺東南去，[46]則由小廬、大廬、潘谷入潘原縣；若至潘原而西則入渭州，東則入涇州；若自東石嶺東公主泉南去，則由東山砦故彭陽城西并入原州；其餘細路不可盡數。"

　　劉綜，咸平四年爲陝西轉運使。上言："今於古原州建鎮戎軍，宜置屯田。今本軍一歲給芻糧四十餘萬石、束，約費茶鹽五十餘萬，儻更令遠民輸送，[47]其費益多。請於軍城四面立屯田務，開田五百頃，置下軍二千人、牛八百頭耕種之。又於軍城前後及北至木硤口，各置堡砦，分居其人，無寇則耕，寇來則戰。就命知軍爲屯田制置使，自擇使臣充四砦監押，每砦五百人充屯戍。"從之。

----

　　① 《宋史》卷二五七《李繼隆傳》載："先是，受詔送軍糧赴靈州，必由旱海路，自冬至春，而芻粟始集。"故有"急命趨之"。

王仲寶,字器之,密州高密人。天聖初,知鎮戎軍,改供備庫副使。破康奴等族,[48]獲首領百五十,羊馬七千,詔獎其功。

王珪,開封人也。少豪勇,[49]善騎射,能用鐵杵、鐵鞭。累遷殿前弟一班押班,擢禮賓副使,涇州駐泊都監。康定初,元昊寇鎮戎軍,珪將三千騎爲策先鋒,自瓦亭至獅子堡,[50]敵圍之數重,珪奮擊披靡,獲首級爲多。叩鎮戎城,請益兵,不許。城中惟縋糗糧予之。師既飽,語其下曰:"兵法,以寡擊衆必在暮,我兵少,乘其暮擊之,可得志也。"復馳入,有驍將持白幟植槍以詈曰:"誰敢與吾敵者!"槍直珪胸而傷右臂,珪左手以杵碎其腦。繼又一將復以槍進,珪挾其槍,以鞭擊殺之。一軍大驚,遂引去。珪亦以馬中箭而還,仁宗特遣使撫諭之。然以其下死傷亦多,止賜名馬二匹,黃金三十兩,裹創絹百匹。下詔暴其功塞下,以勵諸將。

韓琦。仁宗時,趙元昊反。琦適自蜀歸,論西師形勢甚悉,即命爲陝西安撫使。[51]詔遣使出兵,[52]琦亦欲先發以制賊,而合府固爭。元昊遂寇鎮戎。琦畫攻守二策馳入奏,仁宗欲用攻策,執政者難之。琦言:"元昊雖傾國入寇,衆不過四五萬,吾逐路重兵自爲守,勢分力弱,遇敵輒不支。若併出一道,鼓行而前,乘賊驕惰,破之必矣。"乃詔涇原、鄜延同出征。既還營,元昊來求盟,琦曰:"無約而請和者,謀也。"命諸將戒嚴,賊果犯山外。[53]

范祥,通判鎮戎軍。元昊圍城急,祥率將士拒退之。請築劉璠堡、定川砦,從之。

曹英,知鎮戎軍。慶曆二年,元昊入寇。葛懷敏督諸路與英等會兵禦之,乃命諸將分四路趣定川砦。行次趙福堡,遇敵,戰,不遂。入保定川砦,敵毀板橋,斷其歸路,別爲二十四道以過軍,環圍之。又絕定川水泉上流,以飢渴其衆。懷敏爲中軍,屯砦門東偏,[54]英等陣東北隅。敵先以銳兵衝中軍,不動,回擊英軍。會黑風起東北,部伍相失,陣遂擾。士卒攀城堞爭入,英面被流矢,仆壕中,懷敏部兵見之亦奔駭。懷敏爲衆蹂躪幾死,輿致瓮城,久之乃蘇。復選士據門橋,揮手刃以拒入城者。[55]夜四鼓,懷敏召英等計議,莫知所出,遂謀結陣走鎮戎軍。士遂散。[56]懷敏驅馬東南,馳二百里至長城壕,[57]路已斷,敵周圍之,遂與諸將皆遇害。於是敵長驅抵渭州,幅員六七百里,焚蕩廬舍,屠掠民畜而去。奏至,帝嗟悼久之,贈懷敏鎮戎軍節度使兼太尉,英與同時戰没者,皆贈官有差。

鄭戩,字天休,蘇州吳縣人。戩行邊至鎮戎軍,趣蓮花堡,天寒,與諸將置酒,元昊擁兵近塞。會暮塵起,有報敵騎至者,戩曰:"此必三川將按邊回,非敵騎也。"已而果然。

王堯臣,字伯庸,應天府虞城人。舉進士第一。爲陝西體量安撫使。上言:"陝西兵二十萬,分屯四路,然可使戰者,止十萬。賊衆入寇,常數倍官軍。彼以十戰一,我以一戰十,故三至而三勝,由衆寡不侔也。涇原近賊巢穴,最當要害,宜先備之。今防秋甚邇，請益團土兵，[58]以三萬屯渭州，[59]為鎮戎山外之援；萬人屯涇州，為原、渭聲勢；二萬屯環慶，萬人屯秦州，以制其衝突。且賊之犯邊，不患不能入，患不能出也。并塞地形，雖險易不同，而兵行須由大川，大川率有砦栅為控扼。賊來利在虜掠，人自為戰，故所向無前。若延州之金明、[60]塞門砦，鎮戎之劉璠、[61]定川堡，渭州山外之羊牧隆城、靜邊砦，皆不能扼其來，故賊不患不能入也。既入漢地，分行鈔掠，驅虜人畜，劫掠財貨，士馬疲困，奔趨歸路，無復鬥志。若以精兵扼險，強弩注射，旁設奇伏，斷其首尾，且追且擊，不敗何待。故賊之患，在不能出也。賊屢乘戰勝，重掠而歸，諸將不能追擊者，由兵寡而勢分也。若尚循故轍，必無可勝之理。"又論："延州、鎮戎軍、渭州山外三敗之由，皆為賊先據勝地，誘致我師，將帥不能據險擊歸，[62]而多倍道趨利。兵方疲頓，乃與生羌合戰，賊始縱鐵騎衝我軍，[63]繼以步卒挽強注射，鋒不可當，遂致掩覆。此主帥不思應變以懲前失之咎也。[64]願敕邊吏，常遠斥堠，遇賊至，度遠近立營砦，然後量敵奮擊，毋得輕出。"詔以其言戒邊吏。時韓琦坐好水川兵敗徙秦州，范仲淹亦以擅復元昊書降耀州。堯臣言："二人者皆忠義智勇，不當置之散地。"又薦种世衡、狄青有將才。明年，賊果自鎮戎軍、原州入寇，敗葛懷敏，乘勝掠平涼、潘原，關中震恐，自邠、涇以東，皆閉壘自守。仲淹自將慶州兵悍賊，賊引去。仁宗思其言，乃復以琦、仲淹為招討使，置府涇州，益屯兵三萬人，而使堯臣再撫涇原。

　　劉昌祚，知鎮戎軍，為涇原副都總管。[65]有保障功，後又知涇州，復牧馬地，耗馬復初。

　　范仲淹，以西賊寇鎮戎軍，官軍不利，公牒知原州、景泰等，令六頭項下軍馬會合，相度揀選精兵三二千人，[66]夜擊蕃砦。[67]探候山外賊馬回時，即多出奇兵，夜間或侵曉，伏截衝擊，收救人民。仍戒約不得脫剝被虜人户人物。公又恐諸將貪功，一面急去追襲，被西賊設伏兵更落姦手，又牒景泰等火急，多差人搜山探候。如探得西賊先有伏兵，即便就高駐劄，別選敢死之士，多作頭項，先取掩擊。只以收救人民，不得貪小功小利再有疏虞，以負朝廷之意。公又到邠州略示兵勢，又出榜永興軍諸州，以安關中人心。

　　張綸，知鎮戎軍，為人仁恕，有才略，所至興利除害。

　　劉兼濟，開封府祥符縣人。知鎮戎軍，御下嚴急。轉運使言："士心多怨，請徙內地。"改涇原路鈐轄，復知寧州，又知原州。

　　張守約，字希參，濮州人。以蔭主原州截原砦，招羌酋水令逋等十七族萬一千帳。後知鎮戎軍。

　　折可適，知鎮戎軍，有武略。羌、夏人十萬入寇，可適先得其守烽卒姓名，詐為首領行視，呼出盡斬之，烽不傳，因卷甲疾趨，大破之於尾丁磑。回次樾楊溝，正午駐營，分騎據西山，曰："彼若攝吾後，腹背受敵，必敗。"果舉軍來，可適所部纔八千，轉戰至高嶺西，[68]從間道趣洪德，[69]設伏邀其歸路。敵至，伏發衝之，其國母踰山而遁，焚棄輜重，雖帷帳首飾之屬亦不返，[70]衆相蹈籍，赴厓澗死者如積。論前後功，至皇城使、成州團練使、知岷蘭州鎮戎軍。渭帥章楶合熙、秦、慶三道兵築好水川，命總管王文振統之，而可適將軍爲副。[71]熙州兵千人失道盡死，文振罪歸於可適，楶即下之吏，宰相章惇欲按軍法，哲宗不許，猶削十三官而罷。楶請留以責效，乃以權第十二將。[72]嵬名阿埋、昧勒都逋，皆夏人桀黠用事者，詔可適密圖之。會二酋以畜牧爲名會境上，可適知之，遣兵夜往襲，并俘其族屬三千人，遂取天都山。帝爲御文德殿受賀，以其地爲西安州，遷可適東上閤門使。

　　章楶，紹聖四年，[73]知渭州，①城平夏。楶以夏人猖獗，上言城葫蘆河川，據形勝以逼夏。朝廷許之。遂合熙河、秦鳳、環慶、鄜延四路之師，陽繕理他砦數十，[74]所以示怯。而陰具板築守戰之備，出葫蘆河川，築二砦於石門峽江口好水河之陰。[75]夏人聞之，帥衆來乘，楶迎擊敗之。二旬又二日，城成，賜名曰"平夏城""靈平砦"。章惇因請絕夏人歲賜，命沿邊相繼築城於要害，以進拓境土，凡五十餘所。元符二年，夏人圍平夏，章楶禦之，獲其勇將嵬名阿埋、西壽監軍昧勒都逋，斬獲甚衆，夏人震駭。捷至，帝御紫宸殿受賀。楶在涇原日久，嘗言："夏人嗜利畏威，不有懲艾，邊人不得休息。宜稍取其疆土，如古削地之制，以固吾圉。然後諸路出兵，擇據要害，[76]不一再舉，勢將自蹙矣。"章惇與楶同宗，言多見采。由是創州一、城砦九，屢敗夏人，而諸路多建城砦，以逼夏。及平夏之捷，夏人不復振。

金

　　石盞女魯歡，本名十六。興定三年，以河南路統軍使爲元帥右都監，行平涼元帥府事。[77]言："鎮戎赤溝川，東西四十里，地無險阻，當夏人往來之衝，[78]比屢侵突，金兵常不得利。明年春，當城鎮戎，彼必出兵來撓。乞於二三月間，徵傍郡兵聲言防護，且令鄜、鞏各屯兵境上示進伐之勢，以掣其肘。臣領平涼之衆由鎮戎而入，攻其心腹，[79]彼自救之不暇，安能及我，如此則鎮戎可城，而彼亦不敢來犯。"又言："所在官軍多河北、山西失業之人，其家屬仰給縣官，每患不足。鎮戎土壤肥沃，又且平衍，臣裨將所統幾八千人，每以遷徙不常爲病。若授以荒田，使耕且戰，則可以禦備一方，縣官省費而食亦足矣。其餘邊郡亦宜一體措置。"上嘉納焉。

　　蕭貢，字真卿，京兆咸陽人。大定二十二年進士。調鎮戎州判官，涇陽令，涇州觀察判官。[80]

---

①《長編》卷四八○載，章楶知渭州在元祐八年（1093），此時是以知渭州的身份築平夏城。

詩

送項都憲平虜凱還集句① 副使宋有文撰

　　成化戊子夏,②平涼逆虜嘯聚,據險猾夏,大肆荼毒。上命都臺大人項公總督三軍討之,直搗巢穴。出奇策,冒矢石,凡百餘戰,而酋虜就擒,巢穴尋平。時某執事帳下,目擊成功,故喜而集句九章以頌之。首述國家創業繼統之隆,而點虜昏愚跳梁,繼美其付託出將,而車馬兵威無敵,末言戡靖患難,執訊獻俘,而寵膺入相焉。然不足以揄揚公烈萬一之盛,抑亦庸備凱還之歌云耳。

嗟嗟烈祖,受天之祜。
綱紀四方,奄有下土。
明明天子,繩其祖武。
柔遠能邇,民之父母。

玁狁匪茹,敢距大邦。
内奰中國,陟彼高崗。
多將熇熇,如蜩如螗。
曾是彊禦,亦孔之將。

六月棲棲,我征徂西。
是類是禡,建旐設旗。
薄伐玁狁,方何為期。
既破我斧,民之方殿。

王赫斯怒,乃眷西顧。
王命卿士,文武吉甫。
陳師鞠旅,深入其阻。
左右陳行,仍執醜虜。

檀車煌煌,駟介旁旁。

---

① 項都憲:即項忠,時為都御史,事蹟參見《明史》卷一七八本傳。
② 成化戊子:成化四年(1468)。

鋈以觼軜，旂旐央央。
愷弟君子，時維鷹揚。
有虔秉鉞，獫狁于襄。

我師我旅，如霆如雷。
我徒我御，維熊維羆。
式遏寇虐，無縱詭隨。
是伐是肆，獫狁于夷。

赫赫業業，無競維烈。
桓桓于征，一月三捷。
孔叔不逆，無俾作慝。
寵綏四方，惠此中國。

勿士行枚，載櫜弓矢。
振旅闐闐，垂轡濔濔。
執訊獲醜，言旋言歸。
無大無小，云胡不喜。

入覲于王，佩玉鏘鏘。
以奏膚公，萬民所望。
天子是若，載錫之光。
實維阿衡，天子之邦。

西行至固原　　秦　紘

一第登庸五十年，幾番黜逐幾超遷。
達官固守寒儒節，文吏常兼大將權。
倦鳥歸來方斂翼，回鸞召起復行邊。
從今再試平胡策，百二山河保萬全。

題固原鼓樓[①]　　楊一清

西閣風高鼓角雄，南來形勢倚崆峒。

---

①　題固原鼓樓：《〔乾隆〕甘志》卷四九《藝文·詩》題作《固原鼓樓三首》，本志載一首，另兩首見萬曆《固志》。

青圍睥睨諸山繞,緑引潺湲一水通。
擊壤有歌農事足,折衝多暇虜塵空。
登樓不盡籌邊意,渺渺龍沙一望中。

又　　前人

設險真成虎豹關,層樓百尺枕高寒。
重城列戍通三鎮,萬堞緑雲俯六盤。
弦誦早聞周禮樂,羌胡今著漢衣冠。
分符授鉞知多少,誰有勳名後代看。

偕寇中丞登固原鼓樓次韻①　　王　瓊

隴北新州地勢雄,城南百里峙崆峒。
秦關農父供輸困,河朔單于堠火通。
春盡荒山圍四野,天高寒日墮晴空。
徘徊不盡登臨意,世態相忘一醉中。

嘉靖己丑夏五月兵過預望城②　　前人

原州直北荒凉地,靈武臺西預望城。
路入葫蘆細腰峽,苑開草莽苦泉營。
轉輸人困頓增戍,寇掠胡輕散漫兵。
我獨徵師三萬騎,揚威塞上虜塵清。

嘉靖乙酉六月登鎮西樓次邃庵翁韻③　　唐龍提學副使

縹緲危樓百尺雄,雕甍丹柱映崆峒。
月明青海烽烟息,雲隔天山箭栝通。
清夜角聲流遠塞,高秋旗影拂長空。
輕裘緩帶時登眺,胡虜長驅一嘯中。

又　　前人

北地重門金鑰固,胡天六月纊衣寒。

---

① 寇中丞：即寇天敘,事蹟參見《明史》卷二〇三本傳。
② 嘉靖己丑：嘉靖八年(1529)。
③ 嘉靖乙酉：嘉靖四年(1525)。按：邃庵爲楊一清號。

蒼蒼木峽風雷變，隱隱蕭關虎豹盤。
方叔壯猷三授鉞，子儀聞命再彈冠。
神丘銅柱參雲立，紅日青霄倚劍看。

辛卯冬仗鉞駐州重登樓次濟南中丞韻① 前人

天邊斗閃牙旗建，塞外雷鎗羽檄行。
盛世禦戎惟上策，中原設險有長城。
雲連芳草鳴沙靜，日射奔鯨瀚海清。
直上層樓迎勝氣，謾舒一嘯散胡兵。

預望城次晉溪翁韻② 前人

疏茅砦結千人戍，苦水沙環三里城。
雪暗犬羊歸舊穴，雲明驃騎出新營。
高深溝壘重門險，呼吸風霆六月兵。
青草塞前農耜舉，黃榆道上凱音清。

過開城 孟洋參政

亂山欹嶔入開城，禾黍油油烟霧生。
塞上草深充國障，水邊花暗亞夫營。
青林過雨流鶯濕，緑野含風戰馬鳴。
自有奇謀樽俎地，書生容易莫論兵。

巡邊寫懷 李素巡茶御史

路入開城苑，臨風獨愴神。
四年三度旱，十室九家貧。
凍霧渾迷日，寒蕪尚待春。
柝聲烽火塞，偏切宦游人。

彭陽城曉行 桑溥兵備副使

曙色彭陽道，天空度雁聲。

---

① 辛卯：嘉靖十年(1531)。
② 預望城次晉溪翁韻：《唐漁石集》卷四《七言律詩》題作《預望城》。晉溪翁即王瓊。

旗翻青障外，人傍白雲行。
露重征袍濕，山高野火明。
十年常作客，深愧竸浮名。

登須彌山閣　　郭鳳翱 兵備副使

春暮登臨興，尋幽到上方。
雲梯出樹抄，石閣倚空蒼。
烽火連沙漠，河流望渺茫。
馮欄思頗牧，百代將名揚。

記

重修朝那湫龍神廟記① 　　學正李誠撰

開成州東北距三十五里，有湫曰朝那，有山環焉。湫東岡阜上置祠設像，[81]神曰蓋國大王。考之傳記，春秋時秦人詛楚之文投是湫也，漢唐載在祀典，金宋邊臣嘗祀於祠，碑志仍存。金末兵塵蕩起，祠無人居。上雨傍風，久赤摧𡒊。瓦礫椿蕪，②弗辨聖元。興滅繼絕，命官剗荒芟穢，建廟致祭，頗福其土焉。凡他州旱，誠敬祈禱，雨暘之應，曾未旋踵。

大德丙午，③陵谷變遷。殿宇湮滅，祈眎日慢，州之群庶，弗獲蔭休。延祐甲寅，④神降焉，攝土人佛玉保通傳，復搆堂屋，繪神塑像，俱盡其美。元統乙亥，⑤月屆蕤賓，連旬不雨，禾且告病。知州朵兒只先一日齋戒，躬率僚吏奉幣祝恭，事祠下。未及州而澍雨，越三日乃止，均浹四境。郡人歡呼，民遂有秋之望。五日，朵兒只復率僚吏詣祠謝雨，所以致禱祀之實，交乎隱顯之際，以極其誠也。

歲丙子，⑥婦人劉氏捧白錫匣告予曰："夫藥佛玉保同度共修蓋國大王廟，[82]貌幾有年矣。[83]勤勞之篤，靡一朝而成。夫佛玉保嘗共妾拜祀湫涯，俄然水湧浪開，浮泛是匣，飄游赴岸。夫拜受啓視，匣內有髮二縷，金銀首飾。[84]匣刻崇寧三年三川縣婦人張梨香，爲舅姑俱亡，夫亦早逝，建新廟於茲，捐是投湫以祈。後會

---

① 重修朝那湫龍神廟碑一件，青石質，現藏原州區文物管理所。此碑爲長方形，殘高105厘米，寬60厘米，厚1.75厘米。現存三百八十二字，爲元順帝元統三年(1335)五月十五日開成州軍政民同立。參見《固原歷代碑刻選編》，第135頁。
② 椿：據文意當作"樁"。
③ 大德丙午：大德十年(1306)。
④ 延祐甲寅：延祐元年(1314)。
⑤ 元統乙亥：元統三年(1335)。
⑥ 丙子：至元二年(1336)。

明年夫病，臨終託妾曰：'予共汝立祠事神十餘載，天不假我以壽，汝肯繼吾志守廟立碣以紀其事乎？'妾應曰：'諾。'自承命以來，夙夜未忘於懷，今十年矣。妾幸稍健，祠完神具，獨碑未鐫。恐一旦疾作，有不勝其悔矣，何面見夫於地下。石且礱矣，請紀其事，以信其願，雖瞑目無憾。"

噫！雲雷風雨，神實司之。龍神變化莫測，豈以一畝之宮爲可居焉！此窈冥之事，不可測度者，凡禱則恃吾誠而已。然人與物同氣而生，異於物者，仁義存於身也，有則三才立，無則五典廢矣。天壤中豈可不以仁義而操存焉。劉氏以女子之身，持堅確之志，始終一念，殊無別意，此義者也，與非義者，必有能辨者焉。敬述所以立祠之意，以告邦之人與來爲政者，知事神之義在此而不在彼，庶有以致其禱祠之實云。

重修顯靈義勇武安王廟記[①]　　廉訪使梁遺撰

元統甲戌夏四月，[②]六盤山都提舉司案牘張庸一旦款門告予曰："庸古并民籍，延祐庚申季冬，[③]蒙中政院委充提領所副提領。歲辛酉莅任，[④]職掌催納糧租，歲辦夏稅千餘石，例投提舉司。庫使閻文彬收掌，驗數給付，歲終考校，官爲准憑。歲壬戌，[⑤]朝廷差官陳署丞馳驛，纂計本司上下，計分楮幣租稅，問庸：'汝納稅數有租契否？'庸齎元給收付爲照。丞曰：'殊無印符，難爲憑准。'遂問庫使，文彬從而隱匿。丞曰：'國朝有何負爾，敢如是耶。'令卒隸囹圄，責監承限遞納。庸曰：'此冤何地可伸？'越明日，庸禱於顯靈義勇武安王廟內。跪拜未語，鎖自釋。監卒見怖，遽告署丞。丞大怒，命執廳下曰：'汝罪當何？'刑督責益急，申諭監卒重鎖固衛。言未訖，俄聞空中發矢之聲，鎖隕於地。丞曰：'予造天役，敢不卒究事？若信茲而緩於法，恐未宜。'復行監鎖。次日，推問官吏咸列左右，有聲自空，鎖轟於地，碎猶沙礫。聞者莫不震悚，髦髮盡豎。官吏更諫丞曰：'此幽暗之事，不可測度，莫若及庫使亦同監鎖，自行規兌。'丞從之。明日，文彬共庸拜誓於王，至祠未矢，忽二雀翔下高空，集文彬首，二爪爬髮，兩翼擊面，鳴聲啾啾。衆駭，一辭'何不受實？'文彬神思昏潰，如癡醉人耳，良久方甦，叫曰：'我等不合欺心，自召此報。'言畢，雀即飛去。既而從其家求處得日收厯一卷，照與庸付同。官吏以是白丞，丞乃釋庸，嘆曰：'誠透金石，格天地，感鬼神，觀此可知。'泰定改

[①] 重修顯靈義勇武安王廟記：原碑題作《重修顯靈義勇武安英濟王廟三門記》。此碑現藏寧夏固原博物館，碑高187厘米，寬62厘米，厚20厘米。參見《固原歷代碑刻選編》，第132頁。
[②] 元統甲戌：元統二年(1334)。
[③] 延祐庚申：延祐七年(1320)。
[④] 辛酉：至治元年(1321)。
[⑤] 壬戌：至治二年(1322)。

元,庸見王祠門夷垣拔,不足以妥靈,遂捐己財,命匠度材增築其址。締搆屋三楹,中爲通路,以謹出入。告成,宜有文以識其事,今石礱矣,願有請也。"

遺嘗觀史傳,王生能佐其主,毋二厥心,攻敵無監,守城必完。臨危蹈難,乘機應會,捷出風響,竭心力供臣子之職,扶漢基於煨燼之末。以能迎天之休,炳耀今古,薨即爲神,或隱或現。來不可測,去不可度,察物曲直,明證肝膽。又能驚動禍福於天下也,寔謂靈也已。由今望之,其英風義氣,凛凛然使人危懼,洋洋然如誠見焉。是故有以感服人心,嚮慕不已,而廟食於天下也。僕固辭弗獲,竊嘉張庸好義之誠,因并記之,以詔後之來者。

創建城隍廟碑記　　平涼知府田暘撰

凡天下郡邑通得祀者,惟城隍與社稷爲然,故當祀之。郡守皆躬自盥薦不敢慢,邑人四時皆得常祀,非如社稷止於守土者春秋二祀也。固原州,大金爲鎮戎州,城圍九里,有安邊、鎮夷二門城隍,建置莫詳厥初。大明景泰庚午,[①]憲副古幷韓公等,董築斯城,摘調洮、岷、臨、鞏等衛官軍操守,都指揮同知榮福往來提督。未幾,奏調平涼右千戶所全伍官軍立爲所。推靖虜衛署指揮僉事張正掌所事,而榮侯總其綱。乃以城池既完,非立城隍廟,則郡內之人何由知幽明同一理,感應同一機哉。榮侯同張指揮使於是因其人力,捐己俸以倡其端,募衆資以助其費,僉謀協同,郡公效力,殿宇廊廡,焕然一新。左司右司,六曹分列東西,後爲寢堂,前揭廟榜,聖母土地,秩然而有序。凡香案爐瓶之具,亦莫不極其精備。始於景泰元年三月三日,以是年秋八月告成,俾予記之。

予惟城隍之神,内自京師,外至郡邑,皆得崇祀,昭然可考。今榮侯來總戎兵,保奠是方,乃於城完之後,不遑他務,而汲汲於廟神之建,可謂克知幽明之理矣。由是廟貌巍峨而神爲依止,水旱疾疫,以致其禱,吉凶禍福,以顯其應,則將綿延千祀,廟食無窮矣。不勒於石刻,則後之來者,孰知廟之所由作乎?故凡有功於是廟者,咸紀其姓氏於碑陰,并繫以侑神之樂,歌曰:

神之來兮,以風以雨。惚兮恍兮,不知自何許。高城池深兮,實所主。禍福淑慝兮,血食兹土。侯之政兮,邁前古。作新廟兮,興百堵。鑑鎛其鍾兮,坎坎其鼓。薦時物兮,潔樽俎。神之格兮,錫純嘏。驅厲鬼兮,豐社稷。吾民以寧兮,物皆卷舒。皇風清夷兮,遍寰宇。

乾鹽池碑記　　户部尚書楊鼎撰

定戎砦,一名乾鹽池。里志不載,其詳無從考徵。平舊壘中得前人所作《過

---

① 景泰庚午:景泰元年(1450)。

定戎砦》詩鑴,始知其名也。其境東接西安州,西入打剌赤,南通會寧縣,北達寧夏,豈宋禦夏致此,至金始隷乎夏歟。元廢不治。

我國朝取其水草利澤,止作司牧之所。北狄剽掠,經此出沒,實緊關要地,不可無兵守鎮,以揚天威於沙漠也。粤成化歲辛卯,①僉憲楊君勉籌畫此策,潛消虜蹟,移兵屯此,掘隍成壘,事未卒成。越九載,己亥,②虜復寇,由此砦翼。

歲庚子夏,③憲副王君繼備呈其狀。巡撫都憲阮公勤善楊君所謀,擬移兵鎮之,乃曰:"必須相察以驗可否。"入冬,公始歷覽邊鄙,心舒目行,視故城遺址,違新城一里許,廣平弘敞,互澍諸泉,信可仍其舊。公曰:"事貴因循,何必改作,矧此基規模壯麗,土疆墳衍。"前指後畫,公志先定,詢謀僉同,卒更其初議。及公歸,謀諸鎮守太監歐公賢、[85]都督白公玘,參議若符,良圖允協。忻然大舉厥猷,而贊襄哉。遂馳表陳其所以。皇上明見萬里,必切於始。納公嘉謨,詔特允之。於是公自度量,稱才受任,分土責成,士卒爭先,經之營之,趨赴不怠若翼。

歲辛丑,④理兵政憲副翟君廷蕙繼至,綱領厥務,戒之用休,董之用威,百事爲心,功克以濟。總厥工者指揮使劉端公,厥任者本所曁平、鞏諸郡指揮朱勇等。增盈故垣五里有奇,崇高四尋,加厚三丈,隍闊池深,氣象巍巖,獨勝邊方諸城。依埤作閣,南構一樓,峭然各省,以快眺望,名曰定邊。出入二闉,東鎮夷,西服虜。三扁公所命字,志在柔遠以揚聲教焉。至若城隍、旗纛、神祠、察院、倉場、鼓樓、街衢、廬舍,咸左右其公廨,井五其民居。百堵俱興,無一不理。丕作辛丑年二月,位成於是年八月,歷時二百一十日,書役二千八百工。是舉也,未愈半載,而百工告成,衆謂事成之速,上下無怨,不可無紀。翟君遣使齎禮幣,不憚千里而來,謁予爲記。

夫伯鯀作城以居衆,古制也。《書》曰:⑤"申畫郊圻,慎固封守。"[86]《易》曰:"王公設險,以守其國。"⑥《孟子》曰:"天時不如地利,地利不如人和。"⑦其來有自矣。但寰宇有遠近,地形有夷險,土性有剛柔。便於板築者,短於杇鏝;利於耕鑿者,病於樵牧。況如底者多受敵,臨險者難控禦,界乎邊境者尤難於腹裏。欲得衆心悅服,杜絕後患,興已廢之蹟,創未有之業,顧識見目力,用心何如,斯固難矣。

詳此地四圍山環,中原坦夷,勢若天塹,以限華夷也。非惟墳壤可築可杇優

---

① 成化歲辛卯:成化七年(1471)。
② 己亥:成化十五年(1479)。
③ 庚子:成化十六年(1480)。
④ 辛丑:成化十七年(1481)。
⑤ 參見《尚書·畢命》。
⑥ 參見《周易》坎卦之彖辭。
⑦ 參見《孟子·公孫丑下》。

於修理，亦且可耕可鑿、可樵可牧裕於屯守，故壘舊址易於損益，土脉沃饒宜登稼穡，池液浸漬便飲甘鹵。人被六氣之用，家獲作鹹之利，因民之所利而利之，故民之遷也如歸市，不待耕耘負粟以食之，不待乘屋穴居以處之。使無益上下，刑驅有不齊矣。得如此乎，相此地者，其目力識見，過人遠矣。

　　古人云：疆域障塞，歲久則易湮，世平則易玩。況天下承平日久，保成者爲難事，豈有築城池、摘右所、壯皇明、鎮西夷者乎！吁！公之績，孰不羨丕耶！向之宣化，往來經此，惟路次夤夜惶惶，今而館受省宿，可保無虞矣。且城堅池固，使虜人來者衆，怙我芻糧郛郭，阻其饕餮，堅壁清野，無從鼠竊矣。來者寡，仗吾利兵健駐，截其喉項，折馘執俘，無復遺類矣。夫以陝右羅列三邊之廣，連城衛所之盛，可移可修者奚一定戎而已哉？苟率能效慕而更新之，則夷虜膽破魂消，畏威詟服，烽火不警，黎民得安堵，邊境可謂清矣。由是九重少西顧之憂，廟廊已運籌之計，元元免轉輸之勞，關中可謂安矣。

　　公仍賦其屯糧，物其方土，慮尚艱食，定其租稅，三年後乃作，真恩義兼盡矣。吁！公之心孰不云盡瘁耶！將來士卒感慕，三千一心，如古之逐玁狁、遁匈奴，戰無不勝矣。裨將奮發，六軍併力，如古之滅襜襤、獲閼氏，功無不克矣。

　　在人養習何如，誰議今不若古哉！大抵《春秋》書新延廄，謂時得爲也；《春秋》書新作南門，謂制不可爲也。今公是舉也，既稱情乎時制，又壯觀乎國家，非《春秋》之可議，烏可泯而不傳諸後乎。詳書以著其更作之始，俾來者有所考焉。嗟乎！守在四夷，公之大志；牧用趙卒，公之遠謀。策公之勳，古人今人豈多讓哉。太史秉筆，必大書之曰"丕績"，贊之曰"克勤於邦"矣。繼守斯城者，可不勉諸？是爲記。

靖虜衛右所察院記　　提學副使戴刪撰

　　陝西靖虜衛右千戶所暨察院次第訖工。察院中有堂，後有寢，左右有室，爲間凡二十。闢前門以通，除正道以馳，崇周垣以障，謹扃啓致嚴潔，用待臣僚之秉國憲者。

　　按察副使渾源孫君逢吉，以練達之才，董乃戎政，大舉而細不遺，以記見徵。予按靖虜衛在靜寧、安定諸郡縣之北，部落有所謂乾鹽池者，間於西安州打剌赤城，廢自勝國，曠爲牧場。河冰時，胡虜南入爲寇，乘虛伺隙，率茲取道。西安州、打剌赤雖擁城戍，相去餘八十里，應援兩未易及。

　　先是，按察僉事安岳楊君勉有憂之議，近廢城增戍守，工築已興，不克終。久之，巡撫得都察院右副都御史上黨阮公勤，宅心忠謹，修明庶政，而其謀邊，尤樂取群策。副使今山西按察使大梁王君繼，首申楊君之議。公即行邊，地理人情之肯綮，心目間無所遁，謂修復廢城衛，拆右千户所來徙，乃便謀諸鎮守太監延平歐公賢、都督同知永平白公疕，以爲然。

疏聞允之，副使洛陽翟君廷蕙，承檄調度惟謹。繼以孫君事克就緒，屬右副都御史舒城鄭公時來巡撫。器識宏敏，知利必興，勸相是役恐後。或曰：古者爲政，重民力，節妄費，故不時害義之興作，《春秋》無善書，窮邊小壘，若察院，乃在於得已耶。噫！不然。有所治則有官吏，有兵馬則有耕牧、芻粟、烽堠，不一而足。舉息惟其人之存亡，故必有待於中外秉憲之臣，或撫或巡，申政教，公勸懲。官吏欲其守且爲也，兵馬欲其精且强也，耕牧、芻粟、烽堠，以藩以積，以時也夫。然守之則固，征之則捷，矧近戍可以併力，而衛之全師足倚。爲虜且寒心屛蹟之不暇，而暇寇衛與郡縣？於是乎安矣。厥惟撫巡憲臣，丕揚朝廷恩威之力，居上臨下，以隆體貌，以聳視聽，以一心志。察院豈可少哉，而不容以不作也。

於戲！人之一身，心腹皮膚相以爲安，而手足捍衛所不可無。郡縣猶心腹也，衛猶皮膚也，所猶手足也。運用手足，豐潤皮膚，康裕心腹，要皆元氣克周，爲之主本。憲臣其元氣歟！故曰：賢才，國家元氣。苟毫末視邊壤，曠歲累月無足蹟焉。足蹟雖及而又憲度不張，安攘無補，元氣削矣。所謂郡縣衛所，如心腹，如皮膚，如手足者矣。奚賴哉！察院之作，顧爲虛器，律以《春秋》之法，不害義否？凡我秉憲君子，尚謹其圖，毋貽興作者之憂。所治顛末，太子少保户部尚書關中楊先生故有述，敢略。

打剌赤碑記　　巡檢柳世雄立石

崇寧元年壬午歲，承朝旨築打繩川。熙河帥姚雄駐兵會州，應錢糧運使吳安，憲統制官熙河郭祖德、劉戒，涇原喬松，秦鳳劉德，西築水泉、正川二堡通古、會。三月初，皆畢功。行打繩川，賜名懷戎堡，隸會州熙河第八將。後三年乙酉歲正月，割隸涇原改第十五將，將官張普，統領人馬東築通懷堡，接涇原定戎，開護道壕。當年八月，卻隸熙河，復第八將。

懷戎東南曰屈吳山、大神山、小神山，皆林木森茂，峰巒聳秀，山間泉流數派，以法泉禪寺爲額，給田五十頃，歲賜撥放柴衣。西南白草原，通會州。北有寶積山，產石炭、甘鐵。東北去西壽監軍一百五十里。西北去馬練城八十里。堡之西南百餘步，有泉眼潔出，泓澄甘冽，止而爲湖，不徒有賞翫之景，民田灌溉實賴其利。

大觀三年己丑春，廢寨，主將兼領之。安泰自是年中冬到官，布耳目，備戰守。庚寅春，①創贍軍園，補烽臺，完城堞，更寨宇爲懷戎堂，以延使節。置衙教

---

① 庚寅：宋徽宗趙佶大觀四年（1110）。

場，建利威堂，閱武習射。秋閏八月，與夏人分畫界。辛卯春展，①將聽便於管轄。孟夏創寶積堂，因山名之。仲夏，就堂之北葺書室，曰鎮靜齋，蓋新制，擇將深沉鎮靜、果敢有勇者，爲將副，就而名焉。

創堡將已十年，殊無銘記。慮其歲久莫知始末，安泰昔任運司日，嘗董築事，今復官此，直敘其詳，使後來者有所考。

重建靖虜衛打剌赤城記　　僉事楊勉撰

打剌赤古城，按舊志不載興廢之由，或者以爲宋禦夏人之患所築歟。是城東距西安州八十里，西去靖虜衛八十里，北臨虜寇衝突之地，南控居民耕牧之場。

先是，城之北有堡，曰迭烈遜，密邇雪山黃河。國朝於是堡分布屯軍，置巡檢司衙門，每歲增以戍兵，蓋防河凍虜出之患也。自正統、成化以來，酋虜數經是堡入寇中原，軍民累遭荼毒，本堡警懼甚焉。成化八年，前鎮守靖虜參將周海暨衛指揮使路昭等，以其事計於予曰："迭烈遜地僻城孤，人寡難守，不若打剌赤古城，外則可禦賊寇，內則可屯兵戍，且又爲地理四達之處。若以巡司并屯軍俱移於此，不爲軍民不便乎？"予遂以其事白於巡撫陝西都臺大夫馬公文升，鎮守陝西太監劉公詳，總戎白公玉暨藩臬諸大臣，曰："然。"乃疏其實以聞，詔允其請。命下，馬公以厥事屬諸勉，遂往相厥地，計其徒庸，而以是衛指揮同知朱勇董厥工。成化九年春，參將趙公永和來鎮是地，遂得戮力一心，襄成厥事。城則因舊而築，廢者補之，缺者增之。城完，趙公遂名其門，東曰定遠，西曰得勝，與凡公第、倉廩、市井、營舍，次第偕作。自經始至浚事，閱九月而就。其役以工計者二千五百，其城以步計者七百八十有奇，其屋以間計者百五十有餘。仍籍其附城空閑地畝，分爲屯田。於鎬鑰有禁，鐘鼓有時，士馬精強，部伍整肅，屯田耕牧，可保無虞，胡虜聞風，莫敢延頸西望，而地方以寧矣。

趙公謂予兵備是地，宜有言以述建置之由焉。予嘗稽諸載籍，自古禦戎之道，固以攻戰爲先，尤以守備爲本。況醜虜逞彼犬羊之性，憑陵我民庶，蹂躪我邊疆，其勢熾矣。若非固城宿兵，以守之備，彼賊衝突無時，遷將何以遏之乎？故昔南仲城朔方而獫狁之難自除、范仲淹守清澗而契丹之暴自沮者，良由是也。

然則是一建巡鎮諸公禦侮安民之功，殆非小小。繼自今來守是地者，尤能行相體時，葺屢省碑，無歲久易湮之失，則不負巡鎮諸公愛利之惠，而趙公之惠亦久而不泯矣。是爲記。

---

① 辛卯：政和元年（1111）。

固原增修廟學記① 　　太子太保王恕撰

皇明奄有天下，統理萬邦。內自京都，外及郡邑與軍衛運司，俱設學校師儒，教育英才而賓興之，以爲治化之藥石，於以壽國福民於無窮也。治效之盛，可以媲休三代盛時而無愧焉。

固原在平涼府西北，路當通衢，原有城隍，設千户所守禦其地，屬開城縣矣。國朝成化五年，改爲固原衛。開城縣舊在固原南四十里，成化三年，虜寇肆侮侵犯，縣治爲之破壞，乃徙於固原城内，廟學草創弗稱。

弘治十四年，上命户部尚書兼都察院左副都御史單縣秦公總制三邊軍務，駐節固原。公乃屈力殫慮，大展所藴。凡百安内攘外之策，無不修舉。十五年，築固原外城，奏陞開城縣爲固原州。公諭令軍民：願求外城之内地爲居室、鋪店者，聽輸銀入官，授之以地而有差等。人以爲其地乃商販之所，走集，又通鹽利，衆皆樂從，所得價銀甚富。公以爲廟學草創，陋陋弗稱，不可視爲傳舍而不理。乃謀恢宏開拓，畫圖增修。簡命生員張正學總理其事。以前所入之銀，易城中之地爲廟學之基，東至指揮王爵宅，西至守備衙門，南至官街，北至抵街，廣二十五丈，袤五十七丈。其地平正塏墶，堪爲學宫。於是市材儗工，造大成殿八楹，崇五尋。戟門、欞星門各三間，崇二尋。兩廡各二十五間，崇二尋。殿後起明倫堂五間，東西齋各六間，堂後作師舍四所，齋後作生徒舍四十間。戟門右作神庫三間。生徒舍左作饌堂五間，生徒舍右作廩庚三間。其規制與夫工費，悉總制公之處置。

工已抵於九仞，而奉命回朝。濱行，乃以未完之工，託兵備憲副石州高公崇熙。公諾之以爲己任，晨夕用意，督令張正學逐一而完之。正殿則覆以琉璃，棟樑榱題則黝堊丹漆，間以金飭户牖，②階陛則有款制，廉隅可啓可閉、可陞可降，而不違則焉。像設嚴然，足以聳人之起敬，堂陛森然，足以使士之發憤。是役也，始事於弘治十六年七月，落成於十八年九月。

憲副高公狀其事，具禮幣，遣生員彭玹、段錦詣老夫，以記見屬。老夫素非文字家，今且老耄昏塞，實不勝其事，再三辭謝，而三請益勤。乃爲之言曰：吾夫子之道，乃二帝三王繼天立極，明人倫，治天下之大道。吾夫子删述六經，大明斯道，垂憲萬世。自是以來，有國家者建學立師，儲養英才，以待任用。然而師之所

---

① 固原州增修廟學記碑一通，灰砂巖質，現藏於寧夏固原博物館。碑高 200 厘米，寬 92 厘米，厚 21.5 厘米。原碑殘缺，現已修復，僅存部分碑文。楷書，共二十八行，行滿四十一字。參見《固原歷代碑刻選編》，第 157 頁。

② 金飭：當爲"金飾"之誤。

以爲教，弟子之所以爲學，無非斯道也。身之所以修，家之所以齊，國之所以治，天下之所以平，亦豈外於斯道乎？是故學必有廟，釋奠夫子，崇重祀事，以報本也。今總制公於整飭邊備之際，復以餘力增修學宮，至於如是之壯麗。兵備公受總制之付托，果能終其事而完且美矣，皆可書也。故次第之，以爲記云。

固原州增修廟學記後　　張泰撰

往聞秦公總制陝西三邊軍務，卓然有聲績，心恒慕之。近予承乏而來，歷延綏、寧夏諸處，尋公故績，歷歷可仰。因以固原州之立，實公建議，且嘗大新廟學，規拓城隍，區處鹽法，其績尤著，必有記載可考。

既至其地，環顧周視，曾無寸石片言可按。方集官屬，相與詢議，乃有學官李宗義者出一函。觀之於此文也，嗚呼！茲學創於秦公，而已速不及視其成；茲文創於高君，而亦以去速不能勒之石。今忽忽六七年，使此官復有它故，懷此文而去，或不去，乃有不幸而遭水火散失，則前日之意將泯泯無聞矣。將誰尤哉！將誰尤哉！因亟以此文屬今兵備副使景佐，命工礱石鐫而立之。予復綴此數語於末，庸識立石之歲月而遲遲之故，亦因以附見云。

固原鎮鼓樓記　　康海狀元

固原者，陝西西北大鎮城也。唐爲故原州，[87]宋爲鎮戎軍，元氏廢軍不制。國朝景泰中，[88]始設守禦千戶所，以衛苑牧。[89]成化初，滿四亂，因陞爲固原衛。後累置文武重臣守備，故又設固原州，而總制大臣居此以鎮，凡榆、夏、甘、肅諸鎮，皆聽命焉。[90]

正德庚午，①總制右都御史張公來，不數年，[91]兵練事寧，軍多暇日，因便覽城雉及文武之署，[92]慨然興懷曰：「敝者不便，[93]則來者毋眠，非所以作軍威、明節制、廣教習之道也。」於是與總兵官具位，楊公英謀諸文武將佐，[94]咸務聿新，不侈近欲，不廢後觀，而兵備按察司副使景君實任其事。[95]諸既即緒，乃又以鐘樓歲久頹敝，不可獨廢勿理，[96]屬指揮施範因舊而增其基，[97]去壞以新其制，作爲重樓七楹，東懸鼓，西懸鐘，規摹擴然大矣。公曰：「斯不以利民望、壯鎮城耶！」於是士大夫軍民父兄以學生徐尚文將幣來，[98]請記其事，刻之堅石，將貽永久。

夫軍府大事，非愚所及知也。其鐘鼓之節，凡陳皆統之司馬，以告候省期，蓋所當至急而無緩者。[99]州縣之吏能使更鼓分明，[100]尚驗其善治，況雄軍大鎮樞轄要繫之地乎？景君恢弘拓廣，不勞力費財而又興其所宜興。[101]張公以經略大

---

① 正德庚午：正德五年（1510）。

臣,凡所可爲者,巨細皆至。由其微以覘其著,則所以安靖邊隅、克張戎服,固非偶然也,愚又安以辭爲哉![102]

樓崇二丈七尺,臺如之,而廣一十三丈,厚五丈六尺,皆以磚石圍砌。其懸者又靖康時故鐘焉。工起於正德壬申秋,①至此才一年已落成矣,亦不足以視民乎。張公名泰,字世亨,[103]肅寧人。景君名佐,字良弼,蒲州人。②

固原州行水記　　呂柟狀元

正德乙亥,③鎮守陝西等處右軍都督府都督僉事平凉趙公文,祇奉制敕駐劄於固原州。州井苦鹹,不可啖醊,汲河而爨,水價浮薪。

朝那湫雙出於都盧山,[104]左流州曰東海,右流州曰西海。西海大於東海,湛澄且甘。公及兵備副使景佐議導入州。[105]乃使都指揮陶文、指揮施範帥卒作渠,期月而成。襟街帶巷,出達南河。過入州學,匯爲泮池。池以石甃,面起三梁。於是農作於野,卒振於伍,商賈奔藏於肆,士誦於庠。

學正李佐暨生員史瑋諸人走狀謁記。[106]柟惟《易》稱井養無窮,先王以勞民勸相,夫慈深者策遠,見高者謀實,幾明者敦本,蔑敵者重守,流風者植芳。昔趙充國屯田湟中,先零、罕开坐困具降。耿恭際危拜井,而解疏勒之圍。公斯之舉,何可無之。

今天下大鎮五,陝西有三。然榆林依紫塞,寧夏負賀蘭,甘肅盤合黎而據祈連。總兵各作一邊,長城自堅萬里。惟此固原雖裏,受敵實衆,刔八郡咸維,諸道攸通,三邊一隙,西寇稀突,[107]漠漠平原,莫可扼遏,三輔爲之震驚。故元載議城於至德,曹瑋築軍於咸平,忙可剌立路於至元。[108]故將不作士,遭敵必潰;士不戀上,[109]作之弗起;土靡嘉賓,[110]驅之不戀。公玆之舉,可謂授干戈於卒食,[111]納忠勇於士腹。若夫誨孝弟,視衣糧,閑韜略,杜侵漁,簡什伍,嚴法選器,可由知也。[112]寢朝廷西顧之憂,誰云不然。

公初爲平凉衛指揮使,受委都御史楊公,募籍牧卒,八百惟羨,遂置武安苑。兼其敵功,乃陞陝西都指揮僉事,已而守備岷州,羌酋帖服。乃充左參將,協守延綏中路,匈奴知名。乃充游擊將軍,截殺花馬池,滋樹勳績。乃駐劄河州、洮、岷,既多墩臺,亦講風俗,威德自近,綏此番夷。

固原之業,豈徒公耳。初,柟筮仕史氏,識厥兄斌於御史,宇岸洪遠,心竊雅

---

① 正德壬申:正德七年(1512)。

② 《康對山先生集》卷二六《記‧固原鎮鼓樓記》文末有"正德癸酉冬十月又九日癸丑滸西山人康海記"十九字。正德癸酉,即正德八年(1513)。

③ 正德乙亥:正德十年(1515)。

重。已而擢二京兆,[113]賦政益新。由公視之,當誰兄弟也。昔漢張奐、[114]段熲,[115]皇甫規、嵩叔姪,皆此西北人物,建功當時,史策高之。[116]由公兄弟視之,諸君子難專美矣,公滋懋哉。

重修北亂池龍神廟碑記

平涼郡西北屬邑曰隆德、曰開城,兩界間有湫池,闊一百七十丈,深許不可測。久澇不溢,久旱不竭。其下有龍神居焉,能出天入地,興雲致雨,變凶歉為豐穰,居民罔不欽仰焉。世傳肇自春秋,著顯漢世,歷代加封享祀,廟食茲土,其來遠矣。

大明正統壬戌暮春之季,①平涼府同知安本行部至彼,時旱三月矣。乃竭誠走謁祠下,仰視舊廟,棟宇摧毀,瓦片傾卸,壁堵剝落,誠不足以妥神靈。今祈或雨,必即修飭,心默許之,口不欲言。既而封羊設奠,臨湫投羊首、楮錢於中,再拜跪禱間,其紙立沉,而首泛汎然,似不足意。乃召祝問故,祝曰:"神其或有所需。"曰:"我知之矣。"其首遂沒。迺明告曰:"神肯惠雨以蘇我民,宜與修廟。"已而祝禮甫畢,各散去。次日,果大雨如注,明日又雨。四郊霑足,豆麥復榮,百穀播種,邑官、耆老、胥吏者,在泮之傍,莫不懽忻健羨,嘆曰:"是何靈應之速如是哉。"歸以質之郡長暨同寅,舉忻忻然皆曰:"當報神惠。"於是各捐俸資,倩工鳩材,撤舊易新,甃地以磚,塗壁以粉,左右侍從之儀,繪其出入之像,不日告成。翼日,二邑老父請紀其事,具以言之。予惟禮曰:能禦大災則祀之,能捍大患則祝之。茲神祝之靈異,大有功於民如此,作廟奉祀於永世,夫豈不宜哉。故書以識歲月云。

兵備道題名記② 　　唐龍提學副使

固原長壕大塹,連山峻極,四塞之接而襟帶之固也。秦屬北地郡,漢及晉俱屬安定郡,唐改故原州,[117]至德中陷於吐蕃,宋成平建鎮戎軍,元立開城路咸平府,③尋降為州。

國初,府州俱廢。成化五年,用守臣議,設固原衛。弘治十五年,復設州。[118]中建兵備,而以按察副使領之。三十年於斯,代者籍籍,寖不可考。嘉靖初,[119]成君文質夫來攝其官,[120]布德揚武,功用既興,[121]乃衰各姓氏,視次第勒於石而昭之,爰命書其上方。

予攬轡憑軾,周游天府,竊有以觀其形勝矣。寧夏環靈武之境,延綏引朔方之圻,甘涼結湟州之壘,[122]共阻三面,以扼南牧之虜。而元戎甲士利劍勁鍛,罔

---

① 正統壬戌:明英宗朱祁鎮正統七年(1442)。
② 兵備道題名記:《唐漁石集》卷一《記》題作《固原兵備題名記》。
③ 據《元史》卷五九、六〇《地理志》,咸平府屬開元路,在今東北地區,固原於元時屬開成府。

不聚焉。然延袤不啻數千餘里，山川糾繆而迤邐焉。烽火不接，聲勢斯携，固原居中而執其樞，左顧則赴援綏靈，右顧則迎應甘凉，擊常山之蛇以合左右之節，逐中野之鹿以成掎角之形，固原實有焉。

今夫山豺狼所噑而狐狸游，[123]境日駭也。虎豹負嵎而踞之，[124]以張其爪牙，則百獸影滅，即採黎藿者不至矣。是故奮直諫之節者，寢淮南之謀；尚全勝之道者，破先零之計。君子居朝廷則朝廷重，居邊鄙則邊鄙重。猶夫虎豹之在山也。固原之險，山之嵎也。兵備實司其鈐轄，而四夷之守在焉，干城之托昇焉，其可不隱然爲虎豹也乎。人皆曰："險在地而不在人，重在人而不在地。"斯固也，抑人重則地得其險，而金湯足恃；不重則地失其險，天塹劍閣非我有矣。夫險亦在人乎，是不可忽也。雖然，[125]姓氏既載，[126]得失斯形，由是重耶，石昭昭然，由是眇諸躬而已焉，石亦昭昭然。君子雖欲不重，不可得也已，則石固有砥礪之道乎哉！《詩》曰：①"他山之石，可以攻玉。"此之謂也。質夫之意弘矣。

平虜碑記② 　　康海狀元

夫豐功鴻勳，非淺計慧筭能建也。故晁生獻策於西京，充國沈慮於羌虜，非君臣和德於上，未之能成也。明興百六十年，[127]制馭夷狄之策，殷周所希覯也。而近者猾虜襲套，附邊之民歲被驅掠。嘉靖丁亥，③詔起兵部尚書王公憲提督陝西三邊軍務。虜復入寇，公曰："嗟乎，弦不更則音不調，令不更則士不奮。虜所以敢長驅入寇者，固以我爲怯也。今不預爲之計，徒以坐待其歸而邀其後，即甘謂非勇，如百姓何！"於是下令文武將吏，分部扼塞，馴練士馬，廣其餱糧，[128]以待其至。六月辛未，虜果由花馬及小鹽池拆牆而入。[129]癸酉，抵鎮戎所。公乃遣中軍都指揮李佐泊都督鄭卿、參將劉文，副總兵趙瑛、李義，統正奇兵萬餘往擊之，虜懼北奔。卿等至細溝追及與戰，大破之，斬首九十三級，所獲馬匹器物無筭。虜勢益潰，[130]諸將復追至哲思溝又戰，又斬首三十二級，[131]而所獲馬匹器物益多。是夜，公飛檄調延綏都指揮卜雲相機策應，及調寧夏總兵官杭雄嚴督參協等官魏錕、沙冬遏其歸路。明日甲戌，雲領游兵徑趨白羊嶺按兵待虜。[132]虜至，與大戰，斬首九十五級。值平虜守將李英率鄉兵喊殺虜後，聲震原野，虜益大恐，乃四散走。佐與諸將選精兵來追，至五羊坊諸處，會雄統錕及參將苗鑾，游擊將軍夏欽、[133]李勳，守備都指揮楊和，迎虜剿殺，共斬首八十三級，馬匹器物比

---

① 參見《詩經・小雅・鶴鳴》。
② 平虜碑記：《康對山先生集》卷三五《碑》題作《大明嘉靖平虜之碑》。按：此文所載與《大明嘉靖平虜之碑》多有不同，或刪節，或有增，若文字不影響句意不出校。
③ 嘉靖丁亥：嘉靖六年(1527)。

白羊嶺所獲益多，[134]不可勝紀。而墜谷、溺水及餓死者十之六七，[135]不在是筭。所餘殘虜僅百餘騎，奔遁出境而已。

於戲！公之深計奇算如此，而猶不自居，曰："此邊鄙諸將與鎮巡藩臬諸君子奉若德意之功也。"其所上捷書，深言兵備副使桑溥練達變通、規畫攻戰諸事。雖公謙讓挹損如此，而桑君運籌贊襄之實，亦可以概見也。其各守分地協心追剿者，有參將袁聰、操守都指揮任傑、協同王效。通前斬獲虜首凡三百二十四級云。地方士庶咸請刻石，以示永久，蓋欲誦說天子神武聖文、知人善任。故王公克綏厥事，奏此膚功。揆之古昔，雖孝宣之任充國弗能加也。海覯茲休盛，實踰前聞，有嘉厥請，爰勒斯銘。其辭曰：

維皇建極，萬邦所望。耀德邃古，比蹟周商。蠢茲醜虜，順叛靡常。皇赫斯怒，九伐是張。遴材選士，其武湯湯。起此元老，纘揚踵芳。[136]匪怒伊教，令不易行。我士用奮，時維鷹揚。天厭胡鷟，欲滌其狂。我馬既同，何需不臧。殪此群醜，細溝之傍。逌及哲思，益仆且牄。返則值闕，往顧速亡。白羊之殘，遂至五羊。殘胡宵遁，號跳慘愴。仰瞻神武，如雷如霆。邊民說懌，方內富強。小大稽首，頌聲載颺。天子萬壽，永綏四方。外患既殄，內治彌康。大夫君子，盍思悠長。循彼抑戒，飭我戎行。長子是率，淺慧是防。翊我皇度，于虞有光。敦彼古昔，其道孔明。我銘在石，諦思勿忘。

〔序〕①

平虜凱旋詩序　　馬文升撰

平虜凱旋諸詩，以都察院右副都御史項公蓋臣克平逆虜滿四而作也。陝右士大夫既爲是詩，將勒石紀功，用圖不朽，以予與公同事兵間，不可無言。惟昔元季，有滿氏把丹者，雄長西陲。國初輸誠款附。我太祖高皇帝溥天地涵弘之德，斥平涼、固原裔地，俾之耕牧，入隸版圖，垂百餘年。於今生聚日蕃，號滿家營。有衆數千人，皆驍雄，善騎射，歲以縱獵山野，逐獲禽獸爲利。而滿四其酋豪，本名俊人，以"滿四"呼。成化改元四禩，固原守將響御失德。虜潛畜異，鳩聚開城、隆德、靜寧、安定內附諸胡種，及迫脅鄰土雜居軍民，而攘敓其馬、騾、驢、牛、羊、財帛。不旬月，衆至數萬，據石城之險，僭署名號，且密援外虜爲應。城距故營數十里，遂徙爲家，伐木結柵，城上蒙生牛革以爲固。四面陡崖深溝，爲東西門。入，道仰躋欹，車騎不可城列。近城尤峻絕，曰砲架山，其次曰照壁山，參錯瞰道側，

---

① 本標題據本志原編目錄補。

削立千仞，石磴攀緣，由胡虜凹以登。蓋城最要害處，虜守之，引置木石其上，俟攻至下施，飛擊中人，必得其死。虜嘗自語："天設金湯，雖强敵數十萬，無敢近。"

先是，虜徙城，掘得前代行元帥府事銅印，每以是部署帳下。群醜火四、火能爲腹心，馬冀、南斗爲股肱，咬哥、保哥爲爪牙，滿能、滿玉爲羽翼。選兇狡之徒，制中命之器，指麾奪擊，勢甚猖獗。是年六月，前巡撫陝西右副都御史陳玠、鎮守陝西寧遠伯任壽、征西將軍廣義伯吳琮、參將劉清，發兵三萬薄城，屢戰，皆大失利。都指揮蔣太、申澄死之，遠近騷然。事聞，皇上渙超雄斷，特敕公爲總督，都知監太監劉祥爲監督，平虜將軍都督同知劉玉爲都統，副以伏羌伯毛忠，都督魯鑑、林盛，參將夏正、劉清、胡愷，都指揮周璽、費澄、蔣玉、吳榮、張英、姜盛、丁鐸、黃瑀、鄭英、鄭雲、神英、陳晟、苗玘、孫璽、楊威、羅敬皆爲偏裨，率京師及三邊馬步精兵八萬有奇，七道進攻，環石城山谷爲營陣。監軍則太監秦剛，巡撫則右副都御史王銳暨予，鎮守則都督白玉，參謀則御史鄧本端，巡按則御史任佐、江孟綸，督餉則戶部員外郎張賑，紀功則兵部員外郎劉洪。至若分給諸營，則右布政使余子俊，參政于璠、朱瑛、龐勝，參議嚴憲、崔忠，按察副使宋有文、鄭安，僉事胡欽、胡德盛，皆罄力協心，佐襄厥務。節度攻取，悉惟總督公成筭爲進止。

公昔節鎮關中，素有令望，奇謀偉略，其出無窮，持重周悉，必求萬全。自環營凡三閱月，大小數百戰，伏羌伯毛忠、都指揮周璽、費澄戰死。公與予董親冒矢石，虜屢衝突不能動。嘗呼虜酋布宣朝廷曠恩，以招徠之，終怙險反覆靡常。我師每以久暴露爲憂。公議曰："彼烏合之衆，利在速鬥，不能持久。吾將堅陣以待其敝。"既而購募得敢死士數千，密間諜，出奇計，斷其水道，燔其積聚。城中食盡，人馬多渴死，虜窮慼挑戰尤數。由是麾七路兵，并力鏖戰，首獲滿四至中軍，降其悔禍者數千。餘黨猶乘城跳跟，或群出山谷，延喘爲暴，衆兵鼓憤屠城，大索山間，斬首萬餘級，橫尸遍野。生獲者萬餘，婦女、童稚、孳畜，不可勝計。洒掃巢穴，邊境用寧。十有二月班師，將獻俘於朝，厥功可謂盛矣。

此《平虜凱旋詩》信不可無作也。詩凡若干首，衆體咸備。揄揚國家威靈，克集大勳，皆董師得人所致焉。嗚呼！克敵制勝，莫難於用兵；紀功述德，必由於詠歌。昔周干選從出狩則南仲、仲山甫，南征北伐則尹吉甫、方叔、召虎。史氏書之，詩人詠之，豐功盛烈，萬世罔墜。今公文武兼資，功在社稷。推校周臣，殆不多讓，播之歌詠，施諸後世，其猶今之誦周詩歟。是宜歷敘梗概，以弁其端也已。

西征紀行詩圖序　　劉天和 巡撫都御史

維正德迄嘉靖戊子，[①]西戎土魯番者弗靖，累入邊地。議者謂宜閉關絕貢，

[①] 嘉靖戊子：嘉靖七年(1528)。

謂宜遣使往和，莫能定。上從輔臣議，起大司馬晉溪王公節制全陝諸軍，經略邊事。公乃渡河而西首曰："順則撫，勿過撫以納侮；逆則拒，勿深拒以窮兵。且戎當以誠感，非可以計屈也。絶貢非宜，往和非體。"乃集前後戎使之被留者，將盡遣之。邊人曰："戎其遂輯矣乎？"公曰："未也。訓爾士馬，飭爾器具，戎之情猶未通也。"乃親將而西，戎果悉衆猝至。將士争奮，即日敗之，追奔百餘里。邊人曰："戎其既定矣乎？"公曰："未也。謹爾烽燧，修爾城郭，備爾儲蓄，戎之心容未格也，寧惟自治而已矣。"乃臨嘉峪，登絶塞。械戎使之近至者以示威，縱他使之願歸者以示信，大閲諸軍以示武。戎聞之，且懼且悔，遂遣使款塞。蓋冬閏十月十有二日也。於是文武吏士歡欣慰籍，相與慶且頌曰："禦戎之策，惟戰與和而已。"一於戰者，適以招釁，而未足以服遠人之心。一於和者，或以納侮，而未足以懾遠人之氣。公之始也，一主於和，而其卒也，不忘乎戰。至於嚴自治以守，則又出於戰與和之外者。蓋其歷覽周詢之餘，深察夫彼我之情，而馭夷制敵之略，則又素諳。累試已效之策，故其定謀審計，張弛開闔，元戎宿將仰受成筭，若莫能窺其際者，及其至也，舉莫能違。是豈常情拘泥偏狹僥倖一時者，所可企及其萬一哉！然則公是舉也，仰副我明天子神武不煞之仁，以全我中朝柔遠之體，以紓我邊人防禦之危。若是其冒怙西土之績，固有永懷無斁者矣。按察副使李君淮緝公經行題詠，繪圖以贈。公曰："此予西征紀行録也。"爰屬天和次其語於篇端。

賀平土番序① 　　康海狀元

國家封哈密爲瑜關以西之外藩，[137]當時哈密既强，又受有天朝顯封，諸番莫敢抗也。逮成化、弘治以來，土魯番强噬諸番，奪哈密，逐其君，積六十年，漸不可制。孝宗皇帝雖嘗命文武大臣興師問罪，擣其巢穴矣。王師比還，而驕悍如故，賞之不厭其心，威之不致其畏，固亦執事諸公之過也。[138]何也？國家以一統之盛臣服萬方，土魯番雖强，竊據西北一席之地，而叛服不常如此，我義未直，兵則何畏？彼求方劇，[139]予則何恩？是以信義不行，綏靖無法，徒厪廟堂籌顧之憂，無補疆圉侵凌之患。而中朝士夫又重聲譽而略綜核，騰口説而賤事體。[140]故允蹈者少，浮夸者多，遂使生靈厄於原野，轉輸殫於道塗。[141]非執事諸公之過哉？

今天子嗣大厯服，[142]起前少師吏部尚書晉溪公於戎伍，改兵部尚書，授以節鉞，總督兹事。公至莘邊，[143]方重臣於帷幄而論之曰："中國之於夷狄，[144]固不可過撫以納侮，亦不可深拒以窮兵。唯順則撫，故賞斯恩焉；唯逆則拒，故威斯

---

① 賀平土番序：《康對山先生集》卷三四《序》題作《賀少傅兼太子太傅兵部尚書晉溪王公平土番序》，《明經世文編》卷一四〇《康對山文集》題作《賀少傅兵部尚書晉溪王公平土番序》，《皇甫少玄集》卷二四《序》題作《奉賀太子太保兵部尚書晉溪王公平土番序》。

畏焉。諸君歷事既久，顧不足以知其故乎？回鶻賈胡耳，仰華夏以爲利，藉黃虋以厚生。往昔侵方物而絀信義，勒貢獻以啓釁尤。吾輩固不欲，[145]仍乃仆足矣，[146]曷求所以固圉息兵之道乎。"乃出其羈使，納其貢夷。擊竊俟之姦，[147]輸歸土之諭。[148]於是混淆者革，扞格者通，方物無措克之虞，[149]勘報無稽留之苦。觀其籲天改過，遣使獻城，[150]則夷情大悦、夏德丕宣可知矣。[151]六十餘年難制之虜，一旦以笑談决之，固信義無絀於我，而恩威允叶其心云爾。當時執事諸公何獨不若此哉。嘗見甘肅鎮巡挽留之疏，謂公是非可否每明辯於經畫之時，成敗利鈍不取必於智謀之末。敢於任事而行人之所難行，善於應變而决人之所難决，遂能展布四體，康濟一方。斯實録矣。厥功既聞，天子嘉之。[152]甘肅鎮巡諸公因父老感激之意，地方寧謐之餘，徵文賀公。予不佞，故即當時之事所私見者與公之所已行者敘之。後之觀者倘有取焉，亦可以知國家之長計矣。

元老靖邊詩序　　王九思翰林編修

太子太保晉溪王公，[153]先以兵部尚書兼都察院右都御史總制陝西邊務，[154]開府固原。於時土魯番貢職弗修，屢抗我師，爲禍甚大，貽朝廷西顧之憂。公曰："土魯番舊稱臣久，第御之失宜，故至此。我其撫之，撫之不聽，然後有以爲，彼亦無辭可稱説也。"於是撫之，果降。修貢罔敢或爽。先是，各鎮士馬，各守其地不相及。北虜往往竊入我境，拒之則無人覺，而逐之則有甚不易者。公自畫，以各鎮士馬，凡虜可入之地分布之，[155]以拒其入，謂之"擺邊"。以語諸巡撫諸公，訪於軍中老而諳事者，咸以爲不可。公嘆曰：[156]"吾畫已成，第俟之，可萬全無事。"已而果然。於是邊人頌之，以爲降土魯番者。詢謀僉同，公之雅量也，或可學也。至於"擺邊"之策，神識妙智，公之才，不可以學而能也。於是關中士大夫聞之，作爲詩歌以紀其盛，[157]題曰《元老靖邊》云。涇陽進士穆君文英走使鄠杜，下屬九思序之。夫《六月》之詠平玁狁也，①《采芑》之作服蠻荆也。② 由今日視之，師不興於六月，士無事於采芑，而邊靖焉。則夫嗣遺雅之音以流於萬世者，宜何如哉，宜何如哉！公昔爲吏、户、兵尚書，歷事四朝，忠君爲國之心，終始一節。今將入侍聖天子，[158]爲四海致太平。盛德偉績，紀之太常，備諸國史，蓋不止於靖邊也。

靖邊詩序　　段炅翰林檢討

周大受者，其惟才乎。受大而事成，以有功焉，其實有天下之才者哉？若是

---

① 六月：指《詩經·小雅·六月》。
② 采芑：指《詩經·小雅·采芑》。

謂能副天下之望，以卒有令聞於天下。實不充者，吾未見終其聞者矣。則名爲掩取、爲朋興、爲耽好？古今成少而多償，可獨曰數□則人歟？若夫遇而弗任，任而弗專，是則非臣之尤。晉溪王公，用起荒遐，主上即以全陝西三邊命公總制。於時，土魯番恃遠叛命，侵據屬國三十年餘。爾乃發兵掠寇，破城没軍，五州驚擾，其逆甚矣。而北虜踰河入套，縱牧朔方，乘伺內掠，竭我孳稼，屠累華裳，亦三十年餘。宵旰之憂，二者日新。公節臨關中，則嚴飭將領，受筭禦遏，邊烽頓息。遂仗鉞移節至五郡，召夷使宣示威討，恩信并布。未幾而夷譯連至，悔逆請罪，輸表受降矣。已而套虜聞公有事西北，時試南入。公復還軍駐兵當塞，策謀神變，強弱互示，聲實莫測，虜精悍驍騎入則俘刈全獲。於是移營帳近河，計求北渡，內郡廬產以得寧居。而公行厨或至，藜藿不充。昔歐陽公言韓魏公"垂紳正笏，不動聲色，以措天下於泰山之安"。此指當時人主不親政事言也。而魏公在邊，西賊聞之膽寒。魏公才兼文武，故能出將入相，以成安攘之功。往者武皇狩駕未息，投奏蔽覽，禁榻虛陳，都人莫倚，宇內惶怖。公適主本兵，保障城闕，以奠定都邑而範圍諸邊。戰守不忒於今，功見於靖邊又如此，以較魏公事奚二耶？異時，人見公奏牘公移，其文章、其規畫莫不稱頌膾炙走。於今果見公有天下才，而副天下望也。陝西巡撫寇公首倡詩以頌公靖邊功，凡仕於陝藩、臬諸曹皆爲詩以頌。炅受命序其簡，不敢辭。

平夷退虜賀狀　　唐澤巡撫都御史

恭惟奉天討虜，仗鉞臨邊。飛蓋入關，旌旗色變。左司傳令，士卒氣增。范老胸中，甲兵素定。馬公望重，夷虜咸知。土番，六十年反覆之寇也。盜者剿之以挫其氣，羈者遣之以服其心，貢者納之以釋其憾。笑談之間，西戎稽首。套虜，數十年猖獗之寇也。集兵扼衝，懲夫散守之失；出奇斬馘，示以必戰之威；斂緝邊氓，俾無可乘之隙。指揮一定，北虜遠遁。竊觀漢二師勤數萬之衆，歷數年之餘，僅得宛馬數匹，議者病其窮兵。陳湯鼓番夷之衆，斬酋虜之首，雖云立功西域，當時論其矯詔。今日不遺一矢，不勞一卒，聲罪致討而朝廷尊，仗義執言而夷虜服，視二師、陳湯何如哉。唐太宗與突厥盟於便橋，自謂得策。然彼已深入畿內，不免城下之羞。子儀單騎見虜，世所共稱，然彼已飽載而返，不免孤注之危。今日聞風膽落，遠徙窮荒，耕耨不變於郊坼，塞馬長鳴於塞野，消不測之患於隱然之中。視太宗、子儀何如哉。蓋由明府於天下之理，知之無不明，故遇天下之事，處之無不當。豈直平夷虜一節爲哉。聖天子益重北門之托，大輸西顧之憂，下詔褒功進秩。宮保行將拜麻，紫閣霖雨蒼生。措天下於泰山之安，定華夷於一統之盛。爲生民造福，爲吾皇致太平，區區二虜平定又足云乎哉。職等偷安邊閫，共荷大厦之仁，憂抱杞人，益切大車之望。徒知感德，難罄賀私。束帛箋箋，縷芹誠而冀臺鑒；寸心耿耿，倣野史以鳴鴻功。顧復限於職守，實逎愧夫多儀，萬惟包荒麆頓，不勝萬感。

〔奏議〕[1]

設險守邊大省勞費奏議　　王　瓊

臣聞防邊之道，莫善於守，莫不善於戰。昔周王命南仲城朔方而獫狁之患除，秦始皇命蒙恬將兵攻胡而天下叛，是戰與守，二者利害得失相去遠甚，不可不早辦而預謀之也。今寧夏花馬池一帶，地勢平漫。周宣王時，獫狁内侵至於涇陽。漢文帝時，匈奴十四萬衆寇朝那蕭關，殺北地都尉。唐太宗時，突厥十萬寇涇邠至渭水便橋之北。本朝弘治十四年以後，北虜深入固原、臨鞏、平鳳等處，皆由此地而入。雖曰築有邊墻一道，低薄易毁，又離花馬池二十里，每賊大舉拆墻入境，官軍閉門，莫敢攖其鋒。弘治十五年，兵部議奏，始命户部尚書秦紘總制陝西、延、寧、甘肅四鎮軍務，常在固原住劄，離花馬池六百餘里。自後，任總制皆以調軍攻戰爲務，節年於内地開設衛所，創建營堡。括一省之兵，募末耜之民，以足軍伍冗食，坐費者常至二萬餘人。又調延、寧、甘肅三鎮之兵入内應援，地里益廣，兵力益分。虜每擁衆深入，縱橫殺掠，分散之兵，益不能禦。我民大遭荼毒，彼賊略無懲創。而徵輸調發，財殫力屈，小民日益流徙，户部經用告竭，皆由用戰不用守，其弊遂至於不可救也。

正德十年，臣任兵部尚書，奏革總制不設者六年，勞費大省。嘉靖七年，荷蒙皇上起用，臣總制陝西三邊軍務。去年大虜住套，臣親統精兵三萬，赴花馬池要害賊衝，沿邊擺列，振揚軍威。虜賊拆墻入者，輒擊斬之，遂移營遠徙，幸無深入。屯兵凡四閱月，費用芻糧亦且數萬。臣因思屯兵拒戰終不如設險拒守，遂會巡撫巡按官議奏，乞於寧夏花馬池、延綏邊營相接地方，挑乞壕塹，防護鹽池，以通鹽利。荷蒙皇上採納准行。今年七月，延綏西路管糧僉事張大用、寧夏管糧僉事齊之鸞，各照該管地方興工挑乞，共長四十二里。其定邊營南至大山石，長二十里。先年，巡撫都御史余子俊築有墩墻，年久損壞。該兵備副使牛天麟修補挑乞，計至十月地凍之時可完。臣親詣閲視，中間土脉好處挑成溝塹，真如天設之險，足堪保障，比之築墻工省數倍，而爲利無窮。但花馬池西北至安定堡四十一里，安定堡至興武營四十八里，興武營至毛卜剌二十四里，毛卜剌至清水

---

[1] 本標題據本志原編目録補。

營二十八里，清水營至橫城堡大墻二十五里，通計一百六十六里，必皆挑挖溝塹，方無空隙。東南自定邊營大山口起，西北至寧夏黃河止，中間平漫之地，皆有深溝高墜，惟用步卒拒守，而虜騎不得長驅。雖費銀十萬，亦不爲多，以後得省調兵無窮之費。固原諸路新集之兵，可漸徹罷，而平鳳臨鞏之民，不遭驅掠，得安枕席。即今塹內人畜遍野，無望烟之警，數年之後，闢草菜[159]爲膏腴，變荒嶕爲樂土，又不獨減省調兵勞費而已。及查慶陽府靈州鹽課司所管大鹽池，舊屬延綏管糧僉事兼理，小鹽池屬寧夏管理，二池相離二百餘里。後改慶陽兵備副使兼管，相離二池六百餘里，顧理不周。每年十月初爲始，不許支鹽，謂之封池。次年三月河開，方許挈放。原定二池額課，每年共一萬四千引，今年大池止放過鹽三百餘引，節年未支商鹽共二十餘萬引，大約十年方可支盡。所以自嘉靖五年至今，五年鹽課無人報中。今既挑乞溝塹，鹽利大通，宜令延綏西路管糧僉事照舊兼管大鹽池，寧夏管糧僉事兼管小鹽池。十月以後不必封池，俱召商報中行慶陽府造册，送布政司領引，赴池支鹽。每引舊例納銀二錢五分，臥引銀一錢，共三錢五分。照依時估，定立斗頭，於附近花馬池、定邊營等倉上納本色米豆，以前年分，該支商鹽照舊挨支，各不相妨。如此，虜患既除，邊用亦足，誠大利益。

臣又惟興舉事功，在於得人，鼓舞智能，當行激勸。竊見寧夏管糧僉事齊之鸞，歷官中外幾二十年，持身無玷，臨事有爲。延綏西路管糧僉事張大用，年力精強，才識通敏，修邊之任，俱堪委托。先年，都御史余子俊因修邊有勞，與首功同論，蔭子世襲指揮僉事。近日肅州兵備副使趙載，因整飭邊備勤勞，超陞右僉都御史。伏望聖明留神裁察。

臣所陳戰不如守便益事理，果有可採，特敕兵部再議，無礙奏行。延、寧二鎮巡撫都御史責委僉事齊之鸞、張大用，各照地方提督修理，內已成未堅完者務要修理堅完，未成者照已成溝塹挑挖。合用軍夫，於鄰近城堡并備禦軍內起倩，照舊每名日支口糧二升，仍每十日犒賞銀一錢，資蔬菜之用。定邊營一帶，照都御史余子俊舊規，每里築一墩，仍於東中二路摘撥備禦軍八百名，每墩定撥二十名。花馬池一帶，量地遠近立墩，就於河東原設備禦軍內那撥，各令常川看守，但有損壞，隨即修補。每年二、八月，起夫修濬一次，務使堅完經久。每墩蓋鋪房一座，以爲守軍棲止。合用工料價銀，寧夏查取固原州庫，延綏查取慶陽府庫，各收貯臥引銀兩，支用如有不敷，聽於鹽池召商納價，或折納木板轎用，工完停止。靈州鹽課司大小二池鹽課，如臣前擬行各管糧僉事，各照地方兼理開中。工完之日，將修完工程丈尺、修蓋過鋪舍、支用過銀糧數目造册，送各巡撫都御史奏繳。僉事齊之鸞、張大用果能經理得法，足堪保障，大省勞費，事有成效，各巡撫官具實奏聞，厚加賞賫，不次超擢以爲忠勤之勸。如或苟簡，虛費工力，不堪保障，參奏究治。

設重險以固封守奏議　　王　瓊

臣兩出巡邊，知延綏定邊營、寧夏花馬池一帶地方，爲套虜入寇陝西之路。已經建議挑挖深溝，修築高壘，設險拒守，以省勞費。另題外又知花馬池之南，固原之北環縣地方，東至榆林神木堡黃河，西至蘭州黃河，綿亘二千餘里，中間山勢連絡，皆可設險。成化八年，巡撫延綏都御史余子俊，修理榆林東西中三路邊牆，年久損壞，不堪保障。自環縣迤西嚮石溝起，至靖虜衛止，係固原鎮該管邊界。弘治十五年，總制、尚書秦紘修理牆塹低淺，今已坍壞填塞。套賊節年過花馬池，由此深入，不能阻隔。臣委參將苗鑾、督同守備趙昶、操守黃振，親詣各該地方踏勘，得東自環縣地界嚮石溝起，西至靖虜衛花兒岔止，共長六百三十六里，內靖虜三十八里九分，固原一百二十五里二分，原有邊牆坍塌，工程頗少，令各衛自修外，其餘靖虜該修四十里三分，固原該修三十里五分，俱工程浩大，相應借倩軍夫挑修，大約計算，該用夫八千三十餘名。又踏勘得有山去處，通賊隘口五十二處，回報到臣行令依擬修理外，近據鎮守陝西署都督僉事劉文開呈：本年八月初三等日，本職督同游擊彭械，統領官軍王銳等八千一百四十三員名，親詣固原邊境分布設伏，防禦套賊，一面興工修邊。先將衝要下馬房東嚮石溝一帶損壞舊塹三十里五分，俱挑深二丈、闊二丈五尺。南面塹上築牆共高三丈，頗堪拒虜。及將下馬房西接平虜、鎮戎、紅古、海剌都、西安州五堡坍塌邊塹，共長一百二十五里二分，俱隨山就崖剗削陡峻。至九月初三等日，前項工程次第修完。本職仍統前項官軍親詣乾鹽池一帶，將衝要青沙峴等處原剗山崖溝塹日久崩頹，共長四十里三分，挑濬剗削，深險壯固。及將乾鹽池、打剌赤、靖虜衛三處坍塞崖塹，共長三十八里九分，工程不多，著令守備趙昶督同操守等官自行修理，俱於十月初三等日次第工完。套賊聲息稍寧。

呈蒙軍門明文回兵固原外，通查固、靖二處，共修完衝要地方牆塹七十里八分，剗削崖塹一百六十四里一分。臣自寧夏回，過下馬房看視劉文所修牆塹，如果高深，足堪保障。切照鎮守陝西署都督僉事劉文，領兵八千山備北虜，既振戰伐之威，因爲固守之計。兩月之間，修完二百三十餘里要害之邊。塹山湮谷而得因地之利，深溝高壘而設重門之險，比之斬獲首級、損軍費糧者，功似爲優。況本官征進洮、岷，斬首數百，巡按御史造冊奏繳，該部尚未議陞。如蒙特敕兵部查照節年大同、延綏等邊鎮巡官修邊陞賞事例，議擬奏請，取自聖裁，合無將劉文量加陞賞，或准與實授，以爲守邊將帥之勸。再乞行延綏鎮巡官，查勘先年巡撫都御史余子俊原修邊牆溝塹修理。

甘露降固原奏　　王　瓊

　　嘉靖十年閏六月下旬，固原總制衙門堂後柳樹，忽然枝葉光潤如油。每曉，霧氣蓊鬱，津落於地，凝膩不散。以盤承取嘗之，其甘如飴。見者異之，皆謂甘露之名雖聞，未嘗親見。今柳上膏液，是否甘露，無可證驗。數日後，固原州儒學内柳樹亦生膏液異常。又數日，城外官民等家，都指揮僉事王佐等園，柳樹枝葉遍生膏液，凝聚成珠。飴甘肪白，多至十數株。鎮守固原都督僉事劉文、帶管固原兵備副使張欽，公同固原州知州趙承祖、固原衛指揮劉東，親詣各家園内看視取嘗，果係天降膏露，非由人爲。令人以匙刮，收貯於瓶内，該都督劉文謹封上進。

　　外臣聞氏北有星，名爲天乳，若明潤，則甘露下降。又王者德格於上，恩覃於下，而後斯瑞乃應。今固原州即古涇原之地，世爲夷狄所侵害。仰惟皇上慎重邊備，詢謀輔臣，既命兵部選將練兵，設險戰守，又命戶部經畫糧餉，務在充足。今套虜不侵固原已三年矣，耕者黍麥蓋藏，牧者牛羊被野，人得樂生，和氣上達。皇上仁德昭格於天，是以甘露降於固原，以爲休祥之應也。臣等何幸，身親見之。臣又聞孔子作《春秋》，祥瑞不書，而有年則書。誠以天道玄遠難知，而人事則可徵實。今陝西之地邊患雖若寧息，而西安等府天旱民飢，流徙者眾。伏願皇上以甘露降祥而感上天，以乾旱爲灾而恤下民，急遣廷臣大施賑恤，省刑薄賦，尚禮興仁。將見人心和於下，則天道應於上，而諸福之物、可致之祥，無不畢至矣，豈獨甘露之降哉。

明固原州志卷之二

【校勘記】

［1］元年：《周書》卷二七《田弘傳》及寧夏固原出土《大周公師柱國大將軍雁門襄公（田弘）墓志銘》作"二年"。

［2］塘：原同《周書》卷二七《田弘傳》、《庾開府集箋注》卷八、《庾子山集》卷一四《周柱國大將軍紇干弘神道碑》均作"唐"，據《大周公師柱國大將軍雁門襄公（田弘）墓志銘》改。

［3］陝西：《宋史》卷三六九《曲端傳》作"川陝"。

［4］敵：原作"敬"，據《宋史》卷三六九《曲端傳》、《建炎以來繫年要錄》卷三六、《齊東野語》卷一五《曲壯閔本末》改。

［5］我嘗爲主：《宋史》卷三六九《曲端傳》、《建炎以來繫年要錄》卷三六、《齊東野語》卷一五《曲壯閔本末》作"我常爲客，彼常爲主"。

［6］方：原作"古"，據《宋史》卷三六九《曲端傳》、《齊東野語》卷一五《曲壯閔本末》改。

［7］不得不：原作"不得"，據《宋史》卷三六九《曲端傳》改。

［8］入：此字原脱，據《金史》卷七九《張中孚傳》補。
［9］鎮戎州：《金史》卷七九《張中孚傳》作"鎮戎軍"。
［10］九年：此同《金史》卷七九《張中孚傳》，《金史》卷三《太宗紀》作"八年"，是。參見中華書局點校本《金史》卷七九校勘記［三］。
［11］文：此字原脱，據《金史》卷七九《張中孚傳》補。
［12］德順：原作"得順"，據《金史》卷七九《張中彦傳》改。
［13］金帶：原作"金幣"，據《金史》卷七九《張中彦傳》改。
［14］郊：原作"効"，據《金史》卷七九《張中彦傳》改。
［15］"王盟"至"後進爵至長樂郡公"句：王盟係北魏人，《北史》卷六一、《周書》卷二〇均有《王盟傳》。本志誤將其事蹟置於下文後晉"王殷"後，整理者改置於此。
［16］万俟：原作"萬侯"，據《北史》卷六一、《周書》卷二〇《王盟傳》改。
［17］寶泰：原作"寶秦"，據《北史》卷五九、《周書》卷二五《李遠傳》、《册府元龜》卷三八二《將帥部·褒異第八》改。
［18］陽平：原作"平陽"，據《周書》卷二五《李遠傳》、《册府元龜》卷三八二《將帥部·褒異第八》改。
［19］三千户："三"字原脱，據《周書》卷二五《李遠傳》、《册府元龜》卷三八二《將帥部·褒異第八》補。
［20］成紀：原作"城紀"，據《隋書》卷三七《李穆傳》改。
［21］京西："西"字原脱，據《舊唐書》卷一一八、《新唐書》卷一四五《元載傳》、《資治通鑑》卷二二四補。
［22］比：原作"北"，據《新唐書》卷一四五《元載傳》改。
［23］鍤：原作"插"，據《新唐書》卷一四五《元載傳》改。
［24］農事：原作"農是"，據《新唐書》卷一四五《楊炎傳》改。
［25］披：原作"彼"，據《新唐書》卷一四五《楊炎傳》改。
［26］群臣：原作"郡臣"，據《新唐書》卷一四五《楊炎傳》改。
［27］馬步軍："步"字原脱，據《新五代史》卷五〇《王殷傳》改。
［28］王殷之後原錄後周王盟事蹟，王盟實爲魏人，整理者移至魏。
［29］知鎮戎軍：據《宋史》卷二七九《陳興傳》載，陳興於咸平三年徙涇原儀渭鎮戎軍部署。則陳興知鎮戎軍在咸平三年（1000），非開寶中。
［30］鹹泊川：原作"鹹伯州"，據《宋史》卷二七九《陳興傳》、《隆平集》卷九《樞密·曹瑋》等改。
［31］三萬：原作"三百萬"，據《宋史》卷二七九《陳興傳》改。
［32］咸平：原作"開寶"，據《宋史》卷二七九《陳興傳》改。
［33］木峽口：原作"水硤口"，據《宋史》卷二七九《許均傳》、《長編》卷五六改。
［34］彬：原作"斌"，據《宋史》卷二五八《曹彬傳》《曹瑋傳》改。
［35］太宗：《宋史》卷二五八《曹瑋傳》、《長編》卷五六等作"真宗"。
［36］甚：原作"其"，據《宋史》卷二五八《曹瑋傳》改。

[37] 手：此字原脱，據《宋史》卷二五八《曹瑋傳》補。
[38] 閑田：原作"間田"，據《宋史》卷二五八《曹瑋傳》改。
[39] 妙娥熟魏：原作"奴俄熱魏"，據《宋史》卷二五八《曹瑋傳》改。
[40] 將騎士薄天都山：原作"將其士簿吳都山"，據《宋史》卷二五八《曹瑋傳》改。
[41] 籠竿：原作"隴竿"，據《宋史》卷二五八《曹瑋傳》、《長編》卷八三等改。
[42] 廝敦："敦"字原脱，據《宋史》卷二五八《曹瑋傳》補。
[43] 張佶：原作"張信"，據《宋史》卷二五八《曹瑋傳》、《長編》卷八二改。
[44] 白守恭：《宋史》卷二五七《李繼隆傳》載："至道二年，白守宗守榮、馬紹忠等送糧靈州。"故"恭"字誤。
[45] 咩逋賤遇：此四字原脱，據《宋史》卷二五七《李繼和傳》補。
[46] 清石：原作"青石"，據《宋史》卷二五七《李繼和傳》、《歷代名臣奏議》卷三二三《禦邊》改。
[47] 儻：原作"償"，據《宋史》卷一七六《食貨志》改。
[48] 康奴等族：《宋史》卷三二五《王仲寶傳》無"等"字。
[49] 豪勇：《宋史》卷三二五《王珪傳》作"拳勇"。
[50] 獅子堡：《宋史》卷三二五《王珪傳》作"師子堡"。
[51] 即：原作"既"，據《宋史》卷三一二《韓琦傳》改。
[52] 詔：原作"召"，據《宋史》卷三一二《韓琦傳》改。
[53] 山外：原作"正川"，據《宋史》卷三一二《韓琦傳》、《容齋四筆》卷十二《夏英公好處》改。
[54] 砦門：原作"塞門"，據《長編》卷一三七、《太平統類》卷七改。參見《宋史》卷二八九"校勘記"[五]改。
[55] 揮：此字原脱，據《宋史》卷二八九《葛懷敏傳》補。
[56] 士遂散："士遂散"與上下文間語義不明。據《宋史》卷二八九《葛懷敏傳》、《長編》卷一三七載，葛懷敏欲先往，執轡者不可，懷敏拔劍將擊之，士遂散，而後則有驅馬東南事。
[57] 二百里：此同《宋史》卷二八九《葛懷敏傳》，《長編》卷一三七作"二里許"。
[58] 土兵：原作"士兵"，據《宋史》卷二九二《王堯臣傳》、《長編》卷一三二改。
[59] 三萬：此同《長編》卷一三二，《宋史》卷二九二《王堯臣傳》作"二萬"。
[60] 延州：原作"延川"，據《宋史》卷二九二《王堯臣傳》、《長編》卷一三二改。下同。
[61] 劉璠：原作"劉播"，據《宋史》卷二九二《王堯臣傳》、《長編》卷一三二改。
[62] 將帥：原作"將師"，據《宋史》卷二九二《王堯臣傳》改。
[63] 縱：原作"從"，據《宋史》卷二九二《王堯臣傳》改。
[64] 主帥：原作"主師"，據《宋史》卷二九二《王堯臣傳》改。
[65] 都：此字原脱，據《宋史》卷三四九《劉昌祚傳》補。
[66] 揀：原作"棟"，據《宋史》卷三一四《范仲淹傳》改。
[67] 砦：原作"岩"，據《宋史》卷三一四《范仲淹傳》。
[68] 西：《宋史》卷二五三《折可適傳》無此字。
[69] 洪德：原作"供德"，據《宋史》卷二五三《折可適傳》改。

[70] 首飾：原作"首飭"，據《宋史》卷二五三《折可適傳》改。
[71] 適：原作"敵"，據《宋史》卷二五三《折可適傳》改。
[72] 權第十二將："權"原作"擢"，據《宋史》卷二五三《折可適傳》、《東都事略》卷一〇四《折可適傳》改。"第十二將"，此同《長編》卷四九九、卷五〇一，《東都事略》卷一〇四《折可適傳》、《姑溪居士後集》卷二〇《折渭州墓志銘》均作"第十三將"。參見《宋史》卷二五三"校勘記"[六]。
[73] 紹聖：原作"紹興"，據《宋史》卷八七《地理志》、《長編》卷四八七等改。
[74] 砦：此同《宋史紀事本末》卷四〇《西夏用兵》，《宋史》卷三二八《章楶傳》作"堡壁"。
[75] 砦：此同《宋史紀事本末》卷四〇《西夏用兵》，《宋史》卷三二八《章楶傳》作"城"。
[76] 據：此字原脱，據《宋史》卷三二八《章楶傳》補。
[77] 元帥府："府"字原脱，據《金史》卷一一六《石盞女魯歡傳》補。
[78] 當：此字原脱，據《金史》卷一一六《石盞女魯歡傳》補。
[79] 心腹："腹"字原脱，據《金史》卷一一六《石盞女魯歡傳》補。
[80] 判官涇陽令涇州觀察判官：此十一字原作"書令史右三部檢法司正遷監察御史改右司都事遷員外郎改左司諫轉左司郎中遷國子祭酒"，爲《金史》卷一〇五《任天寵傳》中的内容。《金史》之《蕭貢傳》與《任天寵傳》同卷，本志編者誤將《任天寵傳》文字混入《蕭貢傳》中，據改。
[81] 置：原作"直"，據《固原歷代碑刻選編·重修朝那湫龍神廟碑》録文改。
[82] 藥：《固原歷代碑刻選編·重修朝那湫龍神廟碑》録文認爲此字爲衍文。
[83] 貌：《固原歷代碑刻選編·重修朝那湫龍神廟碑》録文認爲此字爲衍文。
[84] 首飾：原作"首飭"，據《固原歷代碑刻選編·重修朝那湫龍神廟碑》録文改。
[85] 歐公：原作"毆公"，據本志卷二《記·靖虜衛右所察院記》及姓氏改。
[86] 申畫郊圻慎：此五字原漫漶不清，據《尚書·畢命》補。
[87] 故原州：《康對山先生集》卷二六《記·固原鎮鼓樓記》作"固原州"，疑誤。
[88] 中：《康對山先生集》卷二六《記·固原鎮鼓樓記》作"初"。按：固原守禦千户所設於景泰三年(1452)，景泰享國七年，故曰"中"、曰"初"未能定。
[89] 衛：原作"爲"，據《康對山先生集》卷二六《記·固原鎮鼓樓記》改。
[90] 皆：《康對山先生集》卷二六《記·固原鎮鼓樓記》無此字。
[91] 不數年：《康對山先生集》卷二六《記·固原鎮鼓樓記》作"數年之間"。
[92] 便：《康對山先生集》卷二六《記·固原鎮鼓樓記》作"遍"，疑是。
[93] 便：《康對山先生集》卷二六《記·固原鎮鼓樓記》作"更"。
[94] 與總兵官具位楊公英：《康對山先生集》卷二六《記·固原鎮鼓樓記》無此九字。
[95] 按察司：《康對山先生集》卷二六《記·固原鎮鼓樓記》無"司"字。
[96] 不可獨廢勿理：《康對山先生集》卷二六《記·固原鎮鼓樓記》作"不能獨廢弗理"。
[97] 施範：《康對山先生集》卷二六《記·固原鎮鼓樓記》作"施德"。
[98] 士大夫軍民父兄以學生徐尚文將幣來：《康對山先生集》卷二六《記·固原鎮鼓樓記》作"景君以使來"。

[99] 而無緩者：《康對山先生集》卷二六《記·固原鎮鼓樓記》作"也"。

[100] 州縣之吏：《康對山先生集》卷二六《記·固原鎮鼓樓記》作"凡吏"。

[101] 力：《康對山先生集》卷二六《記·固原鎮鼓樓記》作"民"。

[102] 以：《康對山先生集》卷二六《記·固原鎮鼓樓記》作"可以"。

[103] 世亨：原作"世厚"，據《康對山先生集》卷二六《記·固原鎮鼓樓記》、〔萬曆〕固志》下卷《文藝志第八·記·固原鎮鼓樓記》、《中州人物考》卷二《經濟·張尚書泰》等改。

[104] 雙出於都盧山："雙出"二字原漫漶不清，據《涇野先生文集》卷一四《記·固原州行水記》、〔宣統〕甘志》卷九一《藝文志》補。"都盧山"，《涇野先生文集》卷一四《記·固原州行水記》作"都虞山"，疑誤。

[105] 景佐議導入州："景佐"，《涇野先生文集》卷一四《記·固原州行水記》作"景左"。"導"，《涇野先生文集》卷一四《記·固原州行水記》作"道"。

[106] 史瑋：《涇野先生文集》卷一四《記·固原州行水記》、〔萬曆〕固志》下卷《文藝志第八·記·固原州行水記略》均作"史暐"。

[107] 西寇：《涇野先生文集》卷一四《記·固原州行水記》作"四寇"。

[108] 忙可刺：《涇野先生文集》卷一四《記·固原州行水記》作"忙阿刺"。

[109] 上：《涇野先生文集》卷一四《記·固原州行水記》作"土"，疑是。

[110] 賓：《涇野先生文集》卷一四《記·固原州行水記》作"實"。

[111] 食：《涇野先生文集》卷一四《記·固原州行水記》作"手"，疑是。

[112] 知也：《涇野先生文集》卷一四《記·固原州行水記》作"此以"。

[113] 二：《涇野先生文集》卷一四《記·固原州行水記》作"貳"，疑是。

[114] 張奐：原作"張渙"，《涇野先生文集》卷一四《記·固原州行水記》作"張煥"，據《後漢書》卷六五《張奐傳》改。

[115] 段熲：原作"段頻"，據《後漢書》卷六五《段熲傳》、《涇野先生文集》卷一四《記·固原州行水記》改。

[116] 之：《涇野先生文集》卷一四《記·固原州行水記》作"上"。米文科點校本據萬曆李楨本改"上"爲"之"。

[117] 故原州：《唐漁石集》卷一《記·固原兵備題名記》作"固原州"。

[118] 設：《唐漁石集》卷一《記·固原兵備題名記》作"置"。

[119] 嘉靖初：《唐漁石集》卷一《記·固原兵備題名記》作"嘉靖□年"。

[120] 文：《唐漁石集》卷一《記·固原兵備題名記》無此字。

[121] 布德揚武，功用既興：《唐漁石集》卷一《記·固原兵備題名記》無此八字。

[122] 湟州：原作"皇州"，據《唐漁石集》卷一《記·固原兵備題名記》改。

[123] 而狐狸游：《唐漁石集》卷一《記·固原兵備題名記》作"狐狸所游"。

[124] 負嵎：《唐漁石集》卷一《記·固原兵備題名記》作"憑其嵎"。

[125] 雖然：《唐漁石集》卷一《記·固原兵備題名記》無"雖"字。

[126] 載：《唐漁石集》卷一《記·固原兵備題名記》作"在"。

[127] 六十:《康對山先生集》卷三五《碑·大明嘉靖平虜之碑》作"七十",疑是。

[128] 其:《康對山先生集》卷三五《碑·大明嘉靖平虜之碑》作"具"。

[129] 拆:《康對山先生集》卷三五《碑·大明嘉靖平虜之碑》作"折"。

[130] 益:《康對山先生集》卷三五《碑·大明嘉靖平虜之碑》作"漸"。

[131] 三十二:《康對山先生集》卷三五《碑·大明嘉靖平虜之碑》作"三十六"。

[132] 白羊嶺:《康對山先生集》卷三五《碑·大明嘉靖平虜之碑》作"青羊嶺"。下同。固原有青羊泉山,疑作"青羊嶺"是。

[133] 夏欽:《康對山先生集》卷三五《碑·大明嘉靖平虜之碑》此二字在"苗鑾"後。本志卷一《文武衙門·固原等處游擊將軍》有"夏欽",疑《康對山先生集》誤。

[134] 比:《康對山先生集》卷三五《碑·大明嘉靖平虜之碑》作"并"。

[135] 六七:《康對山先生集》卷三五《碑·大明嘉靖平虜之碑》作"七八"。

[136] 揚:《康對山先生集》卷三五《碑·大明嘉靖平虜之碑》作"甫"。

[137] 瑜關:此同《康對山先生集》卷三四《序》,《明經世文編》卷一四〇《康對山文集》、《皇甫少玄集》卷二四《序》均作"榆關"。

[138] 亦:此同《皇甫少玄集》卷二四《序》,《康對山先生集》卷三四《序》、《明經世文編》卷一四〇《康對山文集》均作"以"。

[139] 彼:此同《皇甫少玄集》卷二四《序》,《康對山先生集》卷三四《序》、《明經世文編》卷一四〇《康對山文集》均作"我"。

[140] 騰:此同《皇甫少玄集》卷二四《序》、《明經世文編》卷一四〇《康對山文集》,《康對山先生集》卷三四《序》作"謄"。

[141] 殛:原作"極",據《康對山先生集》卷三四《序》、《明經世文編》卷一四〇《康對山文集》、《皇甫少玄集》卷二四《序》改。

[142] 今:此同《皇甫少玄集》卷二四《序》,《康對山先生集》卷三四《序》、《明經世文編》卷一四〇《康對山文集》均無此字。

[143] 萃:此字原本漫漶,據《康對山先生集》卷三四《序》、《明經世文編》卷一四〇《康對山文集》、《皇甫少玄集》卷二四《序》補。

[144] 中國之於夷狄:《康對山先生集》卷三四《序》、《明經世文編》卷一四〇《康對山文集》均無"中"字,《皇甫少玄集》卷二四《序》作"朝廷之於外藩"。

[145] 欲:此字原同《皇甫少玄集》卷二四《序》脱,據《康對山先生集》卷三四《序》、《明經世文編》卷一四〇《康對山文集》補。

[146] 仍乃仆足:《康對山先生集》卷三四《序》、《明經世文編》卷一四〇《康對山文集》均作"仍乃仆蹟",《皇甫少玄集》卷二四《序》作"仍小蹟"。

[147] 姦:此同《皇甫少玄集》卷二四《序》,《康對山先生集》卷三四《序》、《明經世文編》卷一四〇《康對山文集》均作"惡"。

[148] 輪:此同《皇甫少玄集》卷二四《序》,《康對山先生集》卷三四《序》、《明經世文編》卷一四〇《康對山文集》均作"示"。

[149] 捐：《明經世文編》卷一四〇《康對山文集》、《皇甫少玄集》卷二四《序》均作"掊"。《康對山先生集》卷三四《序》作"培"，疑誤。

[150] 遣使獻城：《康對山先生集》卷三四《序》、《明經世文編》卷一四〇《康對山文集》均作"出印獻城"，《皇甫少玄集》卷二四《序》作"遣使獻誠"。

[151] 可知矣：《康對山先生集》卷三四《序》、《明經世文編》卷一四〇《康對山文集》此後有"牙木蘭帖木哥土巴土魯番心腹爪牙也皆望風歸化畢命致身而"等二十六字。

[152] 嘉之：此同《皇甫少玄集》卷二四《序》，《康對山先生集》卷三四《序》、《明經世文編》卷一四〇《康對山文集》作"加公少傅兼太子太傅"。

[153] 太子太保晉溪：《渼陂集》卷九《序·元老靖邊詩序》作"少保晉溪先生"。

[154] 都御史：《渼陂集》卷九《序·元老靖邊詩序》作"副都御史"。

[155] 分：《渼陂集》卷九《序·元老靖邊詩序》作"紛"。

[156] 嘆：《渼陂集》卷九《序·元老靖邊詩序》作"笑"。

[157] 以：原作"之"，據《渼陂集》卷九《序·元老靖邊詩序》改。

[158] 公昔爲吏戶兵尚書歷事四朝忠君爲國之心終始一節今將入侍聖天子：《渼陂集》卷九《序·元老靖邊詩序》作"公未久入侍天子"。

[159] 菜：疑當作"萊"。

〔萬曆〕固原州志

(明)劉敏寬　董國光　纂修　韓　超　校注

前　　言

《〔萬曆〕固原州志》(簡稱《〔萬曆〕固志》)2卷，劉敏寬纂次，董國光校，萬曆四十四年(1616)刊刻。《八千卷樓書目》卷六《史部·地理類》有著錄。

一　整理研究現狀

該志在《隴右方志錄》《中國地方志聯合目錄》《稀見地方志提要》《寧夏地方文獻聯合目錄》《甘肅省圖書館藏地方志目錄》《中國地方志總目提要》等方志目錄中有著錄或提要。20世紀80年代開始，有學者撰文對《〔萬曆〕固志》進行介紹或研究。朱潔撰《介紹寧夏明代地方志五種(下)》(《寧夏大學學報》1980年第3期)，高樹榆撰《寧夏方志錄》(《寧夏史志研究》1988年第2期)、《寧夏方志評述》(《圖書館理論與實踐》1993年第3期)、《寧夏回族自治區地方志述評》(載金恩暉、胡述兆編《中國地方志總目提要》，漢美圖書有限公司1996年版)等文對《〔萬曆〕固志》都有著錄或提要式的介紹。

牛春生、牛達生《明代兩種〈固原州志〉及其史料價值》(載高樹榆等編《寧夏方志述略》，吉林圖書館學會1985年内部發行)對《〔萬曆〕固志》的内容價值進行了詳細地研究。薛正昌《固原歷史地理與文化》第八章《明清固原地方志書與文化》(甘肅文化出版社1998年版)、《地方志與寧夏歷史文化(下)》(《固原師專學報》2005年第1期)、《明代寧夏與固原兩大軍鎮的地方志書及其特點》(《史學史研究》2009年第1期)二文論述了《〔萬曆〕固志》對於固原文化的研究價值，後文還對《〔萬曆〕固志》的撰寫方法進行了比較研究。

學者對《〔萬曆〕固志》的整理主要以標點、校勘等方式進行，對重要人物、地名、事件和疑難字詞進行注釋、標音，寧夏人民出版社1985年正式出版了牛春生、牛達生整理本《嘉靖萬曆固原州志》。2003年，固原市地方志辦公室内部出版《明清固原州志》，其中包括由李作斌標點、校注的《明萬曆固原州志》，該志後還附錄了《〔宣統〕固原州志》等文獻所載劉敏寬、董國光的生平資料及牛春生、牛達生撰《明代〈固原州志〉及其史料價值》一文。

二 編修者生平

(一) 劉敏寬

劉敏寬字伯功,人稱劉司馬或少司馬,山西安邑(今山西運城)人,生卒年不詳。《山西通志》卷一三一《人物·解州》、《陝西通志》卷五一《名宦》、《西寧府新志》卷二五《官師·名宦》等有傳,《大清一統志》卷一一七山西"解州"(下轄安邑等4縣)條《人物》、卷一六三《河南府·名宦》均載有劉敏寬事蹟。《〔萬曆〕固志》上卷《官師志》、《〔宣統〕新修固原直隸州志》卷三《官師志》亦有劉敏寬傳。中國國家圖書館藏清朝乾隆二十九年(1764)《解州全志·安邑縣》卷八《人物志》有劉敏寬生平簡介,並注明詳見《運城志》。同館藏光緒六年(1880)《解州全志·安邑縣運城志》卷八有劉敏寬專傳。

《山西通志》卷六九《科目》、《解州全志·安邑縣志》卷六《選舉》、《解州全志·安邑縣運城志》卷六《選舉》載,劉敏寬中萬曆四年(1576)丙子科舉人,五年(1577)中丁丑科進士。《山西通志》卷一三一《人物·解州》記載,劉敏寬"官至兵部尚書,總督三邊,太子太保,賜飛魚蟒玉。以軍功蔭子錦衣衛指揮,世襲,卒後進階少保,賜祭葬祀名宦祠。敏寬長才大略,久歷邊疆,所至簡兵搜乘,備糗儲,繕城堡,自撫至督共計捷三十有奇,與諸將吏推心置腹,更喜譚道論文。"《〔萬曆〕固志》下卷《文藝志》所載《軍門防秋定邊剿虜捷疏記略》詳細記載萬曆四十三年(1615)秋劉敏寬禦邊事蹟。

《河南通志》卷三四《職官》載,劉敏寬曾任河南府宜陽縣知縣。《畿輔通志》卷五九《職官》載,任河間知府。《西寧府新志》卷二五《官師·名宦》載,萬曆二十二年(1594)任兵備道副使,後以功加按察使,嗣遷延綏巡撫。《萬曆〕固志》上卷《官師志》載,萬曆四十二年(1614)以巡撫延綏兵部左侍郎陞總督。《〔萬曆〕朔方新志》卷二亦載,劉敏寬於四十二年(1614)任總督。《〔宣統〕新修固原直隸州志》卷三《官師志》載,萬曆四十四年(1616),在總督任內,與兵備董國光修志,分上、下二卷,以餉後人。萬曆四十五年(1617)四月初六致仕,後卒。《山西通志》卷一七四《陵墓》載,總督三邊劉敏寬墓在運城東5里。

除《〔萬曆〕固志》外,劉敏寬還與龍膺一起編修過《西寧衛志》3卷,萬曆二十三年(1595)刊行。[①] 東洋文庫藏有萬曆四十四年(1616)刊劉敏寬、金忠士編《陝

---

① 王繼光考證認爲該志成書年代絶不會早於萬曆二十四年(1596),參見其《輯本〈西寧衛志〉序》,《西北民族研究》1990年第2期。

西四鎮圖説》。《千頃堂書目》卷八載，劉敏寬撰《延鎮圖説》一卷，[①]惜該書不傳。《〔萬曆〕固志》下卷録有其《閲武》《北魚池》《屬固原延寧將士杜總兵文焕剿虜獲級二百四十有八》等詩。《甘肅通志》卷四七《藝文》、《西寧府新志》卷三五《藝文》均載劉敏寬撰《北山鐵廠碑記》。《西寧府新志》卷三五《藝文》還載其《湟中三捷記》《西寧道署題名碑記》，卷四〇録《湟中紀事》詩9首。《〔宣統〕新修固原直隸州志》卷八録有劉敏寬《〈固原州志〉序》《明志輿地記》，考後者内容，即《〔萬曆〕固志》卷上《地理志》之"創建州治"。同書亦録劉敏寬詩。

（二）董國光

董國光(1554至1630)字士彦，號翼明，山東滕縣人，享年76歲。國家圖書館藏清道光二十六年(1846)王政等編《滕縣志》卷七有專傳。《〔萬曆〕固志》上卷《官師志》、《〔宣統〕新修固原直隸州志》卷三《官師志》亦有其生平簡介。

《山東通志》卷十五之一《選舉志》、國家圖書館藏清康熙五十六年(1717)黄浚、王特選編《滕縣志》卷二《選舉》載，董國光萬曆十年(1582)中壬午科舉人，十一年(1583)中癸未科進士。《陝西通志》卷二二載，曾歷任陝西按察副使、布政使、巡撫延綏都御史、總督都御史。道光《滕縣志》卷七載，董國光於萬曆四十二年(1614)任固原兵備，[②]四十五年(1617)加左布政使，陞正一品，俸遇巡撫推用，四十六年(1618)推延綏開府。

劉敏寬《〈固原州志〉敍》載："因檄固原道方伯董君國光，諮詢參考，訂舊增新。"[③]《〔宣統〕新修固原直隸州志》卷三《官師志》亦載，董國光與總督劉敏寬分輯《〔萬曆〕固志》上下二卷。故知，董國光於其固原兵備任上協助劉敏寬編修《固原州志》。《〔萬曆〕固志》下卷録有董國光《仲夏望日同祁冠軍陪司馬劉公觀魚池時苦旱》詩1首，《〔宣統〕新修固原直隸州志》卷八亦録此詩。同書又録董國光《明志地理志跋》《明志祠祀志跋》《明志田賦志》《明志兵戎志跋》《明志人物志跋》《明志文藝志跋》等6篇跋文，考其内容，分别爲《〔萬曆〕固志》卷上《地理志》《祠祀志》《田賦志》《兵制志》、卷下《人物志》《文藝志》之附論部分。《〔萬曆〕固原州志》除了這六志外，《建置志》《官師志》後也有附論，均以"余惟"二字開頭。王學伊把六志附論歸之爲董國光所撰，另外二志的附論没有提及。考劉敏寬撰

[①]　《明史》卷九七《藝文志》載爲"二卷"。
[②]　《〔萬曆〕固原州志》、《〔宣統〕新修固原直隸州志》、《〔民國〕固原縣志》載，萬曆四十一年(1613)由陝西右布政使任固原兵備。
[③]　《前言》引《〔萬曆〕固原州志》，除特别説明外，皆直接引自南京圖書館藏明朝萬曆四十四年(1616)刻本《固原州志》，恕不一一注明。

《〈固原州志〉敘》、董國光撰《〈固原州志〉後序》,都强調州志最後由劉敏寬"裁酌,纂次八篇""篇贅數語,竊比韋弦"(劉敏寬語),而董國光是在劉敏寬的再三説服下,"因引郡廣文、文學數輩,開局編次,而稍訂其沿革之故。既奏簡上,公手自筆削,芟譌擷菁,首起地里,迄藝文止,删定凡八篇,篇各有目,係以論,而括敘於前。"(董國光語)。據此,没有很充足的理由説明《〔萬曆〕固志》各附論"余惟"云云是董國光所撰,故王學伊將各附論作者題名爲董國光撰寫似有不妥。

(三) 刊印者

該志由固原監牧同知李永芳、知州劉汝桂刊印。《〔萬曆〕固志》上卷《官師志》、《〔宣統〕新修固原直隸州志》卷三《官師志》録兩人籍貫、科舉,但其他事蹟均不詳。

《山東通志》卷十五之一《選舉志》載,李永芳爲德平人,萬曆十九年(1591)中辛卯科舉人。《畿輔通志》卷六十五《舉人》載,劉汝桂爲直隸昌黎(永平府昌黎縣)人,萬曆二十八年(1600)中庚子科舉人。《〔宣統〕新修固原直隸州志》卷三《官師志》、《〔民國〕固原縣志》卷六《職官志》載,劉汝桂萬曆四十四年(1616)任固原知州,在任期間捐養廉銀,刊修《〔萬曆〕固志》。

三 版本及内容

《〔萬曆〕固志》刊行於萬曆四十四年(1616),比萬曆四十五年(1617)楊壽、黃機纂修的《朔方新志》的刊行還早1年。天津圖書館、南京圖書館、中央民族大學圖書館等單位藏有原刻本,中國國家圖書館、天一閣、①臺灣"國家圖書館"藏萬曆四十四年(1616)刊本及清朝乾隆年間重印明萬曆本。1958年,甘肅省圖書館傳抄萬曆刻本,1965年又據萬曆本油印行世。寧夏區圖書館也有油印本行世。

中國國家圖書館、天一閣藏重印本原版當雕刻於明朝萬曆四十四年(1616),但印刷則是在清朝乾隆年間。關於此本《〔萬曆〕固志》的版刻時間問題,吳豐培、李蕊已指出,該本"曆"挖改成"厤",或整個字被挖去,"弘"字也挖去,故斷定"其爲清乾隆間重印明本無疑,則以此定其重印年月,較爲妥當。"②筆者發現,國圖藏本上,凡人名、年號中出現"萬""曆""弘"等字時,一般都要進行技術處理,如在《〔萬曆〕固志》上卷《官師志》"侯莫陳崇"條中,"万俟醜奴"之"萬"均被挖去,

---

① 《中國地方志聯合目録》載爲劉汝桂刻本,實際上當爲李永芳、劉汝桂刻本。
② 吳豐培、李蕊:《中國地方志編目中遇到的若干問題和釋例》,載中國地方史志協會編《中國地方史志論叢》,中華書局1984年版,第46頁。

明朝官員仕履中，凡遇"弘治""萬曆"年號者，"弘""曆"均被挖去。

以南京圖書館藏萬曆四十四年(1616)刻本爲例，該志四周雙邊，單、黑魚尾。全書自序至後序共 111 頁，有多處斷版現象，兩卷均有殘缺。正文每半頁 10 行，行 20 字。內容依次爲：

劉敏寬《〈固原州志〉敘》3 頁，每半頁 7 行，行 11 字。落款後有"定齋"印文圓形印章、"丁丑進士"陽文方印、"司馬之章"陰文方印。敘後是版心有"圖"字的 3 頁內容，首頁右半頁爲志書編、校、印者名單，左半頁以下至第 3 頁爲《固原疆域圖》和《固原州城圖》。《固原疆域圖》標注其東南西北四至里數，[①]城寨以方框標示，山脉、河流以綫描圖形標示。《固原州城圖》圖示固原州各官署、儒學、主要寺廟等布局，可以與正文中有關內容相對照。圖後爲《固原州志目錄》1 頁，分上卷、下卷，一級目錄，不標出各子目。

上卷包括《地理志》《建置志》《祠祀志》《田賦志》《兵制志》《官師志》等 6 類目，共 51 頁。缺第 9、10、12、44 共 4 頁。《地理志》包括建州始末、山川、古蹟等 3 部分內容，"古蹟"載，秦長城在州西北 10 里，而《〔嘉靖〕固原州志》(下文簡稱《〔嘉靖〕固志》)載在州西北 25 里。州志點校者曾做過實地調查，認爲《〔萬曆〕固志》記載更爲準確些。《甘肅通志》卷二二《古蹟》"固原州"之"長城"條同《〔萬曆〕固志》所載。《建置志》"邊隘""公署"內容中凡年號"弘治"之"弘"均被挖去。《官制志》"元魏"二字，點校者改爲"北魏"。"田弘"之"弘"被挖去。本部分劉敏寬、董國光、祁繼祖等 3 人事蹟資料後有空白，沒有接刻其他內容，其後的內容都另頁雕版。下卷包括《人物志》《文藝志》等 2 類目，共 50 頁。缺第 3 至 4、13 至 14、25 至 28、53 共 9 頁。具體內容較《〔嘉靖〕固志》有較多變化(詳見後述)。董國光《〈固原州志〉後序》3 頁，每半頁 8 行，行 12 字，缺第 53 頁即董序的最後一頁。

四 《〔萬曆〕固志》與《〔嘉靖〕固志》的關係

與《〔嘉靖〕固志》相比，《〔萬曆〕固志》編修質量明顯要高。張維曾評價曰："此志視楊經志義例較爲嚴整，惟楊志刻於嘉靖十一年，下距此志之修八十餘年，刻本應有存者，而敏寬及董國光序跋皆不言及，未知何故。"[②]

從體例上講，《〔萬曆〕固志》分類相對比較齊整，八志內容中沒有出現像

---

① 點校本《〔萬曆〕固原州志》重新繪製的地圖中沒有把南至地名及里數標示出來。原圖版面南至地界名稱已很模糊，據《地理志》考，當作"南至隆德縣高嶺八十里"。

② 張維：《隴右方志錄》，《中國西北文獻叢書》據北平大北印刷局 1934 年版影印，蘭州古籍書店 1990 年版，第 77 册第 692 頁。

《〔嘉靖〕固志》"文武衙門"子目内容的大雜燴現象,每志後都有編修者對本部分内容的議論,顯示出較高的志書編輯水準。從具體内容上看,過去有學者認爲兩志之間没有任何關聯,實誤。《〔萬曆〕固志》比《〔嘉靖〕固志》晚80餘年編修,雖然《〔萬曆〕固志》對《〔嘉靖〕固志》隻字未提,但兩志之間的承襲關係還是非常清楚的,《〔萬曆〕固志》多處資料均原樣照抄《〔嘉靖〕固志》,包括後者的錯誤也一併抄錄。下面以《〔萬曆〕固志》類目内容爲綱,與《〔嘉靖〕固志》進行對比。

《〔萬曆〕固志》之《地理志》按舊志傳統的編纂方法,對固原分野、沿革、州治所在位置及其四至八到里數都有説明、梳理,《〔嘉靖〕固志》没有分野内容,沿革的梳理主要集中在有明一朝,後又附楊經對固原地名的考證。兩志所述四至的里數均不相同。"山川"部分,兩志大部分内容都完全一樣,也有不同的地方。《〔嘉靖〕固志》所載"香爐山"《〔萬曆〕固志》未載,《〔萬曆〕固志》所載"掃竹嶺"《〔嘉靖〕固志》未載。兩志有關須彌山、清水河、西河的記載内容可以相互補充。《〔嘉靖〕固志》記載北亂池在州西南90里,《〔萬曆〕固志》記載爲70里。記載有元朝碑、明朝正統碑,元朝碑已不存,明朝正統碑碑文即《〔嘉靖〕固志》所錄《重修北亂池龍神廟碑記》,《〔萬曆〕固志》未錄。

"古蹟"部分,《〔嘉靖〕固志》載石硤口,《〔萬曆〕固志》未載,其他兩志均同。特別是《〔嘉靖〕固志》資料輯錄中存在的錯誤也被《〔萬曆〕固志》照錄。如"細腰葫蘆硤城"條,"前日高繼崇已嘗喪師"句之"崇"當作"嵩",據《續資治通鑑長編》卷一三八仁宗慶曆二年(1042)冬十月條、《太平治蹟統類》卷八《仁宗經制西夏要略》、《宋史》卷三一四《范仲淹傳》、《范文正集·補編》卷二改。《〔萬曆〕固志》除沿襲這處文字錯誤外,又新增一處錯誤,"宜因元昊別路大入之際"句之"際"誤脱。①

《〔萬曆〕固志》之"物産",相對應的是《〔嘉靖〕固志》的"土産"。《〔萬曆〕固志》各類所含物種比《〔嘉靖〕固志》要豐富,如"藥"類,《〔嘉靖〕固志》記載有15種,而《〔萬曆〕固志》記載有41種。但《〔嘉靖〕固志》把牛、羊等獨立爲"豢養類",《〔萬曆〕固志》仍併入"獸類"。

《〔嘉靖〕固志》《〔萬曆〕固志》内容上的承襲關係在人物事蹟方面表現尤其

---

① 嘉靖、萬曆《固原州志》點校者認爲,兩志中"即並兵北取細腰葫蘆泉爲保障"句之"葫蘆"下脱"諸"字,據《宋史》卷三一四《范仲淹傳》補。考諸史籍,州志所引范仲淹奏議主要見載於《長編》卷一三八仁宗慶曆二年(1042)冬十月條、《太平統類》卷八《仁宗經制西夏要略》、《宋史》卷三一四《范仲淹傳》、《范文正集·補編》卷二等文獻,《長編》《太平統類》均同州志,無"諸"字,《宋史》《范文正集·補編》則在"葫蘆"下有"衆"字而非"諸"字。因州志未注明此段奏議的史料出處,故筆者認爲不當據他書輕改州志,即使改動,也不當改爲"諸"而應改爲"衆"。《〔萬曆〕固志》脱"際"字之誤,除點校者據《〔嘉靖〕固志》補改外,亦可據《長編》《太平統類》補改。又,"即並兵北取細腰葫蘆泉爲保障"句之"保障",《長編》《太平統類》《宋史》《范文正集·補編》等均作"堡障",兩州志引誤。

明顯。兩志因成書時間不一,故內容上有很強的互補性。具體來看,《〔嘉靖〕固志》記總制邊務大臣共 9 任,事蹟均比較詳。《〔萬曆〕固志》增加到 43 任,事蹟較略。記鎮守固原武職大臣共 10 任,《〔萬曆〕固志》增至 44 任。記分守固原參將 3 任、固原等處游擊將軍 10 任、守備固原武臣 19 任,《〔萬曆〕固志》均未載。記整飭固原兵備憲臣 22 任,《〔萬曆〕固志》增至 58 任。記固原州知州 8 任,《〔萬曆〕固志》增至 35 任。記同知 2 任,《〔萬曆〕固志》增至 16 任。記吏目有 5 任,《〔萬曆〕固志》增至 12 任。記本州儒學學正有 5 任,《〔萬曆〕固志》增至 20 任。訓導有 15 任,《〔萬曆〕固志》增至 31 任。記固原衛並守禦千户所低級官員共 106 位,包括其姓名、官職,《〔萬曆〕固志》下卷《人物志》"衛所官"只有數字統計,没有記具體的姓名、職位。

《〔嘉靖〕固志》卷二《人物志》相當於《〔萬曆〕固志》下卷《人物·鄉科》。《〔萬曆〕固志》記甲科 2 人,《〔嘉靖〕固志》未載。《〔嘉靖〕固志》記舉人 7 人,《〔萬曆〕固志》增記至 17 人。《〔嘉靖〕固志》開城縣與固原州的儒學歲貢監生分開記載,共 76 名,《〔萬曆〕固志》將其合併在一起,補充了仕履情况。《〔嘉靖〕固志》記節婦 2 人,《〔萬曆〕固志》增記至 14 人。《〔萬曆〕固志》記載武科職名、忠義者、孝子,《〔嘉靖〕固志》均未載。值得注意的是,劉敏寬在强調人物示範作用、先覺者可啓後覺者時,對於某些人物的行爲提出了與衆不同的看法,如《人物志·孝子》載胥恭刮骨和藥爲母治病事,劉敏寬肯定其孝心,但不提倡這種方式,他説,胥恭母親喝了兒子調製的藥後病奇蹟般地好了,"人以爲孝感所致。但刲骨,軀命所關,萬一不保,反傷親心而缺宗祀,不可爲訓也"。

《〔嘉靖〕固志》之《前代原州人物》共記載明朝以前 5 位固原歷史人物,《〔萬曆〕固志》共記載 21 人事蹟,除宋代向寶兩志同記外,其他均不同。《〔嘉靖〕固志》之《前代名宦》共記載明朝以前 34 位曾在固原爲官的歷史人物。《〔萬曆〕固志》共記載 53 人,其中魏朝增至 9 人,較《〔嘉靖〕固志》新增北周 5 人,隋朝增至 5 人,唐朝增至 6 人(無《〔嘉靖〕固志》所載"元載"),後周 1 人兩志同,未載金朝人,宋朝增至 27 人。

兩志藝文所載內容有同有異。《〔萬曆〕固志》有 25 篇記,每篇篇題均加"記略"2 字,於文末附載撰寫時間及作者。《〔嘉靖〕固志》有 14 篇記,基本詳録全文,其中《重修朝那湫龍神廟記》《重修顯靈義勇武安王廟記》《創建城隍廟碑記》《乾鹽池碑記》《靖虜衛右所察院記》《打剌赤碑記》《重建靖虜衛打剌赤城記》《固原州增修廟學記後》《重修北亂池龍神廟碑記》等 9 篇在《〔萬曆〕固志》中未載。即使《〔萬曆〕固志》有載,如《兵備道題名記》,《〔嘉靖〕固志》内容也要比其完整得多。

《〔嘉靖〕固志》6篇序、3篇奏議在《〔萬曆〕固志》中未載。《〔萬曆〕固志》2篇頌、1篇歌、1篇行在《〔嘉靖〕固志》中未載。《〔萬曆〕固志》録有29个詩題共63首詩,①《〔嘉靖〕固志》録詩14首,兩志相同的只有2首,但詩題與詩文有異文。《〔嘉靖〕固志》的《偕寇中丞登固原鼓樓次韻》《嘉靖己丑夏五月兵過預望城》,在《〔萬曆〕固志》中詩題爲《偕寇中丞登固原鼓樓》和《過預望城》,《〔宣統〕新修固原直隸州志》卷八《藝文志》亦載王瓊詩,詩題同《〔萬曆〕固志》。《嘉靖己丑夏五月兵過預望城》詩句"轉輸人困頓增戍"之"頓",《過預望城》作"頻",《〔宣統〕新修固原直隸州志》卷八同《〔萬曆〕固志》,《〔嘉靖〕固志》疑誤。

五　編修質量及文獻價值

從内容上來看,《〔萬曆〕固志》上續《〔嘉靖〕固志》,不僅保留了後者的大部分資料,同時,又多新的補充。從體例上看,《〔萬曆〕固志》比《〔嘉靖〕固志》更加規範,更加符合舊志編修的體例要求,分類比《〔嘉靖〕固志》細密合理。受《〔萬曆〕固志》成書時代的局限,對於歷史人物、歷史事件的評價不可避免有其時代烙印,對於農民起義者的仇視、蔑視是舊志編者一貫的立場,《〔萬曆〕固志》也不例外。另外,文本中存在一些文字、内容上的訛、脱、衍等錯誤,某些已被點校者糾正。如"宇文泰代郡武川人",州志原誤脱"郡";"王殷大名人",州志原誤"大名"爲"大明";"遂以如京使胡守澄率師城古原州",州志原誤脱"守";"成化丁亥",州志原誤作"正統丁亥",②等等。

關於固原州志的文獻價值,已有學者充分闡述過,認爲《〔嘉靖〕固志》《〔萬曆〕固志》"這兩種《固原州志》,是寧夏固原地區最早最完備的史料匯録,具有很高的文獻價值。其中部分内容,如有關固原地區的歷史人物、歷史事件的記載,可與有關史傳互相參證,互爲補充。而部分内容,如有關固原地區山川、古蹟,文武衙門,户口、税糧,以及明代中後期錯綜複雜的民族關係在固原地區的反映,守邊大臣攻守策略的探討,還有記、序、詩、歌、奏議等文獻資料,則爲《固原州志》所獨有。《固原州志》爲研究固原地方史志,提供了豐富的直接的資料。"③

特別要注意的是,《〔萬曆〕固志》輯録修志時期所能見到的碑石文獻,對研

---

① 某些詩題爲一題多詩。
② 《〔宣統〕新修固原直隸州志》卷八《藝文志》載明朝馬文升《石城記略》亦誤作"正統丁亥"。
③ 牛春生、牛達生:《明代固原州志及其史料價值》,參見《嘉靖萬曆固原州志》,(明)劉敏寬纂,牛達生、牛春生點校,寧夏人民出版社1985年版,第277頁。

究明朝固原歷史有重要價值。如上卷《建置志·行署》"鼓樓"條載:"鼓樓,在制府前。僉事楊勉修,正德八年總制張公、副使景佐重修。上有巨鐘,識云'宋靖康元年鑄'。稍折而南,樹二豐碑,覆以廳,東曰《平定寧夏露布》,西曰《松山紀績碑》《軍門平羌碑》《平虜碑記》。"①這裏提到的 4 種碑石文獻在下卷《文藝志》中都輯録了,包括嘉靖十三年(1534)十二月康海撰《平虜碑記略》,萬曆五年(1577)四月林士章撰《軍門平羌碑記略》,萬曆二十年(1592)九月葉夢熊撰《平定寧夏露布碑記略》,萬曆四十二年(1614)四月黄嘉善撰《少傅節制李公少保大中丞田公松山記績碑記略》。《平虜碑記略》記載嘉靖十三年(1534)七月、八月明軍兩次打敗侵擾花馬池之敵之事,《軍門平羌碑記略》記載石茂華等人平定邊疆作亂事蹟,《平定寧夏露布碑記略》記載平定哱拜叛亂事件始末,《松山記績碑記略》記載李汶等平定松山虜患事件始末。

---

① 關於巨鐘識文,據《〔嘉靖〕固志》卷一《文武衙門·固原衛》"鼓樓"條載,當作:"大宋靖康元年八月鑄。起復修寺,熙河路兵馬鈐轄隴右都護馬祐昌。"寧夏,原誤作"西夏",據州志下卷萬曆二十年(1592)九月葉夢熊撰《平定寧夏露布碑記略》改。

整理説明

一、本書主要以標點、校勘、注釋等方式對《〔萬曆〕固原州志》進行整理。《〔萬曆〕固原州志》以南京圖書館藏明朝萬曆四十四年(1616)刻本爲底本，以《〔嘉靖〕平凉府志》、《〔嘉靖〕固原州志》等爲對校本。部分整理成果參考寧夏人民出版社1985年版牛春生、牛達生整理本。

二、整理成果以繁體横排形式出版。注釋條目以當頁脚注形式注明，用圈碼①②③排序。校勘以［1］［2］［3］之類排序，放在卷末。正文中漫漶不清、破損的文字，以"□"表示，一個"□"代表一個字；原本缺漏内容較多者以脚注説明，并以"……"標明；凡正文中"〔　〕"括注的文字，均係整理者增加。

三、校勘以校異文爲主，酌校内容異同。因用字習慣不同而出現人名、地名、族名等同名異寫現象，均出校説明。底本中存在明顯的誤、脱、衍、倒等現象，於正文中校改後出校説明。雖有異文但意可兩通者，不改正文，僅在校記中説明。

四、《固原州志》在刊刻時明顯誤刻之字，如"己""巳"誤作"已"，"戊""戍"誤作"成"等，整理時徑改，不一一出校説明。底本中的異體字、俗體字、通假字、古今字等，一律不出校。某些不規範的異體字、俗體字、古今字等，或前後用字不一者，均按出版要求適當統一成規範的字體，不出校記。《固原州志》轉引他書文字内容，引文若與該書通行版本文字不同，除引文確實有誤，如誤録人名、地名、時間等需要出校説明外，凡不影響文意理解者，一般不改動引文。

五、當頁脚注徑出注釋條目。注釋内容主要包括：原文易致惑者（如文獻簡稱或省稱、干支紀年等）、原文提及的詩文或史料出處、原文體例中資料互見者、整理者對輯補史料的出處説明和整理者的補充文字等。

六、脚注中，凡言"本志"者，均指《固原州志》。凡言"本志書例"者，均指《〔萬曆〕固原州志》編修體例。徵引文獻書名較長者沿用習慣簡稱，具體簡稱參見《參考文獻》。

七、脚注中，凡引古代文獻，均只注明書名、卷次、篇名等，其作者、版本等信息詳見《參考文獻·古代文獻》。凡引現當代文獻，均只注明作者、書名或論文篇名、頁碼等,其出版社、刊物名、發表時間等信息詳見《參考文獻·現當代文獻》。若被引用的古代文獻已有整理成果,一般直接吸收其合理意見,不再重複敘述校注理由,注明"參見××"字樣。注明引文出處、他校資料或他人校勘、考證成果,亦注明"參見××"字樣。

八、《參考文獻》分《古代文獻》和《現當代文獻》分别著録。其中,《古代文獻》分陝甘寧舊志、經部、史部、子部、集部等五類著録,《現當代文獻》分著作、論文兩類著録。

固原州志敘

　　郡邑有志，倣古列史，備考鏡、垂勸戒也。固原舊志二種，一乃太微山人張氏治道所撰，一乃涇源中丞趙氏時春所撰者也。[①] 既各互有詳略，且時淹蹟幻，考據乖舛，況守土之官，屑越散逸，板籍無一存者。堂堂鉅鎮，豈宜廢缺若此。因檄固原道方伯董君國光，諮詢參考，訂舊增新，余覆裁酌，撰次八篇。疆域宅基，山川古蹟，咸所附麗，作《地理》第一。設險奠居，城隍衙宇，保釐蓋藏，作《建置》第二。延禧禜祟，于神于靈，妥侑祈報，作《祠祀》第三。任土料民，作貢課力，惟正惟忠，作《田賦》第四。下甲詰戎，惠中綏外，鞏固金湯，作《兵制》第五。共主乂民，敦化襄理，僚吏是依，作《官師》第六。徽塵英軌，澣俗維風，前修仰止，作《人物》第七。白雪青錢，騰奇賁治，藻翰筌蹄，作《文藝》第八。篇贅數語，竊比韋弦。雖幽邈眇曖，不無掛漏，其顯暴臚列者，似亦略盡矣，有司者不復屑越散逸，使後之君子得所徵，以裨不逮，有深望焉。

　　萬曆四十四年孟夏吉旦，總督陝西三邊軍務、兵部左侍郎安邑劉敏寬撰。

總督陝西三邊軍務兼理糧餉、兵部左侍郎兼都察院右僉都御史劉敏寬纂次
整飭固原兵備道、陝西右布政兼副使董國光校
固原監收同知李永芳、固原州知州劉汝桂刊

---

① 疑即趙時春撰《平涼府志》卷九《固原州》。

固原疆域圖

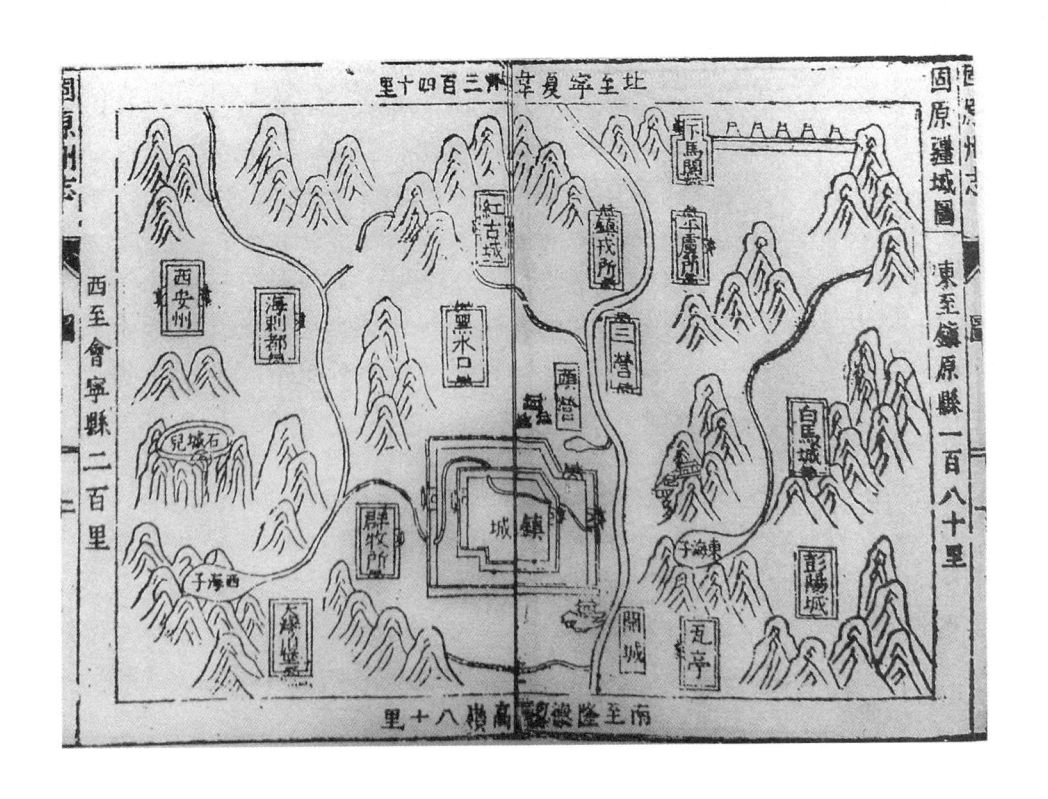

固原州城圖

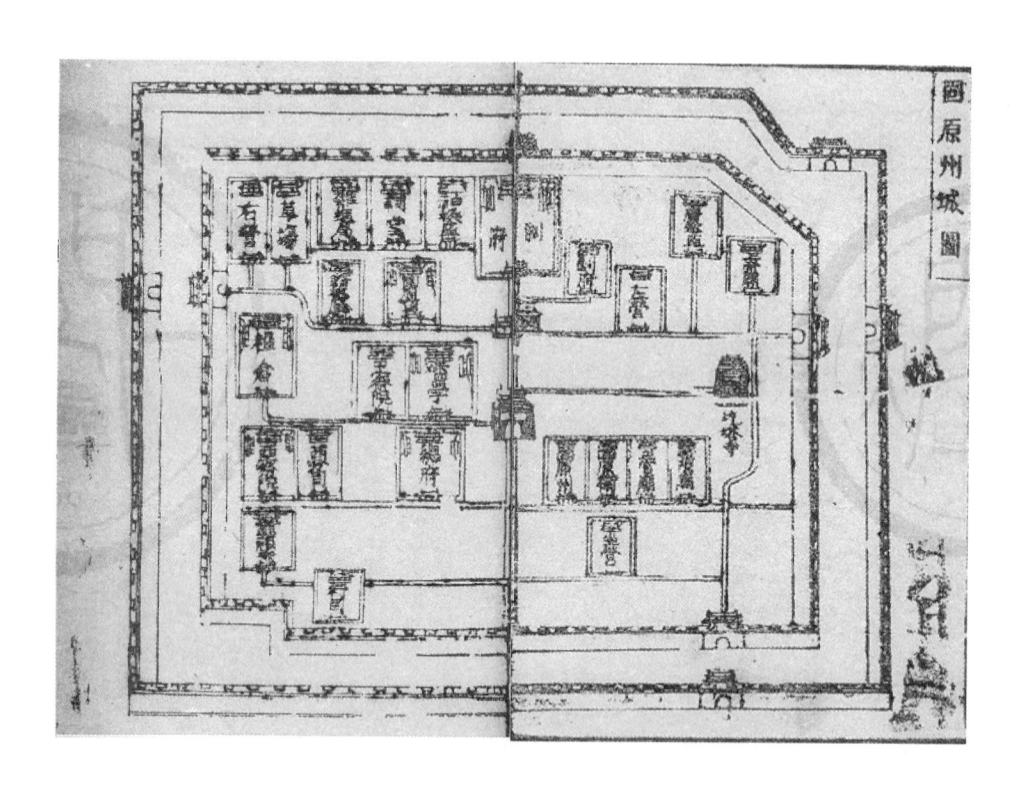

固原州志目錄

上卷
　　地理
　　建置
　　祠祀
　　田賦
　　兵制
　　官師
下卷
　　人物
　　文藝

固原州志上卷

安邑劉敏寬纂次

地理志第一

固原州,古雍州域,天文井鬼分野。唐虞夏商之間,要荒制之,世居戎狄種落。其後彊暴内侵,周武王放逐涇北。夫涇北者,涇水之北也,正屬兹境。在春秋爲朝那,秦爲義渠、烏戎。自秦昭王滅之,始開北地郡。

漢武帝析置安定,蓋兼有涇、邠、隴、會之地。晋仍舊。元魏太延二年,置原州,尋改郡,屬太平。宇文周天和四年,築原州城已,置總管府隸焉。隋大業初,廢府,又別置平涼郡屬之。唐復屬原州。元和中,陷吐蕃。元載、楊炎時謀復不果。貞元初,吐蕃遂城故原州而屯之。大中三年,始歸有司。宋至道三年,建鎮戎軍。紹興元年,没於金,金陞軍爲州。元初仍爲原州,至元十年,立開成府,[1]以爲安西王行都治。王誅,尋降州。我明降縣,以屬平涼府。

今州南四十里有開城云。按史稱,原州距張義堡三十里,宋咸平中,曹瑋築鎮戎軍城,周九里七分,今内城雉數相符。而宋鎮戎軍外,别有原州,則原州疑當西偏,蓋安定者,總其凡也。歷代分割、更置各異,惟原州、鎮戎大都幅幀境内。

國初,設巡檢司,以爲平涼衛右所屯地,續設廣寧苑。正統間,套虜阿渠入寇。景泰二年,[2]城固原,改設守禦千户所。天順中,增設守備。成化二年,虜陷開城。四年,平石城土達滿四之亂。因集兵立固原衛,統左、右、中三千户所。五年,[3]增設兵備。

弘治十五年,用廷議開置制閫,秦公紘者,[4]廼請徙開城之版,爲今州治。東距鎮原百六十里,西距會寧二百里,南距隆德高嶺八十里,北距寧夏韋州三百四十里,西南距静寧百八十里,東南距華亭馬蓿坡五十里。内韓、肅、楚三藩牧地,與廣寧、開城、黑水、清平等苑監咸錯壤焉。大較藩牧軍屯,什居七八,租賦不給於公,而當制鎮之衝,士馬蟻屯,供億蝟集。舊志稱"市井繁而閭閻衰",①蓋盡

---

① 參見《平涼府志》卷九《固原州·建革》。

之已。

山川

大六盤，[5]在州西南一百一十里。

臺山，在州南四十里。

馬麂山，[6]在州西南四十里。宋元嘉五年，夏主昌被擒，其弟平原公定奔平凉郡即帝位。魏兵追之三月，敗於馬麂嶺，即此。《元和郡縣志》作"馬屯山"，[7]誤。

須彌山，在州北九十里。上有古寺，松柏桃李鬱然，即古石門關遺址。元封圓光寺。

掃竹嶺，在州西北百餘里。其山高峰峻，危橋深洞，骨悚目駭，雖強虜控弦，不敢仰視。土人借此以備虜，且祠真武神，俗稱"西武當"云。

砲架山，在州西北一百二十里石城之前。四壁峭立，極爲嶮峻。成化四年，[8]滿四反，據此山。

照壁山，與砲架山相連。

印子山，絕頂有印蹟，如篆刻狀，故名。在紅古城西南十里。

青羊泉山，山頂有泉，故名。在平虜所西四十里。

清水河，在州西南四十里，發源六盤山下，逼繞城東北，下至鳴沙入黃河。

大黑水，在州北一百一十里，[9]流入清水河。

小黑水，在州北八十里，[10]流入大黑水。

須滅都河，在州北九十里，流入小黑水。

硝河，在州西北一百里，[11]流入須滅都河。

海子河，在州西南三十里，流入硝河，即西海之流波也。

東海，在州東南四十里。泉流有聲，廣五里，闊一里。東岸有廟。餘波入清水河，即古朝那湫。

西海，在州西南四十里。山腰有泉眼，東西闊一里，南北長三里。北岸有廟，舊傳祭龍神潤澤侯處。正德十一年，鎮守總兵官趙文、兵備副使景佐，因本城井水苦鹹，人病於飲，遂導引於州城，入泮池。由西門而入，環流於街巷，自東門而出，公私兩利之盛意也。

北亂池，在州西南七十里，[12]闊一百七十丈，莫測其深。旱魃，禱雨輒應。有胡元時及國朝正統年碑。

養魚池，在舊開城西三里。元安西王養魚處，又名蓮花池。

暖泉，在州北五里。隆冬不凍，流入清水河。總督石公建亭於其間，扁曰

"樂溥堂"。①

甜水河,在紅古城西門外。味甘可飲,且便於灌溉,居人引之以種稻。去紅古城二十里,入清水河。

大南川,在州東南七十里。[13]

小南川,在州東南六十里。[14]

乾川,在州東北一百六十里。

魚池,在州城南三里。池上有亭,名"後樂"。嘉靖乙未,②總制唐公建後樂亭三楹,③碑樓一楹,皆南向;清風亭三楹,北向。鑿池引流,水周迴臺下,架兩浮橋以濟池外。南建對泉亭三楹,東"待月亭",西"迎暉亭",至今僅存。

徐斌水,在州北三百里,無城堡居人。

古蹟

立馬城,在州東一百四十里,有遺址。

東山砦,在州東南四十里。宋咸平中置。金爲東山縣,隸鎮戎州。元改爲廣安縣,尋陞爲州,隸開成路。今廢爲東山城堡。

彭陽城,唐爲義豐縣,宋改彭陽,今爲堡。在州東一百二十里。

細腰葫蘆硤城,在州東北一百五十里。通葦州、靈、夏諸處。其路兩山相夾,最爲要害。宋范仲淹以原州屬羌明珠、[15]滅臧二族,兵數萬,與元昊隔絶鄰道。公聞涇原欲襲討之,奏言:"二族道險,不可攻,前日高繼嵩已嘗喪師。[16]平時猶懷反側,今討之,必與賊相爲表裏,南入原州,西擾鎮戎,東侵環州,邊患未艾也。宜因元昊別路大入之際,[17]即此并兵北取細腰、葫蘆泉爲保障,[18]以斷賊路,則二族自安,而環州、鎮戎等處徑路通徹,可無憂矣。"後二歲,遂築細腰、葫蘆諸砦,屬羌歸服。金、元以來,城守漸廢。今猶存遺址云。

秦長城,在州西北十里,[19]有遺址。《綱目》:秦滅義渠,築長城以拒胡。④ 即此地。

定川寨,在州西北二十五里。宋置,金省。

天聖寨,在州東北八十里。宋置,屬鎮戎軍。

石城堡,在州西北一百五里。古有是堡,莫知所創。四壁削立,中有石井五,各闊丈餘以貯水。惟一路可登,地甚險窄。成化四年,土達滿四等據之以叛,次

---

① 參見本志下卷《文藝志第八》載石茂華撰《樂溥堂記略》。
② 嘉靖乙未:嘉靖十四年(1535)。
③ 唐公:即唐龍。
④ 參見《通鑑綱目》第一"周赧王四十五年"條。

年遂毀其險隘，以絕後患焉。今爲廢城矣。

開遠堡，宋時置。元陞爲縣，隸開成路。

群牧監，舊基在開城東南三里。

平安寨，在開城東一百二十里。

紅城子，在州北七十里，秦長城外，今廢。

耳朵城，在州東北一百六十里。宋慶曆中重修，今廢，有遺址。

圓城兒，在白馬城東，有遺址。

甄城兒，在白馬城東三十里，有遺址。

瓦亭關，在州南九十里。[20] 後漢隗囂使牛邯守瓦亭，即此地。漢文帝時，匈奴入寇，至朝那蕭關，疑即今瓦亭關是也。

余惟地靈人傑，人勤地秀，此交勝之説也。要之貞勝則恒在人，蓋地道不可知，而人事不可誣，故在德不在險。前哲明言，有人此有土。[①] 至聖光訓，有如堯舜之心常存，文武之道不墜。則秦晋山川方且無改，何古蹟之足吊哉。鸞鳳翔而鴻雁載詠，虎豹在而戎馬不生，輿圖永奠，應地無疆，守土者得無意乎？

建置志第二

城堡

州城內土築，周圍九里三分，高闊各三丈五尺。景泰三年建，成化五年，兵備楊勉增築，兼設樓櫓。城舊二門，南"鎮夷"，東"安邊"。弘治十五年，秦公紘更開西門一，曰"威遠"。是時更築外城爲關，門四，南"鎮秦"，北"靖朔"，東"安邊"，西"威遠"。外浚塹，深闊各二丈。萬曆三年，石公茂華始甃以甎，高三丈六尺，周凡十三里七分，遂稱雄鎮。

白馬城堡，古撒都地，土城，周圍五里三分，高闊各三丈。嘉靖四年，總制楊公一清築修東北塹山，增築關城，巋然山巔崖堞，稱天險焉。倉場全設，轄民堡五，墩臺一十九座。在州東九十里。

海剌都堡，楚藩牧地，土城，周圍四里三分，高闊各三丈四尺。成化四年，巡撫馬公文升建。[21] 七年，兵備楊勉增築。倉場全設，屬堡一十有七，墩塘三十六座。在州西北一百七十里。

下馬關堡，慶藩牧地。城內土外甎，周圍五里七分，高闊各三丈五尺。嘉靖五年，總制王公憲奏築，先設守備，兵寡力弱，不足防堵。萬曆二十二年，題改參

---

① 《禮記·大學》："是故君子先慎乎德。有德此有人，有人此有土，有土此有財，有財此有用。"

將，增募軍丁。倉場備設，轄墩塘一十四座。在州北三百里，密邇河套，每秋防，總兵移師駐焉。

紅古城堡，土城，周圍四里三分，高闊各三丈。弘治十七年，總制秦公紘建。嘉靖五年，總制王公憲增築外關，城高闊如內。倉場全設，轄墩臺一十四座。在州北二百二十里。

大灣川堡，肅藩牧地，土城，周圍三里，高闊各二丈五尺。萬曆四十年建築，設防守官，撥衛軍五十名，偵邏道路，緝捕盜賊，往昔萑苻之警漸熄。在州西南五十里。

鎮戎所，古葫蘆硤城，土築，周圍三里，高闊各三丈，樓櫓壕塹備具。成化九年，巡撫馬公文升修。十二年，巡撫余公子俊題設守禦千戶所，隸固原衛。嘉靖三年，增築關城，周圍二里，高闊各一丈五尺。倉場全設，轄墩臺一十九座。南距州百三十里。宋時嘗置鎮戎軍以拒夏元昊，即此地。

平虜所，舊稱爲豫王城，又云豫望。土城，周圍五里三分，高闊各三丈二尺。弘治十四年，總制秦公紘修築，題設守禦千戶所，隸固原衛。舊東關被水患，嘉靖中改築西北關。周三里二分，高闊各三丈。倉場全設，轄墩臺二十四座。南距州二百二十里。地無井泉，惟蓄潦水供飲。第山多產煤炭，土人販採，陶餅罋以爲利耳。

西安州，建自宋古天都山，本楚藩牧地。土城，周圍五里六分，高闊各三丈二尺，壕深闊與城等。成化五年，巡撫馬公文升題建守禦千戶所，隸固原衛。嘉靖中，復設游擊駐兵。倉場全設，轄墩塘二十一座。東南距州二百一十里。境外有鎖黃川、長流水。近邊套虜，值冬踏冰入犯，此地尤屬震鄰，亦要害一都會也。

開城堡，在州南四十里。

馬家硤堡，在州南百十里。

馬祥堡，在州西南百六十里。

滿受堡，在州西北四十里。

馬連川堡，在州西一百二十里。

扯木硤堡，在州東北四十里。

高窰子堡，在州南三十里。

彭陽堡，在州東八十里。

馬圈堡，在州西二百里。

楊見堡，在州北九十里。

甘禮堡，在州東南四十里。

廟山堡，在州南百二十里。

高山堡，在州西八十里。

李旺堡，在州北百八十里。

毛家峽堡，在州南七十里。
蘇什堡，在州東一百四十里。
張洪堡，在州東五十里。
魏信堡，在州東一百八十里。
觀音堂堡，在州東二百五十里。
李景玉堡，在州北一百三十里。
以上州屬。
張義堡，在州西南六十里。
沐家堡，在州西百三十里。
古城堡，在州北九十里。
張玄堡，在州西九十里。
楊名堡，在州西百二十里。
蔡祥堡，在州西一百里。
李俊堡，在州西一百里。
平滿堡，在州西八十里。
雙峰台堡，在州東一百里。
臭水堡，在州西北六十里。
山城堡，在州西五十里。
楊郎中堡，在州北六十里。
胡大堡，在州北五十里。
黑石頭堡，在州東七十里。
馬剛堡，在州東八十里。
任宏寨堡，在州東三十里。
以上固原衛屬。

邊隘

北自下馬關左右，剷削險隘，修築大邊，東西長五百餘里。弘治十八年始，總制楊公一清修四十餘里，[22]唐公龍接修四十里，王公瓊修一百三十里，王公憲繼修五十七里。嘉靖十六年，總制劉公天和修乾溝、乾澗六十餘里，挑築壕堤各一道，①復自徐斌水迄鳴沙州黃河岸，修一百二十五里，增葺女墻，始險峻。張公珩

---

① 《平涼府志》卷九《固原州·河渠》載："總兵梁震、劉文又修乾溝、乾澗六十餘里，總督劉公天和修築壕堤一道。"

添修敵臺墩鋪,防禦益固云。

公署

州治,在城中。弘治十五年,知州岳思忠建。嘉靖五年,知州趙承祖重修,官廨衙宇咸備焉,左倉右獄,錢穀刑名秩具是矣。

儒學,在城內大街西。弘治十六年,總制秦公紘建,鄙公光先肇開雲路,黃公嘉善、兵憲董公國光大開雲路,建坊碑三座,廟貌益偉然矣。

制府,在城中北。

兵備道,在制府西南。

監收廳,在道西。

廣寧監,在城中東北。

鎮守府,在城中西南。

副將府,在制府前東。

左游擊衙,在兵道東。

右游擊衙,在西門內。

固原衛,在州東。

經歷司,在衛東。

永寧驛,在城中西南。

批驗所,在南月城內。

固原州倉,在城中西北。

神機庫,在制府西。

草場,在城中西隅。

養濟院,在東關廂。

急遞鋪,在州西。

行署

中察院,在文廟西。

西察院,在街西。分司三,一在西察院東,二并在城西南隅。

鼓樓,在制府前,僉事楊勉修。正德八年總制張公、副使景佐重修。上有巨鐘,識云"宋靖康元年鑄"。稍折而南,樹二豐碑,覆以廳,東曰《平定寧夏露布》,[23]西曰《松山紀績碑》《軍門平羌碑》《平虜碑記》。①

---

① 參見本志下卷《文藝志第八》載黃嘉善撰《少傅節制李公少保大中丞田公松山記績碑記略》、康海撰《平虜碑記略》、林士章撰《軍門平羌碑記略》。

演武場，在城東南三里許，周圍九里，總兵趙文增築。

望軍樓，總制部公置南北鼓樓。嘉靖丙午，①總兵王緭刻八陣圖於石。

余惟樹屏提封，居尊貯守，要必察微圖豫，保障斯嚴。苟傳舍視之，篷廬敦之，極敝而後爲之所，豈惟勞費不貲，將見藩籬不固，奸宄生心，內蠹外訌，潰敗決裂，是亡羊補牢，其何益於得哉。

祠祀志第三

山川社稷壇，在城北里許。

風雲雷雨壇，在城南里許。

厲壇，在城北里許。

文廟，在儒學西。

武成王廟，在城西廓。

城隍廟，在州治東。

玉皇閣，在城南里許。

禹王廟，在東門外。

關將軍祠，在南門月城內。

制府專祠，在府右。

道鎮祠，在南門月城內。

馬神祠，在教塲內。

上帝廟，在城中東北隅。

文昌祠，在東門外。

東岳廟，在城東山三里許。

三清宮，在州治東。

火神廟，在南門外。

雷神廟，在南門外。

八蜡廟，在南門外。

太白廟，在城北五里。

興福寺，在城中西南隅。

圪塔寺，在城中。

白衣觀音寺，在東門巷。

---

① 嘉靖丙午：嘉靖二十五年(1546)。

彌勒庵，在城中西南隅。
睡佛寺，在南門外。
石佛寺，在南門外迤東。
十方寺，在城西北隅。
牛王寺，在北門外。[24]
地藏庵，在西門外。
磨針觀，在北關内。

余惟大事在祀，夫豈無稽而漫爲是鄭重哉？禮樂神明并提，慢神虐民互戒。體物不遺，尤侈其盛，非欺我者。顧神享於誠而歆於德，誠德不孚，神其吐之。彼不祀者放，非祭者謟敬而遠之，鼎訓固在。

田賦志第四

州原設九里，嘉靖間增一里，凡十，曰在城，曰東山，曰南川，曰石仁，曰新興，曰榆林，曰固原，曰底堡，曰彭陽，曰新增。
原額民匠雜役户一千一百六十七户。
口五千三百八十八丁。
田六千八百九十四頃七十二畝三分四厘三毫。
夏秋糧本色二千一百九十九石四斗六合二勺。
折色一千七百八十三石九斗七升九合七勺五抄。
草三千一百三十八束七斤十兩九錢二厘二毫。
均徭銀三千八百六十六兩七錢一厘五絲。
固原衛原額屯丁一千三百一十三丁。
屯田四千八百一十五頃五十九畝三分四厘九毫。
屯糧六千五百一十一石七斗九合九抄九撮。
屯草八千五百三十七束零。
均徭銀二百四十兩三錢七分九厘五毫。
學田鹽店一所，每年徵租銀一十五兩。地四頃，每年徵租銀十兩。

物產

穀：大麥、小麥、蕎麥、莞豆、匾豆、大豆、黑豆、小豆、白穀、青穀、黃穀、紅穀、粘穀、白糜、紅糜、青糜、黃糜、黑糜、粘糜、胡麻、麻子、菜子、蘇子。
蔬：葱、韭、蒜、苦苣、芥菜、芹菜、茄子、白菜、萵苣、蔓青、[25]䒷蓬、小蒜、白蘿葡、胡蘿葡、藤蒿、王瓜、瓠子、蕨菜、薺菜。

果：桃、李、杏、榛、林禽、梨、秋子、冬果、花紅、櫻桃。

木：松、柏、槐、柳、青楊、白楊、榆、椿、桑。

花：牡丹、芍藥、薔薇、萱草、葵花、纓粟、十樣錦、珍珠花、地棠、菊花、麗春、黃金蓮、山丹、石竹、金盞、玉簪、紫荊、百合、金絲桃、藏金蓮、翦紅羅、西番縠、串枝蓮。

藥：甘草、秦艽、芍藥、柴胡、知母、防風、款冬花、麻黃、蒼术、蓯蓉、瑣陽、遠志、車前子、枸杞、菖蒲、貝母、川芎、薄荷、羊須草、半夏、茵陳、蒔蘿、蒼耳、黃芩、野烏藥、苦參、沙參、紫蘇、荊芥、大黃、地骨皮、杏仁、桃仁、馬蘭、蕤仁、地榆、蒲公英、芒硝、香薷、即吉草、金銀花。

禽：鸛、雁、鷹、鷺、鶻、黃鴨、燕、烏、鳩、布穀、鵲、雉、雀、鴝鴿、鶺鴒、沙雞、半翅、鷃老、鴛鴦、鴟鴞、雞、鵝、鴨。

獸：虎、鹿、獐、麝、狼、兔、黃羊、青羊、野豬、黃鼠、狐狸、跳兔、牛、馬、驢、騾、豕、羊、犬、駱駝、猫、犛牛、犏牛。

余惟則壤成賦，古今通義也。民窮斂急，損下而責在上；民惰國虛，損上而責在下。所恃幹濟，惟牧職耳。動植紛紜，一體咸若，豈畢人任。撫字催科，撙節愛養，田疇易而府庫充，民物恬而凋耗杜。良哉牧也，無忝任使矣。

兵制志第五

牌馬司，掌號旗鼓官二員，馬步軍三百二十三名，馬二百七十七匹，軍火器械九百八十八件。

團練營，千把總官三員，有馬家丁九百二十一名，馬騾一千二十七匹頭，軍火器械四千二十四件。

正兵營，坐營千把總官十員，馬步軍丁四千八十四名，內土達九百六十九名，地軍四百七十四名，馬騾三千九百三十二匹頭，軍火器械一萬九千四百九十八件。

左游擊營，千把總官八員，馬步軍丁二千七百三十九名，內土達四十二名，地軍一千一十六名，馬騾二千六百七十七匹頭，軍火器械一萬二千七十四件。

右游擊營，千把總官八員，馬步軍丁二千八百四十九名，內土達五十二名，地軍一千二十七名，馬騾二千五百三十四匹頭，軍火器械一萬四千六百件。

下馬關參將營，中軍把總官五員，馬步軍丁二千一百八十名，馬騾一千八百二十七匹頭，軍火器械一萬五百五十件。

西路游擊營,中軍把總官三員,馬步軍一千四百六十七名,馬騾一千一百八十二匹頭,軍火器械八千二百二十三件。

鎮戎,操守官一員,馬步軍五百三十八名,馬騾一百一十匹頭,軍火器械五百七十九件。

平虜,操守官一員,馬步軍二百二十六名,馬騾八十匹頭,軍火器械五百四十五件。

白馬城,操守官一員,馬步軍一百七十四名,馬騾八十一匹頭,軍火器械四百二十四件。

海剌都,操守官一員,馬步軍二百二名,馬騾八十三匹頭,軍火器械六百三十六件。

紅古城,操守官一員,馬步軍四百四十五名,馬騾五十五匹頭,軍火器械一千一百九十件。

西安州,操守官一員,馬步軍二百一十九名,馬騾六十九匹頭,軍火器械五百八十三件。

余惟帥府握兵,中權四鎮,綢繆經畫,規制斯全。但將玩於內寧,士驕於不戰,弊竇百出。簡閱十寒,技謝屠龍,囂成市虎。地軍土達,脆渙逸悍,幾無兵矣。近稍振揚,頗渢舊習,不競不絿,無厭無斁,執此以往,其庶幾有制之兵乎。

官師志第六

元魏

宇文泰,代武川人。孝昌中,平万俟醜奴,[26]上首功,以直閣將軍行原州事。時關隴寇亂,百姓凋殘,撫以恩信,民皆悅服,咸喜曰:"早值宇文使君,吾等豈從逆亂。"後爲周太祖。

宇文遵,泰之兄子。泰上表請討侯莫陳悅,留遵爲都督,鎮原州。泰軍出木硤關,令遵至牽屯山,追悅斬之。

王盟,其先樂浪人。以父鎮武川,家焉。万俟醜奴叛,從賀拔岳爲先鋒,平秦隴,拜征西將軍、半秦郡守。宇文泰將討侯莫陳悅,徵盟赴原州,以爲留後大都督,鎮高平,尋以爲原州刺史。

李弼,遼東襄平人。少有大志,屬魏室喪亂,語所親曰:"大丈夫當安社稷,以取功名,安能依階資以求榮位乎。"及宇文泰之討侯莫陳悅也,弼勒所部歸泰,悅遂平,因以大都督鎮原州。

侯莫陳崇,代郡武川人。年十五,從賀拔岳屢立戰功。万俟醜奴圍岐州,崇力戰破賊。醜奴奔高平,崇遂北至涇州,單騎入賊中,於馬上生擒之,因大呼,衆悉披靡。及岳爲侯莫陳悅所害,崇迎宇文泰,泰至軍,原州刺史史歸爲悅守,泰遣崇襲歸,擒斬之。以崇行原州事,遂從平悅。後屢進封,至梁國公。保定三年,復從周武帝幸原州。

李賢,其先隴西成紀人。祖斌,襲領父兵鎮高平,因家焉。永安中,万俟醜奴據岐、涇等州叛,尒朱天光擊破之,万俟道洛猶據原州,天光密使賢圖之,已而万俟阿寶敗,歸賢,賢因令阿寶紿道洛出走。天光克原州時,原州亢旱,乃退城東五十里,牧馬息兵,以長孫邪利行原州事,以賢爲主簿。賊復乘虛襲殺邪利,賢死戰,賊敗走。而賊帥達符顯圍逼州城,晝夜屢被攻劫。賢間道詣天光雍州,請援,及返,而賊壘四合,歸路絕矣。日向夕,雜賊樵採者,始達城下。賊覺,弩亂發不中,獲入城。賊聞大軍至,乃散去。累遷威烈、殿中兩將軍。賀拔岳遇害,賢與弟遠、穆等密應侯莫陳崇,授都督,仍守原州。後又以功授左都督、安東將軍,還鎮原州。大統二年,州民豆盧狼據城叛,賢擊敗之,遷原州長史,尋行原州事。四年,莫折後熾寇掠境内,殺行涇州事史寧。賢進師,手斬十餘級,[27]俘獲頗衆,熾單騎走。師還,賞賚甚厚。八年,授原州刺史。賢雖少從戎旅,而頗閑政事,撫導鄉里,甚得民和。宇文泰奉魏太子至原州,幸賢第,行鄉飲酒禮。泰後又至原州,令賢乘輅,備儀服,以諸侯會遇禮相見,幸其第,甚懽。

李遠,賢之弟,幼有器局。尒朱天光西伐,乃配遠精兵,使爲鄉導。欽遠才望,特相引接,除原州大中正。後從征竇泰,復弘農,授原州都督、刺史。周太祖謂遠曰:"孤之有卿,若身體之有手臂之用,豈可暫輟於身,本州之榮,乃私事耳。"遂令遠兄賢代行州事。

田弘,高平人。少慷慨,有志略,膂力過人。魏永安中,陷於万俟醜奴。尒朱天光入關,弘自原州歸順,授都督。宇文泰嘗授以所著鐵甲,云:"天下定,還孤此甲。"既而以戰功賜姓紇干氏,尋授原州刺史。弘勳望,故以衣錦榮之。

竇熾,平陵人。廢帝元年,除大都督、原州刺史。熾抑挫豪右,申理幽滯,每親巡壟畝,勸民耕桑。在州十載,甚有政績。州城北有泉水,熾嘗與僚吏宴於泉側,因酌水自飲曰:"吾在此州,唯當飲水而已。"至去後,人吏感其遺惠,每至此泉,莫不懷之。

後周

王諧,太原晉陽人。世居京兆,爲原州刺史,有治聲。

蔡祐,其先陳留人,①曾祖鎮夏州,徙家高平,事母以孝聞。有膂力,便騎射。

---

① 《周書》卷二七、《北史》卷六五《蔡祐傳》載,蔡祐爲陳留圉人。

宇文泰在原州，召爲帳下親信。屢立大功，著光明鐵鎧，敵號"鐵猛獸"。授青州刺史，轉原州刺史，加帥都督，尋除大都督，賜姓大利稽氏。世宗即位，拜小司馬、少保，尋以本官鎭原州。

達奚震，代人，父武，謚桓，子震襲爵鄭國公。數戰，有奇捷，累從高祖東伐，進柱國。宣政中，爲原州總管、三州二鎭諸軍事、原州刺史。

李穆，賢、遠之弟，自云漢騎都尉陵之裔，後家高平。初從周太祖，累封永平縣伯。嘗出太祖於齊師，進封郡公。後以功授原州刺史，穆以二兄賢、遠并佐命臣，子弟俱清顯爲懼，辭不拜。嘗諫遠，以其子植非保家子，不聽，遠竟同被誅。穆坐是獲免。建德初，拜太保，尋出爲原州刺史。[28]

賀若誼，河南洛陽人。周太祖據有關中，誼誘降茹茹，因使誼往聘茹茹，執齊舍人楊暢付誼。累拜車騎將軍，封霸城縣子，加開府，爲原州總管。有能名。

隋

元襃，河南洛陽人。性友弟，善事諸兄，家多金，無所受，咸推予。開皇二年，徙原州總管。有商人爲盜所劫，疑同宿者，襃察其冤，捨之。商伏闕訟襃受金縱賊。文帝遣使窮治，襃引咎無異詞，遂詣京師，免官。盜尋發它所，帝謂襃曰："卿舊人，且非善事，何自誣？"對曰："臣受委一州，不能息盜，臣罪一。州民被謗，不付法司即放免，臣罪二。牽率愚誠，至爲人所疑，臣罪三。臣復不言受賄，恐繆綟橫及良善，重臣之罪。"帝嘆其長者。

龐晃，榆林人。知隋文帝非常人，深自結納。嘗射雉中，與帝約，以爲他日驗。及踐阼，進爵爲公。從河間王擊突厥，斬首千餘級。宿衞十餘年，遷原州總管。

獨孤楷，本姓李氏，父屯爲獨孤信所擒，漸以給使進，因賜姓。楷少謹厚，善馬槊。文帝爲丞相，進授開府，督親信兵。及受禪，爵汝陽郡公。仁壽初，出爲原州總管。

趙軌，河南洛陽人。好學，有行檢，爲周蔡王記室，以清苦聞。別駕齊州時，東鄰有桑葚落其家，軌遣人悉拾遺其主，誡諸子曰："吾非以此求名，意者非機杼之物，不願侵人耳。"及徵入朝，父老揮涕曰："別駕在官，水火不與百姓交，公清若水。"以杯水奉餞，軌受而飮之。既至京，與牛弘定律令。時衞王爽年少，爲原州總管。帝以軌所在有聲，授原州總管司馬。在道夜行，其左右馬逸入田中，暴人禾，軌駐馬待明，訪其主，酬值而去。原州人吏聞之，[29]莫不改操。

崔弘度，字摩訶衍，[30]博陵安平人。開皇初，突厥入寇，弘度以行軍總管出原州以拒之。弘度素貴，御下嚴急，動行捶罰，吏人讋氣，聞其聲，莫不戰慄。所在令行禁止，盜賊屛息。後檢校原州事，仍領行軍總管以備胡。

唐

裴行儉,絳州聞喜人。父仁基,隋光禄大夫,自王世充所謀,歸國被害,贈原州都督。行儉幼引蔭補弘文生。貞觀中,舉明經,調倉曹參軍。大將軍蘇定方謂曰:"吾用兵,世無可教者,今子也賢。"乃盡畀以術。[31]立武昭儀時為長安令,坐與長孫無忌等秘議,左遷長史,累擢安西都護,[32]諸國多慕義歸附。召為司文少卿,吏部侍郎,號知人。數將擊虜,多克捷。永隆中,温傅部迎頡利子伏念立為可汗,諸部響應。明年,寇原州,復召行儉為總管,曹懷舜、李文暕為副。行儉縱單于,鎮兵躡,伏念惶駭不得戰,遂間道詣行儉,執温傅降,送京師,斬東市。①

婁師德,鄭州原武人。第進士,盧承業嘗異其為臺輔器。上元初,為監察御史,使吐蕃,虜為畏悦。後募猛士討吐蕃,戰於白水澗,八戰八克。長壽初,同鳳閣鸞臺平章事。證聖中,與王孝傑拒吐蕃於洮州,貶原州員外司馬。萬歲通天二年,入為鳳閣侍郎,同鳳閣鸞臺平章事。

渤海敬王,名奉慈,高祖兄,蜀王湛之次子。顯慶時,為原州都督。

李孝斌,平肅王叔良子,范陽王孝協弟也。以宗戚為原州都督府長史。

宗楚客,其先南陽人,曾祖丕居汾陰,故為蒲州人。武后時,降突厥沓實力吐敦諸部落在平夏。邊書至,言吐敦反,后召楚客問計,楚客以默子為言,非吐敦意,果如所料。後張仁亶請築三城,議多不同,獨楚客以為萬世利。以夏官侍郎同鳳閣鸞臺平章事,坐他事,貶原州都督。神龍初,召入為太僕卿,然干冒權利,為有唐罪人云。

王晙,滄州景城人,後徙洛陽。少孤,好學,擢明經,歷試有聲。武后時,劉幽求、魏元忠相繼放逐,晙皆極力營救,得免死。累遷鴻臚少卿,充朔方軍副大總管、安北大都護、豐安等城受節度。開元二年,吐蕃寇臨洮,與薛訥夾擊,大敗之,俘獲如積,以功加光禄大夫、清源縣男、原州都督。

五代

王殷,大名人。[33]從軍,以功累遷靈武馬軍都指揮使。晉天福中,徙原州刺史。殷事母盡孝,與人游,必告母,母所不可者未嘗往。及為刺史,政小失,母責之,殷即悔愴。政以善聞。

宋

王彥昇,本蜀人,徙洛陽。善擊劍,號"王劍兒"。從太祖,為佐命。乾德初,

---

① 據《新唐書》卷一〇八、《舊唐書》卷八四《裴行儉傳》載,伏念與温傅均被斬於都市。

遷申州團練使。開寶二年，改防州防禦使。是冬，移原州。西人有犯漢法者，彥昇不加刑，召僚屬飲宴，引所犯以手捽斷其耳，大嚼，卮酒下之，其人流血被體，股慄不敢動。前後啖者數百人，西人畏之，不敢犯塞。七年，以病代還。

李繼隆，潞州上黨人。太宗時，爲靈環十州都部署。初，饋餉靈州，必由旱海，踰冬春，芻粟始集。繼隆排衆議，堅請徑古原州蔚茹河路，太宗許之，遂以如京。使胡守澄率師城古原州，[34]爲鎮戎軍。

李繼和，隆之弟，蔭補供奉官，三遷洛苑使。常從繼隆征伐，入奏機事。繼隆罷歸，錄唐李勣遺戒授繼和，曰："毋墜吾門。"初，繼隆之請城鎮戎也，朝廷未果。繼和面陳其便，乃許城，尋棄之。咸平中，繼和再請，遂命知鎮戎兼原渭儀都巡檢使，復築焉。加領平州刺史，建議募貧民及弓箭手，墾田積粟，且益兵，遂命兼涇原儀渭鈐轄。繼遷梟鷟，命張齊賢、梁顥經略，因訪繼和邊事。繼和言："鎮戎軍爲涇、原、環、慶、渭、儀、秦北面屏蔽，當回鶻、西涼、六谷，[35]吐蕃、咩逋、[36]賤遇、馬臧、梁家諸族之路，置軍已來，邊備粗葺。誠用步騎五千守之，涇、原、渭州有急，會此併力戰守，則賊不敢越，而邊民、熟户安堵。苟得此軍，則前無要害通寇路，衆利害甚悉。"五年，繼和率兵取衛埋族於天麻川，自是隴外諸族皆懼。[37]請命於要害樹砦柵以守。繼和因請移涇原部署於鎮戎，開道環、延爲應援，真宗嘉納。夏人伺間夜填塞壕，越長城攻城，繼和與都監史重貴破走之，大獲甲騎。詔嘉獎，出良藥、縑帛、牢酒賜焉。繼和習武，好方略，涉書史，號幹治，然性剛嚴，部兵終日擐甲如寇至，閱兵多杖罰，人亦多怨。真宗常覆勵之。

張守恩，棣州人。令鐸次子。景德初，知原州，就加西上閤門使。

曹瑋，真定靈壽人，武惠王彬之子。沉勇有謀，喜讀書，通《春秋》三傳，於《左氏》尤深。李繼遷叛，太宗問彬："誰可將者？"彬曰："臣少子可任。"即召同知渭州。馭軍嚴明，周知虜動靜。既改閤門通事舍人，遷西上閤門副使，徙知鎮戎軍。繼遷虐用其國人，瑋知下多怨，即移書諸部，諭以朝廷恩信，撫養無所間，由是康奴等族請内附。繼遷略西蕃還，瑋邀擊於石門川，俘獲甚衆。以鎮戎據平地，便於騎戰，非中國利，請自隴山以東，循古長城塹爲限。又以弓箭手皆土人，習障塞蹊隧，曉羌語，耐苦寒，官未嘗與兵械資糧，而每戰輒使先拒賊，即無以責死力，遂給境内閑田，春秋耕斂，州爲出兵護作，而蠲其租。繼遷死，瑋擒德明送闕下，[38]不報。既而西延家、妙娥、[39]熟魏數大族，請拔帳自歸，諸將不敢應。瑋曰："德明野心，不急折其翮，且颺去。"即日薄天都山，受降者内徙，德明不敢拒。遷環慶兵馬都鈐轄，後復爲涇原路都鈐轄，屢立奇功，尋歷涇原儀渭鎮戎緣邊安撫使、彰武軍節度使。卒，贈侍中，謚武穆，配享仁宗廟庭。

楊文廣，祖業，父延昭，同戰没。范仲淹宣撫陝西，與語，奇之，置麾下。英宗嘗謂："文廣，名將後，且有功。"累官。秦鳳副都總管韓琦使築篳篥城，有奇功。詔褒諭，賜襲衣、帶、馬，知鎮戎軍，遷副都總管、[40]都虞候。[41]上取幽燕策，未報，卒，贈同州觀察使。[42]

曹英，慶曆二年知鎮戎軍。時元昊入寇，從葛懷敏戰於定川砦，兵敗，遂遇害。詔贈其官。

折可適，關中巨族，未冠，以勇聞。功遷皇城使，知鎮戎軍。羌夏衆十萬入寇，可適深知夏情，僞稱夏酋視軍，盡斬守候者。因潛師疾趨，先破之於尾丁碐，結陣以待，而分騎據西山曰："使夏不得躪吾後夾攻也。"夏果悉衆來攻。可適以部兵八千，轉戰至高嶺，迺從間道邀其歸路，[43]大敗之，焚其輜重。[44]論功擢成州團練使。渭帥章楶合熙、秦、慶三路兵，築好水川。帥以總管王文振，而可適爲副。熙州兵千人，失道殲焉。文振歸罪可適，下吏。宰相章惇欲致罪，哲宗惜之，削官十三等，楶請責後效，乃以權第十二將，取天都山，以其地爲西安州，遷東上閤門使、洺州防禦使，[45]涇原鈐轄、知州事。進明州觀察使，爲副都總管。帥鍾傳行邊，陷夏師，後以輕騎援歸。傅攻靈武，使環、慶濟師，可適將萬騎薄靈州，大獲，而慶兵失期，引還。詔入，問取靈武事，對曰："得之易，守之難。當先披弱其勢，固吾藩，乃可圖也。"帝然之，進武安軍節度觀察留後、步軍都虞。

盧鑑，金陵人。[46]累舉不第，授三班奉職，遷右侍禁、知儀州。或傳李繼遷將襲儀制勝關，詔徙民貲内地。鑑曰："此奸謀，欲示虜弱，摇民心，不敢奉詔。"卒不徙，賊亦不至。再遷西頭供奉官，提點河東路刑獄，知原州。

康得興，河南洛陽人。以父功蔭三班奉職，遷右班殿直、涇原路走馬承受，知原州。

景泰，普州人，進士。改左藏庫使，知寧州。任福敗，徙原州。元昊衆十萬，一軍犯劉璠堡，一軍犯彭陽城，攻渭州。葛懷敏、劉璠戰岠嵎北，敗没。游騎逾平凉至潘原。泰率兵五千，間道赴援，而先鋒左班殿直張迥逗遛，[47]泰斬以徇，遇敵彭陽西，裨將夏侯觀欲卻守彭陽，泰弗許，倚山而陣，未成列，夏騎來犯，泰陰遣三百騎，分左右翼，張旗幟爲疑兵。夏佯北，將校追擊，泰止之。精兵搜山，獲其伏兵，斬首千餘級。以功遷西上閤門使、知鎮戎軍兵馬鈐轄。

劉兼濟，蔭補三班奉職。善騎射，知兵，擢兵馬都監。破夏兵黑松林。屬其兄平戰没三川口，[48]特授内殿崇班，知原州。辭，仁宗戒曰："國恥家仇未報，不可不力也。"屬户明珠族叛，諸將欲亟討，兼濟第日縱飲擊鞠，以疑之。叛者自潰，乃襲殺其酋長，收其衆。徙知鎮戎軍。御下嚴，轉運使言："士多怨，請徙内地。"改涇原路鈐轄，知原州。

趙滋，開封人，父士隆戰歿，蔭三班奉職，勇敢有智。康定初，遷左侍禁，爲涇原儀渭鎮戎軍都巡檢。會渭州得勝砦主姚貴殺監押崔絢，劫以宣武卒千餘人叛，[49]攻羊牧隆城。滋馳至說降，八百人潰走。招討使令滋給賜降卒及遷補將吏，滋以爲助亂，不聽，遂爲招討使所怒，弗賞。范仲淹、韓琦經略陝西，舉滋可將，遷閤門祗候，爲鎮戎軍西路都巡檢。

石曦，并州太原人，晋高祖弟韓王暉子。淳化二年，知原州，遷右龍武軍大將軍。

范祥，通判鎮戎軍。[50]元昊攻城急，祥率兵卻之，遂築劉璠堡、定川砦。

張綸，知鎮戎軍。仁恕有才略，所至興利除害。

張守約，濮州人，以蔭主原州截原砦，降羌酉水令逋等十七族萬一千帳，擢知鎮戎軍。

鄭文寶，父彥華，爲千牛衛大將軍。靈州爲繼遷所困，文寶議以"銀、夏斥鹵不毛，利在青白鹽，請禁陝西勿市，而食河東鹽，以困繼遷"，乃詔陝西敢市夏鹽者抵死。數月，民犯者衆，戎人乏食，益寇邊，屠小康堡。屬族羌萬餘亦叛。河東商販少利，率南出唐、鄧、襄、汝罕之，陝民無食鹽。乃命知制誥錢若水馳視，悉弛禁，使仍市戎鹽，乃定。

田京，本滄州，徙鹿邑，舉進士。元昊反，兩制官李仲容薦京知兵法，召試中書，擢通判鎮戎軍。

安俊，太原人。以功遷內殿崇班、環慶路都監，徙涇原，改禮賓使。會葛懷敏敗，命爲秦鳳路鈐轄，復徙涇原。上"禦戎十三策"，還原州刺史。

王仲寶，密州高密人。天聖初，知鎮戎軍，改供備庫副使。破康奴等族，獲首領百五十，羊馬七千，詔獎其功。凡五年，還。累遷兵馬鈐轄，知麟州。會鎮戎軍蕃族內寇，徙涇原路鈐轄，復知鎮戎軍。又徙原、環二州，歷諸州刺史，兩閤門使。嘗禦元昊，敗羅逋於長雞嶺。後爲涇原路總管、安撫副使，兼勾管秦鳳路軍馬。與西羌戰六盤山，俘獲數百人，范仲淹嘗稱其武幹，奏留之云。

种古，洛陽人，世衡子。爲天興尉，遷西京左藏庫副使、涇原路都監，知原州。羌人犯塞，古卻之，斬數百，築禦戎城以據要害。

李之儀，滄州無棣人。登第幾三十年，乃從蘇軾於定州幕府。歷樞密院編修官，通判原州。之儀能爲文，尤工尺牘，軾謂入刀筆三昧。終朝請大夫。

种師道，少從張載學，以蔭補三班奉職，累官涇原都鈐轄，知懷德軍及西安州。夏人侵定邊，築佛口城，率師禦之。道渴，師道命工鑿山之西麓，果得水，師遂濟，破之。擢龍神衛四廂都指揮使、洺州防禦使，知渭州。督諸道兵城葦葦，方賦工，[51]夏兵至，壁胡蘆河。師道陳河滸挑戰，別遣偏將曲充間出橫嶺，偽稱援兵，而使楊可世潛軍軍其後，姚平仲以精甲夾擊，大敗之，斬五十級，[52]獲駝、馬、牛、羊萬計，[53]卒城而還。

劉舜卿，開封人。父鈞，監鎮戎兵馬，慶曆中，與子堯卿戰死於好水。舜卿年十餘歲，[54]録爲供奉官。歷昌州都監，知水洛城。神宗經略西邊，近臣薦其能，召問狀，帝善之，命訓京東將兵。一年，入閱，帝以爲可用，因教以"無忘世仇，勉思忠孝，期以盡敵。"舜卿泣謝，加通事舍人。奉詔單騎往援環慶，[55]遂知原州，改秦鳳路鈐轄。

陳興，澶州衛南人。咸平三年，徙涇原儀渭鎮戎軍部署。上言："鎮戎去瓦亭砦七十餘里，中有二堡，請留兵三百人戍之。"俄與曹瑋、秦翰領兵抵鎮戎軍西北武延鹹泊川，掩擊蕃寇，斬二百餘級，生擒二百餘人，[56]奪鎧甲、牛羊、駝馬三萬計。[57]詔書嘉獎，賜金帶、錦袍、器幣。

許均，開封人。端拱初，補指揮使。從石普擊賊於原州牛欄砦，深入，獲牛羊、漢生口甚衆。普表上其功，遷第三軍指揮使。咸平中，改涇州駐泊部署，數月，知鎮戎軍。嘗出巡警至木峽口，真宗詔書戒敕，尋用曹瑋代之。

國朝

制府

項忠，浙江嘉善人，正統壬戌進士。① 以左副都御史討滿四，任陞右都御史。入掌院，後爲兵部尚書。

馬文升，河南鈞州人，景泰辛未進士。② 以巡撫左都御史遷任，入爲兵部右侍郎。

王越，直隸濬縣人，景泰辛未進士。歷封咸寧伯，爲民。弘治十年，以太子太保兼左都御史任。以賀蘭山功加少保，兼太子太傅。十一年，卒於甘肅。

秦紘，山東單縣人，景泰辛未進士。弘治十五年，以户部尚書總制陝西三邊。請改固原爲州，開府闢城郭，增兵收鹽利，惠商以實塞。下馬關三百餘里，隨山設險，凡三年，虜不敢犯。經略冠群公。

楊一清，雲南安寧人，成化八年進士。弘治十八年，以左副都御史爲總制。城花馬池，立興武營千户所。請塞定邊迄橫城三百里，始築四十餘里，值正德逆瑾亂政，以勞費懲境罷役。公致仕，單輿雙騾，駕居鎮江。後寧夏軍亂，戕鎮巡，挾安化王寅鐇以叛，起公討平之，乃遂巡撫寧夏。瑾誅，陞户部尚書，晉吏部，大學士致仕。嘉靖四年，以少傅、兵部尚書、左都御史復爲總制。五年，召爲大

---

① 正統壬戌：正統七年（1442）。
② 景泰辛未：景泰二年（1451）。

學士。

才寬,直隸遷安人,成化戊戌進士,①歷尚書。正德四年,爲總制。有氣岸,頗駕馭將士。帥師巡興武營塞外,中流矢,卒。子孫世爲錦衣衛百户。

陳震,陝西慶陽人,成化丁未進士。②正德五年,以兵部左侍郎討寘鐇,暫行總制三邊事。尋取回,以附瑾削爲民。

張泰,直隸肅寧人,成化戊戌進士,[58]累陞都御史、總制。八年,卒。

鄧璋,直隸涿州人,成化丁未進士。九年,總制。

彭澤,陝西蘭州人,弘治庚戌進士。③正德九年,以太子太保兼左都御史任。

李鉞,河南祥符人,弘治丙辰進士。④剛正持廉,歷陞總制、兵部侍郎兼都御史。虜賊由花馬池入寇固原,至涇州,亟遜去,獲首功。尋召爲兵部尚書。

王憲,山東東平人。弘治庚戌進士。起兵部尚書兼都御史,嘉靖五年總制。虜千餘由花馬池寇黑水苑,遣師擊取之,獲甲首三百七十有奇。加太子太保,子世錦衣衛百户。

王瓊,山西太原人,成化甲辰進士。⑤嘉靖八年,起兵部尚書,爲總制,連和吐魯番。九年,遣總兵劉文破若籠等番族,獲甲首三百餘,平七十餘族,加太子太保,召爲吏部尚書。

唐龍,浙江蘭溪人,正德戊辰進士。⑥嘉靖十一年,以兵部尚書兼都御史總制。十三年,破虜之犯甘肅入安會者,最功,得四百餘級。加太子太保,蔭子入監。尋召爲刑部尚書。

姚鏌,浙江餘姚人。舉進士,有文望。嘉靖十五年,起爲兵部尚書、總制。月餘,致仕。

劉天和,湖廣麻城人,正德戊辰進士。嘉靖十六年,陞兵部右侍郎,改總督。時議避專制也。築乾溝、乾澗幾三百里以扦東城,鐵柱、梁家泉以備西。造兵車,獨輪,挽之以施火器。十八年秋,虜夜陷花馬池塞,公斬失守指揮二人。虜寇原州,時走保硝河城,虜東出乾溝,任傑等兵襲其後,行捕斬二百餘級梟小酋長。論功加太子太保、兵部尚書,後召掌團營。

楊守禮,山西蒲州人,正德辛未進士。⑦嘉靖二十年,陞兵部尚書、總督。好

---

① 成化戊戌:成化十四年(1478)。
② 成化丁未:成化二十三年(1487)。
③ 弘治庚戌:弘治三年(1490)。
④ 弘治丙辰:弘治九年(1496)。
⑤ 成化甲辰:成化二十年(1484)。
⑥ 正德戊辰:正德三年(1508)。
⑦ 正德辛未:正德六年(1511)。

武任氣，每防秋，親陞塞垣，夜間視虜，不得盜塞。益募降胡梟騎，襲取近塞帳，遣勇士任勇數人，以舟度套河，潛行胡中，至偏關還，獲甲首三。凡二歲，馘首虜四百餘，納降數千。加太子太保。

張珩，山西石州人，正德辛巳進士。[59]嘉靖二十三年春，陞兵部右侍郎、總督。債帥日進士燈，乃教民自爲戰，大破韃靼河西。二年，馘首功四百餘，陞戶部尚書。尋被讒謫。再用論薦，起撫延綏，陞南兵部侍郎。

曾銑，直隸揚州人，嘉靖己丑進士。① 二十五年，歷兵部右侍郎、總督。請兵北伐，虜以其姓響兒啼，人至今咸艷述之。二十七年春，以貝錦被逮，海內無識不識，皆悼惜焉。

王以旂，應天江寧人，正德辛未進士。嘉靖二十七年，歷兵部尚書兼都御史，爲總督。安靜不擾，凡五年，馘首功番虜共六百餘級，塞定邊瓦楂梁三十餘里。收屬番三千四百餘人，置嘉峪關外。加太子太保，蔭二子入監。

賈應春，直隸真定人，嘉靖癸未進士。② 三十二年，擢兵部侍郎兼僉都御史、總督。三十四年，馘首功，陞右都御史，兼侍郎。凡四年，獲番虜千餘級。蔭二子入監，召爲戶部尚書。

王夢弼，山西代州人，嘉靖乙未進士。③ 三十六年，陞兵部左侍郎、總督。凡二年，馘首功番虜二百餘級，以論罷。

魏謙吉，直隸柏鄉人，嘉靖戊戌進士。④ 三十七年，陞兵部右侍郎、總督。河東寇俺灘，移牧西海、合河海，虜犯寧夏河西至洮、岷。凡二年，馘首功共四百餘級，築西塞三十餘里，天溝九十餘里。移固原守備於鎮戎，以守葫蘆峽。改河州守備爲參將，益師三千騎。三十九年，陞兵部左侍郎。

郭乾，直隸任丘人，嘉靖戊戌進士。三十九年，以右副都御史爲總督。四十年，陞兵部右侍郎。四十二年，轉左侍郎，尋兼右都御史，仍總督。

程輅，山東臨清人，嘉靖戊戌進士。四十年，擢察院右副都御史，爲總督。

喻時，河南光州人，嘉靖戊戌進士。壬戌年，以副都御史爲總督。廉約，率勵將士。虜吉囊等入寇，公遣總兵趙峕率兵迎擊，斬首五百餘級，馬、駝、牛、羊數千，虜畏不敢近邊。後虜薄清水營，公遣兵戰卻之，斬首八十餘級。又以延綏兵擣虜百餘級，上捷，賚白金文綺。癸亥年，⑤陞兵部右侍郎，協理戎政，再起南戶部侍郎。

---

① 嘉靖己丑：嘉靖八年(1529)。
② 嘉靖癸未：嘉靖二年(1523)。
③ 嘉靖乙未：嘉靖十四年(1535)。
④ 嘉靖戊戌：嘉靖十七年(1538)。
⑤ 癸亥年：嘉靖四十二年(1563)。

陳其學，山東登州人。由進士，嘉靖四十年陞總督。凡二年，陞南兵部右侍郎，改北兵部右侍郎。

霍冀，山西孝義人。由進士，嘉靖四十五年，陞兵部左侍郎兼右僉都御史、總督。隆慶元年，陞兵部尚書。

王崇古，山西蒲州人。由進士，隆慶元年，歷陞兵部右侍郎、總督。凡三年，花馬池秋防，遣將勦虜，大獲奇捷，以功加右都御史。四年，以俺酋猖獗，改宣大總督，竟成款市，遺邊疆四十年之安。歷兵、刑二部尚書。

王之誥，湖廣石首人。由進士，隆慶四年，陞都察院右都御史、總督。本年陞南兵部尚書，參贊機務。

戴才，直隸滄州人。由進士，隆慶五年，陞都察院右都御史、總督。六年，以功陞兵部尚書，仍總督。萬曆元年，以原官掌管南京都察院事。

石茂華，山東益都人。由進士，歷官兵部左侍郎。萬曆二年，任總督。五年，陞兵部尚書，仍總督。本年，以原官入掌南京都察院事，尋致仕。十一年，再起兵部尚書兼都察院左都御史、總督。奏甃磚城，創建尊經閣、城南書院，置學田。至今州士人德之，申請入名宦祠。

董世彥，河南禹州人。由進士，萬曆五年，陞兵部右侍郎，任總督。

郜光先，山西長治人。由進士，萬曆六年，以兵部左侍郎兼右僉都御史、總督。七年，陞右都御史兼兵部左侍郎，仍總督。尋丁內艱。十一年，起以原官，仍總督。十三年，陞兵部尚書兼左副都御史。十六年，加太子少保。

高文薦，四川成都人。由進士，萬曆九年，陞兵部左侍郎兼右僉都御史，任總督。

梅友松，四川內江人。由進士，萬曆十七年，陞兵部左侍郎，任總督。

魏學曾，陝西涇陽人，癸丑進士。① 萬曆十九年，起兵部尚書兼右副都御史、總督。二十年，以功陞加太子太保。本年，寧夏哱、劉叛，公被逮。後勦平之，遂釋回籍。

葉夢熊，廣東歸善人，乙丑進士。② 萬曆二十年，以甘肅巡撫提督寧夏討逆。陞兵部右侍郎、總督。二十一年，以平哱功，陞都察院右都御史。二十三年，陞兵部尚書，改南工部尚書。

李汶，直隸任丘人，壬戌進士。③ 萬曆二十三年，以兵部侍郎陞都察院右都御史、總督。復松山及三邊捷功陞兵部尚書，歷加左柱國、少傅、兼太子太師。三

---

① 癸丑：嘉靖三十二年（1553）。
② 乙丑：嘉靖四十四年（1565）。
③ 壬戌：嘉靖四十一年（1562）。

十四年，召回部協理戎政。負文名，擅清譽。

徐三畏，直隸任丘人，丁丑進士。① 萬曆三十四年，以甘肅巡撫陞兵部尚書、總督。三十五年，甘肅大捷，加太子少保。

顧其志，直隸長洲人，辛未進士。② 萬曆三十七年，以陝西巡撫，陞兵部左侍郎、總督，嗣加都察院右都御史。三十八年，改掌南都察院事。

黃嘉善，山東即墨人，丁丑進士。萬曆三十九年，以巡撫寧夏兵部右侍郎陞總督。嗣以捷功加陞兵部尚書、太子太保。四十二年，召回部協理戎政。閱歷西陲幾十五年，馘虜逾千，威名恬靜，邊鄙以寧。

劉敏寬，山西安邑人，丁丑進士。萬曆四十二年，以巡撫延綏兵部左侍郎陞總督。

兵備

楊勉，四川安岳人。由進士，成化五年，以按察司僉事任。今永寧驛草場、鼓樓，西安守禦千戶所城垣、官署，咸所創建，稱有功焉。

嚴憲，河南扶溝人。由進士，成化十一年，以僉事任。

邊完，河南杞縣人。由進士，成化十三年，以副使任。

翟廷蕙，河南洛陽人。由進士，成化十五年，以副使任。

王繼，河南祥符人。由進士，成化十八年，以副使任。歷巡撫甘肅右副都御史、南兵部尚書。

孫逢吉，山西渾源人。由舉人，成化二十年，以僉事任。歲凶，賑救有方，人多德之。

李經，山西陽城人。由進士，弘治二年，以副使任。

陶琰，山西絳州人。由進士，弘治七年，以副使任。歷都御史、刑部侍郎、工部尚書，加太子太保。

胡倬，廣西桂林人。由進士，弘治十四年任。

陳珍，遼東廣寧人。由進士，弘治十五年任。

胡經，山東濱州人。由進士，弘治十五年，以副史任。歷布政。

高崇熙，山西石州人。由進士，弘治十七年，以副使任。歷巡撫四川右副都御史。

王凱，直隸蠡縣人。由進士，正德四年，以副使任。

黃繡，江西清江人。由進士，正德五年，以副使任。

---

① 丁丑：萬曆五年(1577)。
② 辛未：隆慶五年(1571)。

景佐,山西蒲州人。由進士,正德六年,以副使任。

羅玹,河南扶溝人。由進士,正德十年,以副使任。

許諫,河南洛陽人。由進士,正德十二年,以副使任。

毛思義,山東陽信人。由進士,嘉靖元年,以副使任。歷總督漕運右副都御史。

成文,山西山陰人。由進士,嘉靖二年,以副使任。歷巡撫遼東右副都御史。

桑溥,山東濮州人。由進士,嘉靖四年,以副使任。陞浙江按察使。

郭鳳翔,河南祥符人。由進士,嘉靖七年,以僉事任,陞副使。

沈圻,浙江平湖人。正德辛未進士,①嘉靖十年,以副使任。

樊鵬,河南信陽人。嘉靖丙戌進士,②十四年,以僉事任。

王邦瑞,河南宜陽人。正德丁丑進士,③嘉靖十七年,以僉事任。歷兵部尚書,協理戎政。

李文中,雲南臨安舉人。嘉靖十七年,以副使任。

紀繡,山東利津人。嘉靖丙戌進士,二十年,以副使任。

曹邁,四川榮縣人。嘉靖壬辰進士,④二十一年,以副使任。

江東,山東朝城人。嘉靖己丑進士,⑤二十四年,以副使任。歷巡撫遼東都御史、南兵部尚書。

李磐,河南固始人。嘉靖丙戌進士,二十六年,以副使任。歷陞湖廣布政使。

李世芳,山西黎城人。嘉靖乙未進士,⑥二十九年,以副使任。

張松,河南洛陽人。嘉靖戊戌進士,⑦三十一年,以副使任。歷總督宣大副都御史。

崔官,四川閬中人。嘉靖乙未進士,三十四年,以副使任。

許天倫,山西振武衛人。嘉靖乙未進士,三十五年,以副使任。

李臨陽,四川江津人。嘉靖甲辰進士,⑧三十六年,以副使任。

焦璉,順天涿州人。嘉靖乙未進士,三十七年,以副使任。陞山西行太僕寺卿。

王之臣,四川南充人。嘉靖乙未進士,三十七年,以副使任。

---

① 正德辛未:正德六年(1511)。
② 嘉靖丙戌:嘉靖五年(1526)。
③ 正德丁丑:正德十二年(1517)。
④ 嘉靖壬辰:嘉靖十一年(1532)。
⑤ 嘉靖己丑:嘉靖八年(1529)。
⑥ 嘉靖乙未:嘉靖十四年(1535)。
⑦ 嘉靖戊戌:嘉靖十七年(1538)。
⑧ 嘉靖甲辰:嘉靖二十三年(1544)。

史載德,直隸任丘人。嘉靖辛丑進士,①監察御史,陞山東萊州府知府。三十八年,以副使任。

劉效祖,武襄左衛人。嘉靖庚戌進士,壬戌年以副使任。

姚九功,山西襄垣人。由進士,嘉靖四十二年,以副使任。陞陝西右參政。

劉衍祚,河南洛陽人。由進士,嘉靖四十五年,以副使任。

紀公巡,山東恩縣人。由進士,隆慶元年,以副使任。

張昇,山西陽城人。由進士,隆慶二年,以副使任。

王宮用,直隸成安人。由進士,隆慶四年,以副使任。陞四川參政。

蔡國熙,直隸永年人。由進士,隆慶六年,以副使任。

晉應槐,山西洪洞人。由進士,萬曆元年,以副使任。

劉伯燮,湖廣孝感人。由進士,萬曆三年,以副使任。改雲南提學。

郭崇嗣,直隸肥鄉人。由進士,萬曆三年,以副使任。

解學禮,山西安邑人。由進士,萬曆七年,以副使任。十年,加陞右參政。

党馨,山東益都人。由進士,萬曆十一年,以副使任。歷都察院右僉都御史,巡撫寧夏。

李廷儀,山西霍州人。由進士,萬曆十四年,以按察使任。十六年,陞都察院右僉都御史,巡撫甘肅。

楊時寧,河南祥符人。由進士,萬曆十八年,以副使任。歷貴州、寧夏巡撫,宣大總督。

楊楫,河南商丘人。由進士,萬曆二十年,以參議任。

吳鴻功,山東萊蕪人。由進士,萬曆二十三年,以參議任。二十六年,陞副使。

劉廣業,河南洛陽人。由進士,萬曆二十七年,以副使任。二十八年,加陞按察使。

徐雲逵,直隸遷安人。由進士,萬曆三十三年,以副使任。三十六年,加陞按察使。

張舜命,河南商城人。由進士,萬曆三十八年,以副使任。

劉尚樸,河南信陽人。由進士,萬曆三十九年,以右參政任。

董國光,山東滕縣人。由進士,萬曆四十一年,以右布政任。

總兵

曹雄,西安左衛人。

---

① 嘉靖辛丑:嘉靖二十年(1541)。

韓玉,都督僉事。
楊英,都督同知。
侯勳,都督同知。
趙文,平涼衛人。
劉淮,宣府衛人。
鄭卿,寧夏衛人。
張鳳,榆林衛人。
魯經,莊浪衛人。
劉文,慶陽衛人。
梁震,榆林衛人。
任傑,西安左衛人。
張鎮,宣府人。
魏時,慶陽衛人。
王縉,西安衛人。
張達,涼州衛人。
成勳,三屯營人。
孫臏,綏德衛人。
袁正,太原人。
曹世忠,綏德衛人。
許經,盧州府無爲州人。
徐仁,延綏人。
郭江,延綏人。
郭震,寧夏人。
呂經,寧夏人。
孫國臣,大同人。
李眞,延綏人。
王撫民,延安衛人。
張臣,榆林衛人。
劉承嗣,山西振武衛人。
尤繼先,榆林衛人。
李昫,固原衛人。
董一魁,宣府人。
張剛,榆林衛人。

楊濬，莊浪衛人。

黃明臣，宣府人。

劉承嗣，復任。

蕭如薰，延安衛人。

管一方，山西中屯衛人。

柴國柱，西寧衛人。

鄧鳳，榆林衛人。

王邦佐，榆林衛人。

姚國忠，宣府人。

祁繼祖，山西蔚州衛人。

標下官

吳繼祖，靖虜衛指揮、中軍副總兵，加都督。

薛永壽，直隸錦衣衛人，左營游擊。

王世欽，榆林衛人，右營游擊。

保國祚，平涼衛人，坐營都司。

余德榮，西安衛人，乙未科會式，[①]下馬關參將。

鄧榮武，甘州衛人，西安州游擊。

監收同知

李永芳，山東舉人。

知州

岳思忠，河南人。

洪恩，四川成都人，舉人。

石堅，山西介休人，監生。

張洪，山東曹縣人，舉人。

嚴玘，河南陳州人，舉人。

張經，山東濱州人，舉人。

王龍，直隸束鹿舉人。

趙承祖，山西介休舉人。

范昂，雲南太和舉人。

孫紹卿，山西代州恩貢。

郭三仁，山西蒲州舉人。

---

① 乙未：萬曆二十三年(1595)。

丁永嶸，山東范縣舉人。
丁律，直隸保定恩貢。
倪雲鴻，直隸阜城舉人。
胡光，四川雅州舉人。
任企賢，四川閬中舉人。
陳遺，遼東信陽衛監生。
阮師瞻，山西臨汾舉人。
王榮，山西文水舉人。
鄭璉，直隸舉人。
陳謨，山西寧縣舉人。
范岡，直隸廣平舉人。
江化鰲，直隸霸州監生。
牛希尹，山西長治舉人。
吳從周，山西安邑舉人。
邢汝龍，四川銅梁監生。
景登第，山西安邑舉人。
徐昌會，廣西舉人。
成巳，山東鄒平舉人。
龔應祥，遼東舉人。
張柟，山西安邑舉人。
王汝爲，山西河津舉人。
陳鳴熙，福建晉江舉人。
儲至俊，湖廣靖州選貢。
劉汝桂，直隸昌黎舉人。

同知

李承宣，山東監生。
孫爵，山西壽陽吏員。
范守義，河南汲縣監生。
孫守直，山東登州監生。
龔天麒，直隸盧州監生。
劉棟，直隸任丘進士。
陳永壽，直隸獻縣監生。
李冒，直隸宜興監生。

劉漢卿,四川監生。
盧汝元,江西監生。
畢拱極,直隸監生。
沈雲霈,浙江監生。
張赤心,絳縣監生。
吳國士,四川選貢。
顏似葵,四川巴縣監生。
張拱立,河南閿鄉監生。

吏目

郭英,直隸監生。
張鼐,山西朔州監生。
盛景,山東萊州監生。
李逢陽,山西石州監生。
李玉,山東監生。
馬昺,山東知印。
王一鳳,山西太原監生。
侯康國,山西監生。
吳希賢,江西監生。
羅應時,直隸通州監生。
蔡如荏,直隸薊州監生。
張朝志,山西曲沃吏員。

學正

李佐,四川歲貢。
周价,四川巴縣歲貢。
丁琰,山西聞喜歲貢。
李鷗,四川茂州衛歲貢。
申一鷟,山西臨汾歲貢。
蕭元圭,四川納溪歲貢。
魏繼武,山西河津歲貢。
劉賢,山西山陰歲貢。
陳吉,四川成都歲貢。
陳永弼,長安縣歲貢。
王鶴齡,山西忻州歲貢。

張問行,延安歲貢。
劉永明,朝邑歲貢。
劉肇,鳳翔府歲貢。
方本淳,南陽歲貢。
李應旃,萬泉歲貢。
蒲守仁,秦州歲貢。
張雲鴻,漢陰歲貢。
胡雲鵬,扶風歲貢。
侯屏,同官歲貢。

訓導

劉謨,山西歲貢。
符節,湖廣均州歲貢。
陳滿,河南閿鄉歲貢。
劉智,山西河曲歲貢。
蔣倫,河南原武歲貢。
李澄,四川鹽亭歲貢。
胡貫,四川巴縣歲貢。
李宗義,山西陽曲歲貢。
羅袞,四川宜賓歲貢。
馬元,四川華陽歲貢。
武威,山東樂陵歲貢。
毛鳳起,四川宜賓歲貢。
魏世禎,河南睢陽歲貢。
朱崇義,[60]四川新寧歲貢。
王相,山西歲貢。
陳界,山西歲貢。
張國用,山西歲貢。
李敘,山西屯留歲貢。
張田,四川漢州歲貢。
賈上策,山西交城歲貢。
張質,山西保德歲貢。
楊熠,隴西縣歲貢。
袁自强,鞏昌府歲貢。

張丕植，商南縣歲貢。

劉汝性，莊浪衛歲貢。

王三聘，真寧縣歲貢。

吳遂，甘州衛歲貢。

王學曾，岐山縣歲貢。

馮翊，米脂縣歲貢。

趙士達，永壽縣歲貢。

王家士，華陰縣歲貢。

余惟聖天子揚歷寮寀，備員荒服，寵貴云乎哉！將以固疆圉、保元元也。揆文奮武，八方覆露，而千里沉烽，徽音馨烈，樹爲天下觀。龕暴砦癙，萬竈微烟，而四郊多壘，慝蹟穢聞，遺爲天下哃。袞鉞丹青，百世不改。噫！嚴矣哉。豊施稜屬，糾華綏戎夫，然後媚於天子。

固原州志上卷終

【校勘記】

[1] 開成：原作"開城"，據《元史》卷六〇《地理志》改。下同。

[2] 景泰二年：原作"景泰元年"，據《明英宗實錄》卷二〇四、"景泰二年重修固原城方碑"改。詳見《〔嘉靖〕固志》卷一《創建州治》"校勘記"[二]。

[3] 五年：原同《平涼府志》卷九《固原州》、《〔嘉靖〕固志》卷一《創建州治》作"六年"，據《明憲宗實錄》卷六八、《〔嘉靖〕固志》卷一《文武衙門》等改。

[4] 紘：原作"竑"，據《明史》卷一七八《秦紘傳》改。下同。

[5] 大六盤：《〔嘉靖〕固志》卷一"山川"作"大六盤山"。

[6] 馬麈山：《〔嘉靖〕固志》卷一"山川"作"馬氂山"。

[7] 縣志：原作"州志"，據書名改。參見《元和郡縣圖志》卷三。

[8] 四年：原作"五年"，據《明憲宗實錄》卷五五、《西征石城記》等改。

[9] 一百一十里：《古今圖書集成》卷五五一《職方典》之《平涼府山川考一·固原州》作"五十里"。

[10] 八十里：此同《〔嘉靖〕固志》卷一《山川》、《〔嘉靖〕陝志》卷三《土地二·山川·平涼府》作"百二十里"，《古今圖書集成》卷五五一《職方典》之《平涼府山川考一·固原州》作"二十里"。

[11] 西北：《〔嘉靖〕固志》卷一《山川》作"北"。

[12] 七十里：《〔嘉靖〕固志》卷一《山川》、《〔嘉靖〕陝志》卷三《土地二·山川·平涼府》均作"九十里"。

［13］東南七十里：此同《〔嘉靖〕固志》卷一《山川》、《平凉府志》卷九《固原州・山川》、《〔嘉靖〕陝志》卷三《土地二・山川・平凉府》作"東六十里"。

［14］六十里：此同《〔嘉靖〕固志》卷一《山川》、《平凉府志》卷九《固原州・山川》、《〔嘉靖〕陝志》卷三《土地二・山川・平凉府》作"五十里"。

［15］明珠：原作"月珠"，據《宋史》卷三一四《范仲淹傳》改。

［16］高繼嵩：原作"高繼崇"，據《宋史》卷三一四《范仲淹傳》改。

［17］之際："際"字原脱，據《長編》卷一三八、《太平統類》卷八《仁宗經制西夏要略》補。

［18］葫蘆泉：《宋史》卷三一四《范仲淹傳》作"葫蘆衆泉"，《長編》卷一三八、《太平統類》卷八《仁宗經制西夏要略》作"蘆泉"。

［19］十里：此同《元和郡縣圖志》卷三《關内道三・原州》，《〔嘉靖〕固志》卷一《山川》作"二十五里"。

［20］九十：《元和郡縣圖志》卷三《關内道三・原州》、《太平寰宇記》卷三三《關西道九・原州》均作"七十"。

［21］文升：原作"文昇"，據《明史》卷一八二《馬文升傳》等改。下同。

［22］四十餘里：《平凉府志》卷九《固原州・河渠》作"四十里"。

［23］寧夏：原作"西夏"，據本志下卷《文藝志第八》載葉夢熊撰《平定寧夏露布碑記略》改。

［24］牛王寺：《古今圖書集成》卷五五三《職方典》之《平凉府祠廟考・固原州》作"中王寺"。

［25］蔓青：《〔嘉靖〕固志》卷一《土産》作"蔓菁"。

［26］万俟：原作"萬侯"，據《北史》卷六一、《周書》卷二〇《王盟傳》等改。下同。

［27］十：原作"千"，據《周書》卷二五《李賢傳》改。

［28］刺史：《周書》卷三〇《李穆傳》作"總管"。

［29］原州：原脱"州"字，據《隋書》卷七三《趙軌傳》補。

［30］字摩訶衍：原作"衍"，據《隋書》卷七四、《北史》卷三二《崔弘度傳》補。

［31］畀：原作"俾"，據《新唐書》卷一〇八《裴行儉傳》改。

［32］安西：原作"西安"，據《新唐書》卷一〇八、《舊唐書》卷八四《裴行儉傳》改。

［33］大名人："名"原作"明"，據《新五代史》卷五〇《王殷傳》改。另，《舊五代史》卷一二四《王殷傳》作"瀛洲人"。

［34］胡守澄："守"字原脱，據《宋史》卷二五七《李繼隆傳》補。

［35］六谷："谷"字原脱，據《宋史》卷二五七《李繼和傳》補。

［36］逋：原作"甫"，據《宋史》卷二五七《李繼和傳》改。

［37］族：原作"言"，據《宋史》卷二五七《李繼和傳》改。

［38］瑋擒德明送闕下：《宋史》卷二五八《曹瑋傳》作："其子德明請命於朝。瑋言：'繼遷擅河南地二十年，兵不解甲，使中國有西顧之憂。今國危子弱，不即捕滅，後更强盛不可制。願假臣精兵，出其不意，禽德明送闕下，復河西爲郡縣，此其時也。'"據此，本志編者輯録史書恐有誤。

［39］妙娥：原作"妙俄"，據《宋史》卷二五八《曹瑋傳》改。

［40］副都總管：原作"都總管"，《宋史》卷二七二《楊文廣傳》載"爲定州路副都總管"，據改。
［41］都虞候：原作"都虞侯"，據《宋史》卷二七二《楊文廣傳》及宋代官職名改。
［42］同州：此二字原脱，據《宋史》卷二七二《楊文廣傳》補。
［43］迺：原作"西"，據《宋史》卷二五三《折可適傳》改。
［44］其：《宋史》卷二五三《折可適傳》作"棄"。
［45］洺州：原作"洛州"，據《宋史》卷二五三《折可適傳》改。
［46］金陵：原作"金靈"，據《宋史》卷三二六《盧鑒傳》改。
［47］張迥：原作"張迴"，據《宋史》卷三二六《景泰傳》改。
［48］三川口："口"字原脱，據《宋史》卷三二五《劉兼濟傳》補。
［49］劫：原作"勅"，據《宋史》卷三二四《趙滋傳》改。
［50］通判：原作"通叛"，據《宋史》卷三〇三《范祥傳》改。
［51］方：《宋史》卷三三五《种師道傳》作"土"。
［52］五十：《三朝北盟會編》卷六〇《种師道行狀》、《東都事略》卷一〇七《种師道傳》均作"五千"。
［53］羊：《宋史》卷三三五、《東都事略》卷一〇七《种師道傳》無此字。
［54］十餘歲：《宋史》卷三四九《劉舜卿傳》作"十歲"。
［55］環慶：《宋史》卷三四九《劉舜卿傳》作"慶州"。
［56］二百：《宋史》卷二七九《陳興傳》作"三百"。
［57］駝馬：二字原脱，據《宋史》卷二七九《陳興傳》補。
［58］戊戌：原作"丁未"，據〔嘉靖〕固志》卷一《總制邊務大臣》《明清進士題名碑録》改。
［59］辛巳：原作"辛未"，據《山西通志》卷六八改。"正德辛巳"，正德十六年(1521)。又，《山西通志》卷一一四《人物·汾州府》亦誤載張珩爲正德辛未進士。
［60］朱崇義：《〔嘉靖〕固志》卷一《固原州并所屬官》作"朱崇易"。

固原州志下卷

安邑劉敏寬纂次

人物志第七

東漢

梁統，字仲寧，安定烏氏人。剛毅，好法律。初，吏州郡。更始二年，召補中郎將，使安集涼州，[1]拜酒泉太守。赤眉逐更始，陷長安，統與竇融及諸郡守起兵保境，咸推統爲帥，統固辭曰："昔陳嬰辭王，以老母也。今統内有親，德薄能寡，誠不敢當。"遂共推融爲河西大將軍，統更爲武威太守，威行鄰郡。建武五年，統等各遣使隨竇融長使劉鈞奉貢行在，光武加統宣德將軍。八年夏，帝自將征隗囂，統與竇融等五郡兵會討。囂敗，封統爲成義侯。同產兄巡、從弟騰併爲關內侯，騰拜酒泉典農都尉，悉還河西。十二年，統等朝京師，更封高山侯，奉朝請，拜太中大夫，[2]四子爲郎。統疑法令輕不勝奸，請重刑罰，帝不從。爲九江太守，定封陵鄉侯。能治郡，吏人畏愛。卒，子松嗣。

松，字伯孫，少爲郎，尚光武女舞陰長公主，遷虎賁中郎。松博通經書，習故事，與議修明堂、辟雍、郊祀、封禪儀，有寵。伏波將軍、新息侯馬援，父黨也，常拜床下，數戒勵之，其後遂毀敗援。光武崩，受遺詔輔政。永平元年，遷太僕，數私干郡縣。二年，發覺，免官。四年冬，以懷怨望，縣飛書誹謗，下獄死，國除，如援戒云。

子扈，以恭懷皇后從兄，永元中，擢黄門侍郎，歷位卿、校，恭讓，敦《詩》《書》。永初中，爲長樂少府。

松弟竦。竦，字叔敬，少習《孟氏易》，有雋才，弱冠教授。與弟恭俱坐松罪，徙九真。既徂南土，歷江湖，濟沅湘，乃賦《悼騷》以吊子胥、屈原，加石而沉諸江。顯宗後赦還本郡，杜門以經籍自娛。著書名曰《七序》，班固見而稱曰："孔子著《春秋》而亂臣賊子懼，梁竦作《七序》而竊位素餐者慚。"好施，不事產業。長嫂舞陰公主瞻諸梁，以親疏爲厚薄，特重竦，加厚焉。竦久居京師，不樂本土，且負才鬱鬱，嘗登高太息曰："丈夫生當封侯，死當廟食，不然，閑居養志，州郡吏徒勞人耳。"故屢辭不就。有三男三女,肅宗納二女爲貴人,少者生和帝,竇皇后養爲嫡子,而竦家私相慶,諸竇忌焉。建初八年,遂譖殺二貴人,而誣竦等惡逆,詔漢陽太守鄭據致竦死,家屬徙九真,及舞陰公主亦徙新城,監守之。和帝遂弗知爲梁氏出。永元九年,竇太后崩。松子扈遣從兄禫奏記三府,稱梁貴人親育聖躬,當蒙尊號。太尉張酺問禫,得其詳,乃白見。帝感慟良久,以謀酺。酺對曰:"《春秋》母以子貴,漢法母氏皆隆顯,宜追尊號,録諸舅。"帝泣而從之。貴人姊嫕亦上書,自訟其同産女弟誕生聖明,而爲竇憲兄弟所譖害,乞葬死還徙。帝大感悟,追尊貴人爲恭懷皇后。制詔三公、大鴻臚追封,謚爲皇太后,竦爲褒親愍侯。[3]中謁者與嫕、扈備禮迎竦喪,賜東園秘器,塋恭懷皇后陵傍。帝率百官親臨葬。徵還妻子,封子棠爲樂平侯,棠弟雍乘氏侯,雍弟翟單父侯。邑各五千户,位皆特進,賜財物、兵械、第宅、奴婢、車馬億計。[4]内外親併補郎、謁者。棠官至大鴻臚,雍少府。

棠卒,子安國嗣。延光中爲侍中,有罪,免官。諸梁爲郎、吏者皆坐免。

商,字伯夏,雍子也。少以外戚拜郎中,[5]遷黄門侍郎。永建元年,襲父封乘氏侯。三年,順帝以商女及妹入掖庭,遷侍中、屯騎校尉。陽嘉元年,女爲皇后,妹貴人,商加特進,增國土,[6]賜安車駟馬,拜執金吾。二年,子冀封襄邑侯,商讓不受。三年,商爲大將軍,固稱疾,辭。四年,使太常桓焉策拜,商乃拜命。明年,夫人陰氏薨,贈開封君印綬。[7]商存謙柔,志在進賢,辟漢陽巨覽、上黨陳龜爲掾屬,李固、周舉爲從事中郎,京師翕然,稱良輔。每載租穀城門,賑饑餒。檢族人,不敢干謁。而宦者忌商寵,反陷之。永和四年,中常侍張逵等共譖商及中常侍曹騰、孟賁,云欲徵諸王子,圖廢立,請收治罪。帝曰:"必無是,但汝曹共妬耳。"逵等益懼,遂矯詔收騰、賁於省。帝震怒,敕釋騰、賁,誅逵等,辭多連在位大臣。商懼枉,復上疏,請勿逮捕,帝納之。六年秋,商病篤,敕子冀等曰:"吾以不德,享受多福,生無以輔益朝廷,死必耗費帑藏,衣衾、飯含、玉匣、珠貝之屬,[8]何益朽骨?百僚勞擾,紛華道路,祇增塵垢。雖云禮制,亦有權時。方今邊境不寧,盜賊未息,豈宜重爲國損!氣絶之後,載至冢舍,即時殯斂。斂以時服,皆以故衣,無更裁制。殯已開冢,冢開即葬。祭食如存,無用三牲。孝子善述父志,不宜違我言也。"及薨,帝親臨喪。諸子欲從其誨,朝廷不聽,賜以東園秘器、玉匣什物,輕車介士送葬,賻遺甚厚。謚忠侯。子冀弗遵其訓,以驕横誅,而不疑頗有名。

隋

梁睿,字恃德,安定烏氏人。父禦,西魏太尉。睿少沉敏,有行檢。周太祖時，以功臣子養宮中，命諸子與睿游處，同師共業。七歲，襲爵廣平郡公，累加儀同三司，尋爲本州大中正。魏恭帝時，加開府，改封五龍郡公，渭州刺史。周閔帝受禪，徵爲御伯。未幾，出爲中州刺史，以備齊。挫齊師拜大將軍，進蔣國公，入爲司會。後拒斛律明月於洛陽，[9]以功遷小冢宰。歷敷州刺史、涼安二州總管，有惠政，進爲柱國。復代王謙爲益州總管，行至漢川，謙反，即以睿爲行軍元帥，同于義等討平之。睿斬謙於市，劍南悉服。進上柱國，食邑千戶，勞賜甚厚。時睿威振西川，惟南寧酋帥爨震，恃遠不賓。睿上疏請決取，隋文帝深納之，尋使史萬歲用睿策擊定焉。睿威惠兼著，民夷悅服，聲逾隆重，帝亦陰憚之。薛道衡說睿曰："天下已歸隋。"密令勸進，帝大悅。及受禪，顧待彌隆。復上平陳之策，上下詔温慰。睿以突厥方强，復陳鎮守十餘事，上嘉歎，答以厚意。睿自以周代舊臣，久居重鎮，内不自安，屢請入朝，於是徵還京師。及引見，上爲之興，命睿上殿，握手極懽。睿遂謝病，閉門自守。十五年，從上至洛陽，卒，謚曰襄。子洋嗣，官歷嵩徐二州刺史、武賁郎將。大業六年，詔追改封睿爲戴公，命以洋襲焉。

　　梁士彦，字相如，烏氏人。少任俠，性剛果。周世以軍功拜儀同三司，自守扶風，除九曲鎮將，封建威縣公，齊人憚之。後從武帝拔晉州，進柱國，除使持節晉絳二州諸軍事、晉州刺史。及齊主總六軍圍孤城，衆震懼，士彦慷慨自若。時樓堞皆盡，城雉僅數仞，短兵交焉，出入相接。士彦誓必死，身先將士，奮呼動地，齊人少卻。乃令妻妾軍民子女晝夜修城，三日而就。會大軍至，乃解去，捋帝鬚泣。將班師，士彦叩馬諫，遂進師。齊平，封郕國公，上柱國。宣帝立，歷徐州總管、三十二州諸軍事、刺史。與烏丸軌擒吳明徹於呂梁，破黃陵，定淮南地。轉亳州總管、二十四州諸軍事。尉迥亂，[10]以兵從韋孝寬，所當皆破。乘勝至草橋，復大破之。迥平，除相州刺史。隋文帝忌士彦，徵還京。尋坐怨望，嗾薛摩兒證成與宇文忻等謀反狀，遂誅死，年七十二，有子五人。①

　　操，字孟德，出繼伯父。官至上開府、義鄉縣公、[11]長寧王府驃騎。

　　剛，字永固。弱冠授儀同，以平尉迥勳加開府。擊突厥有功，進位上大將軍、通政縣公、涇州刺史。

　　叔諧，官至上儀同、廣平縣公、車騎將軍。

　　志遠，安定伯。務，建威伯。皆坐士彦死，剛以諫免。

　　士彦蒼頭梁默，稱驍勇，每從征伐，陷陣有功。從楊素征突厥，討漢王諒，加授柱國。大業中戰没，贈光禄大夫。

　　田仁恭，字長貴，平涼長城人，弘之子。仁恭寬仁，有局度，舉明經。以父軍

---

① 有子五人：即下文梁操、梁剛、梁叔諧、梁志遠、梁務。

功,賜爵鶉陰子,復拜開府儀同三司,歷襄武、淅陽郡公、[12]幽州總管。宣帝時,進爵雁門郡公。隋文帝徵拜大將軍,破尉迥,拜柱國、太子太師,甚見親重,幸其第,極懽,禮賜殊厚。奉詔營廟社,進爵觀國公。通贈邑五千戶。未幾,拜右武衛大將軍。卒,贈司空,諡曰敬。子世師嗣。[13]

梁毗,字景和,烏氏人。祖越,魏涇、豫、洛三州刺史,郃陽縣公。父茂,周滄、兗二州刺史。毗性剛謇,涉學舉明經,遷布憲下大夫。[14]平齊,為行軍長史。剋并州,除別駕,加儀同三司。宣政中,封易陽縣子,遷武藏大夫。隋受禪,進侯爵,尋以鯁正,拜治書侍御史。稱職,遷雍州贊務。[15]以直道忤權貴,左遷西寧刺史,改邯鄲縣侯。先是,蠻酋皆金冠,侈金為豪,相奪尋干戈,乃率金遺毗,毗對之慟曰:"汝曹以此無用物相遺,更欲殺我耶?"悉還之,皆感悟。上悦,徵為大理卿,時稱平允。上開國府,楊素方專橫,毗上書極論其罪,語甚剴至。帝大怒,命有司禁止,親自詰責,毗言曰:"素既擅權寵,作威福。太子、蜀王之廢,百寮震悚,素揚眉奮肘,喜見容色,利國家有事為身幸。"帝不能屈。煬帝即位,遷刑部尚書,攝御史大夫。劾宇文述忤旨,憂憤卒。帝令奇章公弘弔之,贈縑五百匹。子敬真,大業中為大理司直,希旨陷魚俱羅以死,後俱羅為厲,敬真竟不起。

梁彦光,字脩芝,烏氏人。祖茂,魏秦華刺史。父顯,周荊州刺史。[16]彦光有至性,七歲遇父疾,醫云須紫石英,彦光憂不可得,忽於園中遇一物,怪,持歸以示醫,則紫石英也,人以孝感所致。魏大統末,入太學,除秘書郎,時年十七。周受禪,遷舍人上士。武帝時,累遷小馭下大夫。[17]母喪,奪情起復,帝歎其毀瘠,數慰諭,累遷御正下大夫。[18]以平齊功,授開府、陽城縣公。歷華州刺史,進華陰郡公,封一子。尋晉上大將軍、御正上大夫,[19]拜柱國、青州刺史,屬帝崩,不之官。[20]隋文帝代周,為岐州刺史,領宮監,增邑通二千戶。嘉禾連理產境內,詔旌其卓異,賜粟帛、御傘,未幾,復賜錢。後轉相州刺史。岐俗質,彦光以靜鎮,[21]奏最。相故鄴都,人多變詐,反作歌誚其拙,遂坐免。歲餘,拜趙州刺史,言於上曰:"臣前待罪相州,百姓呼為'戴帽餳'。自分廢黜,不謂復垂收採,請復為相州。"上從之。相吏民聞狀,咸嗤笑。彦光下車,發摘如神明,合境大駭。初,齊亡,伎巧家移實州郭,由是人情險詖。彦光聘山東大儒教之,非聖賢書不得授。季月親試,升勤學聰令者,設饌堂上,餘廊下。有好訟惰業者坐堂下,食以草具。俟有成,當舉貢,祖餞厚供,人勸,俗遂大革。滏陽焦通,酗酒不孝,為從弟所訟。彦光第令詣孔廟,觀壁間《韓伯瑜泣杖圖》,遂感悟勵行,為善士,以德化人,多類此。卒,諡曰襄。

子文謙,弘雅有父風,以上柱國歷上饒刺史。考最,拜戶部侍郎。

文讓,鷹揚郎將。討楊玄感戰沒,贈通議大夫、陽城縣公。

皇甫誕，字玄慮，烏氏人。祖和，魏膠州刺史。父璠，周隋州刺史。誕剛毅有器局，[22]周畢王引爲倉曹參軍。隋代周，爲兵部侍郎，歷比部、刑部，俱稱能。遷治書侍御史，朝臣肅憚。[23]時百姓流亡，以誕爲河南道檢括大使，還奏，上大悦，判大理少卿，遷尚書右丞。以母憂去，尋起復。晉左漢王諒爲并州總管，朝廷盛選寮佐，以誕公方，拜諒司馬，①政事一以諮之。煬帝即位，諒作亂。誕數諫不納，因流涕曰：“君臣位定，順逆勢殊，願王守臣子之節，不然，爲布衣不可得也，敢以死請。”諒怒，囚誕。及諒屯清源，主簿豆盧毓出誕獄，遂閉城拒諒。諒襲破之，抗節以死。帝嘉歎，下詔褒美，贈柱國，封弘義公，諡曰明。子無逸嗣。

無逸爲清陽太守，[24]政甚有聲。賜爵平興侯，官至刑部侍郎、右武衛將軍。

田德懋，仁恭次子，少以孝友著聞。開皇初，以父勳封平原郡公，授太子千牛備身。丁父艱，哀毀骨立，廬於墓側，負土成墳。上聞而嘉之，遣侍郎元志就吊，仍降璽書溫慰。賜縑二百匹，[25]米百石，詔表其門閭。歷太子舍人、義州司馬、給事郎、尚書駕部郎。[26]

宋

向寶，鎮戎軍人，爲御前忠佐、換禮賓使、涇原秦鳳鈐轄，至皇城使帶御器械，歷真定、鄜延副總管，四廂都指揮、嘉州團練使。寶善騎射，年十四，遇敵斬獲。及壯，以勇聞。[27]卑邪州有猛虎，[28]百里斷人蹟，寶一矢殪之。道過潼關，巨盜載關中金帛、子女，寶射走，盡獲所掠。嘗至太原，梁適命射弩，四發三中，曰：“今之飛將也。”神宗稱其勇以比薛仁貴。

皇明

甲科

楊應元，嘉靖庚子科舉，②甲辰進士，③授河南開封府推官。

李廷訓，萬曆乙酉科舉，④乙未進士，⑤授直隸博野知縣。歷官户部江西司主事、本部員外、郎中、河南驛傳道僉事。

鄉科

劉仲祥，授直隸無錫知縣。

----

① 拜諒司馬：即拜爲諒之總管司馬。
② 嘉靖庚子：嘉靖十九年（1540）。
③ 甲辰：嘉靖二十三年（1544）。
④ 萬曆乙酉：萬曆十三年（1585）。
⑤ 乙未：萬曆二十三年（1595）。

王旻,永樂年舉。

何居恭,永樂年舉,授四川保寧府通判。

楊可度,永樂年舉。

章文,天順年舉,授山西祁縣知縣。

虎繼宗,正統年舉。

彭璘,弘治十七年舉,授灤州知州。歷官大平府同知、浙江按察司僉事。

張世祥,嘉靖癸卯科舉,①授四川慶符知縣。

馬世臣,嘉靖丙午科舉,②授山西太原府通判。

單濱,嘉靖戊午科舉,③授山東高苑知縣,陞湖廣桂陽知州。

王道濟,隆慶丁卯科舉,④授直隸安州知州。

趙性粹,萬曆己卯科舉,⑤授四川鹽亭知縣。歷官揚州府通判、河間府同知、雲南知府。

陳好學,萬曆辛卯科舉,⑥授四川夾江知縣。

張天德,萬曆庚子科舉,⑦授直隸通州學正。

陳舜典,萬曆庚子科舉。

徐州儒,萬曆乙酉科舉。⑧

王家相,萬曆乙酉科舉。

貢

王亨,丘縣知縣。

何文郿,保寧府照磨。

翟顯,未仕。

白珪,未仕。

曾讓,高密縣丞。

王文秀,滄州判官。

李廷秀,[29]平山訓導。

曾友直,太原知縣。

馬良,榆次知縣。

---

① 嘉靖癸卯：嘉靖二十二年(1543)。
② 嘉靖丙午：嘉靖二十五年(1546)。
③ 嘉靖戊午：嘉靖三十七年(1558)。
④ 隆慶丁卯：隆慶元年(1567)。
⑤ 萬曆己卯：萬曆七年(1579)。
⑥ 萬曆辛卯：萬曆十九年(1591)。
⑦ 萬曆庚子：萬曆二十八年(1600)。
⑧ 萬曆乙酉：萬曆十三年(1585)。

白玉,垣曲主簿。
張信,舞陽主簿。
田福,眉州吏目。
李恕,太康主簿。
馬訓,未仕。
張善,未仕。
韓斌,信陽吏目。
楊存,沁水主簿。
馮泰,榆次主簿。
陳寧,大興主簿。
康鑒,淇縣縣丞。
徐恒,廬州府檢校。
翟紳,福山主簿。
胥泰,河津縣丞。
張寅,萊州教授。
施文,未仕。
袁鏜,未仕。
李愷,忠州府通判。
馬恕,南州主簿。
陰順,平定吏目。
馬浩,永川主簿。
蘇勉,未仕。
彭銳,未仕。
胡秀,雙流訓導。
袁瑾,仁壽訓導。
翟琇,鈞州府通判。
楊獻之,未仕。
劉剛,未仕。
張翔,高遠教諭。
張恭,九江府檢校。
張洪,鴻臚寺序班。
王璋,泌陽教諭。
白文繪,上林苑錄事。

楊欽,河南縣丞。
翟璣,未仕。
陳夔,睢州吏目。
陰廷鳳,武隆主簿。
張正學,未仕。
陳言,江西按察司照磨。
張錦,南部主簿。
崔紀,臨漳教諭。
徐尚忠,芮城主簿。
史暐,會川經歷。
王英,溫江主簿。
胥保,南宮縣丞。
胡子旺,孝義縣丞。
陳介,平江縣丞。
彭鉉,武安縣丞。
王鋐,石門知縣。
馬文輝,丹稜主簿。
康時亨,兗州府經歷。
趙夔,平谷縣丞。
蔣翱,長蘆運司經歷。
徐尚文,雄縣知縣。
趙宏,未仕。
安宣,未仕。
康雄,巴縣縣丞。
孫成,處州府檢校。
趙英,資陽主簿。
王鳳,楚府審理。
李憲,衡州衛經歷。
陳咨,長州府經歷。
梁材,承天府照磨。
趙寅,未仕。
任錫,順慶府照磨。
黃繡,定遠主簿。

馮鐸,稷山知縣。
沈宗堯,雲南府知事。
陸倫,襄垣縣丞。
屈輔,未仕。
徐進,杞縣主簿。
徐第,趙城縣丞。
陳諫,西寧衛教授。
方琮,河津教諭。
陳簡,華陽主簿。
秦瑤,永寧知縣。
魏倫,新安訓導。
王輅,鄧州訓導。
胡鼎,未仕。
王鳳,羽林衛經歷。
蔣鉉,原武主簿。
馮玳,金鄉知縣。
白鸞,未仕。
康誥,未仕。
樊鍠,未仕。
胡慎,未仕。
陸大用,未仕。
徐寧,未仕。
石重,真定教諭。
丁錦,未仕。
高應魁,未仕。
任錡,武鄉主簿。
任珍,羅山主簿。
徐化,蓬溪知縣。
李應禎,慶都縣丞。
梁偣,雄縣縣丞。
史策,原武教諭。
康翊,平陸教諭。
馬應麟,江津縣丞。

閻本漢,金堂訓導。
趙仲金,眉州訓導。
陳玥,未仕。
張尚仁,未仕。
張宣,扶風訓導。
孟倫,荊門判官。
張文淵,寧夏衛訓導。
劉邦漢,陝州訓導。
張鷗,靖邊所學正。
黃緯,安樂知州。
康增,鳳翔訓導。
秦自化,汾州判官。
李得春,未仕。
吳從桒,淶水知縣。
葛時茂,稷山訓導。
馬馴,大城教諭。
馮舜生,未仕。
姜希伊,未仕。
蔡澤之,府谷訓導。
楊逢春,醴泉訓導。
郭海源,臨洮訓導。
朱璣,三原訓導。
張嘉謨,齊東縣丞。
陳尚志,臨洮教授。
常沐恩,潞安經歷。
馬驂,渭南訓導。
康四表,獲鹿縣丞。
王學詩,寧夏衛教授。
周希文,蒙自知縣。
蘇文炳,柏鄉縣丞。
丁煥,金縣訓導。
黃汝楫,三原訓導。
郭之屏,鎮番衛教授。

田宗禮,未仕。

張秉元,西鄉訓導。

徐正己,西安訓導。

張思誠,潼關衛訓導。

王國機、沈汝淵、王焕、宣九德,俱遥授訓導。

生員

廩增如制,附學常至六七十人,盈縮不一。

武職科名

尹濂,嘉靖壬戌科會武,①歷官副總兵。

盛琦,萬曆甲戌科會武,②歷官守備。

陳天賜,萬曆乙未科會武。③

武純文,萬曆丁未科會武。④

將材

施霖,歷官參將。

高節,指揮,歷官參將。

楊津,指揮,歷官參將。

王爵,指揮,歷官游擊。

張愷,指揮,歷官守備。

趙昶,指揮,歷官守備。

楊信,歷甘肅鎮守。

黄振,歷寧夏鎮守。

楊文學,指揮,歷官守備。

季臣,指揮,歷官守備。

孟寀,百户,歷官參將。

蕭鎮,指揮,歷官游擊。

張綋,指揮,歷官守備。

陳源,千户,歷官守備。

徐源,指揮,歷官都司。

徐勳,千户,歷官參將。

---

① 嘉靖壬戌:嘉靖四十一年(1562)。
② 萬曆甲戌:萬曆二年(1574)。
③ 萬曆乙未:萬曆二十三年(1595)。
④ 萬曆丁未:萬曆三十五年(1607)。

徐敏,千户,歷官守備。
趙邦,指揮,歷官守備。
張九功,指揮,歷官都司。
張守成,百户,歷官都司。
徐文顯,百户,歷官守備。
蔣楹,指揮,歷官守備。
方濟文,指揮,歷官游擊。
高珮,千户,歷官參將。
賀守義,千户,歷官守備。
盧濟倉,百户,歷官守備。
吳彥林,千户,歷官守備。
陳茂勳,指揮,歷官游擊。
馬夢麟,指揮,歷官游擊。
李國用,百户,歷官游擊。
李永芳,指揮,歷官參將。
蕭韶成,指揮,歷官參將。
吳宗堯,指揮,歷官參將。
王從誥,指揮,歷史守備。
張元勳,指揮,歷官守備。
黃瓊,指揮,歷官守備。
李國徵,百户,歷官守備。
王彪,百户,歷官守備。
王用予,百户,歷官守備。
滿濂,百户,歷官守備。

衛所官

指揮二十四員,千户二十三員,百户三十八員,鎮撫一員。

忠義

陳宣,實授百户。正統三年,隨駕北征,陣亡。優恤。
陳琮,宣孫。正德五年,征漢中流賊,戰沒。優恤。
陳源,琮子。嘉靖四十年,禦虜陣亡,加陞指揮僉事,世襲。
高智,實授百户。天順五年,禦寇陣亡。優恤。
高嵐,智子。嘉靖四十年,以原任都司領兵禦虜,戰沒,加陞指揮僉事,世襲。
賀守義,副千户。萬曆十八年,朱家山禦虜,戰沒。優恤。

張良賢,萬曆戊戌科會武,歷四川游擊。平播戰没,蔭副千户,世襲。
孝子
胥恭,衛人。父早亡,哭三日,勺水不入口,遂致疾。終喪始愈。事母吕氏,年七十,遘宿疾,衆藥弗效。恭齋沐籲天,乞以身代。刲股和藥飲之,母疾愈,齒更生,髮反黑,壽至八十七卒,人以爲孝感所致。但刲骨,[30]軀命所關,萬一不保,反傷親心而缺宗祀,不可爲訓也。
貞烈
趙氏,州民馮宣妻。年二十三而寡,家貧,育幼子銘、鎮。壽八十四。
楊氏,衛人彭珏妻。年二十四而寡,家貧,誓死自守,壽七十七。
夏氏,衛人黃淮妻。年二十四,生二子,未周月,淮亡。夏撫遺子,養舅姑。姑氏憫其孤窮,欲嫁之。夏以死自誓,爲女工以給養。壽七十三。
王氏,衛人梁輔妻。年二十三,輔亡,有二子在襁褓。備歷艱苦,勤女工以養姑育子,凡五十餘年,鄉人重之。壽八十三。
葉氏,州生趙欽妻。年二十五,欽卒,遺二子廷璋、廷瑚,甫三歲。葉撫摩劬育,備諸艱辛,雖親戚邀請亦不往。瑚爲學弟子員。壽六十二。
郭氏,衛百户陳琮妻。琮戰没,郭年二十四,撫孤源,嗣官。壽八十三,旌表其門。
白氏,州生翟元妻。年二十五,元亡。貧苦,撫遺孤棟、楷,各成立,鄉里稱賢。壽六十三。
張氏,生員周繼妻。繼歿,張年二十五。撫育幼子,有司旌表。
張氏,生員徐效妻。效歿,張年二十七。鞠育二子,咸成立。壽八十有四,有司旌表。
溫氏,李子友妻。子友歿,溫慷慨以殉,時年二十四。奉旨旌表。
李氏,景可樂妻。可樂以疾卒,李哀傷死。有司表揚。
趙氏,單養棟妾也。養棟死,趙方十有九歲,夜殉柩前。有司表揚。
徐氏,受應襲韓杞聘,未合巹而杞殤。徐聞之,潛自經死。有司旌表。
唐氏,指揮蕭濂妻。濂死時,子韶成幼孤。唐撫之成立,以才勇官寧夏。適遇哱、劉之變,全家被羈,唐教子全忠,堅不從逆。事平,嘉其女中丈夫,扁其門。
余惟獨先覺能啟後覺者,感之妙也。不自善取人爲善者,化之神也。故周有文王而凡民興,魯多君子而賢人衆。人物示範,焉可誣哉?彼圓不規、方不矩者,上所願見也。生麻叢入蘭室者,次所嘉與也。自聖自賢、自暴自弃者,其風斯下,亦莫如之何也已矣。

文藝志第八

記

石城記略

殘元部落把丹者，仕平涼爲萬户。太祖兵至，歸附，授平涼衛正千户，部落散處開城等縣。成化丁亥，[31] 把丹孫滿四等倡謀從北虜叛，入石城。乃命右副都御史嘉興項忠爲總督鎮守陝西，太監劉祥爲監督，涼州副總兵劉玉爲總兵，統京營并甘、涼兵五萬往討。馬公文升以南京大理卿服闋陞右都副御史，巡撫陝西協剿。我軍奮勇，賊遂大敗。斬首七千六百有奇，俘獲二千六百，生擒滿四至軍前。城中復立平涼衛達官火敬爲主，陽虎貍家口令認給還其生，擒賊千餘，斬八百餘。擇留滿四、馬驥、南斗、火鎮撫等二百名并滿四妻解京，俱伏誅。其未殄土達，令其本分耕牧。石城北添所，固原千户所改衛，復添兵備僉事一員。馬文升撰。

固原州增修廟學記略

國朝成化間，固原城廟學草創，弗稱。弘治十四年，户部尚書秦公總制三邊軍務，駐節固原。公以廟學草創，陋陋弗稱，不可視爲傳舍，乃命生員張正學總理其事，易城中之地爲廟學之基，東至指揮王爵宅，西至守備衙門，南至官街，北亦抵街，廣二十五丈，袤五十七丈。造大成殿八楹，崇五尋。戟門、欞星門各三間，崇二尋。兩廡各二十五間，崇二尋。殿後起明倫堂五間，東西齋各六間。堂後作師舍四所，齋後作生徒舍四十間。戟門左作神厨三間，右作神庫三間。生徒舍左作饌堂五間，生徒舍右作廩庚三間。工已抵於九仞而奉命回朝，濱行，乃以未完之工託兵憲副石州高公崇熙。公諾之，督令張正學逐一而完之。是役也，始事於弘治十六年七月，落成於十八年九月。吏部尚書三原王恕撰。

固原鎮鼓樓記略

固原者，陝西西北大鎮城也。正德庚午，①總制右都御史張公來，不數年，兵練事寧。軍多暇日，因遍覽城雉及文武之署，[32] 慨然興懷曰：[33]"敝者不更，[34] 則來者毋眠。非所以作軍威、明節制、廣教習之道也。"於是，與總兵官楊公英謀諸文武將佐，咸務聿新，不侈近欲，不廢後觀。而兵備按察司副使景君實任其事。諸既即緒，乃又以鐘鼓樓歲久頹敝，不可獨廢勿理，屬指揮施範因舊而增其基，去

---

① 正德庚午：正德五年(1510)。

壞以新其制,作爲重樓七楹,東懸鼓,西懸鐘,規摹擴然大矣。樓崇二丈七尺,臺如之,而廣一十三丈,厚五丈六尺,皆以甄石圍砌。其懸者又靖康時故鐘焉。工起正德壬申秋,①至此才一年已落成矣,亦不足以視民乎。張公名泰,字世亨,肅寧人。景公名佐,字良弼,蒲州人。正德癸酉十月修撰,②武功康海撰。

固原州行水記略

正德乙亥,③鎮守陝西等處右軍都督府都督僉事平涼趙公文,祗奉制敕駐劄於固原州。州井苦鹹,不可啖釀,汲河而爨,水價浮薪。朝那湫雙出於都盧山,[35]左流州曰東海,右流州曰西海。西海大於東海,湛澄且甘。公及兵備副使景佐議導入州。[36]乃使都指揮陶文、指揮施範,帥卒作渠,期月而成。襟街帶巷,出達南河,過入州學,匯爲泮池。池以石甃,面起三梁。於是農作於野,卒振於伍,商賈奔藏於肆,士誦於庠。學正李佐暨生員史瞱諸人走狀謁記。[37]正德十二年五月,翰林院修撰高陵呂柟撰。

總督題名記略

弘治年來,火篩之變,復設總督大臣一員駐節固原,經略四鎮。先時名爲總制,嘉靖聖明,親定爲總督,任是職者可爲榮且重矣。歷考先哲,有晉而爲冢宰者,爲南北司徒、司馬、司寇者,爲掌院左右都御史者,入內閣爲大學士者,匪人豈能勝此也耶。諸先哲歷中外,功在邊陲,自有太史公直筆在。予景仰先哲,黽勉繼述,不敢以爲盡厥職,不敢以自償厥事,又不能不望於後之君子少恕焉。南澗子僭書以爲記云。嘉靖壬寅春吉,④總督、尚書古蒲南澗楊守禮書。

兵備道題名記略

嘉靖初,成君文質夫來攝其官,布德揚武,功用既興,乃衷各姓氏,視次第勒於石而昭之。

提學副使唐龍撰。

總制秦公政績碑記略

戶部尚書山東秦公紘,弘治中嘗總制陝西三邊。公去二十餘年,而嘉靖乙酉冬,⑤邊人思公不置,欲立祠固原祀公。於是監生馬文輝以其邊人之意,呈於總制、今帝師遼庵楊公一清。公以命於兵備副使桑君溥,桑君卜地得州城之南二畝許,坐坎面離,蓋經營踰年而祠堂告成。堂凡三楹,重門周垣,而堂之正位則秦公之像設焉。乃遣使告九思曰:"子其記之。"是豈徒邊人之慰也,實九思者之大願

---

① 正德壬申:正德七年(1512)。
② 正德癸酉:正德八年(1513)。
③ 正德乙亥:正德十年(1515)。
④ 嘉靖壬寅:嘉靖二十一年(1542)。
⑤ 嘉靖乙酉:嘉靖四年(1525)。

遂矣。蓋公之在邊者二年,以備邊之籌惟戰與守,於是推演古法,造兵車,造火器,已乃修豫望城,修石硤口,修雙峰臺三城。又於金佛硤、海子口七堡甃石爲垣,裏鐵爲門。凡城與堡皆以絕虜道、衛居民焉。而公於是年夏復受敕總制三邊云,乃命三邊與其腹裏修城堡關隘,以處計萬四千一百九,剷山崖以里計三千七百餘,拓其外城,奏移批驗所鹽物於此。自是商賈雲集,物貨流行,人有貿易之利,官得經費之資,公日富矣。修孔廟,廣學舍,《詩》《書》之化,人才彬彬焉,相繼出矣。嘉靖六年十月,檢討王九思撰。

平虜碑記略

嘉靖十三年,兵部尚書唐公龍畫戰守之法。七月初,寧夏報吉囊結營於花馬池。十四日,虜由定邊擁入鐵柱泉。二十三日,從青沙峴入寇安、會、金三縣。劉文率所部參將霍墍、崔嵩、彭濬,守備吳瑛、崔天爵,戰於會寧柳家岔及葛家山,斬其桀者數十人。虜懼思遯。八月四日,虜合衆出青沙峴,文督戰當衝,復大敗虜衆。而王縉於半箇城與指揮田國亦破零賊。前後斬首一百二十有七,所獲達馬一百三十有二,甲冑、器械、衣物一千九百三十有七。梁震與參將吳吉、游擊徐淮、守備戴經遇虜於乾溝,大戰破之,斬首一百八十有五,所獲達馬二百有四,器物四千七百四十有七。王效與副將苗鑾、游擊鄭時、蔣存禮又遇虜於興武營,大戰破之。參將史經、劉潮分布韋州。張年又從苗鑾擺邊,遇劉文驅虜結營北奔,各哨奮勇而前。前後斬首一百三十,所獲達馬二百有二,器物二千一百六十有六。虜幸得及老營,晝夜亟遯。嘉靖十三年十二月修撰,武功康海撰。

後樂亭記略

原州城以南,其原畇畇,中有阜,紆餘而起,長百餘步,闊半之。不識何氏緣之爲臺,椽屋略具。下疏爲池,引渠流而注之。其北郡之勝概也哉。歲月滋久,榛蕪併障,潢潦旁集,觀者病之。爰命有司乘間而疏治之,構亭一楹,不雕不繢,以"後樂"名焉。嘉靖乙未六月,①兵部尚書唐龍撰。

重修固原州都御史行臺記略

自建原州,而秦中巡撫中丞每於秋初駐原,抵冬乃還,而都御史行臺未闢也。憲副李君以爲請,巡撫少司馬洪洋趙公乃屬兵備君改作焉。興工二月,訖工於九月,堂五楹,後堂、穿堂咸如其數。東西序堂之前十楹,後堂之傍亦如其數。門三楹,儀門亦如其數。而巡撫都御史行臺壯麗矣。嘉靖二十年九月,右副都御史胡纘宇撰。

---

① 嘉靖乙未:嘉靖十四年(1535)。

見池記略

原州撫臺，建始於趙洪洋氏。臺後爲問月亭。亭前有池，跨以石橋，旁植菖蒲榆柳，青鮮環映。右爲渠，九曲，引活水入焉。翁子見之喜，稍疏闊廢，治沁益植，復增濬而周之，廣約視其宜。深四五尺，亭則宛宛水中矣。嘉靖甲辰八月，①翁萬達撰。

八陣戰圖碑記略

夫陣者，行列也。《佩觿集》曰"軍陳爲陣"，②古今用武，未有能外之者。玠書生，誤蒙聖明簡命閫外，授以便宜節制之權，爰稽歷代陣圖，若衡軸總分，縱橫棋布，非不可觀。余自拊循綏、夏，屢試罔宜。近得徐叔度《九曲新書》，始宋蔡西山強引握機，非出武侯。叔度乃惟本石壘布爲鳥蛇龍虎四奇、天地風雲四正。移游軍於中軍十六隊，八陣各一隊。中外開十二門，陣中容陣，隊中容隊，庶得武侯之意。余通置游軍於中區，以便指揮。所謂"中心零者，大將握之"是也。夫八陣者，總之爲一，分之爲八，又自八分之，爲六十四。若遇大敵，決戰取勝總不外乎奇正。蓋奇正者，陣法之本也。武侯未及奇正乃深於奇正者矣。諸家自常山六花以下，莫不宗侯。但其勢不同者，因地形之險易爲之故也。地生度，度生量，量生數，數生稱，稱生勝，此又存乎其人，不可以預定也。嘉靖丙午仲夏，③南川張玠書。

大司馬南川張公獻捷碑記略

我國家特命制帥，開府原州，節度四鎮，凡九千里，帶甲二十萬，當九邊之七焉。嗚呼重矣！嘉靖甲辰，皇帝簡我南川張公爲制帥，乃親提銳卒保邊。花馬虜遂舉部東渡，分遣裨王西捕海賊，越我莊浪而南。於是檄平羌將軍鸞、諸偏將軍輔大綸，以奇兵尾其後，游擊將軍勳以游兵掎其前，以正兵衝其中堅。虜自西海乘勝掠永昌而北。我軍嚴陣，五戰皆捷，斬首百數十級，梟其名王，獲牛馬甲仗以數萬計。虜盡喪其輜重，大衂而遁。提督學校副使楊守謙書。

固原道重修公署記略

固原建鎮以來，甲子蓋一周有贏。而公署之鮮者敝、鞏者堪。適按察副使襄垣雙峰姚公九功蒞政之初，乃大剔戎蠹，修復憲典，興其廢，完其缺，肅官吏之失常，逮夫良者，[38]必稽式費，既無妄公役，迺充歲凶，以和春澤布膏。以其餘力，繕治公署，堂宇亭館，餼犒布令之所，譙麗金鼓，戎節敷教之具，咸不戒而備。平

---

① 嘉靖甲辰：嘉靖二十三年（1544）。
② 《佩觿》卷上："軍陳爲陣，始於逸少。"
③ 嘉靖丙午：嘉靖二十五年（1546）。

凉别驾上党杨君誉欣承嘉命，[39]祇乐成功。① 都御史赵时春撰。

大司马鑑翁王老先生靖胡勳績記略

隆慶元年，公自都御史晋兵部侍郎，督四鎮軍事。其冬，虜眾糾犯河防。預堵拒，斬首六級，虜潰遯去。越明年戊辰二月，②延綏將卒出，設伏擊虜於黃沙梁，捷至，斬首七十級。甘肅將卒出哨備，擊虜於長湖兒，捷繼至，斬首三十級。寧夏將卒出，擣剿擊虜於討兔兒，捷又至，斬首四十六級，遵成筭也。是歲秋，虜騎伺犯，飭伏禦，斬其酋首撒兒大恰，奪獲銀頂坐纛，斬首九級。仍哨邊邀擊之，斬三十五級。招降卒一百五十餘人。抵冬防竣事，又斬虜三十九級。銳氣英風震於殊域矣。己巳春，③申督延、寧邊工期底績，虜蓄謀窺工。勒四鎮兵分三路剿之，月三獻捷，上首酋二百六十級。秋七月，虜潛入把都河、懷遠、高家堡、孤山、神木，西浮河窺靖虜、莊浪、凉州，凡十入。俱與大兵值，斬首虜五十一級。酋長爲大舉白城子，奮擊之，斬首一百七十六級。嗚呼奇哉！隆慶四年秋吉，苑馬寺少卿黃裒撰。

固原州儒學建尊經閣記略

固原州儒學，建於弘治十五年。蓋是時始有州治與學焉。隆慶四年，總督西石王公始建尊經閣，儲書籍，以便諸生誦習。王公去而毀焉。余於萬曆二年抵固原，諸生以爲言。遂檄固原兵備道及有司構之，改卜地於大成殿之東，築基樹材，上下三重，高三丈八尺五寸三間，長三丈七尺，深一丈八尺，周圍出簷一楹，深七尺。始工於四月，至十月而告成。是役也，贊其成者署固原兵備道苑馬寺少卿馬文健、固原兵備道副使晉應槐，董其事者固原州知州江化鱗，皆與有勞焉，因併書之。萬曆四年四月，總督石茂華撰。

軍門平羌碑記略

西戎氐羌，時竊作難。自石公初至，羌無歲無月日不出。九重震臨，委公以太阿柄。公謀同先中丞文川郜公，繼幼溪陳公，今嵩河董公，協心從事。小子燮以固原兵備往代署，偕臨鞏張君楚城，奉指授行階洮之間，凡犁庭蕩穴尺寸，皆標下力。且也都護孫君國臣，克爲之使，自原州遣師行，周道千三百里，橫行吐谷

---

① 祇樂成功：《趙時春文集校箋》卷一〇《固原州重修公署記》本句下尚有如下內容："爰告余紀其事於石，以昭示後人。紀曰：奉公者弗私，治官者忘家，古之道也。乃聞者大異於是，敗類之徒剝公成私，萬物咸否，兵政貿易。公承明聖作新之初，殫慮矢謀，數十年之敝一朝完美，豈《志》所謂'志有不爲，才足有爲'者也？右都御史兼司馬任丘一泉郭公存素絲之操、休休之度，厘正是任，讒間莫入，有司各舉其職，厥有由焉。豈《志》所謂'大臣法、小臣廉'者也？夫以數十年壞之，一朝起之，群小咻之，二三君子承之，爲力固不易，而術亦多端矣。提其大要，則《志》所謂'足食足兵、民信極矣'。信立而兵食可足。若昔之虛文無實，以誤國是者，後之君子其戒之哉！其戒之！戒夫彼而法諸此，此告成之所以不可無紀也夫。"
② 戊辰：隆慶二年(1568)。
③ 己巳：隆慶三年(1569)。

渾。期月之間，凡三舉事，大宣厥威，繫酋領古阿，[40]提挈番官番兵楊瘖家，如弄丸掌上。獲首功以千數百計，焚死之相枕藉者無算。室廬畜産一空，霾曀頓清，邊氓起舞。有繪爲圖、永爲歌以紀其事者。公名茂華，北海人；郜公名光先，長治人；陳公名肖，長樂人；董公名世彦，禹州人。萬曆丁丑四月，①大學士林士章撰。

樂溥堂記略

原州之北五里許，有泉焉，俗呼爲北魚池。冬不冰，中有魚，湛泓淵亭可數十畝，謂非一勝地哉。固原兵憲劉君伯燮、總戎孫君國臣，請構數楹於上。方經營之，而劉君以陟去，憲副郭君崇嗣繼至，因協力成之。爲正堂三楹，後爲小亭，水中有洲，亦樹小亭於上，材木皆取諸見在者，而無所費。恭惟聖明御極，北虜款塞，軍無弗樂也。耕耘者得盡力於田畝，民無弗樂也。商賈不煩戒備，行旅無弗樂也。吾輩亦得乘一日之暇，顧軍民之樂而樂之。非徒適一己之情而已也。其樂也不亦溥乎！萬曆五年孟冬，兵部尚書石茂華撰。

固原鎮新修外城碑記略

陝西西北部有鎮曰固原，弘治中從守臣請，增築內外城，宿重兵守之。軍民土著，城以內不能容，乃漸徙外城。外城又單薄，聚土爲垣，歲久多廢。萬曆二年，總督毅庵石公至，有增甃意。巡撫文川郜公以防秋至，見與毅庵合合，遂會議改築。兵備副使晉君應槐遂請以身任之。晉君以憂去，代者爲劉君伯燮，督視二年，以遷去。亡何，郜公召還朝，而代者爲嵩河董公，代劉君者爲郭君崇嗣。董公復從中相繼調督察之。至五年秋八月，城成。城高三丈六尺，袤二千一百一十七丈，崇墉疊雉，鱗次上下，環以水馬二道各若干。而創角樓、敵臺、鋪房、牌坊各若干座，表之。越歲，郜公復受命總督固原，併得理其未備。於是，固原內外城屹然如金湯。萬曆八年五月，大學士馬自強撰。

督府郜公撫禦東虜碑記略

俺酋戴上天覆之恩，憬悔彌切，則請徙幕而西游祁連、青海間，求休屠王金人禮之，迎其弟子以歸。會套虜卜失兔諸部新釁於瓦剌，欲藉東虜釋憾。因數使使風俺酋，盛兵自從。俺酋乃發其部三十萬衆以行。時萬曆丁丑秋九月也。事聞，天子乃咨廷臣，求可制陝以西諸邊者。咸謂無逾郜公。於是公以大中丞受鉞往。虜既至張掖，以馬市請，公遣人諭之曰："此非市所也。"虜又請茶市，公曰："番之茶市猶若馬市也。"虜大慚沮。已又請西出嘉峪關以要哈密。公曰："茲關天子所封，人臣安得擅啓？"虜領謝。居歲餘，俺酋東歸意始決。則己卯秋八月也。酋行抵寧夏赤木口，口直鎮西門，從此徑鎮之北鄂，循橫城入套，可近四五百里。公策

---

① 萬曆丁丑：萬曆五年（1577）。

慮必闖之道,乃預檄鎮,決漢唐兩壩水注郊原。虜至,果欲内走。公使使遮問虜:"若曩從何方來,乃今謬縱不遵太師約,獨不畏朝廷禁乎?且前水澤深者没牛馬,若能乘橇而濟,惟若所之耳。"虜竟引去,西垂用寧。公名光先,上黨人。萬曆八年仲冬,修撰王家屏撰。

固原鼎建太白山神祠記略

在歲甲申,①聖天子以故御史大夫、左司馬起光先松楸間,再督陝西三邊軍務。光先車涉停口以往,則赤地極目。至則躬率文武,禱於城隍之神,七日弗得。請已,忽思太白山神故稱靈應,盍往求之?廿七晡時,馳報水至。比至迎所,膏雨倏零,漏下二刻而遂霽,不可菑。父老言:"公幸爲元元請命,即再遣信使,竟當慰我蒼生。"乃更以耆民若而人往。廿日,日中昃,報水將抵開城。自澡雪以昧爽出迎,尊俎方陳,雨輒驟至,無何而又霽。余再肅牲帛,易詞以祝。俄大雨如澍,三日夜乃已。原州父老願立廟,歲時展祀,乃卜地郭北乾方,西負山陵,東面流水。以是歲九月經始,至丙戌十月告成。② 廟制築垣爲城,方二里而羨,應門起高臺危觀,甃以甄石。門外豎四柱坊,近道豎二柱坊。中門亦作閣,而鐘鼓樓左右翼之。正殿七楹,後寢五楹,左右各二十五楹。中爲馳道,露臺兩墀爲碑記亭。北疏户爲鰲宫,南疏户爲精舍。又兩隅爲門房以棲。咸爲壯麗宏偉,足可與華嶽、吳山相埒矣。萬曆十四年十一月,總督郜光先撰。

平定寧夏露布碑記略

惟兹寧夏,建玉節以控臨,寔祖宗制馭之成憲;衍天橫以彈壓,顧世代封守之宏猷。近歷熙朝,稱爲樂土。詎意哱拜、哱承恩生長胡地,狼性難防,劉東暘、許朝、土文秀結約陰謀,呲兇愈肆,殺憲臣以起難,奪敕印以憑陵。劫庫放囚,何所顧忌;招夷納叛,共結誓盟。擅置職官,頒布衛所要地;播傳諭檄,傾摇關隴愚民。殘辱縉紳,拘囚世子。惟仗聖明剛斷,賜劍以震天威;廟畫淵微,決策以收全勝。總督尚書魏學增竭智殫忠,復回衛所四十餘處,因賊退虜安,全堡寨幾萬餘家。寧夏巡撫朱正色親冒矢石而展臂生風,監軍御史梅國禎身任戎行而揮戈起日。提督總兵李如松與虜對敵,斬首一百二十級,虜謀絶而大勢成,始末皆其首功。寧夏總兵蕭如薰固守平虜,相持者數月,賊氣沮而根本定,牽制尤多勝筭。副總兵麻貴城下、石溝之戰,先後出奇。總副參游牛秉忠、劉承嗣、李昫、王通、何崇德、王國柱、楊文、馬孔英、李如樟、李寧等,轉戰防守之功,拮据極苦。藩臬監司楊時寧、馬鳴鑾、蔡可賢、顧其志、張季思相與分猷之助,經理爲勞。兵部主事趙

---

① 甲申:萬曆十二年(1584)。
② 丙戌:萬曆十四年(1586)。

夢麟倡始籌畫之方，先收奇策。遼晋宣大之驍將畢陳，浙湖川貴之健卒咸至，隨於十六日群酋互殺，劫氣遂終。懸東暘、許、土之首於城隅，門哼拜、承恩於窟内。救焚絶爈，芟草求根。承恩生擒，哼拜就戮，舉家百口付之烈炬，真夷千衆伏於鋼方。勢如雷霆，功收漏刻。萬曆二十年九月，總督葉夢熊奏。

少傅李公崇祀碑記略

固原次第總戎事者，胥一時名卿碩輔。其在鎮久而事功最彪炳，無如今少傅李公汶來督四鎮。於時松海諸虜正屬跳梁，遂檄行四鎮剿平，恢復故土。計先後所斬捕首虜共七萬有奇。尋令各鎮，亟圖繕葺，植頹築虚。邊垣延袤五百餘里，而要害城堡所在翼翼。時裁他費不經者㗅軍，而又多出贖鍰，廣行犒賞。他如訓材官，斥奸宄，廣積貯，代逋税，諸可以鞭撻膺懲之具靡不備。蓋公在鎮凡十餘歲，而居者如堵，行者如市，保全生命物産，直以億萬計。是公之大有造於陝也。而在鎮軍民，德公無已，共爲祠，伏臘奔走恐後，庶幾古甘棠之遺哉！翰林韓文焕撰。

少傅節制李公少保大中丞田公松山記續碑記略

嘉隆間，賓永、青火等酋，徙牧松山、青海、千合沙諸處，營爲三窟。所爲患最大者惟銀牙諸虜，蟠踞松山，咽喉爲梗，一綫幾絶。所賴前田公以萬曆壬辰渡河，①一意廓清。李公赤以乙未來，②相與密計機略，兵威震疊。松酋日夜皇皇，率驚且疑，謀糾衆趨青海，併力大逞。會兩公熟計密畫，調集將兵攻虜，大敗，統計斬虜首及死傷者無筭。捷僅奏馘七百有奇，俘獲溢巨萬。而又設法招降番僧柴隆黄金榜什、虜首著什吉等萬餘人。虜僅僅餘殘孽，遂屏息賀蘭山後，而松疆空矣。又躬率諸道將，蓐食扒沙七晝夜，經畫邊垣。西起涼之泗水，東抵靖之黄河，廣袤一千餘里，移兵將戍守。只今莊、紅無梗咽之虞，蘭、靖無剥膚之患，朔方無疥癬之疾，安、會、關、隴無震鄰之恐。萬曆四十二年四月，兵部尚書黄嘉善撰。

軍門防秋定邊剿虜捷疏記略

萬曆四十三年秋，總督劉敏寬親提標兵，乘障駐防花馬池調度。於時節報合套大頭目古能、火落赤等會事，因見順義三年併市，熱中乞討八年之賞，要挾未遂，聲言要東至黄甫川，西至鹽場堡一千二百餘里，各分定地方，沿邊圍城、掏墩、犯搶等情。隨經飛檄延、寧、陕三鎮撫鎮道將等官，嚴加防範，間諸酋果傾巢句虜畫地入犯，延鎮兵馬，地廣力分，勢難敵衆。故自閏八月十九日以至九月初一日，三路受敵，警報時聞。敏寬義主討賊，裂眥擣心，恨不滅此而後朝食。初二日寅

---

① 萬曆壬辰：萬曆二十年（1592）。
② 乙未：萬曆二十三年（1595）。

時,忽報虜復擁衆四五千騎,從定邊西沙梁入犯。即簡各鎮精銳,屬其事於寧夏總兵官杜文煥與軍門標下中軍副總兵吳繼祖,矢之曰:"勝衰存亡,在此一舉。有如縱虜,勿復相見。"二將亦以矢衆,忠義激發,奮迅以往,督率偏裨將士與賊鏖戰。又陝西總兵官祁繼祖等統兵從西,定邊副總兵蕭捷等統兵從東,各飛集夾擊,大行剿殺。虜遂潰亂,披靡遯北。共計斬獲首級二百四十八顆,内恰首四顆,奪獲達馬三十三匹,坐纛三杆,盔甲六十一頂副,器械三千五百餘件。是役也,釋攻圍之擾,寢深入之謀,伸華夏之威,雪將士之恥,誠自來秋防所罕覯者。隨具捷書入告。是時飭戎兵給芻餉,則固原道董國光、寧夏河東道張崇禮、河西道趙可教、靖邊道李維翰。是年九月,總督劉敏寬題。自是以至四十四年三月,屢獲捷功十一次,共斬虜首二千三百九十有奇,零級不與焉,無非定邊之餘烈也。

頌

項公平虜頌[①]

成化戊子夏,[②]平凉逆虜猾夏。上命都臺項公總督三軍討之,直擣巢穴。出奇策,冒矢石,凡百餘戰,而酋虜就擒,巢穴尋平。時有文執事帳下,目擊成功,故喜而集句九章以頌之。

嗟嗟烈祖,受天之祐。
綱紀四方,奄有下土。
明明天子,繩其祖武。
柔遠能邇,民之父母。

獵狁匪茹,敢拒大邦。[41]
內奰中國,陟彼高岡。
多將熇熇,如蜩如螗。
曾是疆禦,亦孔之將。

六月棲棲,我征徂西。
是類是禡,建旐設旟。
薄伐獵狁,方何爲期。
既破我斧,民之方殿。

---

① 項公平虜頌:《〔嘉靖〕固志》卷二《詩》題作《送項都憲平虜凱還集句》,本詩共九首。
② 成化戊子:成化四年(1468)。

王赫斯怒,乃眷西顧。
王命卿士,文武吉甫。
陳師鞠旅,深入其阻。
左右陳行,仍執醜虜。

檀車煌煌,駟介旁旁。
鋈以觼軜,旂旐央央。
愷悌君子,[42]時維鷹揚。
有虔秉鉞,獫狁于襄。

我師我旅,如霆如雷。
我徒我御,維熊維羆。
式遏寇虐,無縱詭隨。
是伐是肆,獫狁于夷。

赫赫業業,無兢維烈。
桓桓于征,一月三捷。
孔淑不逆,[43]無俾作慝。
寵綏四方,惠此中國。

勿事行枚,[44]載橐弓矢。
振振闐闐,垂轡濔濔。
執訊獲醜,言旋言歸。
無大無小,云胡不喜。

入覲于王,佩玉鏘鏘。
以奏膚功,萬民所望。
天子是若,載錫之光。
實維阿衡,天子之邦。

副使宋有文撰

禦虜異捷頌

嘉靖壬戌,①喻公時持節以來總督,維時俺荅倡謀,吉能糾衆,欲圖深犯。公相機度敵,併力夾擊,虜勢潰北。斬獲首級陝八十有八,延三百一十有五,寧一百四十有三,成殊功於俄頃,漫頌以紀其盛云。

赫赫元臣,嵩嶽匯祥。
握瑾抱琦,廊廟珪璋。
簡控三陲,天鑒煌煌。
振威萬里,風紀乃颺。
蠢茲黠奴,慣爲猖狂。
連屯十萬,來犯朔方。
我甲我櫗,秘論出常。
我揚我武,奇正相將。
一戰而東,擒于遐荒。
再戰而西,敵懍凌霜。
三戰而南,縛虜捕狼。
龍營四合,虜顧徬徨。
蕭蕭夜遯,大哭空囊。
視我室廬,秋毫匪傷。
伊誰戮力,帥閫騰驤。
伊誰伐謀,撫公胥匡。
撫公不有,於翁之張。
翁辦不有,廼贊上皇。
皇曰嘉績,爾安爾攘。
翊我廟社,績我邊疆。
廼優以幣,麒麟之章。
廼錫以金,日月之光。
厥有延賞,廷議則揚。
臣勞君賁,曠遇馳芳。
爰綴俚言,備采旂常。

---

① 嘉靖壬戌:嘉靖四十一年(1562)。

嘉靖癸亥歲孟夏①，户部郎中楊宗震撰

歌

紅石峽歌　　總制尚書唐龍

黃河十月風獵獵，天光黯淡水聲咽。
蛟鼉攣拳縮如蝟，波濤震蕩湧爲雪。
牛心山前百草腓，羊圈津口冰山結。
胡虜十萬聲雄唬，赤睛黃鬚呼天驕。
竿頭直指武花月，革帳斜捲狼山飆。
踏冰渡河如走坂，須臾千里騰腥臊。
黃沙熒熒獵火發，皁雕矯矯胡雲歇。
千騎萬騎馳且突，長兵短兵相摩擊。
口吹牛角生捉軍，頭插鶡毛死攻壁。
將軍忙解黃金印，半夜開門傳羽檄。
老幼抽身匿草間，壯丁守埤無顏色。
奏書朝達明光宮，天子特命司馬龍。
提兵早向玉塞中，震慴胡虜斯爾功。
微臣敢不奮孤忠，彭彭十乘當元戎。
分合疊張貔虎陣，出入不避豺狼鋒。
健兒鼓行一當百，猛將橫槊氣如虹。
再接再厲虜膽落，屢戰屢克邊塵空。
紅石峽對駱駝峰，朱巖丹嶂凌蒼穹。
雲屯密結細柳營，日出高掛扶桑弓。
中侍鏗鏘冠峨貂，中丞慷慨車蟠熊。
佛閣神壇列虎帳，從來樽俎能折衝。
玉關嶺崒天險設，雪瀾澎湃軍聲洪。
塞草青青六馬秣，耕牛渴飲長城窟。
禾黍萬頃連秋雲，邊頭三月狼烟滅。
直欲上取一丸泥，應弦落閉陰山穴。
單于大旆不敢東，年年沙塲息戰伐。

---

① 嘉靖癸亥：嘉靖四十二年（1563）。

行

開府行　　總制尚書楊一清

旌旗晝拂烟塵開,鉦鼓動地聲如雷。
路傍群叟暗相語,不道我公今又來。
當年從公玉關道,我是壯夫今已老。
似聞軍令尚精明,頗覺容顏半枯槁。
弓刀萬騎如雲屯,多是當年鞭策人。
部將生兒還拜將,部卒亦復稱將軍。
自公入朝佐天子,功成身退誠善矣。
胡爲乎來復此行?遠涉沙場千萬里。
聖皇求舊溫旨褒,臣君之義安所逃。
不然七十二衰叟,豈任絕塞風塵勞。
黃河水深金城高,我士酣歌馬騰槽。
亦知保障乃良策,忍使赤子塗脂膏。
營平經略不無意,定遠功名歸彼曹。
羽書飛騎捷於鳥,獵獵西風捲沙草。
劍氣晴橫紫塞秋,角聲寒咽黃雲曉。
不用彎弓射虜營,坐銷氛祲回光晶。
將軍帳前但飲博,士女自織農自耕。
直遣羯胡齊北渡,我車旋指江南路。
經過到處要題名,他日知吾來幾度。

詩

固原重建鐘鼓樓[①]　　**總制尚書楊一清**

西閣風高鼓角雄,南來形勝倚崆峒。
青圍睍睆諸山繞,綠引潺湲一水通。
擊壤有歌農事足,折衝多暇虜塵空。
登樓不盡籌邊意,渺渺龍沙一望中。

設險真成虎豹關,層樓百尺枕高寒。

[①] 《固原重建鐘鼓樓》詩共三首。

重城列戍通三鎮，萬堞緣雲俯六盤。
絃誦早聞周禮樂，羌胡今著漢衣冠。
分符授鉞知多少，誰有勳名後代看。

千里關河入望微，四山烟雨翠成圍。
兼葭淺水孤鴻盡，苜蓿秋風萬馬肥。
聖主不教勤遠略，書生敢謂識戎機。
狂胡已撤穹廬遯，體國初心幸不違。

偕寇中丞登固原鼓樓　　總制尚書王瓊
隴北新州地勢雄，城南百里岵崆峒。
秦關農父供輸困，河朔單于墄火通。
春盡荒山圍四野，天高寒日墮晴空。
徘徊不盡登臨意，世態相忘一醉中。

過預望城
原州直北荒凉地，靈武臺西預望城。
路入葫蘆細腰峽，苑開草莽苦泉營。
轉輸人困頻增戍，[45]寇掠胡輕散漫兵。
我獨徵師三萬騎，揚威塞上虜塵清。

固寧延官軍擊虜獲捷①　　總制尚書唐龍
十萬胡雛敢鼓行，嫖姚諸將按西營。
提刀直斫陰山虎，奮戟橫穿瀚海鯨。
三路捷聲飛羽檄，九秋勝氣溢霓旌。[46]
腐儒尚覓干城策，願得沙場長罷兵。

月明胡騎遯沙場，諸路交馳羽檄忙。
共有膚功騰幕府，喜將三捷獻明光。
帳前鶴唳榆陰碧，韝上鷹飛草色黃。
聞道虜中饑食馬，人人驚說漢兵強。

---

① 《固寧延官軍擊虜獲捷》詩共二首。按：《唐漁石集》卷四《七言律詩》載此二詩均有詩序而無詩題，第一首詩序曰："捷音：嘉靖甲午之秋，虜衆十萬餘騎踰邊壓境，予檄固原、寧夏、延綏軍夾擊之。固原總兵官劉文部下斬獲一百二十七級，寧夏總兵官王效部下斬獲一百三十級，延綏副總兵梁震等部下斬獲一百九十七級。《詩》云'一月三捷'，幸獲都於聖明全勝之時，賦此以昭其盛云。"第二首詩序曰："紅古城哨卒報虜退走，回人斬春説虜搶掠無所得，將自己馬殺食，又相驚，説官軍如何這等勇猛，乃連夜徙營。""嘉靖甲午"，即嘉靖十三年(1534)。

總制唐公擊虜獲捷① **都御史黃臣**
令嚴如雷皎如電，萬騎爭先樂酣戰。
屈指年來勝已多，膚功未若青沙峴。

連山殺氣稜稜起，胡淚亂零西海水。
風雨長陰漠漠時，今日光天開萬里。

月高雲爭空山夕，對壘官兵縮矢石。
毛頭星殞壓天驕，砦上霜刀紅一尺。

龍劍騰光萬縷青，逼魂匿魄懾雷霆。
誰磨琬琰三千尺，欲勒燕然一段銘。

胡天日落亂山低，血染空營斷徑蹊。
山鳥亦能知順逆，歸來恥向舊巢棲。

秋滿胡山草樹肥，飛花紅白點征衣。
中丞揮麈傳新令，不許狂奴片甲歸。

防秋② **總督張珩**
紅山返照堪圖畫，戍堞悲茄動客懷。
戎馬十年雙鬢白，深秋孤興與誰偕。

興武營西清水河，牧童橫笛夕陽過。
逢人報道今年好，戰馬閑嘶綠草坡。

將士河邊飲馬回，元戎正在望高臺。
揚鞭隊隊如熊虎，欲縛單于俺不孩。

黃河影倒賀蘭山，紅柳灘頭奏凱還。
月色轅門寒劍戟，忽聞鴻雁度雲間。

————————
① 《總制唐公擊虜獲捷》詩共六首。
② 《防秋》詩共四首。

總制唐公朔方破虜① 　　會元趙時春

皇翼其武,耆靖萬方。
肇酋區夏,罩及紘荒。
北貉南蠻,西厎戎羌。
崦嵫之東,罔不來享。

敦彼韃靼,鹽蠕相將。
風于大瀚,不命而王。
弦驪維票,其來穰穰。
爰自營并,盜于秦涼。

帝矜齊氓,罔敉廼疆。
馴師千旅,往屏之防。
大遴獻臣,夷我有邦。
錫命遨遨,胡對休光。

河海員綴,猘獝之場。
洸洸尚書,九伐用張。
蒐于絕野,我武孔揚。
翳而寠藪,靡敢獗猖。

或自斗辟,覬爲不臧。
偏師虔討,其元一戕。
徒熠而逋,如彪驅狼。
反決其胥,云噬而羊。

峙我鋌斨,筏我斿常。
厲我征夫,厥率聿良。
迅掃朔漠,賈於欓槍。
殄殲梟獍,賀蘭之陽。

———————
① 《總制唐公朔方破虜》詩共八首。

厥初西師，或莩以殭。
帝命尚書，往哺之糧。
既飽而逸，無庸不昌。
撻彼朔野，其容煌煌。

我師之強，百蠻震降。
肆哉天龍，宇內溥康。
奄受多祉，執共維龎。
何以紹之，曰虞與唐。

登長城關瞻眺有懷① 　　總督魏謙吉

長城關外是呼韓，萬馬嘶風六月寒。
傳語胡兒休近塞，新來大將始登壇。
東臨瀚海擒閼氏，西出蘭山覓可汗。
聞報虜營霄欲遯，卻防乘夜渡桑乾。

長城關外賀蘭東，白草黃沙日日風。
漢武當年經略地，仁愿曾築受降宮。
膏腴萬頃今何在？烟火千家入望空。
直欲憑高吞黠虜，華夷一統奏元功。

喜諸將大捷 　　總督喻時

塞上誰言汗馬稀，營中不厭羽書飛。
戍樓烟動連紅幟，戰壘風高拂翠微。
狼狼胡兒乘月竄，咆哮漢將踏雲歸。
敢言一掃清天府，唯喜三軍仗帝威。

元夜鎮西樓觀烟火有感

瓊樹瑤花錦一叢，紛綸光焰片時風。
乾坤事事皆飄忽，不必勞心覓楚弓。

別館

池橋零亂小波彎，塞圃蕭疏老樹環。
步賞不知風物陋，塵勞暇處一開顏。

防秋至花馬池 　　總督石茂華

障亭直與塞雲班，入望盈盈白草孱。

---

① 《登長城關瞻眺有懷》詩共二首。

河界龍沙趨砥柱，地連陸海擁秦山。
征夫遠出蕭關戍，胡騎初從麥垛還。
無奈邊人耕牧鮮，綏懷何計慰疲艱。

中秋登長城關樓
戍樓危處一雄觀，大漠遥通北溟看。
月色初添沙磧泠，秋風直透鐵衣寒。
雖非文酒陪嘉夕，剩有清暉共暮歡。
且喜休屠今款塞，長歌不覺露溥溥。

九月九日登長城關
朔風萬里入衣多，嘹嚦寒空一雁過。
魚澤灘頭嘶獵馬，省嵬城畔看黄河。
香醪欲醉茱萸節，壯志還爲出塞歌。
騁望因高雲外盡，鄉關回首愧烟蘿。

復登長城關
擁傳提兵兩歲過，朔城戎幕動鳴珂。
茫茫大野飛鴻度，漠漠平沙晚照多。
萬古塞愁沉戍壘，千年征怨付烟蘿。
而今已報欃槍掃，飲馬遥看瀚海波。

防秋過八營牧兒苑
萬騎如雲野徑微，驚鴻遥過塞垣飛。
那堪朔氣侵征幰，更際秋風上客衣。
牧馬苑中思騕耳，硤城門外敞牙旗。
壯心直逐伊吾北，駐節郵亭對晚暉。

提兵防秋宿平虜所
城名預望自何時？莅率戎行暫駐斯。
莫計旋期歌暮止，肯緣塞意動淒其。
邊烽直接渠搜野，戍道遥通瀚海涯。
頡利已收南牧馬，窮荒日日獵狐麋。

早發三山經饒陽抵紅德城　　總督郜光先
樓頭鼓角動雞聲，早夢驚回戒夙征。
月掛旌旗頻爍爍，烟籠燈火半昏明。
扶桑日旭三山曉，饒水冰凝一綫横。
古戍蕭關何處是？僕夫遥指在紅城。

提兵皋蘭
仗鉞迢遥秋屆期，材官貔士簇征旗。
金風引節關河迥，寶劍淩空星斗移。
馬繫柳營霜蕭蕭，柝鳴月夜漏遲遲。
氛消瀚海天威遠，何向燕然費品題。

出塞① 　　都御史張瀚
涇源北望塞門秋，漠漠沙塵暗戍樓。
羽檄不來氈帳遠，前軍夜獵海西頭。

邊城夜月聽胡笳，戍卒寒眠萬里沙。
征馬驕嘶飛將出，晶晶劍甲凜霜花。

披甲鞬鞌控驌驦，霓旌羽纛奮干將。
分麾百道蕭關下，何處飛來赤白囊。

賀蘭山後騎如雲，接地風塵慘不分。
觱篥聲隨征雁過，烏氏獨夜夢中聞。

已散胡群赤水灣，秦雲漢月滿關山。
翩翩羽騎歡聲近，麾下偏裨較獵還。

重九總督高公同飲南池　　都御史蕭廩
五原秋日駐干旄，萬里風烟拭寶刀。
把菊無心頻望遠，携觴有客共登高。
飛鴻不遞思鄉夢，倚棹偏驚駕海舠。
惆悵龍山虛勝賞，知公王事獨賢勞。

出塞次張公韻② 　　總督、前陝西巡撫李汶
暮商颯颯雁橫秋，淒切拍歌暗戍樓。
百部旃墻屬漢節，倚天長挂隴雲頭。

危堞遥傳塞外笳，羽麾不動静胡沙。

---
① 《出塞》詩共五首。
② 《出塞次張公韻》詩共五首。

健兒投石渾閑事，滿目驚秋蘆荻花。

旂展蒼龍陣列驪，貔貅天策喜相將。
泥丸封後銷金甲，瀚海青山盡括囊。

蒼茫朔野遍胡雲，指顧華夷界此分。
眼底椎牛同燕喜，軍中笳鼓競宵聞。

一帶黃流去九灣，賀蘭山外盡胡山。
獨憐征戍沙場客，倦倚刀頭尚未還。

癸未視師原中逢重九日①
佳節忽逢自好懷，露華已歇遍霜皚。
菊英殘後騷多恨，鷫字題成句有裁。
青對朝那雲外岫，白浮鼙落掌中杯。
灑然倚劍登高處，十二饒歌奏凱來。

遮莫黃花映翠微，恰無風雨亂朝暉。
瘴心旃虜年羹矢，得意材官日策肥。
視草每驚螭陛迥，插茱偏與雁行違。
此身未老乾坤在，萬里龍沙辟六飛。

甲申秋防有懷②
蕭關倚劍又年華，鹿鹿川原走傳車。
白草遙逢秋氣變，青山況是暮雲遮。
羽幢羅拜匈奴種，榮戟高臨上將才。
夜半啼雞支枕覺，躊躇往事倍咨嗟。

昨朝羽檄動封疆，萬縷胡塵下大荒。
喜有彎弧多獷騎，漫傳獻質舊降王。
驥聲嘶落樓頭月，旌影搖連塞外霜。
閒眺陰山虜哭處，將軍尚憶隴西強。

---

① 《癸未視師原中逢重九日》詩共二首。"癸未"，萬曆十一年(1583)。
② 《甲申防秋有懷》詩共二首。"甲申"，萬曆十二年(1584)。

防秋過預望城　　總督黃嘉善
邊程催客騎，曉起攬征衣。
野逕隨山轉，紅塵傍馬飛。
天連雲樹遠，霜冷幕庭微。
極目南歸雁，雙勞憶故扉。
閱武①　　總督劉敏寬
元戎春閱武，藝苑繡旗開。
猿臂爭投石，龍駒怒蹴苔。
紅心留使宿，紫霧隱轟雷。
薄試長纓技，氈裘繫頸迴。

細柳東風纖，依依漢將營。
鐵山獮虎豹，玉笋列干城。
走甲凝霜重，揮戈幌日明。
聖神觭耀德，邊塞自觀兵。

羽檄風霆迅，雄師捲地來。
驕騰欲破壘，寂靜不銜枚。
駐蹕滄溟匯，衝鋒泰華摧。
先聲天地震，萬里息氛埃。

四方需猛士，惟昔壯關中。
健舞斑絲綃，雙彎神臂弓。
鷹揚奔疾電，魚貫動長虹。
糾糾蒼蒙外，誰收破虜功。
北魚池
山下蒙泉壯塞頭，凭高一攬入清幽。
濯纓可是滄浪曲，澣俗何須閬苑洲。
特地風雲神物待，漫天星斗瑞湍收。
聖明應借銀灣潤，滌盪妖氛億萬秋。

---

① 《閱武》詩共四首。

屬固原延寧將士杜總兵文焕剿虜獲級二百四十有八①
署色祥開細柳營,元戎十乘啓邊城。
投鞭叱咤洪流斷,破壘追奔華嶽傾。
群醜降心歸漠北,名王唾手繫長纓。
鐃歌喧雜金飆送,露布翩翩帶月明。

堂堂幕府盡長籌,鼎沸妖氛一鼓收。
鞠旅幾曾先漢過,除兇誰復玩夷猶。
巍峨雁塞西風競,寂寞龍沙暮靄愁。
共效忠猷期報主,策勳端不覓封侯。

頻年寰寓頌昇平,叵奈天驕數弄兵。
震叠風霆三鎮合,留連塗炭一朝清。
豐碑紫塞聲靈遠,京觀青山崒嵂并。
聖主無煩西顧念,行看瀚海伏長鯨。

如林飛將遍龍堆,胡馬驕嘶動地來。
大纛高揮白日暗,長車怒踏彩雲開。
百年王氣伸河朔,九死游魂散草萊。
群力總由群策屈,帥師原自冠軍才。

仲夏望日同祁冠軍陪司馬劉公觀魚池時苦旱②　　兵備布政董國光
北郊誰爲闢芳塘,一鑑澄澄貝闕傍。
原上山光極目迥,座中潭影逼人涼。
亂流時見鳧鷗狎,斷岸風來蘆荻香。
好景天呈共嘯咏,側聞司馬賦濠梁。

碧波浩淼擁兼葭,神物若漘灕日華。
潤世何當爲澍雨,洗兵直欲净胡沙。
龍宮近鎖潛虯宅,魚穴遥通泛海槎。
我自臨淵念孑遺,雲雷悵望起天涯。

---

① 《屬固原延寧將士杜總兵文焕剿虜獲級二百四十有八》詩共四首。
② 《仲夏望日同祁冠軍陪司馬劉公觀魚池時苦旱》詩共三首。

佳陂匯注關西頭，長日清風萬象幽。
對面開軒閑野照，忘機浴鳥集沙洲。
晴嵐遠黛插天起，古戍荒烟匝地收。
爲向靈源探吐納，陰陰水樹欲生秋。

余惟文獻足而禮制徵，《詩》《書》厄而經義晦。文藝之爲世資，尚矣。朝那開鎮，玉樹交輝，含章鬱爲國華，絕響洩爲天籟。泠泠森森，曷可勝筆。惟是述往昭來，標勳紀勝，勢難散逸，不得不挂一以漏萬耳。至若縟旨星羅，芬葩綺合，鏤砥繡梓，與五緯争光者，自有在焉。然典謨訓誥，闡載鴻猷；月露風雲，流連光景。此摛文游藝者所當早辨，固有志而未能也。

固原州志下卷終

【校勘記】

[1] 涼州：原作"梁州"，據《後漢書》卷三四《梁統傳》改。

[2] 太：原作"大"，據《後漢書》卷三四《梁統傳》改。

[3] 襃親愍侯：原作"哀親愍侯"，據《後漢書》卷三四《梁竦傳》、《資治通鑑》卷四八改。

[4] 億：《後漢書》卷三四《梁竦傳》、《資治通鑑》卷四八均作"巨萬"。

[5] 郞中：原作"郞"，據《後漢書》卷三四《梁商傳》改。

[6] 增：原作"進"，據《後漢書》卷三四《梁商傳》改。

[7] 開封君："開"字原脱，據《後漢書》卷三四《梁商傳》補。

[8] 貝：原作"身"，據《後漢書》卷三四《梁商傳》、《東觀漢記》卷一二改。

[9] 洛陽：原作"咸陽"，據《北史》卷五九《梁睿傳》、《册府元龜》卷三八三《將帥部·褒異第九》改。

[10] 尉迥：原作"尉迴"，據《隋書》卷四〇《梁士彦傳》改。下同。

[11] 義鄉：原作"義陽"，據《隋書》卷四〇《梁士彦傳》改。

[12] 浙陽：原作"浙陽"，據《隋書》卷五四《田仁恭傳》改。

[13] 世師：原作"世帥"，據《隋書》卷五四《田仁恭傳》改。

[14] 下大夫："下"字原脱，據《隋書》卷六二《梁毗傳》補。

[15] 贊務：《隋書》卷六二《梁毗傳》作"贊治"。

[16] 荆州："州"字原脱，據《隋書》卷七三《梁彦光傳》補。

[17] 下大夫："下"字原脱，據《隋書》卷七三《梁彦光傳》補。

[18] 御正下大夫：原作"馭正大夫"，據《隋書》卷七三《梁彦光傳》改。

[19] 上大將軍御正上大夫：原作"大將軍上大夫"，據《隋書》卷七三《梁彦光傳》改。

[20] 不之官：此三字原脱，據《隋書》卷七三《梁彦光傳》補。

[21] 静鎮：原作"鎮静"，據《隋書》卷七三《梁彦光傳》、《平涼府志》卷九《固原州·人物》改。
[22] 器局：原作"氣局"，據《隋書》卷七一《皇甫誕傳》改。
[23] 肅憚：原作"憚肅"，據《隋書》卷七一《皇甫誕傳》改。
[24] 涓陽：原作"涓陽"，據《隋書》卷七一《皇甫誕傳》改。
[25] 匹：此字原脱，據《隋書》卷七二《田德懋傳》補。
[26] 駕部郎：原作"别駕郎"，據《隋書》卷七二《田德懋傳》改。
[27] 以：此字原脱，據《宋史》卷三二三《向寶傳》補。
[28] 卑：原作"畀"，據《宋史》卷三二三《向寶傳》改。
[29] 李廷秀：《〔嘉靖〕固志》卷一《人物·開城縣儒學歲貢監生》作"李廷芳"。
[30] 刲骨：據上文，疑當作"刲股"。
[31] 成化：原作"正統"，據《西征石城記》、《明史紀事本末》卷四一《平固原盜》等改。
[32] 遍：《〔嘉靖〕固志》卷二《固原鎮鼓樓記》作"便"。
[33] 慨然：原作"唧然"，據《〔嘉靖〕固志》卷二《固原鎮鼓樓記》改。
[34] 更：《〔嘉靖〕固志》卷二《固原鎮鼓樓記》作"便"。
[35] 都盧山：《涇野先生文集》卷一四《記·固原州行水記》作"都虞山"，疑誤。
[36] 景佐議導入州："景佐"，《涇野先生文集》卷一四《記·固原州行水記》作"景左"。"導"，《涇野先生文集》卷一四《記·固原州行水記》作"道"。
[37] 史瞱：《〔嘉靖〕固志》卷二《固原州行水記》作"史瑋"。
[38] 夫良者：《趙時春文集校箋》卷一〇《固原州重修公署記》作"士女之無良者"。
[39] 譽：《趙時春文集校箋》卷一〇《固原州重修公署記》作"某"。
[40] 繫：疑當爲"擊"。
[41] 拒：《〔嘉靖〕固志》卷二《詩·送項都憲平虜凱還集句》作"距"。
[42] 愷悌：《〔嘉靖〕固志》卷二《詩·送項都憲平虜凱還集句》作"愷弟"。
[43] 淑：《〔嘉靖〕固志》卷二《詩·送項都憲平虜凱還集句》作"叔"。
[44] 事：《〔嘉靖〕固志》卷二《詩·送項都憲平虜凱還集句》作"士"。
[45] 頻：《〔嘉靖〕固志》卷二《詩·嘉靖己丑夏五月兵過預望城》作"頓"。
[46] 潇：原作"翁"，據《唐漁石集》卷四《七言律詩》改。

固原州志後序

　　平涼郡州屬固原、静寧與涇，鼎峙而三，而原最後置城。以景泰改元，料廢開城之民，設版則自成化中制府開鎮始也。其先率監戍荒鄙，靡所載著。百數年來，漸稱冠帶之國。一志於張太微山人，多旁稽無當事實；再見於趙浚谷先生郡乘，然非顓志，識者憾之。夫固原雖名一州，實唯制鎮都會在焉。圭組簪纓之倫，後先彬彬輝映，浡鬱治功，鼓吹休懿。而遐覽漢魏唐宋之季，名閥鉅卿，以事功節義奮起者，嘗與山川競爽，爛然竹素，豈其鍾靈尸祝之鄉，而顧湮没無述此、無他志？方史也，史材實難採摭，狹則誚蛙蟲旦評，爽則羞袞鉞藻繪，繁則嗤優孟搦管。陽秋非其人，蓋弗任耳。

　　在歲乙卯，[①]少司馬劉公來莅兹鎮，被圖慨然，首以志事下記，謂徵往開來，不可以當吾世而闕此典。公之意甚盛。維時余慺前説，固謝久之。公曰："毋有二氏之籍，在第任述，吾當任其作者。"因引郡廣文、文學數輩，開局編次，而稍訂其沿革之故。既奏簡上，公手自筆削，芟譌撷菁，首起《地里》，迄《藝文》止，删定凡八篇，篇各有目，繫以論，而括敘於前。其錯用新舊者各什之伍，體簡事夥，詞該旨邕，約而備，質而不俚。形勝聯於指掌，典刑具在方册，披沙得寶，點鐵成金。吾不知聏古圖經何如，要於徵一方之文獻，庶幾無遺憾已！刻成，公復屬敘於余。余既以不文辭，抑何敢僭弁簡端，迺題數語末帙，用識公嘉惠地方之德意云。

　　整飭固原兵備、陝西右布政使兼副使、古滕董國光書。

[①] 乙卯：萬曆四十三年(1615)。

參考文獻

一 古代文獻

(一) 陝甘寧舊志

《〔嘉靖〕陝西通志》：（明）馬理、吕柟等纂，華東師範大學圖書館藏明嘉靖二十一年（1542）刻本；三秦出版社 2006 年版董健橋等校注本。簡稱《〔嘉靖〕陝志》。

《〔萬曆〕陝西通志》：（明）汪道亨、馮從吾纂，中國國家圖書館藏明萬曆三十九年（1611）刻本。簡稱《〔萬曆〕陝志》。

《〔乾隆〕甘肅通志》：（清）許容等修纂，中國國家圖書館藏乾隆元年（1736）刻本。簡稱《〔乾隆〕甘志》。

《〔宣統〕甘肅新通志》：（清）升允、長庚修，安維峻等纂，中國國家圖書館藏清宣統元年（1909）刻本。簡稱《〔宣統〕甘志》。

《平涼府志》：（明）趙時春纂，《四庫存目叢書》影印明嘉靖三十九年（1560）刻本，齊魯書社 1997 年版；《日本藏中國罕見地方志叢刊續編》影印明嘉靖三十九年（1560）刻本，北京圖書館出版社 2003 年版；《中國西北文獻叢書》影印張維抄本，蘭州古籍書店 1990 年版；中國國家圖書館藏明萬曆間增刻嘉靖本。

《〔康熙〕重纂靖遠衛志》：（清）李一鵬等纂修，《中國地方志集成·甘肅府縣志輯》影印康熙四十八年（1709）抄本，鳳凰出版社、上海書店、巴蜀書社 2008 年版。簡稱《靖遠衛志》。

《〔嘉靖〕寧夏新志》：（明）管律等修，《天一閣藏明代方志選刊》影印明嘉靖刻本，上海古籍書店 1961 年版；寧夏人民出版社 1982 年版陳明猷校勘本。

《〔萬曆〕朔方新志》：（明）楊壽編，《故宮珍本叢刊》影印明萬曆刻本，海南出版社 2001 年版；《寧夏歷代方志萃編》影印明萬曆刻本，天津古籍出版社 1988 年版；中國社會科學出版社 2015 年版胡玉冰校注本。簡稱《朔方新志》。

《〔嘉靖〕固原州志》：（明）楊經纂修，中國國家圖書館藏明嘉靖十一年（1532）刻本；《原國立北平圖書館甲庫善本叢書》影印明嘉靖十一年（1532）刻本，國家圖書館出版社 2013 年版;寧夏人民出版社 1985 年版牛春生、牛達生整理本。簡稱《〔嘉靖〕固志》。

《〔萬曆〕固原州志》:(明)劉敏寬纂次,南京圖書館藏明萬曆四十四年(1616)刻本;《原國立北平圖書館甲庫善本叢書》影印明萬曆四十四年(1616)刻本,國家圖書館出版社 2013 年版;中國國家圖書館、天一閣藏清乾隆年間重印明萬曆四十四年(1616)刻本;寧夏人民出版社 1985 年版牛春生、牛達生整理本。簡稱《〔萬曆〕固志》。

(二) 經部

《周易正義》:(晋)王弼等注,(唐)孔穎達等正義,北京大學出版社 2000 年版。

《尚書正義》:(漢)孔安國傳,(唐)孔穎達等正義,北京大學出版社 2000 年版。

《毛詩正義》:(漢)鄭玄箋,(唐)孔穎達等正義,北京大學出版社 2000 年版。

《春秋左傳正義》:(晋)杜預注,(唐)孔穎達等正義,北京大學出版社 2000 年版。

《孟子注疏》:(漢)趙岐注,(宋)孫奭疏,北京大學出版社 2000 年版。

《佩觿》:(宋)郭忠恕撰,影印文淵閣《四庫全書》本,臺灣商務印書館 1986 年版。

(三) 史部

《後漢書》:(宋)范曄撰,中華書局 1965 年版。

《周書》:(唐)令狐德棻等撰,中華書局 1971 年版。

《隋書》:(唐)魏徵等撰,中華書局 1973 年版。

《北史》:(唐)李延壽撰,中華書局 1974 年版。

《舊唐書》:(後晋)劉昫撰,中華書局 1975 年版。

《新唐書》:(宋)歐陽修、宋祁撰,中華書局 1975 年版。

《舊五代史》:(宋)薛居正等撰,中華書局 1976 年版。

《新五代史》:(宋)歐陽修撰,中華書局 1974 年版。

《宋史》:(元)脫脫等撰,中華書局 1977 年版。

《金史》:(元)脫脫等撰,中華書局 1975 年版。

《元史》:(明)宋濂等撰,中華書局 1976 年版。

《明史》：（清）張廷玉等撰，中華書局 1974 年版。
《續資治通鑑長編》：（宋）李燾撰，中華書局 2004 年版。簡稱《長編》。
《建炎以來繫年要錄》：（宋）李心傳撰，中華書局 1988 年版。
《資治通鑑綱目》：（宋）朱熹撰，日本東洋文化研究院藏明成化九年（1473）刻本。簡稱《通鑑綱目》。
《資治通鑑後編》：（清）徐乾學撰，影印文淵閣《四庫全書》本，臺灣商務印書館 1986 年版。
《宋史紀事本末》：（明）陳邦瞻撰，中華書局 1977 年版。
《明實錄》：臺北"中央研究院"歷史語言研究所校印，1962 年版。
《三朝北盟會編》：（宋）徐夢莘撰，上海古籍出版社 1987 年版。
《東都事略》：（宋）王稱撰，影印文淵閣《四庫全書》本，臺灣商務印書館 1986 年版。
《太平治蹟統類》：（宋）彭百川撰，影印文淵閣《四庫全書》本，臺灣商務印書館 1986 年版。簡稱《太平統類》。
《弇山堂別集》：（明）王世貞撰，魏連科點校，中華書局 1985 年版。
《西征石城記》：（明）馬文升撰，《續修四庫全書》影印上海圖書館藏明嘉靖間袁氏嘉趣堂刻《金聲玉振集》本，上海古籍出版社 2002 年版。
《歷代名臣奏議》：（明）黃淮、楊士奇編，上海古籍出版社 1989 年版。
《宋名臣言行錄·續集》：（宋）李幼武撰，影印文淵閣《四庫全書》本，臺灣商務印書館 1986 年版。
《明名臣琬琰續錄》：（明）徐紘撰，影印文淵閣《四庫全書》本，臺灣商務印書館 1986 年版。
《十六國春秋》：影印文淵閣《四庫全書》本，臺灣商務印書館 1986 年版。
《元和郡縣圖志》：（唐）李吉甫撰，賀次君點校，中華書局 1983 年版。
《太平寰宇記》：（宋）樂史撰，王文楚等點校，中華書局 2007 年版。
《元豐九域志》：（宋）王存撰，王文楚、魏嵩山點校，中華書局 1984 年版。
《大明一統志》：（明）李賢等撰，影印明天順監刻本，三秦出版社 1990 年版。
《大清一統志》：影印文淵閣《四庫全書》本，臺灣商務印書館 1986 年版。
《山西通志》：（清）覺羅石麟等修纂，中國國家圖書館藏雍正十二年（1734）刻本。
《萬卷堂書目》：（明）朱睦㮮撰，《續修四庫全書》影印上海辭書出版社圖書館藏觀古堂書目叢刻本，上海古籍出版社 2002 年版。
《四庫全書總目》：（清）永瑢等撰，中華書局 1965 年版。

《千頃堂書目》：(清)黃虞稷撰，瞿鳳起、潘景鄭整理，上海古籍出版社 2007 年版。

《天一閣書目》：(清)范邦甸撰，《續修四庫全書》影印浙江圖書館藏嘉慶十三年(1808)揚州阮氏文選樓刻本，上海古籍出版社 2002 年版。

《八千卷樓書目》：(清)丁仁撰，《續修四庫全書》影印上海古籍出版社藏民國十二年(1923)鉛印本，上海古籍出版社 2002 年版。

(四) 子部

《宋本十一家注孫子》：(春秋)孫武撰，影印上海圖書館藏宋本，上海古籍出版社 2002 年版。

《容齋隨筆》：(宋)洪邁撰，中華書局 2005 年版。

《齊東野語》：(宋)周密撰，中華書局 1983 年版。

《册府元龜》：(宋)王欽若等撰，中華書局 1960 年版。

《玉海》：(宋)王應麟撰，江蘇古籍出版社、上海書店 1987 年版。

《古今圖書集成》：(清)陳夢雷編，中華書局、巴蜀書社 1986 年版。

(五) 集部

《庾開府集箋注》：(北周)庾信撰，(清)吳兆宜注，影印文淵閣《四庫全書》本，臺灣商務印書館 1986 年版。

《庾子山集》：(北周)庾信撰，(清)倪璠纂注，影印文淵閣《四庫全書》本，臺灣商務印書館 1986 年版。

《姑溪居士後集》：(宋)李之儀撰，影印文淵閣《四庫全書》本，臺灣商務印書館 1986 年版。

《范文正公集》：(宋)范仲淹撰，《四部叢刊初編》影印明覆元刻本，商務印書館 1929 年版。

《文忠集》：(宋)周必大撰，影印文淵閣《四庫全書》本，臺灣商務印書館 1986 年版。

《皇甫少玄集》：(明)皇甫涍撰，影印文淵閣《四庫全書》本，臺灣商務印書館 1986 年版。

《涇野先生文集》：(明)呂柟撰，《四庫全書存目叢書》影印湖南圖書館藏明嘉靖三十四年(1555)于德昌刻本，齊魯書社 1997 年版；西北大學出版社 2015 年版米文科點校整理本。

《唐漁石集》：(明)唐龍撰，《四庫全書存目叢書》影印明嘉靖刻本，齊魯書社

1997年版。

《康對山先生集》：（明）康海撰，《續修四庫全書》影印華東師範大學圖書館藏明萬曆十年(1582)潘允哲刻本，上海古籍出版社1995年版。

《渼陂集》：（明）王九思撰，《四庫全書存目叢書》影印清華大學圖書館藏本，齊魯書社1997年版。

《文苑英華》：（宋）李昉等編，中華書局1966年版。

《後周文紀》：（明）梅鼎祚編，影印文淵閣《四庫全書》本，臺灣商務印書館1986年版。

《漢魏六朝百三家集》：（明）張溥編，影印文淵閣《四庫全書》本，臺灣商務印書館1986年版。

《明經世文編》：（明）陳子龍等編，中華書局1962年版。

二 現當代文獻

（一）著作

《隴右方志錄》：張維編，《中國西北文獻叢書》據北平大北印刷局1934年版影印，蘭州古籍書店1990年版。

《天一閣藏明代地方志考錄》：駱兆平撰，書目文獻出版社1982年版。

《寧夏方志述略》：高樹榆等編撰，吉林省圖書館學會1985年內部發行。

《中國地方志聯合目錄》：中國科學院北京天文臺編，中華書局1985年版。

《稀見地方志提要》：陳光貽編，齊魯書社1987年版。

《寧夏地方文獻聯合目錄》：寧夏圖書館協作委員會編，寧夏人民出版社1992年版。

《中國地方志總目提要》：金恩暉、胡述兆編，臺灣漢美圖書有限公司1996年版。

《甘肅省圖書館藏地方志目錄》：甘肅省圖書館編，蘭州大學出版社1996年版。

《寧夏歷史地理考》：魯人勇等編撰，寧夏人民出版社1993年版。

《寧夏歷史人物研究文集》：胡迅雷撰，寧夏人民出版社1993年版。

《〈孫子〉古本研究》：李零撰，北京大學出版社1995年版。

《固原歷史地理與文化》：薛正昌撰，甘肅文化出版社1998年版。

《原州聯合考古隊發掘調查報告之二・田弘墓志疏證》：（東京）勉誠出版社2000年版。

《新出魏晋南北朝墓志疏證》：羅新、葉煒撰，中華書局 2005 年版。
《傳統典籍中漢文西夏文獻研究》：胡玉冰撰，中國社會科學出版社 2007 年版。
《寧夏歷代碑刻集》：銀川美術館編，寧夏人民出版社 2007 年版。
《寧夏歷史地理變遷》：吳忠禮、魯人勇、吳曉紅撰，寧夏人民出版社 2008 年版。
《方志與寧夏》：范宗興等撰，寧夏人民出版社 2008 年版。
《固原歷代碑刻選編》：固原博物館編，寧夏人民出版社 2010 年版。
《寧夏地方志研究》：胡玉冰撰，中國社會科學出版社 2012 年版。
《趙時春文集校箋》：杜志强整理，天津古籍出版社 2012 年版。
《陝甘地方志中寧夏史料輯校》：胡玉冰、韓超、邵敏、劉鴻雁輯校，上海古籍出版社 2015 年版。

（二）論文

《金代興定三年陝西地帶發生的地震是幾次》：羅豐撰，《固原師專學報》1982 年第 3 期。
《寧夏固原出土明代磚刻》：許成、韓兆民撰，《考古與文物》1982 年第 4 期。
《關於明固原城的兩點考論——兼爲〈固原出土明代磚刻〉一文補證》：王世平撰，《西北史地》1983 年第 2 期。
《明代兩種〈固原州志〉及其史料價值》：牛春生、牛達生撰，載高樹榆等編《寧夏方志述略》，吉林圖書館學會 1985 年内部發行。
《萬曆〈固原州志·地理志〉箋證》：沈克尼撰，《固原師專學報》1986 年第 1 期。
《固原地區歷代建置沿革考述》：羅豐撰，《固原師專學報》1986 年第 3 期。
《輯本〈西寧衛志〉序》：王繼光撰，《西北民族研究》1990 年第 2 期。
《淺談明代固原州志所載宋夏史料》：張琰玲、張玉海撰，《西夏研究》2010 年第 4 期。
《固原地區舊志考述》：劉佩撰，寧夏大學 2010 届漢語言文字學專業古文獻學研究方向碩士研究生畢業論文（胡玉冰教授指導）。
《甘肅舊志中的寧夏史料述考》：韓超撰，寧夏大學 2014 届漢語言文字學專業古文獻學研究方向碩士研究生畢業論文（胡玉冰教授指導）。

〔民國〕化平縣志

(民國)蓋世儒 修 張逢泰 纂　胡玉冰 穆 旋 校注

前　　言

《〔民國〕化平縣志》卷一《輿地志·沿革》載，化平在秦時屬北地郡，漢末迄晉時均屬安定郡。隋煬帝大業初屬隴州。唐代宗大曆八年（773）又隸義寧軍。宋初置安化縣，屬渭州（今甘肅省平凉市）；神宗熙寧五年（1072）廢原州制勝關，移縣於關，地仍屬渭州，以其地爲安化鎮。金初因之，世宗大定七年（1167）改爲化平縣，屬平凉府。元併化平縣入華亭縣。明朝屬華亭縣。《清實錄·穆宗同治皇帝實錄》卷三〇四載，同治十年（1871）二月壬戌，從左宗棠之請，添設化平川廳通判、化平營都司。同書卷三三一載，同治十一年（1872）四月辛酉，從左宗棠之請，定新設甘肅化平川廳通判爲"繁""疲""難"三字要缺，化平營都司爲題缺，並添設訓導、照磨、外委各一員。[①] 民國二年（1913）改化平川直隸廳爲化平縣。新中國成立後，1950年改化平縣爲涇源縣，屬甘肅省。1958年改屬寧夏至今。

《化平縣志》四卷，民國二十九年（1940）石印本，是涇源縣唯一傳世的舊志。高樹榆《寧夏方志評述》一文著錄的《〔光緒〕化平直隸撫民廳遵章採訪編輯全帙》也是一種與涇源有關的地方文獻，清王賓、張元泰撰，光緒三十四年（1908）清稿本，臺灣"中央圖書館"藏，惜未親見。另外，甘肅省圖書館藏有民國九年（1920）抄本《化平縣採訪錄》，不分卷，編者不詳。

一　整理與研究現狀

《化平縣志》在《中國地方志聯合目錄》《寧夏地方文獻聯合目錄》《甘肅省圖書館藏地方志目錄》《中國地方志總目提要》等方志目錄有著錄。[②] 高樹榆《寧夏方志錄》《寧夏方志評述》《寧夏回族自治區地方志述評》等論文對《化平縣志》都

[①]　《清史稿》卷六四《地理志》載，同治十一年（1872）割平凉、華亭、固原、隆德四州縣屬地置化平川直隸廳。據《清實錄》可知，設置化平川直隸廳的批准時間當在同治十年（1871），清廷因故於第二年即同治十一年（1872）才正式批給職缺，但不當以該年爲化平川直隸廳的正式設立時間。參見魯人勇等：《寧夏歷史地理考》，寧夏人民出版社1993年版，第322頁；吳忠禮等：《寧夏歷史地理變遷》，寧夏人民出版社2008年版，第174頁。

[②]　《中國地方志聯合目錄》著錄書名爲《〔民國〕新編化平縣志》。

有著録或提要式介紹。

余貴孝《民國〈化平縣志〉》一文對《化平縣志》編修過程進行了梳理，對該志重要內容如地理礦產資源、農業資料、户口及農民暴動等作了重點分析，對志書的版本情況及編修質量也有簡單評述。李子傑《〈化平縣志〉主修人張逢泰》一文簡要介紹了張逢泰的生平，①並對《化平縣志》主要内容及史料價值略加分析、評價；《致力於回族教育的儒士張逢泰》一文梳理了張逢泰對化平縣教育事業的貢獻，簡要介紹了其兩次編修《化平縣志》的基本情況。陳明猷《回鄉舊貌——民國〈化平縣志〉評介》一文對《化平縣志》所載地理、政治、經濟、民俗等方面的資料進行了深入分析和研究，並結合新的時代特點，對民國時期化平縣黑暗社會的各種醜惡現象給予批判。余振貴《評寧夏舊志有關回族記述的史料價值》提及了該志記載的與回族有關的史料價值。

1978 年 12 月，甘肅省圖書館據甘肅省博物館藏平凉一心印書館民國二十九年（1940）石印本《化平縣志》傳抄，1988 年天津古籍出版社出版《寧夏歷代方志萃編》影印此抄本。1990 年蘭州古籍書店出版《中國西北文獻叢書》第一輯《西北稀見方志文獻》第 54 卷，2008 年甘肅文化出版社、寧夏人民出版社出版《回族典藏全書》，都影印出版平凉一心印書館石印本《化平縣志》。1992 年，寧夏人民出版社出版李子傑點校本《化平縣志》。②

二　志書編修始末

《化平縣志》最早於民國十八年（1929）由縣長楊承基動議，請當地學者張逢泰編修，未果。二十四年（1935）三月，在縣長蓋世儒主持下，張逢泰等人開始編修縣志。二十五年（1936）三月修成。二十六年（1937）四月，縣長張建勳派人帶縣志稿前往南京印刷，遭遇戰火，待印刷的志稿遺失。二十八年（1939）二月，縣長郝遇林請張逢泰再任編纂主任，重新編修《化平縣志》，郝遇林還積極籌措印刷經費。同年八月，《化平縣志》第二稿編成。二十九年（1940）仲夏（五月），新修《化平縣志》在縣長原佑仁任內由平凉一心印書館正式石印出版。縣志從動議編修，到正式印行，歷時 11 年。③

過去學者認爲，傳世本《化平縣志》成書於民國二十八年（1939）。據《化平縣

---

① 《寧夏史志研究》將作者名誤印作"李志傑"。
② 點校本書名頁校釋者名"李子傑"，版權頁印作"李志傑"。
③ 余貴孝認爲，《化平縣志》"從第一次開始編撰，到第二次完稿，前後歷時六十年"（《民國〈化平縣志〉》，《寧夏史志研究》1988 年第 3 期，第 22 頁），實誤。

志》各序可知，《化平縣志》實際上有兩次完稿記錄。第一次是在民國二十五年(1936)，第二次是在二十八年(1939)。第二次新修《化平縣志》是在第一次編修的基礎上進行的，傳世石印本即第二次新修稿，故傳世舊志書衣題名爲《新編化平縣志》。原佑仁爲石印本題書名頁上也説明，《化平縣志》於中華民國二十八年(1939)編纂、二十九年(1940)付印。

(一)《化平縣志》第一稿

張逢泰民國二十八年(1939)仲秋月(八月)所撰之序稱：自清同治十年(1871)設化平川直隸廳至今已有60多年，但縣志一直付之闕如，這不僅是地方一大憾事，當地官紳亦常引以爲憾。十八年(1929)，縣長楊承基委託張逢泰編修縣志，但張氏"自愧不文，未敢率爾操觚"。[①] 二十三年(1934)蓋世儒就任縣長，又命張逢泰編修縣志。張氏以自己才乏三長(史才、史學、史識)，"加以垂暮病軀，曷敢膺此艱巨，一再堅辭"。在蓋世儒一再請求下，張逢泰終於答應編修志書。二十四年(1935)春三月，張逢泰擔任記事(主編)，與張文儒等人一起，開始了編修縣志工作。

蓋世儒所撰之序對於縣志的第一次編修也有較詳説明。序稱，二十三年(1934)秋，蓋世儒就任化平縣縣長，在瞭解縣情過程中得知，化平縣"向無縣志，故以前之事實不可考，而近代之狀況又難明"。通過搜集，得到光緒四年(1878)左宗棠手撰《歸儒書院碑記》1通，[②]其他與化平縣有關的資料非常少。"至縣志既無，何能懲前毖後？何能鑒往知來？余目擊斯縣，地方破敗，文化落後，儒士晨星，情況恧焉，憂之！以化平之文化事迹，豈能無文獻足以徵乎？若再任其荒蕪廢弛，則數十年後，又不知伊於胡底也。余因有感，急擬修志，以備當時興革大端，而載古今掌故文獻。"二十四年(1935)春，蓋世儒遵照甘肅省民政廳修志之令，聘任張逢泰爲編纂委員，楊玉山、于子彬、張文儒等分任採訪，從事編修縣志工作。經過數十月，縣志修成，1部4册(即4卷)。

關於第一次編修縣志，張逢泰序稱共用時2年。郝遇林序也稱，張逢泰於二十六年(1937)編成縣志。但蓋氏序撰寫於民國二十五年(1936)春三月，也就是説，在寫序之時，《化平縣志》已經完稿了。通過張建勳、謝國選之序及蓋世儒、張建勳等人仕履情況可知，第一次編修縣志用時不到2年，完成時間應該是在二十五年(1936)三月前。

---

① 《前言》引《化平縣志》，除特别説明外，均直接引自平涼一心印書館民國二十九年(1940)石印本《化平縣志》，恕不一一注明。

② 碑記録入《〔民國〕化平縣志》卷四《藝文志》。

化平縣縣長張建勳二十六年(1937)四月十二日所撰之序稱,他到任化平縣時(民國二十五年十月),張逢泰出示手編之《化平縣志》繕本4册,尚未付印。張建勳是接替蓋世儒就任縣長的,也就是説,蓋世儒在任期間,《化平縣志》雖然編修完成,但還沒有印行。張建勳認爲該志爲化平縣之寶鑑,地方之文匯,故籌款欲將縣志印行出版。化平縣政府第一科科長謝國選同年四月十六日所撰序也稱,二十五年(1936)秋,他出任科長時,見到了張逢泰所編《化平縣志》4卷。綜上所述,《化平縣志》第一稿完成時間當在民國二十五年(1936)。

(二)《化平縣志》第二稿

張逢泰等遵照縣長蓋世儒的要求,於民國二十五年(1936)三月前編成了《化平縣志》,但蓋世儒在任内還未促成志書正式印刷就離任了。同年十月,張建勳接任縣長。張逢泰序稱,二十六年(1937)四月,張建勳令胡之謙(時任化平縣政府第一科科長)帶縣志稿前往南京印刷,遭遇南京淪陷,志稿被遺失,未能印行出版。二十八年(1939)二月,郝遇林接替張建勳就任縣長,獲知張逢泰等所修縣志的多舛命運後,當即請張逢泰再任編纂主任,在《化平縣志》第一稿的基礎上對縣志重新編修,並積極籌措縣志印刷經費。張氏等人經過半年多的編修,終於在當年八月基本完成了《化平縣志》第二稿的編修工作,此後又有增補,《化平縣志·教育志·禁烟》中記事最晚至二十八年(1939)十一月。郝遇林於二十八年(1939)十二月撰寫之序與張逢泰叙述的新修縣志過程基本一致。也就是説,《化平縣志》第二稿編成於民國二十八年(1939),此即傳世本《化平縣志》。

三 編修者生平

通過對《化平縣志》編修經過的梳理可知,張逢泰從民國十八(1929)起就開始參與縣志的編修活動,兩次編修縣志,張逢泰都是最主要的編修者。縣志的編修,經歷了4任化平縣長,即蓋世儒、張建勳、郝遇林、原佑仁,最終才印行問世。其中,蓋世儒任内完成了縣志第一稿,郝遇林任内完成了縣志的第二稿。

(一) 張逢泰

張逢泰(1883—1946),字子平,回族,甘肅化平直隸廳崇義村(今寧夏回族自治區涇源縣黄花鄉華興村)人。《化平縣志》卷二《選舉志》載,張逢泰爲清光緒三十年(1904)優生。民國十年(1921)三月被選國會第三届衆議院議員初選當選員,十二年(1923)任化平縣勸學所所長,十五年(1926)任縣教育局長,二十六年

(1937)任縣文獻委員會委員長、甘肅省政府諮議,二十七年(1938)任化平縣回民教育促進會會長。

張逢泰是涇源當地著名學者,熱心於家鄉的教育事業,李子傑《致力於回族教育的儒士張逢泰》一文對此有較爲細緻的梳理。張逢泰在任化平縣文獻委員會委員長時編成並刊印的《化平縣志》,爲今天研究涇源縣政治、經濟等留下了寶貴的文獻資料。

(二) 蓋世儒、郝遇林

蓋世儒,甘肅慶陽人,生卒年不詳。民國二十三年(1934)八月到任化平縣縣長。《化平縣志》卷二《職官志》載,他於任內振興教育,革除積弊,並提倡編纂縣志。在他的主持下,《化平縣志》第一稿完成。

郝遇林,河北磁縣人,生卒年不詳。民國二十八年(1939)二月任化平縣縣長。《化平縣志》卷二《職官志》載,他於任內體恤民情,請賑款救濟百姓,增設學校,推進了當地教育事業的發展。平修全縣境內道路,以"廉""富""教""衛"爲推進縣政之準繩。"不數月,而氣象焕然一新,且治有功。蒙省政府記大功一次。民衆感恩,立碑以彰善政。"①在他的主持下,《化平縣志》第二稿完成,並籌措到印刷經費。可惜他在任內沒能看到縣志印刷完成。另甘肅省圖書館藏民國三十五年(1946)郝遇林修、范振緒纂《靖遠縣志》抄本14册。

(三) 其他人員

《化平縣志·銜名》共列載4位"督修"者,1位"編纂"者,3位"校正"者,12位"採訪"者,1位"繪圖"者。

"督修"者爲四任化平縣長,即蓋世儒、張建勳、郝遇林、原佑仁。據此4人所撰序可知,蓋世儒任內《化平縣志》第一稿完成;張建勳任內擬印刷第一稿,志稿卻遺失於戰火中;郝遇林任內《化平縣志》第二稿完成,並籌得印刷款項;原佑仁任內第二稿正式石印行世,原佑仁還爲石印本題寫了書名。

1位"編纂"者即張逢泰,他是最重要的志書編纂者。3位"校正"者均爲政府官員,包括政府第一科科長黄玉清,第二科科長張允中,國民黨化平縣黨部書記長强鎮英。

與其他舊志"採訪"者多爲學生不同,《化平縣志》的12位"採訪"者中11位均爲現任官員。其中于文源爲委員會主席,藍玉祥、王子瑛二人爲委員,張文儒、

---

① 張逢泰撰《化平縣縣長郝遇林德政碑記》録入《〔民國〕化平縣志》卷四《藝文志》。

秦鏡川、張錫齡等3人爲校長，吳興春、張建勳、禹秀岐、伍錦堂等4人爲聯保主任，者景貴爲政府諮議。只有張世儒一人爲現任教員，但他先前曾任政府第三科科長。這樣一份名單，不免讓人心生疑竇，到底哪些人是真正的"採訪"者？有多少真正的"採訪"者在志書中被隱去了？

據《化平縣志·銜名》及卷二《職官志》《選舉志》載：于文源，光緒三十年（1904）附生，民國十五年（1926）充任隴東游擊司令部第三營營長，後任化平縣商會會長，二十八年（1939）時任縣地方財政監理委員會主席；藍玉祥，前化平縣實業局局長，二十八年（1939）時任回教公會常務委員；張文儒，民國十年（1921）甘肅省立第二中學畢業，十四年（1925）任甘肅省政府諮議，曾任政府第三科科長，二十六年（1937）任教育會常務幹事，二十八年（1939）時任縣黃花川生活學校校長；秦鏡川，光緒三十四年（1908）歲貢生，民國二十八年（1939）時任縣白麵河女子初級小學校長；王子瑛，前縣第三區區長，二十八年（1939）時任縣回民教育促進分會委員；吳興春，十三年（1924）縣立小學畢業，曾任縣第一區區長，二十八年（1939）時任縣第一區第一聯保主任；張世儒，十六年（1927）甘肅省立第七師範學校畢業，前政府第三科科長，二十八年（1939）時任縣黃花川生活學校教員；張錫齡，十六年（1927）甘肅省立第七師範學校畢業，前縣督學，二十八年（1939）時任縣立小學校長；張建勳，二十六年（1937）隴東中師兩校短期義務教育師資訓練班畢業，二十八年（1939）西北幹部訓練團畢業，時任縣第一區第二聯保主任；禹秀岐，二十六年（1937）隴東中師兩校短期義務教育師資訓練班畢業，二十八年（1939）西北幹部訓練團畢業，時任縣第二區第三聯保主任；伍錦堂，二十八年（1939）西北幹部訓練團畢業，時任縣第二區一聯保主任；者景貴，前縣教育會會員，二十八年（1939）時任甘肅省政府諮議。

"繪圖"者藍景朝，民國十二年（1923）前涇原道自治講習所畢業，二十八年（1939）時任縣政府辦事員。

四　志書内容及編修特點

《化平縣志》第一稿編成於民國二十五年（1936），第二稿編成於二十八年（1939），傳世本即第二稿石印本，由序、目錄、凡例、銜名、4卷正文等内容組成。

序共6篇，原志編排依次是民國二十五年（1936）春三月蓋世儒序、二十六年（1937）四月十二日張建勳序、同年四月十六日謝國選序、二十八年（1939）十二月郝遇林序、二十九年（1940）四月九日原佑仁序、二十八年（1939）仲秋月（八月）張逢泰序。郝遇林、原佑仁、張逢泰等3人之序當是第二稿完稿後新增的。

前　言　185

　　《化平縣志》共11志105目。① 目錄標注出三級類目名稱，包括6小類附錄。查檢目錄與正文，標目有不相一致的地方。具體來看，卷一《輿地志》13目，正文地圖圖題作"化平縣輿地總圖""化平縣山脈水道圖"，目錄簡標作"總圖""山脈水道圖"。卷二《建置志》6目，目錄"廟宇"，正文作"廟寺"。《經政志》15目，正文"田賦"後爲"雜項"，目錄漏此標目；正文"衛生"爲二級類目，附"禮""樂"兩細目，目錄卻都標作"生業"的附類。《職官志》正文標目"通判""縣知事"等20目，《選舉志》正文標目"貢生""武舉"等7目，目錄均未標注。《教育志》12目，目錄"勸學所"後之"教育局"，正文標目作"教育機關"，排在"學款"而非"勸學所"之後；正文"學款"之後"教養""救濟事項""禁烟"等3目，目錄未標目。卷三《武備志》8目，目錄"警備隊"後之"警察所"，正文未獨立標目，實際爲同一內容。《古蹟志》6目，目錄與正文標目全同。《人物志》9目，目錄"壽婦"，正文沒有內容；目錄"方伎"，正文作"方技"；正文標目"仙釋"，存目而不論，目錄未標目。《災異志》目錄標目籠統地概括爲"旱、澇、雹、蟲、地震、瘟疫、匪害各災"，正文亦未細分目。卷四《藝文志》8目。

　　《化平縣志·凡例》共11條。第一條載："化平曩無縣志，創修於民國二十八年。"故知，此《凡例》當爲第二稿時增加。本條又載，縣志分10門，以綱統目，依類相從。《化平縣志》各志均有小序，略叙該志立目之由及大概內容。查驗縣志目錄及正文，實有11志。在各志編次中，《人物志》排序爲第九，緊承其後的《災異志》小序中沒有把這部分內容和全志內容結合起來編次，《災異志》之後的《藝文志》編次爲第十，故《凡例》有"十門"之説。《凡例》第二條説明縣志附錄地圖的原因，第三條説明未設立"星野"類目的原因。第四至第十一條，逐一説明11志的取材編輯原則及基本內容。《化平縣志·銜名》共列載21人，記載其分工、姓名、身份等資訊。

　　正文前附《化平縣輿地總圖》《化平縣山脈水道圖》。二圖均爲計里畫方圖，有圖例。《輿地總圖》較爲詳細地繪製出化平縣的縣界、區界、縣城所在地、各村莊以及河流、山脈、車道、騎行道等。《山脈水道圖》相當於《輿地總圖》中山脈、河流的放大版，比例尺爲每方10里。按《凡例》所載："勉繪全圖一，分圖二：《縣城圖》一，《山脈水道圖》一。"故知，傳世本缺《化平縣縣城圖》。

　　正文卷一包括《輿地志》，卷二包括《建置志》《經政志》《職官志》《選舉志》《教育志》，卷三包括《武備志》《古蹟志》《人物志》《災異志》，卷四包括《藝文志》。

　　《輿地志》之《沿革》先用表格橫列出化平縣自秦至清的沿革變化，再用文字

---

① 本志原編《目錄》僅列出77目，《職官志》與《選舉志》未列出二級類目名稱。

概述沿革。《疆域》記載化平縣四至八到情況,及民國二十五年(1936)、二十八年(1939)行政區劃的變化情況。《形勝》用文學化語言描繪出化平縣"秦鳳咽喉,隴關險要"的河山特色。《山脉》記載觀山、飛龍山等 20 處山,石獅子梁、紅土梁等 2 處山梁,窟窿峽等 5 處山峽,南原等 1 處原。記載各山、梁、峽、原等距城里數,有些還描繪其地勢特點、有關掌故等。《水道》記載涇河、老龍潭等 12 處,並據華亭縣舊志、慕少堂《山水調查記》等文獻對與涇河相關的水系進行了考證。《地質》主要記載當地土質適宜種植何種作物。《氣候》總結化平縣氣候特點及自然災害頻發的原因,並提到有關災害記載在縣志的《災異志》中。《水利》總結當地水勢流動特點,認爲不宜灌溉,水利要務是要注意疏浚河流。《化平縣太陽高度表》照録自《〔宣統〕甘肅新通志》。《風俗》記載當地回漢民族風土人情,特別對文教、婚嫁、喪葬有詳細説明。《方言》記載了 40 個左右的當地方言辭彙,並對方言特點略加説明曰:"化平回漢雜居,陝籍甘民合處。其聲音清濁高下、剛柔緩急有不同,而同者實多。現在之口頭語,按之古籍,均有來源。"也就是説,化平縣由於移民較多,故方言呈現出多樣性特點,但由於長期聚積生活在一起,語言的共同語更多。還正確指出,百姓口頭語,有的可以通過古代典籍來考證其源。《物產》分穀、蔬、禽、獸等 11 類記載,對當地穀物如小麥的生長,禽類如雞、獸類如馬的種類及繁殖特點,亦有簡單説明。

《建置志》之《城郭》記載化平縣自清同治十一年至民國二十八年(1872—1939)60 多年間的修繕情況。《縣署》介紹了縣署的建築布局情況,並附帶説明儒學署、都司衙門、經制衙門、歸儒書院的興廢情況。《廟寺》記載孔聖廟、關帝廟、城隍廟、文昌宮、萬壽宮等建築情況,並記載東關清真寺 1 座,概述四鄉清真寺大小 80 多座,有規模宏大者,有形同民房者,皆回民禮拜之所。《文廟祀位元》記載崇聖祀中被供奉之聖賢牌位擺放等情況。《區村》記載化平縣行政區劃及所轄村名、距縣城里數,共四區 59 村,其中一區 15 村,二區 17 村,三區 12 村,四區 15 村。最後又補充説明二十八年(1939)化平縣改四區爲二區。《堡寨》記有安化堡、黃林寨、碉堡。述及碉堡的用途時稱是爲防止"共匪"擾亂而建,一方面反映了縣志編者反動的政治立場,另一方面也反映了紅色革命影響所及到達化平縣。

《經政志》之《蠲恤》記載清順治元年到民國十五年(1644—1926)283 年間蠲免税糧情況。《田賦》《雜項》《税課》《經費支出考》等類統計的資料皆爲民國十四年(1925)《化平縣財政全書》所載,可信度較高。《經費支出考》後附民國二十四年(1935)縣政府及機關每月支出情況。縣志附載二十七年(1938)三月造報的《化平縣地方收入調查報告表》,表中列有收入種類、用途、全年收入數(分估計數、已收數)、徵收標準、徵收方法、已否核准等項内容,並有徵求縣長對地方稅制有何改革意見的專欄,專欄還强調縣長"應就該縣情形擬具切實辦法"。本調查表是研究民國時期縣域經濟的難得資料。《民族》述及化平主要以回、漢民族爲主,其中回族占99％。《戶口》記載同治十年(1871)、宣統元年(1909)、民國二十四年(1935)、二十八年(1939)等4個時期戶口數,從統計看,回族占人口的絕大多數。《倉儲》記載糧食儲備情況,其中二十八年(1939)的數量留空待填,說明本縣志部分内容尚未最後完善。《恤政》記載囚犯伙食情況。《驛傳》《郵政》介紹其人員組成及運作方式。《生業》說明當地由於自然原因,多農業,少工商業,故常有乏食乏財之憂,特别述及當地婦女不事紡織的情況。《生業》還附載化平縣百姓衣、食、住、行等基本情況。《衛生》(附"禮""樂")强調清潔衛生的重要性,對回族注重清潔給予了肯定,特别强調公共衛生的重要性。《文化》主要從促進文明的角度談文化的重要性。《宗教》在對比分析的回教與漢教的異同外,詳細介紹了回教念、禮、齋、課、朝五功的主要内容及特點。

《職官志》記載清朝同治十年正式設置化平川直隸廳至民國二十八年(1871—1939)69年間各級官員及官府機構組織情況。主要包括:"通判"首任官員左壽崑等12人,"縣知事"李占鵬等26人,"照磨"8人,"都司"3人,"經制"2人,"訓導"17人,"管獄員"7人,"警佐"6人,"公安局局長"2人,"縣黨部委員"5人,另外還有國民自衛隊、司法處、合作指導員辦事處、回教公會、教育會、地方財政監理委員會、文獻委員會、回民教育促進分會、戒烟所、教育館等機構的設立時間、人員組成等介紹。《化平縣志·凡例》載,《職官志》主要記録顯宦政績,以明褒貶。從對官員評價來看,幾乎都是褒獎之辭,恐有不實。從官員看,自民國三年至二十八年(1914—1939)26年間,歷任知事(縣長)者有26位之多,幾乎每年换一任。如此頻繁地更换官員,也從一個側面說明了化平縣似乎成了官員撈取政治資本的地方了。化平縣地方經濟文化長期落後,地方最高行政長官更替頻繁或許也是原因之一。

《選舉志》記載的各類科舉人才數量有限,且無一進士出身,從一個側面反映了化平縣地方人才缺乏的事實。志載:當地自同治十年至光緒三十四年(1871至1908)三十七年間,"貢生"6人,"武舉"2人,"附貢"3人,"增生"2人,"優生"1人,"附生"25人。民國時期亦人才缺乏,畢業於小學、中學、師範、講習所、訓練團的"民國畢業生"總共有25人。記載的大多數人物只記其姓名、取得功名身份或畢業的時間,個別人如張逢泰、于文源等有較詳細的事蹟介紹。

《教育志》記録了化平縣教育事業的發展簡史。首先叙述了"舊學校""歸儒書院"的發展變化情況,介紹了"義學""勸學所"的設立情況。在"新學校"類目中，共登記了化平縣 4 個學區共 23 所小學的校名及建校時間，其中第一學區 6 所，第二學區 9 所，第三學區 4 所，第四學區 4 所。據縣志記載，上述 23 所小學中有 14 所都設立於二十四年 (1935)，都是在縣長蓋世儒任內設立的，所以志書評價蓋世儒政績時說他"創辦教育""振興教育"，所言不虛。《教育志》還有"短期義務教育"類目，記載縣四個學區各設四所短期義務小學校之時間。對"學田""學産""學款"亦有說明，其中"學款"有 9 種途徑獲得，說明當地官員對教育還是相當重視。"教養"記載民國二十八年 (1939) 六月海固地區農民暴動失敗後，地方上如何對待被俘農民。時任縣長郝遇林撰《教養院記》詳述其事，其敘事立場雖然反動，但所記事實爲研究此次農民暴動提供了較爲可信的第一手資料。其後又附《救濟事項》兩篇，標題分別爲《招撫逃民歸里》《以工代賑》，前者即海固農民暴動後招撫流民回家的公告，後者提到養護道路的 6 條辦法。《教育志》最後附"禁烟"，對化平縣烟民數量、政府禁烟措施、禁烟效果都有記載，志曰："烟民出所後，其體格與思想無不焕然一新。"縣志記載"教養"至"禁烟"的內容，其實都是在爲縣長郝遇林歌功頌德。

《武備志》之《兵防》，記載了提督喻勝榮的戰功和他出資修建歸儒書院事，提到左宗棠爲書院題寫院名並撰文記述其事的情形。本志還對化平縣地方武裝力量如警備隊、團練、公安局、保安隊等組建情況、人員構成等概要介紹，並對當時實行的保甲、兵役制度也作了說明。

《古蹟志》主要記載化平縣有遺址可供後人憑吊的古蹟，但內容輯錄較爲雜亂，"城原"先記載北魏百泉城、唐大震關等 13 處古蹟，內容主要取材於《平涼府志》《華亭縣志》等。然後又接叙縣東、縣北、縣南的煤礦、鐵礦等礦産資源分布情況，附錄《甘肅化平縣煤礦分析表》《甘肅化平縣褐鐵礦分析表》。龍泉寺、凉殿峽的介紹緊接在這部分內容後，又附化平縣八景，每種景致之後附詩一首。最後是"井泉""陵墓""喬木""金石"等 4 類目。其中"井泉"記載香水庵 1 處。"陵墓"只有類目名稱，未記載具體的陵墓。"喬木"記載化平縣境內的古柳、古松柏共 11 棵，對黃花川崇義村禮拜寺內的千年古柳描寫尤其詳細。"金石"記載了化平縣境內發現的 6 件金石器物的尺寸、建造時間及鑄刻的銘文，加上"城原"叙及的趙龍峽、龍泉寺出土銘文，《古蹟志》共錄有 8 則金石銘文，對研究化平歷史都具有一定的研究價值。

《人物志》記載當地"鄉賢"16 人，有兩位回族宗教人士；"忠烈"記載有名有姓者共 21 人，另有 100 多死於同治兵燹者，不詳其名；"孝義"3 人；"列女"6 人；"耆瑞"9 人，均爲年齡在 84 歲以上的長壽老人；"方技"2 人，所載事蹟荒誕不經；"流寓""隱逸""仙釋"等 3 類目只存目，因當地無能入選者，故闕而不錄。《人物志》選錄標準有明顯的階級色彩,如入"忠烈"者,多爲參與鎮壓民族起義者,入"列女"者多爲封建社會極力宣導並宣揚的所謂能守節、有益風化者,對此要明辨。

《災異志》一般既記災異,還記祥瑞,但本縣志只記同治十二年至民國二十四年(1873—1935)63 年間發生的災異而不記祥瑞。一方面當地未聞有所謂"祥瑞"出現,編者不敢捏造,另一方面化平縣百姓多災多難,既多人爲的戰爭,亦多遭自然災害,故縣志仿《春秋》記災不記祥,以示戒。本志記載化平縣 63 年間發生的大災異 50 次,其中旱災 7 次,澇災 8 次,雹災 5 次,蟲災 2 次,地震 8 次,瘟疫 7 次,匪害 8 次,其他災害 5 次。有時候一年之内多種災害頻發,如民國九年(1920)春天發生牛瘟,十一月七日又發生大地震,大震之後餘震不斷,持續了 3 個月之久。

《藝文志》原應只錄本地人著述,因化平縣人才缺乏,藝文寥若晨星,故縣志不拘泥於作者是本籍或外籍,只要是與本地地理、風景、政治、文化等有關,能有裨於世道人心者,悉行採錄雜著,所以本志中既有文學性較強的詩文,亦有公文檔案資料,難免有拼凑之嫌。縣志編者亦知這樣編排於體例不當,但限於實際情況,只能權宜變通了。

《藝文志》共錄文 17 篇,詩 7 首。另有《歌詞》46 首,楹聯 9 條。具體來看,錄左宗棠《奏勘明分撥化平廳轄境疏》1 篇,左壽昆《呈請劃撥錢糧細數變通辦理禀》禀文 1 篇,其後依次是:武全文《涇源辨》,胡紀謨《涇水真源記》(附詩 5 首),趙先甲《涇源詩》2 首,曾麟綬《涇源記》,左宗棠《歸儒書院碑記》,《民國顯考李老府君諱正芳字馨齋行一正性之碑序銘》(撰者不詳),張逢泰《勵俗俚言》,《雜記》,①張逢泰《化平縣勸學所學事年報》,《呈縣政府轉請減輕負擔文》,《朱主席履回教公會回民教育促進會電文》,《回教公會回民教育促進會又電》,《朱主席履回教公會電》,張逢泰《第八戰區司令長官甘肅主席朱公一民德政碑記》《化平縣縣長郝遇林德政碑記》,甘肅省長薛篤弼《歌詞》(46 首,附薛篤弼《叙言》1 篇),楹聯 9 條。從以上所列可以看出,《藝文志》錄文雜亂無章,且多歌功頌德之文,大部分資料無文學價值,但可以將它們視爲研究人物生平、研究歷史事件的史料來利用。

五 志書編修質量及文獻價值

張維 1940 年仲冬(十一月)所寫題記稱,《化平縣志》編纂者"(張)逢泰叙述

---

① 《化平縣志·凡例》載,該志"以志餘雜記終焉",而《藝文志》於"雜記"後又錄年報、電文、碑記、歌詞、楹聯等,殊乖體例。

頗詳審，而持論又甚公允，故自可貴。惟職官中多爲生人作傳，殊違志法"。此論有虛美之嫌。從前文分析可知，《化平縣志》編著雖有《凡例》可循，但體例上仍有不完善的地方，如《古蹟志》雜有礦產資源分析表，《藝文志》收錄機構年報、電文等無文學價值的資料。就編者"持論"而言，亦非公允，如無視歷史客觀原因和歷史真相，對農民或民族起義一概仇視、否定。另外，石印本中存在誤字或用詞不準確等現象。如張逢泰序"縣志付之闕如"之"闕"誤作"關"。卷一《輿地志·氣候》"盛夏，東南低地溫度最高爲攝氏七十度，西北高地爲攝氏四十度至五十度"之"攝氏"當作"華氏"；《水利》"農民只憂雨潦"之"憂"誤作"夏"。

　　當然，《化平縣志》是今涇源縣唯一傳世的舊志，第一次將該縣自同治十年至民國二十八年（1871—1939）間政治、經濟、地理、人文等資料匯爲一編，其文獻價值不應忽視。陳明猷先生在《回鄉舊貌——民國〈化平縣志〉評介》一文中，對該志的文獻價值進行了充分、全面的分析。文章分"涇水源頭的地理環境""漫長嚴酷的鬥爭歷程""黑暗年代的困苦圖景""回族山鄉的民情風尚"等4個部分，強調指出："民國《化平縣志》是今日寧夏回族自治區涇源縣僅有的一部舊縣志，具有別的史籍不能替代的重要價值，特別是其中有關近代西北回族狀況的資料，尤爲難得。……雖然《縣志》在記述回民反抗鬥爭的歷史時，總是強烈地表現出反動統治階級的立場觀點，但它畢竟爲讀者提供了有關該縣多方面的史料，很有參考價值。"[①]筆者認爲，這樣評價《化平縣志》的文獻價值是較爲客觀公允的。

[①] 陳明猷著：《賀蘭集》，寧夏人民出版社1994年版，第194頁。

整理説明

一、本書主要以標點、校勘、注釋等方式對《〔民國〕化平縣志》進行整理。以平凉一心印書館民國二十九年（1940）石印本爲底本，部分整理成果參考了寧夏人民出版社1992年版李子傑等標點注釋本。

二、整理成果以繁體横排形式出版。注釋以當頁脚注形式注明，用圈碼①②③之類排序，校勘以[1][2][3]之類排序，放在卷末。正文中"□"符號，表示原文缺字；"〔　〕"符號括注的文字，均係整理者增加。

三、以校文字爲主，酌校内容異同。因用字習慣不同而出現人名、地名、族名等同名異寫現象，均出校説明。底本或對校本中存在明顯的誤、脱、衍、倒等現象，於正文中校改後出校説明。雖有異文但意可兩通者，不改正文，僅在校記中説明。除特殊需要外，校本有誤，一般不出校。

四、明顯誤刻之字，如"己""巳"誤作"已"，"里"誤作"裏"，等等，校勘時徑改，不一一出校説明。因避諱而改前朝文字者，僅於首見處出校説明，餘皆徑改，不再一一出校。誣稱革命者爲"匪""共匪""莠民"等，當須批判。爲保持文獻歷史原貌，整理時一仍其舊。異體字、俗體字、通假字、古今字等用字現象，一律不出校。某些不規範的異體字、俗體字、古今字等，或前後用字不一者，均按出版要求適當統改成規範、統一的字體，不出校記。

五、當頁脚注出注釋條目。注釋内容主要包括：原文易致惑者（如文獻簡稱或省稱、干支紀年等）、原文提及史料出處、原文體例中資料互見者、整理者對輯補史料的出處説明和整理者的補充文字等。脚注中，凡言"本志"者，均指《化平縣志》。凡言"本志書例"者，均指《化平縣志》編修體例。徵引文獻之版本，凡"文淵閣《四庫全書》本"簡稱"《四庫》本"。

六、脚注中，參考文獻書名較長者沿用習慣簡稱，詳見《參考文獻》。凡引古代文獻，均只注明書名、卷次、篇名等，其作者、版本等詳見《參考文獻·古代文獻》。凡引現當代文獻，均只注明作者、書名或論文篇名、頁碼等，其出版社、刊物名、發表時間等詳見《參考文獻·現當代文獻》。若被引用古代文獻已有整理成果，一般直接吸收其合理意見，注明"參見××"字樣，不再重複叙述校注理由。

注明引文出處、他校資料或他人校勘、考證成果，亦注明"參見××"字樣。

七、《〔宣統〕甘肅新通志》所載化平直隸廳史料及《〔光緒〕化平直隸撫民廳遵章採訪編輯全帙》、《〔民國〕化平縣採訪錄》等，均是研究涇源縣情的重要資料，茲附錄於後。

八、《參考文獻》分《古代文獻》和《現當代文獻》分別著錄。其中，《古代文獻》分陝甘寧舊志、經部、史部、子部、集部等五類著錄，《現當代文獻》分著作、論文兩類著錄。

〔蓋世儒〕化平縣志序

甲戌秋，①余奉省府命來權化平。下車後，見城垣圮頹，官署坍塌，兼之古物百無，文典闕如。余心懷治縣安民之志、招徙撫離之意，惟是初次接篆，人地兩生，於應興革者未易知澈底，考查亦難能，乃遍覓邑志，詢諸耆紳，皆云："化平係同治年劃分平〔涼〕、固〔原〕、隆〔德〕、華〔亭〕四州縣轄境，新設廳治，向無縣志。"故以前之事實不可考，而近代之狀況又難明，余尤不忍。再旁蒐集其他紀載，僅存有清光緒四年左文襄公手撰歸儒書院一碑，②風雨冲刷不堪，内記字蹟模糊。其大意關於興學設教者多，惜亦語焉不詳。隨將此碑移泥縣府大堂左墻側邊，俾民衆得以觀瞻耳。至縣志既無，何能懲前毖後？何能鑑往知來？余目擊斯縣，地方破敗，文化落後，儒士晨星，情況怒焉，憂之！以化平之文化事蹟，豈能無文獻足以徵乎？若再任其荒蕪廢弛，則數十年後，又不知伊於胡底也。余因有感，急擬修志，以備當時興革大端，而載古今掌故文獻。未幾，歲終。

明年春，余乃乘天氣清和之日，併遵照民政廳修志之令，即聘任邑中碩儒張君子平爲編纂委員，楊君玉山、于君子彬及張君文儒等分任採訪，從事編纂。幸各紳樂於勷助，急力謀成，故子平先生不憚勞瘁，日夜惟殷，費數十月精力，將全縣政治、風俗、人口、丁糧、稅務及團隊、城垣、[1]官署、山脉、河流、古蹟、古物等編志一部。都分四册，分門別類，裝定成帙，紀載甚詳，俾資後人易於披覽焉。噫！逝者已往，不復可考；來者猶須，源源相繼。余不願常在此細心修志，但願後之來者，不可因筆拙而絶不續編也。余忝守斯土，例應爲詞，奈讕陋不文，又兼編者之請，義不容辭，僅撮其在此聞見之大概，略述數語以記耳。《詩》曰：③"永矢弗諼。"此之謂也。是爲序。

化平縣縣長蓋世儒序，中華民國二十五年春三月日。

【校勘記】

[1] 城垣：原作"城坦"，據文意改。

① 甲戌：民國二十三年(1934)。
② 碑文參見本志卷四《藝文志》載左宗棠撰《歸儒書院碑記》。
③ 參見《詩經・衛風・考槃》。

〔張建勳序〕

"九一八"以後,國人多注視邊疆問題。斯時余供職於中央,應乎時代潮流,亦成爲研究邊疆問題之一員。適國民政府參謀本部邊務研究所成立,余被中央選拔入所,受訓兩年竣學,於去年春奉命來甘服務,曾到甘、涼、肅、安、敦〔煌〕、玉〔門〕及新〔疆〕、甘〔肅〕、蒙〔古〕邊一帶實施視察。返蘭不足一周,蒙甘肅省政府于主席〔學忠〕委長斯土。查化邑滿清爲直隸廳,民國改爲縣治,居關山之中,位崆峒之陽,山陵起伏,川澤曲流。就形勢觀之,應該地靈人傑,對於甘省文化大有貢獻。茲因交通不便,教育不興,以致諸事落後。余抵縣,接各方多數函請介紹地方文獻,苦無所得。適邑紳漢學世家張子平先生出示手編之《化平縣志》繕本四册,尚未付印。余以爲該縣志爲化邑之寶鑑,地方之文匯,遂澈夜閱讀一遍,内容分類取材至爲廣博,編章造句亦甚精細。此可謂化平縣繼往開來之創作,設治迄今僅有之文獻也。此書付印在即,子平先生囑爲之序,遂謹撰數語以志之。

化平縣縣長張建勳序,中華民國二十六年四月十二日。

〔謝國選序〕

　　志者，史也。史者何？記述人類賡續活動之體相，校其總成績，求其因果關係，以爲現代人類活動之資鑑也。志既與史同，則志之意亦即此也，惟其如是，欲秉毛錐，修纂史志，非才學識德兼備，不足以當之。千古文人多而良史少，職是故也。我國廿四史之廣，九通、五紀之繁，燦如日星，絢爛眩目。吾人稍事涉獵，如墮五里霧中，迷惑失所，其得失是否，豈敢妄加評騭哉！至方志之多，尤甚於史。而求法嚴體備者，實不多得。如康對山之《武功縣志》、韓邦靖之《朝邑縣志》，膾炙人口，愈久愈烈者，因有史之四長，出而爲文，上裨國史之不足，下啓志乘之繩墨，墜地有聲，山岳撼動。無怪後之作志者奉之爲圭璧，遵之爲寶誥也。余幼而失學，長而無才，然於吾國經、史、子、集極力搜覽。數年來，對於舊學雖未知其門徑，但亦知所從矣，對於方志雖不能秉筆編纂，但已成之書，其好壞亦略知矣。

　　二十五年秋，余奉省令，任化平縣政府第一科科長時，邑紳張子平先生，出所編《化平縣志》，共四卷，志分十門。① 凡化邑建置之沿革、山川之形勢、官職之遞嬗、人物之歷史，以及災異之變遷、星野之分度、節烈之可風、藝文之可志者，靡不畢具。文簡意核，法嚴體備，余讀至再，不忍釋手。夫化平居隴山之中，扼涇水之源，高屋建瓴，爲隴東之門户；山靈鍾秀，爲全甘之寶藏。自清同治設廳後，迄今六十餘年，惜無縣志，文獻湮没，有識之士，引爲遺憾。今張子平先生纂修縣志，應時而出，非惟以彰前賢，且啓後裔，知斯邑活動之體相，求其因果，以資建教勃興，人才輩出，則斯志之功洵不淺矣。兹當付梓之日，爰草俚言，非敢云叙，略志不忘耳。

　　化平縣政府第一科科長謝國選序，中華民國二十六年四月十六日。

---

① 十門：本志實有類目數爲十一。

〔郝遇林序〕

化平地處崆峒山之西麓，當涇清之源。山環水抱，形勢清奇，在四千六百年前，黃帝最初奠定中國時，開闢地域，西極於此，在我國史蹟上素負盛名。金時即有化平縣之設置，後隨朝代之遞嬗，或附麗他縣，或單獨設治，正式置縣始於民國二年。余於民〔國〕二十八年二月奉令攝篆斯邑。茌任之初，體念時艱，採風問俗，得悉民風醇樸，士習端嚴，且民皆回教，咸能恪守教規，彬彬有禮。惟以連年災禍，民多流亡。余孔憂不已，迺以安撫地方、撫輯逃亡爲己任，確定施政綱領，以"廉""富""教""衛"四字爲基準，政教兼施，力圖振刷。同時爲明悉當地情形，以謀澈底改革起見，乃索閱縣志。或曰有耆紳張子平先生者，學識淵博，讀書自守，齒德俱尊，爲全邑之宿望，於民〔國〕二十六年編纂縣志成功。派人携往南京付梓，適遭"七七"事變，被毀於兵。後因經費無着，遂爾停頓。余念縣之有志，猶國之有史，全邑之文獻繫焉。苟不積極編修，則時日羈延，一切章制將寢歸湮沒，更難稽考，乃商同張先生再謀編纂，並於經費萬分困難之際，亦不惜多方挪墊，以竟全功。茲當脫稿之際，張先生囑爲作序，余既樂成其事，迺不辭煩贅，聊弁數言以志焉。

化平縣縣長郝遇林序，中華民國二十八年十二月。

〔原佑仁序〕

　　政治爲衆人之事，故一切設施必合乎實際需要，不能偏重理論涉於空想。尤其革故鼎新，更需明瞭人民生活，認識地方環境，深入民間，知民情，求民隱，然後方可對症下藥，事半功倍。此古人從政，所以下車伊始，必先採風問俗，周咨博訪也。二十八年冬月，余受命宰化〔平〕，自愧才學疏淺，恐負委任。兼之化邑於本年夏季，甫經馬匪國瑞竄擾，地方殘破，元氣未復，更感撫字無方，故於到任後，一面安輯流亡，一面勤求民隱。時邑紳張子平先生，對地方情形頗多見教，並出示手撰《化平縣志》。余於拜聆嘉謨之後，復得盥誦地方文獻。於是化邑民情、風俗、道路、山川、物産、人物皆洞然於胸中，而施政之方針，興革之標準，於焉以定。
　　竊維縣之有志，猶國之有史，其重要也等。化邑自設治以來，迄今六十餘載，而縣志尚付闕如，文獻無從徵考，殊爲憾事。今張子平先生以地方年高碩學之士，苦心經營，歷數載而完成此志，粲然大觀，其有功地方文獻者甚巨。後之學者，應念其開創之艱難，思有以紹繼而修補焉可。抑化邑係一穆教區域，人民重經而輕書。兼之自民〔國〕十六七〔年〕以來，迭遭匪亂，破壞不堪，故地方教育落後，民生艱困，演成貧愚之現象。近年以來，我中樞及省方特別體恤邊民，重視回民教育，請款賑濟，撥資興學。且地方寧謐，民各安居，可謂化邑已由混亂而趨於安定，由破壞而進於建設時期。況值抗戰建國之際，教育與生産並重，而新縣制實施政治係由官治轉爲民治，由訓政進至憲政。甚望化邑人士，今後共體斯旨，努力整頓教育，加緊生産建設，急起直追，庶貧愚可變爲富庶與文明，而將來實行憲政，亦可以真正自立自治也。余雖不才，謹當竭其心力，實事求是，以爲諸君之先。茲以新縣志付梓之際，聊贅數言，以資紀念，而共勉焉。
　　化平縣縣長原佑仁序，中華民國二十九年四月九日。

〔張逢泰序〕

  化平一邑，係前清同治十年，左文襄公〔宗棠〕招集陝甘就撫回衆，奏劃固原、平涼、華亭、隆德四州縣轄境以爲安插之所。拓地殖民，設官分職，化平川直隸廳此其權輿焉。城郭如斗，環境彈丸。然而隴山盤旋於全境，涇水發源於西南，地稱制勝雄關，縣爲安化舊治，雖非通都大邑，亦屬要隘名區。惟自置廳迄於民國，六十餘年，縣志付之闕如。[1]其間疆域之沿革，時代之變更，政治之良窳，風俗之厚薄，以及某也爲忠節，某也稱孝義，若者祀名宦，若者著政績，皆因文獻莫徵之故，無可表見於世。此爲地方一大憾事，亦官紳所爲長太息者也。

  民國十八年，縣長楊公承基關心文獻，爰命泰任編纂之役。自愧不文，未敢率爾操觚。延至二十三年中秋，縣長蓋公世儒主政是邦，深慮文獻莫考，仍命泰充任是役。竊思志者史也，無史才則陋，無史學則野，無史識則鑿，三者泰無一焉。殆所謂陋其野、野其鑿也，加以垂暮病軀，曷敢膺此艱鉅？一再堅辭，而蓋公一再敦促，轉思鄉材鄉用，無慮獻醜，亦迫於各長官之責備，聊以盡地方之義務，始於乙亥春三月，①擔任記事。或徵諸史籍，或稽諸案牘，或借證於鄰封志乘，或旁搜於私家記載，或訪諸故老遺聞，證諸通儒鴻博，就所見聞，依次編列，時閱二載，勉强脱稿。孰意二十六年夏四月，縣長張公建勳令胡科長之謙，帶往南京付印，適值南京淪陷，將原稿遺失，以致未能成書，殊爲可惜。自我縣長郝公遇林來掌化政，尤爲注重文獻，熱心提倡。當時籌助經費，仍令泰爲編纂主任，是以黽勉從事，辛而告成。其志曰興地，曰建置，曰經政，曰職官，曰選舉，曰教育，曰武備，曰古蹟，曰人物，曰災異，曰藝文等志，以綱統目，繁目附類，並加總分輿圖於首，官俸財政一覽各表於中。其體例之當否，實則未敢自信。俾閱者便於觀察，咸得有考獻徵文之資是役也。

  駑馬負重，汗血併流。雖褌諶之職責已盡，而深愧學識淺陋，冗鄙不文，且沉疴在身，心思昏亂，尚望我邑文人碩彦，再加考訂，而討論，而修飾，而潤色之，訂

---

① 乙亥：民國二十四年(1935)。

讁補缺,是又泰之厚望也。夫總編輯邑人張逢泰。

邑人張逢泰序,中華民國二十八年仲秋月。

【校勘記】

[1] 闕:原作"關",據文意改。

化平縣志目錄

卷一
  輿地志
    總圖 山脉水道圖 沿革 疆域 形勝 山脉 水道
    地質 氣候附風雨 水利 太陽高度表[1] 風俗 方言
    物産
  建置志
    城郭 縣署 廟宇[2] 文廟祀位 區村 堡寨
卷二
  經政志
    蠲恤 田賦[3] 稅課 經費支出考 地方收入調查表
    民族 户口 倉儲 恤政 驛傳 郵政 生業附衣、食、
    住、行 衛生附禮、樂[4] 文化 宗教
  職官志
  選舉志
  教育志
    儒學[5] 書院[6] 義学 勸學所 教育局[7] 新學校[8]
    學田 學産 學款[9]
卷三
  武備志
    兵防 營制 警備隊 警察所① 團練 公安局
    保安隊 保甲 兵役
  古蹟志
    城原 名勝 井泉 陵墓 喬木 金石

---

①　"警察所"具體內容與"警備隊"所載實際一樣，此不當重複列目。

人物志
  鄉賢 忠烈 孝義 烈女[10] 耆瑞 壽婦[11] 方伎[12]
  流寓 隱逸[13]

災異志
  旱、澇、雹、蟲、地震、瘟疫、匪害各災

卷四
  藝文志[14]
    奏議 稟文 記 示 勵俗俚言[15] 勸學所學事年報
    歌詞 楹聯

【校勘記】

[1] 太陽：原作"大陽"，據《〔宣統〕甘志》卷一《天文志》改。又，本志卷一《輿地志·太陽高度表》後有《化平縣經緯度分表》類目名稱及其具體内容。

[2] 廟宇：本志卷一《建置志》正文類目名稱作"廟寺"。

[3] 本志卷二《經政志·田賦》正文後有《雜項》類目名稱及其具體内容。

[4] 衛生附禮樂："衛生""禮""樂"三類目原爲隸屬於"生業"的次一級類目，本志卷二《經政類》正文中，"衛生"與"生業"均爲同級類目，兩者無隸屬關係，"禮""樂"是隸屬於"衛生"的次一級類目，故據書例，"衛生"二字改爲大字，補"附"字。

[5] 儒學：本志卷二《教育志》正文類目名稱作"舊學校"。

[6] 書院：本志卷二《教育志》正文類目名稱作"歸儒書院"。

[7] 教育局：本志卷二《教育志》正文類目名稱作"教育機構"，且此類目具體内容在"學款"之後。

[8] 本志卷二《教育志·新學校》正文後有《短期義務教育》類目名稱及其具體内容。

[9] 本志卷二《教育志·學款》正文後有《教養》《救濟事項》《禁烟》三類目名稱及其具體内容。

[10] 烈女：本志卷三《人物志》正文類目名稱作"列女"。

[11] 壽婦：本志卷三《人物志》正文無此類目名稱及具體内容。

[12] 方伎：本志卷三《人物志》正文類目名稱作"方技"。

[13] 本志卷三《人物志·隱逸》正文後有類目名稱"仙釋"，但無具體内容。

[14] 本志卷四《藝文志》正文中無"奏議""稟文""記""示"四類目名稱。

[15] 本志卷四《藝文志·勵俗俚言》正文後有"雜記"類目名稱及其具體内容。

化平縣志凡例

一、化平曩無縣志。創修於民國二十八年,博訪周諮,考古稽今,不敢謬言。凡疆域、沿革、山川、形勝、物産、田賦、稅課、職官、政治,與夫文教、武備、户口、風俗、民族之隆替,先賢之勳績,分晰採輯,計分十門。[①] 以綱統目,依類相從,而以志餘、雜記終焉。專論其記事之詳簡,不計其屬文之工拙高明,不棄鄙陋,尚望教而正之,尤所歡迎。

一、古重圖經,修方志者,尤以輿地爲本。化邑教育幼穉,測繪學素鮮講求,勉繪全圖一,分圖二:《縣城圖》一,《山脉水道圖》一。雖欠密合,形勢大概,似可一目瞭然。

一、恒星分野,轄境遼濶,化邑黑子彈丸,不過井宿之毫厘。《華亭縣志》載,據尚政治,考《漢書》秦地《天官志》云:[②]弘農、[1]故關以西、[2]敦煌、[3]酒泉、金城以東,皆屬東井輿鬼之宿。謂一郡一縣應於星宿者甚微。化平原屬華亭西北,亦當在東井輿鬼之下,故不列《星野》。

一、志分《輿地》《建置》《經政》《教育》各門。依類相從者,如《沿革》列《輿地》之首,而《疆域》《形勝》《山川》《地質》《氣候》《水利》《風俗》《方言》《物産》附焉;《城郭》列《建置》之首,而《廨署》《廟宇》《堡寨》《區村》附焉;《蠲恤》列《經政》之首,而《田賦》《稅課》《民族》《户口》《倉儲》《恤政》《驛傳》《郵政》附焉;《教育》首詳《儒學》,而《書院》《義塾》《學校》《學産》《學款》《教育機關》以次相從;《武備》首列《兵防》,而《營制》《警備隊》《警察所》《團練》《公安局》《保安隊》《保甲》連類以及。非敢云有條不紊,似無□雜淆亂之弊。

一、《職官》志顯宦也,明褒貶也。褒貶何以明?記政事也,今詳記年代,依次列人。何者爲名宦,何者著政績,各於本人名下立傳,或略予贊揚,免有顛倒是非、混淆善惡之弊。

一、《選舉》文武並載。化邑人材缺乏,文以五貢止,武以舉人止,雜項出身

---

① 本志實有類目數爲十一。
② 參見《漢書》卷二八下《地理志》。

及捐貢等項概不登錄。惟被選國會議員初選當選暨省議會議員初選當選者,皆徵錄之。

一、本邑在歷史上發現最遲古蹟無多,兵燹後,益形寥寥。茲僅就建置已泯,徒留遺址,足供後人之憑吊者,並附以《喬木》《金石》,藉備考據。

一、本邑人物事實可入傳者,分《鄉賢》《忠節》《孝義》等類,以清眉目。必其人蓋棺論定,然後編次,存者不錄。

一、節婦、烈女,風化攸關。今倣《後漢書》《晉書·烈女傳》例,題某人妻、某氏、某人母、某人女,因何而守節,守節以後子孫如何發達,使讀者知其事實,肅然起敬。百世而下,足以風矣。

一、同治兵燹後歷年災異,及民國十七、十八等年匪、旱各災,爲化邑人民一大厄運,今將經過情形事實連類書之,亦《春秋》記災不記祥,示戒之意也。

一、《藝文》立志,肇自班氏,而《隋書·經籍志》、唐宋明《藝文志》,代有成規。張敦五《皋蘭志》,其《藝文》專載本邑人著述,分經、史、子、集四類。化邑前輩著作,寥若晨星,今不拘外籍本邑,而擇其與地理、風景、政治、文化有關者悉行採錄。雜著亦紀其大略,知無當於體例,閱者諒之。

【校勘記】

[1] 弘農:原作"宏農",據《漢書》卷二八下《地理志》改。
[2] 故關:原作"固關",據《漢書》卷二八下《地理志》改。
[3] 敦煌:原作"敦黃",據《漢書》卷二八下《地理志》改。

化平縣志銜名

督修
化平縣縣長　慶陽蓋世儒
化平縣縣長　湖北張建勳
化平縣縣長　河北郝遇林
化平縣縣長　甘肅原佑仁

編纂
前教育部四等獎章，現任甘肅省政府諮議、化平文獻委員會委員長　邑人張逢泰

校正
化平縣政府第一科科長　甘谷黃玉清
化平縣政府第二科科長　榆中張允中
中國國民黨甘肅省化平縣黨部書記長、華亭強鎮英

採訪
前化平縣商會會長、現任地方財政監理委員會主席　于文源
前化平縣實業局局長、現任回教公會常務委員　藍玉祥
前化平縣政府第三科科長、現任甘肅省立化平縣黃花川生活學校校長　張文儒
前清歲貢生、現任化平縣白面河女子初級小學校長　秦鏡川
前化平縣第三區區長、現任回民教育促進分會委員　王子瑛
前化平縣第一區區長、現任第一區第一聯保主任　吳興春
前化平縣政府第三科科長、現任省立化平縣黃花川生活學校教員　張世儒
前化平縣縣督學、現任化平縣立小學校校長　張錫齡
西北訓練團畢業、現任化平縣第一區第二聯保主任　張建勳
西北訓練團畢業、現任化平縣第二區第三聯保主任　禹秀岐
西北訓練團畢業、現任化平縣第二區第一聯保主任　伍錦堂
前化平縣教育會會員、現任甘肅省政府諮議　者景貴

繪圖
前涇原道自治講習所畢業、現任化平縣政府辦事員　藍景朝

化平縣志卷一[①]

輿地志

  地名之同異，失於紀載不詳者多，失於附會不實者尤多。化平，古盧國地，分合遷徙，代有同異，載在往籍，不盡無徵。故創編之始，於歷代沿革考核綦精。凡麗於地者，非敢云應有儘有。今彙爲一門，異日主政是邦之長官，覽疆域而定管轄，考山川而知形勝。提倡種植，改良工藝，躋風化於上理，普樂利於無窮。聊作印證，其造福豈淺鮮哉！志《輿地》第一。

[①] 本志卷端標題內容原在版心位置，整理者移至卷端。後文卷二、卷三、卷四同。

〔化平縣輿地總圖〕

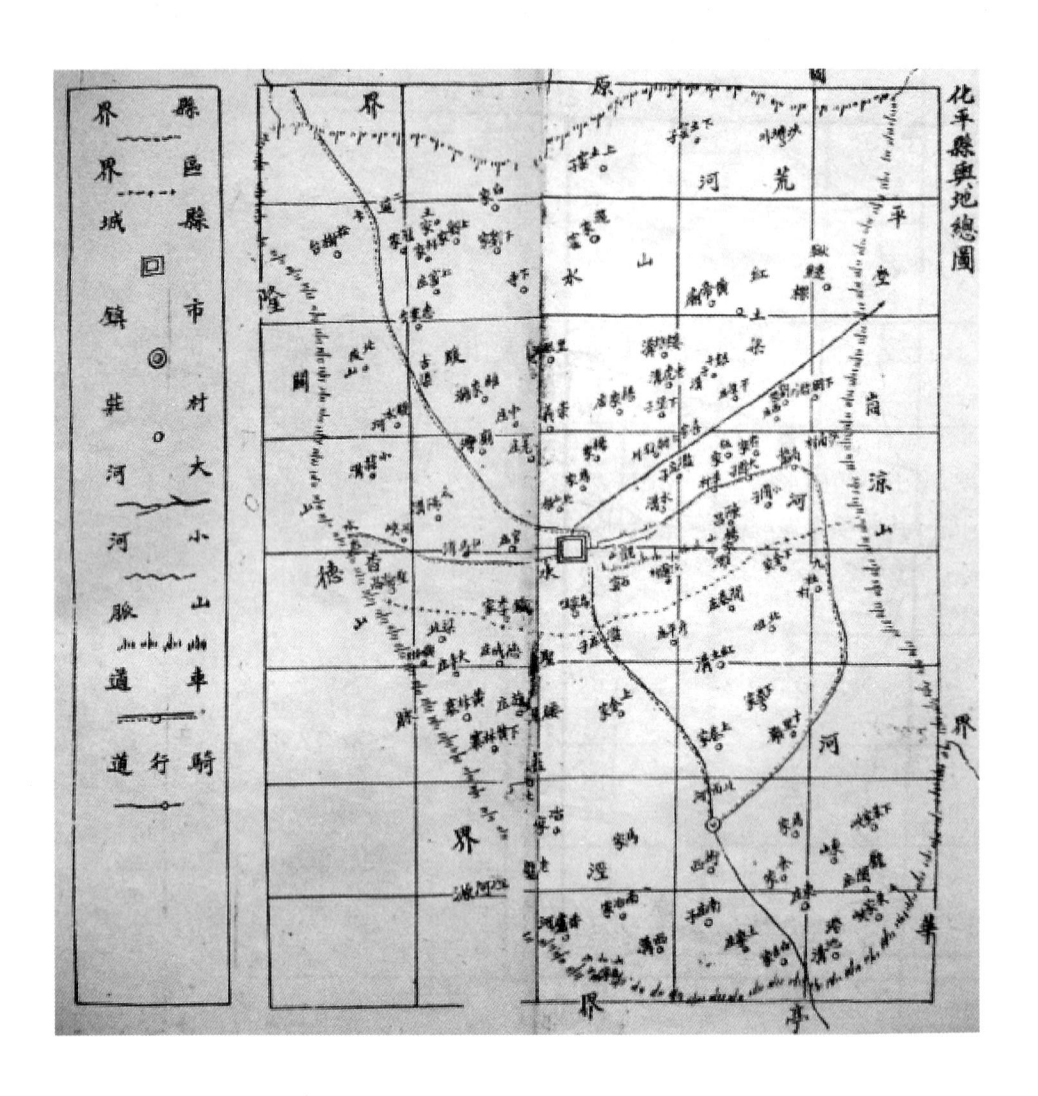

〔化平縣山脉水道圖〕

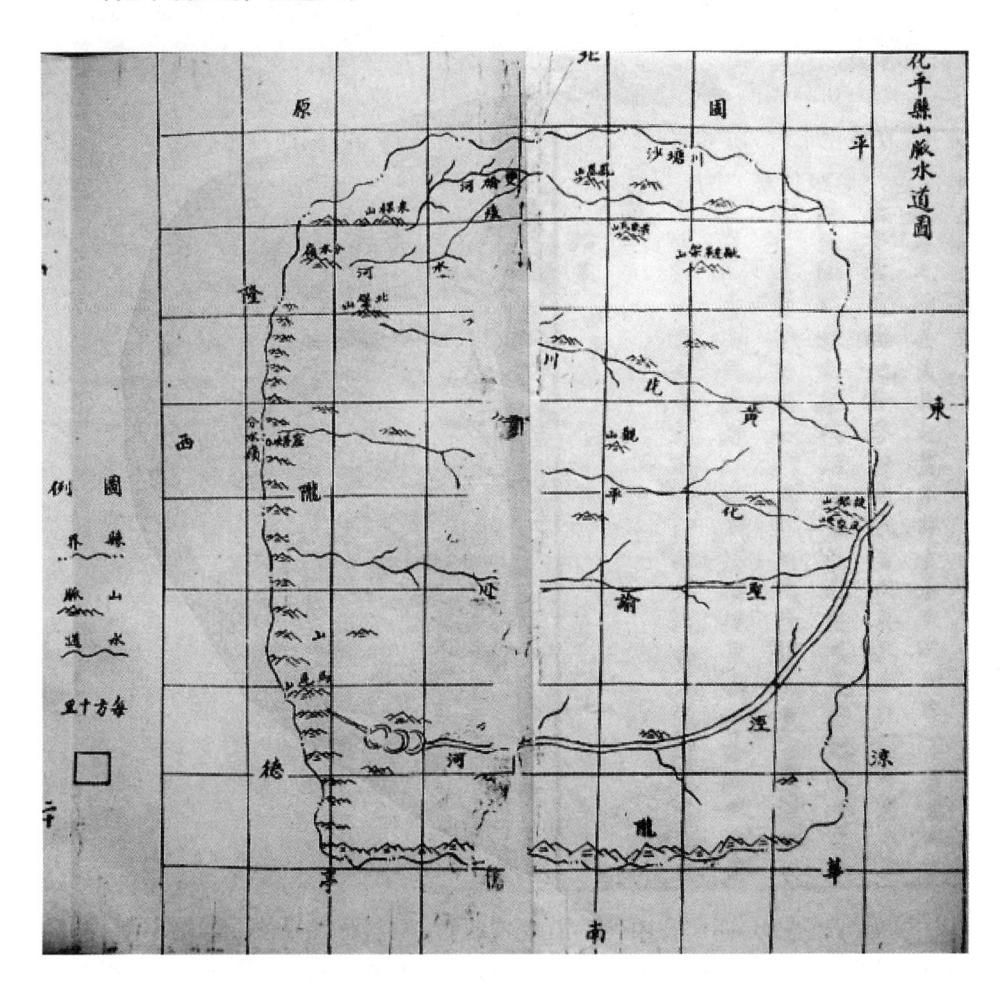

沿革　附表

秦	漢	三國	晋	南北朝	隋	唐	五代	宋	金	元	明	清
北地郡地	安定郡地		屬安定郡		屬隴州	屬義寧軍		初置安化縣，屬渭州；熙寧五年，以制勝關置縣廢，舊安化縣為鎮	化平縣，屬平涼道	併入華亭縣	化平縣地	化平廳，屬平涼道

化平，《禹貢》雍州，古盧國地。周武王時，有盧人。《傳》曰：[1]"盧、彭在周西北。"後爲羌戎所侵。秦始皇時，爲北地郡。漢末迄晋，皆屬安定郡地。隋大業初，屬隴州。唐大曆八年，[1]又隸義寧軍。宋初，置安化縣，屬渭州。[2] 熙寧七年，[2]廢原州制勝關，移縣於關地，仍屬渭州，以其地爲安化鎮。金初因之。大定七年，改爲化平縣，屬平涼府。元，併化平入華亭。今縣城西三里有舊址，頹垣瓦礫城郭之形蹟依然，中廢爲墟。欲問其毀於何時？故老皆無在者。明，屬華亭縣。清同治十年，割固原、平涼、華亭、隆德四州縣轄境，置化平直隸廳，屬平涼道。民國二年，改爲化平縣。

疆域

縣治在甘肅省政府東南七百五十里。東至羊套梁，交平涼界三十五里；西至龍江峽，即窟窿峽分水嶺，交隆德界二十五里；[3]南至大南川，交華亭界四十里；北至土窟子董家山，交固原界四十里；東南至石嘴子分水梁，交華亭界四十五里；西南至馬尾山，交隆德界四十里；東北至鹽圈子，交平涼界四十里；西北至東山坡，交固原界三十五里。[4]編境內爲四里：曰香水里，曰化臨里，曰聖諭里，曰白面里。民國二十五年，改爲一鎮三鄉：曰化臨鎮，曰香水鄉，曰涇原鄉，曰白面鄉。以鄉統保，以保屬村，各設鄉公所一處。後改爲三區：曰第一、第二、第三區公署。二十八年，縣長郝公遇林因減輕人民負担，將三區併爲二區：以香水里、化臨里爲第一區，聖諭里、白面里爲第二區，各設區公署一處。區之下爲聯保，聯保之下爲保，保之下爲甲。

形勝

縣城附近平坦，四面皆山。隴山峙其西南，崆峒鎮其東北。群峰環翠，百泉匯流，徑路崎嶇，隘硤林立，捭捍隆〔德〕、固〔原〕，揞扼平〔涼〕、華〔亭〕。古稱大震門，[5]制勝關，控帶隴山西路，管領沿坡小砦。設險守國，防禦外侮，良有以也。洵爲秦鳳咽喉，隴關險要。

山脈

觀山，在縣城東半里，峰頭古有朝陽紫金觀，故名。一曰"魚兒山"。平地崛起，[6]與衆山不相連屬，高約三十丈，長七里許。形似虎臥，三叠蟬聯，首尾身腰

---

① 參見《尚書•周書•牧誓》孔安國傳。
② 安化縣初置於乾德二年(964)，屬儀州。熙寧五年(1072)，因儀州廢，改屬渭州。參見魯人勇等《寧夏歷史地理考》卷十二《北宋、西夏、金》"安化縣"條。

畢具。兩水交迎,萬山朝拱。上建堡壘,爲化平之險要,乃爲山主。

隴山,一名"關山",在縣城西南十里。北接大漠,南界汧隴,綿亘境内百餘里。東北諸峰皆其分支,蜿蜒磅礴,巖壑萬千。其支巒別阜,隨地異名,勝境難以枚舉。

飛龍山,在縣城東南三十里。秀聯隴麓,清挹涇流,疊嶂層巒,飄然沖舉。舊有玉皇閣、關帝廟、土地祠等十二座,浴佛日賽會極盛。今毀,遺址猶存。

炮臺山,在縣城北四里。[7]每起冰雹,用炮於山上轟擊輒止,故名。

米稞山,古名"美高山",在縣城西北三十里,涇水支流發源於此。逾山二十里至隆德城。隆德舊志"東南二十里曰美高山"即是此山。①

堡子山,在治北十里,有堡寨遺址。相傳元時,田氏三人據此爲寇。又名"撻鼓臺"。

馬尾山,在縣西南四十里,涇水正源出此。

白崖山,在縣南三十里,崖土色白,故名。《平凉府志》:"白崖山在華亭西北,笄頭山南,涇水別源出此。"②

飛鳳山,在縣東南二十五里。《平凉府志》:"飛鳳山在華亭縣西北一百里,形如飛鳳,故名。涇流經此。"③

黑崖山,一名"炭家山",在縣東二十三里。昔年開礦採煤,因炭不旺而止。民國二十七年,張縣長建勳復籌款招工開採,炭少石多,仍停其工。

撻銀山,在縣東二十五里,與黑崖山對峙。中名"炭家峽",涇水由峽際流出。

墩臺山,在縣南二十里。上有土墩,相傳古燒狼烟而設。

龍臺山,在縣南十里,與關山相連。

文筆山,在縣南十五里。峭削如筆,故名。

長壽山,在縣南二十里。

董家瓦山,在縣北三十五里。

鳳凰山,在縣北二十里下寺河。

豹子山,在縣西十里。

北堡山,一名"鹿鳴山",在縣北十里。

馬家行山,在治北三十里,亦名"樺樹山"。

石獅子梁,在縣南三十五里。

紅土梁,在縣東北二十里。土色紅潤,故名。

---

① 參見《〔康熙〕隆德縣志》卷一《山川》。
② 本段引文參見《〔乾隆〕甘志》卷五《山川·華亭縣》"白崖山"條。
③ 本段引文參見《〔順治〕華亭縣志》卷下《補遺》"飛鳳山"條。

窟窿峽,在縣西二十里,[8]險峻曲折,崎嶇難行。
三字峽,在縣西南三十里。形如"三"字,故名。
良田峽,在縣南四十里。
炭家峽,在縣東二十五里。涇河由此出崆峒,石岸千尋,中流迅駛,一夫當關,萬夫莫開。
朱家峽,在縣東南三十五里。
南原,在縣南二里。

水道

涇河,在縣東南三十里。
老龍潭,在縣南三十五里,一名"涇河腦"。南岸石崖有泉一道,由懸空生成,石峴內流出,注射中潭,名"玉皇湫"。山水清奇,木石幽秀,爲化平之一勝。
化平川,縣城在此。其水一發源於南峽分水嶺,一發源於北峽寬草灘,至出峽香水店,合流爲化平川。
聖諭川,在縣西南十五里,古名"聖女河"。
北面河,在縣南三十里,古名"白巖河"。
黃花川,在縣北十里,一名"橫河"。
胭脂川,在縣東北二十里。
雙橋河,在縣西北三十里米稞山下,水出崆峒後峽。
龍家硤川,在縣北四十里。
下寺河,在縣北二十里。
煖水河,在縣西北二十里。水出甚溫,蒸蒸如釜上氣。灌溉田園,禾蔬鬯楙。
沙棠川,在縣東北四十里,與崆峒山後峽之水匯合爲涇。
按華亭舊志:①"治又北曰笄頭山,下有百泉流爲涇,今號爲南山河底。西北曰高山,《山海經》所稱也。蓋西北曰六盤山。其東曰瓦亭山。瓦亭東二十里爲唐彈箏峽,俗名金佛峽。南北皆山,水鳴石如彈箏。東全府城七十里,其水入涇。"
又志載:②後魏於西北六十里置大會鎮,今大會坡也。大會坡西北之十里,是爲百泉,流爲白崖川。又西北曰聖女川,曰化平川,龍家峽川皆匯於崆峒之前峽。又西北曰焉支川,[9]曰煖水前後川,鮑家川皆匯於沙棠川,出崆峒之後峽,匯

---

① 參見《〔順治〕華亭縣志》上卷《方輿一·山川》。
② 參見《〔順治〕華亭縣志》上卷《方輿一·古蹟》。

崆峒之東麓，曰南亂。又西北曰臥陽川、蔡家川、瓦亭川俱匯於金佛峽，至龍音寺之東麓與崆峒山後峽之水，合而爲涇。

考鎮原慕少堂先生《山水調查記》載：涇水起原亦有二：一發源於化平老龍潭，一出山南，一出山北，至崆峒山前面合流，東行四十里至平涼縣城北。又一源發於固原之開成東，南流經瓦亭，匯六盤山東出之水，至平涼安國鎮折而東南行，亦至平涼城北，合而爲一。又東匯大岔河，東行匯鎮原南川之水，又東匯白水河。行一百四十里，經涇川會汭水。東行七十里匯鎮原之蒲河，又東行百里，經寧縣界匯馬蓮河。西南折至陝西長武縣之亭口，匯靈臺所出之黑河，入陝西邠縣界。

按：隴東之水，涇、汭並稱。汭水源起自華亭南北兩泉，下合爲一。東行五十里至崇信縣峽口，斷萬山峙其北，烏龍山、五馬山峙其南。水自北流者曰左峪、秋峪、殿子坡峪、散化峪。自南來者曰五馬峪、通汭峪、紅土峪、西寺峪、城東峪，合三山九峪之水。汭水孔大，其勢浩瀚，越四十里過崇信城，又七十里抵涇川，回中山遂屬於涇。

地質

縣城附近，東南各處地勢平坦，土質肥沃，色黃，宜種小麥。西北地勢高峻，土色多屬青紅，含有砂礫，地極磽薄，產秋禾。境內皆不宜種棉。

氣候　附風雨

氣候寒煖，因地勢之高低，多有不同。盛夏，東南低地溫度最高爲華氏七十度，[10]西北高地爲華氏四十度至五十度。春夏多東南風，秋冬多西北風。每年三四月，多旱而少雨，入秋則霪雨甚多。此爲常候，大旱則反是。至暴風、雹雨、淋雨，歷年有之，均詳述《災異志》中。

水利

縣境山高水疾，地寒土膠，不宜灌漑。若用水澆注，則土結成塊，禾苗不豐。幸雲雨易興，久旱絕少，農民只憂雨潦，[11]不虞旱乾，惟疏瀹川流，開通溝洫，使無壅塞汛濫，是爲水利要務。

化平縣太陽高度表　　以二分、二至午正太陽赤道爲例，照錄甘肅舊通志。①

春〔分〕秋〔分〕太陽高度表

化平縣日影離地平五十四度二十分。

---

① 甘肅舊通志：即《〔宣統〕甘志》卷一《天文志》。

夏至太陽高度表

化平縣日影離地平七十七度四十七分。

冬至太陽高度表

化平縣日影離地平三十度五十三分。[12]

化平縣經緯度分表　　以北平中綫爲主。

經度分秒表

化平縣分綫在西經十度四分。

緯度分秒表

化平縣北極三十五度四十分,低大興縣北極四度十五分。

風俗

化平漢民,古風尚儉,性情樸拙。重農輕商,故殷實甚尠。一世婚姻,三世往來,謂之骨親。男不論聘財,女不論妝奩,唯視門戶相當,致殷勤焉。疾病死喪,親戚相助。水火盜賊,鄰保相衛。不以惡凌善,不以富吞貧。凡事忍讓,鬥訟事稀。惟不好讀書,亦無遠志,所以無科第,無名宿,亦無建立功業之人。自同治十年置廳以後,漢民存者百不及一,安插盡屬回民。回俗頗好盛,謀生亦甚勤。急農重商,不務工藝,崇信阿衡,喜讀天經。婚姻喪葬,親鄰慶吊甚衆。先人祥期忌日,虔於供奉,頗有慎終追遠之風。惟爲士者,鮮有專心,不求深造。是惟司牧者,勤勸懲以變俗,興文教以移風。俾秀者有通經致用之材,樸者安鑿井耕田之樂,識時益智者通商惠工,講求實業。日新月異而歲不同,安見文明之治不可與於偏域僻壤耶?

婚嫁。童婚擇門戶、年齡相當者,用媒妁,無庚帖,一與之約,終始不渝。聘金酌送,鮮有爭者。近今人心不古,希圖聘金,士紳之家無此惡習。且男女十四五歲,多行結婚,其害非淺鮮。鰥夫年在三十歲下者,亦續娶處女,禮義悉如童婚。若娶寡婦,經媒人向寡婦娘屋與亡夫家議定,不取再醮金,亦不立婚書,遂以騎往接,不再用轎,一切禮儀甚簡。

喪葬。父母沒後,朝夕焚香誦經三日,大葬,由親族鄰友略備湯麵,以待吊客。親友亦備奠儀,即助喪錢。喪家接親,疏散白布帽或白衣。七日,喪家誦經請客,至親復來,謂之"過首七",直至四十日止。百日,親友又來致奠,或送輓聯、輓幛之屬。在此百日之內,朝夕上墳誦經,不須間斷,報答親恩,以伸哀痛。其次過頭周年、二周年、三周年,始行除服。三年之喪,天下之通喪也。

方言

語言爲人類交通之具。化平回、漢雜居,陝籍、甘民合處。其聲音清濁高下、剛柔緩急有不同,而同者實多。現在之口頭語,按之古籍均有來源。僅據採訪所得,志之如左:

稱父親曰"達"。

稱母親曰"媽"。

稱叔父曰"爸爸"。

稱日爲"熱頭"。

冰雹爲"冷子"。

霹靂震動曰"乍雷"。

霧濛凝結曰"凌霜"。

不時而霜謂之"黑霜"。

驟然而雨謂之"迫雨"。

嗄,問是甚麼之辭。"說嗄呢""做嗄呢"皆是。

唉,發語辭。

幫肩,猶云差不多也。

乖爽,問訊小兒之辭。

峭欠,問候老者之辭。

緩着,慰人養病之辭,休息亦曰緩。

可惡,謂人之凶狠。

掙扎,謂勉強出力也。

子細,謂人之儉嗇。

唉呀呀,不耐煩之辭。

沒來頭,謂事不要緊或人無出息。

老漢家,長老之通稱。

找麻噠,給人尋事之謂。

夜來哥,謂昨日。

瞎,不好之謂,非必瞽者。

明後兒,謂明日、後日。

臟稀,謂人之不整潔。

嘮叨難纏,謂人之費事。

致噠、務噠,謂這裏、哪裏也。

搔踏，欺侮之謂。
高興，譏人之浮躁。
新發户，謂新近發財者。
没交閒，謂事無趣味。
喇嚕子，賭博人之謂。
冒日鬼，[13]謂人之荒唐。
我夏夏，驚訝之詞。
積鑽麻俐，謂人之奸巧。
拔躋，奉承之謂。
親家，媳翁婿岳相見之稱。
便宜，謂價賤也。
夥記，呼僱工之謂。
排場，局面大方也。
混蛋，不懂事之稱。
結子，謂人之語言遲鈍也。
老實，要實做也，有忠信也。
燃蛋，言語不清楚也。
扯謊，説誑話也。
招愛，求寬待之謂。
顢頇，謂人糊作爲也。
幫肩，謂事大概可成也。

物産

穀類

小麥，仲秋下種謂之冬麥，以別於春麥也。按：小麥秋種冬長，春秀夏實，具四時中和之氣，故有四節五葉。化邑凡有兩種，有芒者、無芒者同時布種，無芒者收穫頗早。

春麥，皮厚而大，少麵。春初種，與小麥同時收穫。

大麥，色白者名"大麥"，色青者名"青稞"。

燕麥，考《爾雅》名雀麥。① 殼厚子堅，俗呼燕麥。飼牲畜可代料豆。

蕎麥，甜蕎、苦蕎兩種。均紅桿、緑葉、白花、黑子，性凉。

---

① 參見《爾雅·釋草》。

洋麥,種出自美國。桿高穗長,粒似油麥,味不及小麥。
油麥,三月種,七月收。磨粉作餅、飯皆宜,性多油。
豌豆,青者多,白者少。三月種,六月收。
大豆,生芽充蔬,磨粉作稀飯,又可炒食。
穈子,其色有黑、黃二種,去皮統爲黃米。
大麻,三月種,七月收。桿高皮厚,皮可造繩,子可榨油。
菜子,有紅、黃二色,專供榨油。
胡麻,枝桿細小,花色黃白。皮可作袋,子可榨油。

蔬類

蘿蔔,紅白二種。白菜、芥菜、苜蓿、苦菜、胡瓜、南瓜、葱、韭、蒜、笋、芹、甜菜。

果類

杏、酸梨、李子、櫻桃。

木類

松、柏、楊、柳、樺、杠、竹。

藥類

黨參、甘草、秦艽、羌活、獨活、冬花、黃柏、白芪、[14]白芍、赤芍。

花類

荊梅、芍藥、紅白二色。金盞、萱草、菊、石竹、迎春梅、洋牡丹。紅白二種,又名"大冬花"。

禽類

雞,知時鳥也。孵卵二十一日而化,有文、武、義、信、勇五德。一名"時夜",一名"燭夜"。
鵝,一名"家雁"。綠眼、黃喙、紅爪,善鬥,隨更舒頸而鳴。孵卵隨日光而轉,水魚聞聲則潛。
鴨,一名"家鳧",一名"鶩"。與鵝借雞孵卵,二十八日而化。鳴聲呷呷,其名自呼。
鴻雁、斑鳩、紅嘴鴨、鷉、鷹、鵲、俗名"喜鵲"。烏鴉、鷗鴞、雉、俗名"野雞"。燕、鶉鴿、雀、俗名"鷦兒"。布穀。因其聲似而呼之,可知農候。

獸類

〔家畜类〕

馬,李時珍曰:①"馬力在膊,以西北方者爲勝。一歲曰奉,二歲曰駒,三歲曰

---

① 參見《本草綱目》卷五〇下《獸之一·馬》。

騑,四歲曰駟,名色其多。見《爾雅》及《説文》。"乾陽之精,孕十二月而生。

騾,壯健有力,鎖骨不開,故不生駒。

驢,長頰廣額,磔耳修尾,夜鳴應更,能旋磨馱負。一名"漢驪",一名"骖驢",有褐、黑、白三色,孕與馬同。

牛,坤陰之精,孕十月生。《曲禮》曰:①"牛曰一元大武。"有黃、黑、褐三色。

羊,兑金之精,孕七月生。《曲禮》曰:②"羊曰柔毛。"歲剪其毛,以爲氈物。

犬,俗名"狗",艮山之精,孕三月生。狗、犬通名,分而言之,大者爲犬,小者爲狗。

貓,離火之精,孕二月生。李時珍曰:③"貓,苗、矛二音,其名自呼。捕鼠小獸也。"

猪,坎水之精,孕四月生。

野獸類

虎,猛獸,七月生,身有黃、黑班紋。

豹,似虎而小,尾長多有斑紋,皮可爲褥。

狼,似犬。鋭頭、白頰、面醜,性貪狡。雄者爲狼,雌者爲狽。

鹿,大如羊。六月生,牝無角。[15]

狐,色褐,黄尾,長毛,温厚。

麝,似小鹿,無角。臍有香,毛脆。

兔,黑、白二色,野兔多麻黃色。

蟲類

蜜蜂、黄蜂、蛾、蚊、蠅、蝶、蜘蛛、蚯蚓、蟻、蝦蟇、蜻蜓、螳螂。

鱗介類

小魚、蛇。

建置志

金城湯池,所以衛民;堂舍松廳,所以治事。名爲縣治,則建置是尚建置之爲用,皆不外物質、理論、自然三者之構造。三者缺一,即一家庭一社會之小,[16]亦不能成,況一縣乎?化平建置所含性、量、質三者具備,[17]謹援目志之,庶知締造之艱難,有地方之責者,維持於不敝耳。志《建置》第二。[18]

---

① 參見《禮記·曲禮下》。
② 參見《禮記·曲禮下》。
③ 參見《本草綱目》卷五一上《獸之二·貓》。

城郭

縣城建在觀山之西半里，古城之東三里，係昔安化化平鎮地。清同治十一年，提督喻勝榮、署通判知縣左壽崑修土城一座。周圍二里三分，東、西、南、北四門，共睥睨五百五十四，均係磚砌。原有東、南、西、北城樓四座，旋因風雨飄淋，南、北、西城樓均圮，惟存東城樓。光緒三十二年，通判曾麟綬因城西、城北坍塌，鳩工補修，並修西城樓一座，爲庭舍式。民國六年，知事孔慶琳率同紳士張逢泰、[19]于文源等，督工補修北城墙一次。民國二十四年，縣長蓋世儒補修西城墙一次。民國二十八年，縣長郝公遇林以西城倒塌，復以工代賑，修築城垣，始行堅固。

縣署

縣署，在城内西北。清同治十二年創建。大門三間，儀門三間，大堂三間，東西厢房十間，捲棚三間，坍塌無存。二堂三間，東西厢房兩間，左右耳房六間，東西花廳六間。三堂三間，東西厢房四間，廚房三間。大堂外東科房五間，西班房五間，即看守所。大門外照壁一座。儀門右爲監獄圍牆一道，監房五間，獄神廟一座。照磨廳在縣署右側，同治十二年創建，坍塌無存。現該地址建房三間，爲管獄員公所。

儒學署，在孔聖廟左側，同治十二年創建。取銷訓導後，各房坍塌，地址奉令變賣。

縣署大堂三間，即今之中山堂。民國十四年，知事張維嶽重修一次。

都司衙門，在縣城内西北，同治十二年創建。今廢。

經制衙門，在縣城内東南。今廢。地址於民國五年奉令變價。

歸儒書院，同治十三年，喻軍門勝榮捐置。民國七年，知事孔慶琳協同勸學所所長張逢泰、于文源等重修，改稱高級小學校。[20]二十六年，奉令改爲回民小學校，現改爲縣立縣城小學校。

廟寺

孔聖廟，同治十二年創建，在縣署左側。大成殿五間，東、西廡六間，戟門三間，外有泮池，欞星門一座，宮牆萬仞。崇聖祠三間，今僅存大成殿。崇聖祠、大成殿改爲教育館。崇聖祠現充設義務初小校。

關帝廟，在城西南。正殿三間，東、西廊房六間，大門三間，後殿三間，各房均傾圮。

城隍廟,在縣城內東北。正殿三間,東、西廊房六間,大門三間。民國二十八年六月間,土匪竄擾化〔平〕境,嗣後被軍隊擊潰。其時遺留莠民及匪眷甚多,情至可憫,由縣長郝公遇林設立教養於此,施於感化。

文昌宮、萬壽宮,在城南,均早廢。地址奉令變賣。

縣城東關清真寺一座。

四鄉清真寺,大小八十餘座,有規模宏大者,有形同民房者,皆回民禮拜之所也。

文廟祀位

崇聖祠

謹案:明嘉靖九年,於大成殿後立啓聖祠,祀叔梁公。清雍正元年,封孔子先世王爵合祀。五代更名為崇聖祠。清光緒三十四年,升大祀,薦用大牢。

肇聖王木金父公。

裕聖王祈父公。

詒聖王防叔公。

昌聖王伯夏公。

啓聖王叔梁公。

東配位

先賢孔氏孟皮,清咸豐七年配饗。

先賢顏氏,名無繇,唐開元二十七年從祀,明嘉靖九年升配。

先賢孔氏,名鯉,宋咸淳三年從祀,明嘉靖九年升配。

西配位

先賢曾氏,名晳,唐開元二十七年從祀,明嘉靖九年升配。

先賢孟孫氏,名激,明嘉靖九年配饗。

東廡先儒位

先儒周氏,名輔成,明萬曆二十三年從祀。

先儒程氏,名珦,宋景德三年生,元祐五年卒。明嘉靖九年從祀。

先儒蔡氏,名元定,宋紹興五年生,慶元四年卒。明嘉靖九年從祀。

西廡先儒位

先儒張氏,名迪,清雍正二年從祀。

先儒朱氏,名松,宋紹聖四年生,紹興十年卒。明嘉靖九年從祀。

大成殿

大成至聖先師孔子。

東配位

復聖顏子，漢、魏、晋、唐諸朝祀，七十二弟子均以顏子爲第一配饗。元至順元年，封充國復聖公。

述聖子思子，宋大觀二年從祀，端平三年升哲位，咸淳三年配饗。元至順元年，封沂國述聖公。

西配位

宗聖曾子，唐開元八年從祀，宋咸淳三年配饗，元至順元年，封郕國宗聖公。

亞聖孟子，宋元豐七年配饗，元至順元年，封鄒國亞聖公。

謹案：以上配位，宋以前皆稱封爵，元稱公，明嘉靖九年改稱某聖某子，清因之。

東哲位

先賢閔子，唐開元八年從祀。

先賢冉子，唐開元八年從祀。

先賢端木子，唐開元八年從祀。

先賢仲子，唐開元八年從祀。

先賢卜子，唐貞觀二十一年，以經師從祀。開元八年，升哲位。

先賢有子，唐開元八年從祀，清乾隆三年升哲位。

西哲位

先賢冉子，唐開元八年從祀。

先賢宰子，唐開元八年從祀。

先賢冉子，唐開元八年從祀。

先賢言子，唐開元八年從祀。

先賢顓孫子，唐開元八年從祀，宋咸淳三年升哲位。

先賢朱子，宋建炎四年生，慶元六年卒，淳祐元年從祀。清康熙五十一年升哲位。

東廡先賢位

先賢公孫僑，《左傳·魯襄公八年》始見，[①]昭公八年卒，清咸豐七年從祀。

先賢林放，唐開元二十七年從祀，明嘉靖九年改祀於鄉，清雍正二年復祀。

先賢原憲，唐開元二十七年從祀。

先賢南公适，唐開元二十七年從祀。

先賢商瞿，唐開元二十七年從祀。

---

① 參見《春秋左傳正義》卷三〇《襄公八年》。

先賢漆雕開,唐開元二十七年從祀。
先賢司馬耕,唐開元二十七年從祀。
先賢梁鱣,唐開元二十七年從祀。
先賢冉孺,唐開元二十七年從祀。
先賢伯虔,唐開元二十七年從祀。
先賢冉季,唐開元二十七年從祀。
先賢漆雕徒,唐開元二十七年從祀。
先賢漆雕哆,唐開元二十七年從祀。
先賢公西赤,唐開元二十七年從祀。
先賢任不齊,唐開元二十七年從祀。
先賢公良孺,唐開元二十七年從祀。
先賢公肩定,唐開元二十七年從祀。
先賢鄡單,唐開元二十七年從祀。
先賢罕父黑,唐開元二十七年從祀。
先賢榮旂,唐開元二十七年從祀。
先賢左人郢,唐開元二十七年從祀。
先賢鄭國,唐開元二十七年從祀。
先賢原亢,唐開元二十七年從祀。
先賢廉潔,唐開元二十七年從祀。
先賢叔仲會,唐開元二十七年從祀。
先賢公西輿如,唐開元二十七年從祀。
先賢邽巽,唐開元二十七年從祀。
先賢陳亢,唐開元二十七年從祀。
先賢琴張,唐開元二十七年從祀。
先賢步叔乘,唐開元二十七年從祀。
先賢秦非,唐開元二十七年從祀。
先賢顏噲,唐開元二十七年從祀。
先賢顏何,唐開元二十七年從祀,明嘉靖九年罷,清雍正二年復祀。
先賢縣亶,清雍正二年從祀。
先賢牧皮,清雍正二年從祀。
先賢樂正克,清雍正二年從祀。
先賢萬章,清雍至二年從祀。
先賢周敦頤,宋天禧元年生,熙寧六年卒,淳祐元年從祀。

先賢程顥,宋前道元年生,元豐八年卒,淳祐元年從祀。
先賢邵雍,宋大中祥符四年生,熙寧十年卒,咸淳三年從祀。
西廡先賢位
先賢蘧瑗,唐開元二十七年從祀,明嘉靖九年改祀於鄉,清雍正二年復祀。
先賢澹臺滅明,唐開元二十七年從祀。
先賢宓不齊,唐開元二十七年從祀。
先賢公冶長,唐開元二十七年從祀。
先賢公晳哀,唐開元二十七年從祀。
先賢高柴,唐開元二十七年從祀。
先賢樊須,唐開元二十七年從祀。
先賢商澤,唐開元二十七年從祀。
先賢巫馬施,唐開元二十七年從祀。
先賢顏辛,唐開元二十七年從祀。
先賢曹恤,唐開元二十七年從祀。
先賢公孫龍,唐開元二十七年從祀。
先賢秦商,唐開元二十七年從祀。
先賢顏高,唐開元二十七年從祀。
先賢壤駟赤,唐開元二十七年從祀。
先賢石作蜀,唐開元二十七年從祀。
先賢公夏首,唐開元二十七年從祀。
先賢後處,唐開元二十七年從祀。
先賢奚容箴,唐開元二十七年從祀。
先賢顏祖,唐開元二十七年從祀。
先賢句井疆,唐開元二十七年從祀。
先賢秦祖,唐開元二十七年從祀。
先賢縣成,唐開元二十七年從祀。
先賢公祖句茲,唐開元二十七年從祀。
先賢燕伋,唐開元二十七年從祀。
先賢樂欬,唐開元二十七年從祀。
先賢狄黑,唐開元二十七年從祀。
先賢孔忠,唐開元二十七年從祀。
先賢公西蒧,唐開元二十七年從祀。
先賢顏之僕,唐開元二十七年從祀。

先賢施之常,唐開元二十七年從祀。

先賢申棖,唐開元二十七年從祀。

先賢左丘明,唐開元二十一年以經師從祀。[21]

先賢秦冉,唐開元二十七年從祀,嘉靖九年罷,清雍正二年復祀。

先賢公明儀,清咸豐三年從祀。

先賢公都子,清雍正二年從祀。

先賢公孫丑,清雍二年從祀。

先賢張載,宋天禧四年生,熙寧十年卒,淳祐元年從祀。

先賢程頤,宋明道二年生,大觀元年卒,淳祐元年從祀。

謹案:以上先賢位,宋以前從祀者皆稱封爵,明嘉靖九年改稱先賢某子。周、張、程、邵五子,嘉靖時稱先儒,崇禎十五年改稱先賢,位在七十子之下、漢唐諸儒之上。清稱先賢,不稱子。

區村

第一區屬村十五

中山街

烏家嘴距縣城五里,鐵李家距縣城五里,水溝村距縣城二里,楊家村距縣城八里,石窰兒距縣城三里,沙園村距縣城四里,轍村距縣城八里,大園子距縣城十里,小園子距縣城十里,北伍家距縣城十里,東丁家距縣城十里,沙南村距縣城二十里,南敖里距縣城十五里,濫莊子距縣城十里。

第二區屬村十七

香水店距縣城十里,大莊里距縣城八里,莧麻灣距縣城五里,官莊距縣城三里,廟灣里距縣城十里,羅家灘距縣城十里,佛鄉莊距縣城十里,崇義村距縣城十里,楊家店子距縣城十里,下堡子距縣城十里,上胭脂川距縣城五里,下胭脂川距縣城二十里,紅土梁距縣城二十里,沙棠川距縣城四十里,二道卡距縣城三十里,惠家臺距縣城二十里,㷖水河距縣城十五里。

第三區屬村十二

興和村距縣城十五里,大寺莊距縣城十五里,黑其家距縣城十五里,白馬營距縣城三十里,興盛莊距縣城十三里,黃林寨距縣城十五里,上金家距縣城十五里,下金家距縣城十五里,藍家大莊距縣城二十里,黑家村距縣城二十五里,上冶家距縣城二十五里,下冶家距縣城二十五里。

第四區屬村十五

白面鎮距縣城三十里,于家距縣城三十里,馬家距縣城三十里,西大寺距縣城三十里，西溝里距縣城三十里，南莊子距縣城三十里，澇池溝距縣城三十三里，濫莊子距縣城三十五里，旁筒莊距縣城三十三里，河北里距縣城三十里，九社里距縣城二十五里，上秦家距縣城二十五里，下秦家距縣城二十五里，上朱家峽距縣城三十八里，下朱家峽距縣城三十八里。

全縣向爲四里，現改爲二區，以香水里、化臨里爲第一區，聖渝里、白面里爲第二區。

堡寨

安化堡，在縣城東半里，觀山之巔。民國二十三年，縣長楊天柱創建。上修碉樓，內駐保安隊，爲化平之險要。初名天柱堡，後經各界議改安化堡，取宋安化縣之意。民國二十八年，縣長郝遇林復以工代賑，修築堡上道路及廣造森林。春夏樹木茂盛，風景絕佳。

黃林寨，在縣屬聖諭里。黃林寨村附近昔有寨子，今廢，遺址猶存。

碉堡，民國二十四年，共匪擾甘，各縣奉令築碉堡自衛。化平四鄉四十餘保，共建築碉堡六十餘座，皆堅牢高固，可資防守。

【校勘記】

[1] 大曆：原避清高宗弘曆諱改作"大歷"，據唐代宗李豫年號回改。下同。

[2] 七年：原作"五年"，據《宋史》卷八七《地理志》改。

[3] 二十五里：《〔宣統〕甘志》卷五《輿地志·疆域》作"三十五里"。

[4] 三十五里：《〔宣統〕甘志》卷五《輿地志·疆域》作"三十里"。

[5] 大震門：此同《大清一統志》卷二〇二《平凉府》、《〔乾隆〕甘志》卷二二《古蹟》，《讀史方輿紀要》卷五八《陝西七·固原州》作"大振門"。

[6] 崛：原作"掘"，據《〔宣統〕甘志》卷六《輿地志·山川上》改。

[7] 四里：《〔宣統〕甘志》卷六《輿地志·山川上·化平川直隸廳》"炮臺山"條作"五里"。

[8] 二十里：《〔宣統〕甘志》卷六《輿地志·山川上·化平川直隸廳》"窟窿峽"條作"三十里"。

[9] 焉支川：原作"馬支川"，據《平凉府志》卷十一《華亭縣·山川》、《〔順治〕華亭縣志》上卷《方輿一·山川》改。

[10] 華氏：原作"攝氏"，據文意改。

[11] 憂：原作"夏"，據文意改。

[12] 三十：原作"三十三"，據《〔宣統〕甘志》卷一《天文志·冬至太陽高度表·化平直隸

廳》改。

［13］冒：原作"胃"，據文意改。

［14］白芷：原作"白薺"，據中藥名改。

［15］牝：原作"牡"，據改。

［16］庭：原作"廷"，據文意改。

［17］質：此字下原衍"量"，據文意删。

［18］第二：原作"第一"，據實際内容改。

［19］孔慶琳：原作"孔慶淋"，據本志卷二《職官志·縣知事》改。

［20］小學校："小"字前原衍"小"，據文意删。

［21］從祀：原作"從事"，據文意改。

化平縣志卷二

經政志

民有常供，國有常恤。今列有清一代蠲恤為經政之冠，追念曠典，亦以使後之人有所考。志《經政》第三。

蠲恤

清順治元年，除免前明三餉。康熙、乾隆兩朝，普免天下錢糧八次，普免天下漕糧四次。嘉慶朝復普免天下漕糧一次。至於水旱蠲恤，無年無之，動輒數百萬。化平前屬華亭，自是均沾恩澤。同治十年，於治境安插投誠回民，甫到即開墾耕種，按丁給地，並發耕牛、農器、籽種，六七年之久，均未升科。及至光緒三年，始令完納錢糧。光緒十五年，免各省歷年雹、旱偏災積欠糧銀，化平與焉。宣統元年，豁免各省民欠歷年帶征銀糧，化平與焉。民國十五年秋，甘肅省長薛〔篤弼〕及財政廳長楊蠲免隴東鎮守使張兆鉀烟地罰款壹拾三萬之半。

田賦

原由華亭劃撥額民地六百三十二頃三十三畝五分六厘。《華亭志》載。

額徵地丁銀壹千壹百三十五兩四分二厘。《華亭志》載。

又續墾民地五十頃三十五畝四分九厘。

統共以上實熟民地六百八十五頃八十八畝四分六厘。因舊案遺失，科則紊亂，由縣府從新另定。每畝科地畝銀壹分七厘九毫，該徵地丁銀壹千貳百二十七兩七錢三分四厘。於民國四年，奉財政廳核准，每正銀壹兩，連同一五耗羨、五五盈餘包括在內，改徵銀壹兩七錢，共徵銀貳千零八十七兩壹錢四分八厘。內正項銀壹千貳百二十七兩七錢三分四厘。

耗羨銀壹百八十四兩壹錢六分，盈餘銀六百七十五兩二錢五分四厘。總計實征地丁銀貳千零八十七兩壹錢四分八厘，以一五合洋叁千壹百叁十元零七角二分二厘。

雜項

教育經費銀七十五兩零一分三厘四毫。係舊日鹽課,歸地丁帶徵。民國十二年,悉數改充教育經費。

百五經費銀六十壹兩三錢八分六厘。不在教育經費內。

稅課

一、契稅,歸縣政府經收。原定比額洋捌百元,迨後每年約徵洋四五十元不等。

一、牙稅,歸縣政府經收。共牙行十三家,科則不等。民國十四年分,實收洋壹百叁十六元。自十五年至二十四五等年,收數同上。

一、磨稅,縣政府經收。共水磨二十七座,科則不等。民國十四年分,實收洋二十九元。現在徵收洋六十五元。

一、駝捐,縣政府經收。原定比額洋二千七百七十二元。民國二十三年分,實收洋八百四十六元,即第二十一屆。

一、牲畜稅,由財政廳招商包辦。民國十四年分,原定比額銀五百壹十兩,合洋七百六十五元。二十三年,比額洋一千一百二十元。

一、屠宰稅,洋壹百二十元。

一、印花稅,向歸縣政府銷售,後改歸郵寄代辦所代售。每月數十元不等。

經費支出考

清春秋祀典

文廟每年春秋祭祀,支銀四十五兩。

武廟每年春秋祭祀,支銀二十二兩八錢八分。

文昌廟每年春秋祭祀,支銀十六兩七錢六分。

壇廟每年春秋祭祀,支銀十四兩五錢九分二厘。

民國二年,改文廟中祀爲上祀。民國五年,置奉祀官,就地籌祀。民國十八年春,罷奉祀官。文廟祀典准八月二十七日舉行一次,由教育局辦理。

官長薪俸

清定化平爲直隸廳,通判一員,照磨一員,訓導一員。每年官役俸工銀五百九十三兩一錢二分,除折扣外,實領銀叁百八十九兩一錢六分九厘。

民國官長薪俸及公費額如左：

一、行政公署

知事一員，額俸年支洋叁千一百二十元，除折減外，實支洋一千八百零三元六角。

科員三名，額薪年支洋一千八百元，除折減外，實支洋一千一百三十四元。

公費額支洋四千三百二十元，除折減，實支洋一千九百四十四元。

以上共實支洋四千八百八十一元六角。

一、監獄

管獄員兼看守所所官一員，額俸年支洋二百八十八元。

檢驗吏一名，額薪年支洋九十六元。

看守役四名，額餉年支銀二十四兩，除折減外，實支銀一十五兩七錢九分二厘，合洋二十三元六角八分八厘。

以上共實支洋四百七元六角八分八厘。

囚犯無定額，每名日支倉斗口糧八合三勺，鹽菜銀五厘。

一、警察所

所長一員，由知事兼任，不另支薪。

警佐一員，額薪年支錢叁百六十串文。

長警二十六名，額餉年支錢一千三百七十串六百文。

公費額支錢伍千七百七十五串文。

以上共支錢柒千五百一十二串六百文。均係就地籌款開支。民國十四年化平縣《財政全書》載。

民國二十四年縣政府暨各機關經費如左：

一、縣政府每月行政經費六百五十元，預備費每月一百五十元。

一、保安隊每月經費二百五十八元，服裝費全年四百元。

一、縣黨部經費每月八十元。

一、平涼法院經費每月三十元。

一、鄉公所經費每月壹百三十六元。

一、教育補助費每月三十元。

一、政務警察口食每月壹百六十元。

一、編查保甲費六百八十六元。

一、司法經費每月八十四元。

一、戒烟所經費每月二十四元。

化平縣地方收入調查報告表　　二十七年三月日造報（單位：元）

收入種類	用途	二十七年份全年收入數① 估計數	二十七年份全年收入數① 已收數	徵收標準	徵收方法	已否核准	備考
地丁附加百五經費	行政經費	9 208		按地丁每兩附加五分，以一五折合	由第二科設櫃分上下，忙一次，徵收附加在內，並發給收據	二十六年七月二十三日，財三午字第6275號指令②	
各項陋規	行政經費	37 810	500	按地丁每兩附加一錢四分，牙磨捐等併列在內			按前任移交數
攤款	補助行政經費	102 960	34 000			二十七年二月十二日，民一丑字第385號訓令	
	區署經費	400 600	22 000			民一未字第969號訓令	
	區署警察服裝費	16 000				民二子字第275號訓令	
	保甲經費	234 000	13 500			民二未字第006號訓令	
	社訓經費補助款	48 000	6 000			財一預寒印電	
	國民兵義勇壯丁常備隊開辦費	14 000				民二亥字第1898號，及民二亥字第1842號令	

---

① 全年收入數字原用漢字，爲便於識讀，整理者改用阿拉伯數字。
② 指令編號原用漢字，爲便於識讀，整理者改用阿拉伯數字。下同。

續　表

收入種類	用途	二十七年份全年收入數		徵收標準	徵收方法	已否核准	備考
			估計數	已收數				
	國民兵義勇壯丁經費	764 208				仝右	
	國民兵義勇壯丁服裝費	107 800				仝右	
	壯丁大隊附薪	6 000				財一預申字第9088號指令	該款按梳算,舊列入攤收,現已改充義勇警察訓練經費
	保安二分隊經費	786 000	61 000			三月一日,保四字第959號指令	
	保安二分隊服裝費	84 000				仝右	
	保安事業費	120 000	20 000			奉有財預江電	
	預備費	137 600	20 000			仝右	
	新運會經費	24 000				仝右	
	義務短小經費	144 000				仝右	
	民眾補習學校經費	48 000				二十六年三月一日,教三寅字第155號訓令	已在購置設備,定期開辦中
	初級小學不敷經費	13 933				財一預申第9088號訓令	

续 表

收入种类	用途	二十七年份全年收入数 估计数	已收数	徵收标准	徵收方法	已否核准	备考
	民众教育馆经费	12 000				仝右	
	县督学薪	72 000				仝右	
	小学教员讲习生津贴	14 400				根据财预江电	该款存留作准备金
	建设事业费	56 000				财一预申字第9088号指令	内有城墙修理费二百元，余作度量衡检定经费及重要工程之用
	电话补助费	24 000				二十五年十一月二十五日，建二戌字第2957号指令	该款留作各区电话设备费或收音电料补助费
	收音处经费	36 000				二十五年十一月二十六日，建一戌字第1156号训令	收音机并未失效，因托人去西安买电料，尚未运到，现因电力薄弱，收音低细
	收音电料费	36 000				同上，又财一预申字第9088号指令	
	地方款收据印刷费	4 800		摊款按地丁每两，合收二十六元七角三分三厘	奉有令核准，经财监会议决，由第二科设柜，分上下半年，摊收发给地方款收据	上列摊款奉有财预江电	

續　表

收入種類	用途	二十七年份全年收入數 估計數	二十七年份全年收入數 已收數	徵收標準	徵收方法	已否核准	備考
地丁附加串票	工本	5 400			由地丁按串票附收		
畜屠稅附加教育經費	行政經費	26 400	4 400		由畜屠稅局代收繳		
地丁附加鹽課	教育經費	11 250			由地丁附加收入		
學田租	仝右	9 000			由教育款產委員會分期催收		
基金利息	仝右	20 600			仝右		
小磨租	仝右	200			仝右		
炭窰捐	仝右	32 250		按舊例由包商辦理	仝右		
水油磨捐	仝右	13 000			仝右		
牙屠行捐	仝右	5 000			仝右		
斗稱行捐	仝右	39 000			仝右		
蒲藍捐	仝右	1 400			仝右		
契稅附加	仝右	1 000		按契價每元附加五分	在驗契時附加收入		

續　表

收入種類	用途	二十七年份全年收入數 估計數	二十七年份全年收入數 已收數	徵收標準	徵收方法	已否核准	備考
商店捐	區署社訓經費	17 000	8 500	由城關及北面河商戶十四家酌量攤收	由縣政府發給收據	民二未字第1006號訓令	
合計		3 599 517①	189 900				

該縣長對於該縣地方稅制有何改革意見，應就該縣情形擬具體切實辦法。

一、實施預算決算制。

一、實施稅款徵收一條鞭法。

一、嚴厲裁汰房科舊吏，由省府訓派徵收主任，在縣長及主管科長監督。

一、指導之下對會計主任負責。

一、規定各區長、聯保主任爲督徵員，但不得經手款項，督促人民直接上櫃投納。

民族

化平人民分回漢兩族，回族占百分之九十九。同治十年，安撫於此，耕田而食，由來久矣。土著漢民，經同治亂後僅餘十分之一，邇來漸臻繁衍。回漢相處，和睦融洽，別無吵喇、②土蕃及蒙、藏各族。

户口

未置廳以前，地屬華亭，户口細數無考。

同治十年，安撫陝、甘回衆一萬有奇，除親屬認領外，共男女九千四百餘名口。

宣統元年調查，全縣四里共計三千一百八十五户，共一萬六千五百九十一丁口。[1]回民三千九十二户，男八千八百一十三丁，女七千四百二十五口；漢民九十三户，男二百三十，女一百二十三口。

民國二十四年，蓋縣長世儒奉省令編查保甲，調查户口，全縣共計三千九百

---

① 據各分項數，合計爲"3 534 819"。

② 吵喇：即撒拉。

三十七户，二萬五千零四十八口。

民國二十八年，郝縣長遇林奉省令復編保甲，全縣共計三四五二户，二三五二八口。從此後，政治之設施，經濟之分配，當不難而臻上乘矣。

倉儲

清光緒元年，置社倉十二間，由聖諭、白面、香水、化臨四里公捐社糧。官督紳辦，派倉正、副八人經理。歷年出陳易新，催收不齊，在倉之糧，歲久霉變，奉令出糶，顆粒無存。

民國十五年，隴東鎮守使張兆鉀由隆德撥來倉麥一百石，旋供馬輔臣司令駐軍餉糈。自此以後，歷遭匪、旱、雹各災，無暇顧及倉儲。

民國二十五年，現有存糧倉斗小麥一十二石九斗九升，倉斗洋麥一百一十九石一斗。

二十八年，現有小麥、洋麥□石□斗□升，均出放於民。

恤政

囚犯口糧，每名日支倉斗小麥八合三勺，鹽菜銀五厘。今由高等法院規定，每名每日給洋六分六厘。

驛傳

縣境不當衝繁孔道，向無驛站。額設鋪司二十名，傳遞公文。本城鋪司四名，東沙塘川鋪司四名，西香水店鋪司四名，南白面鎮鋪司四名，北三十里鋪鋪司四名。

郵政

民國元年，奉令改驛歸郵，取銷鋪司。郵資由縣政府辦公經費内開支。郵路東通平涼，郵差一名，兩日一班。以平涼爲管理局，縣設代辦所，負收發公文、函件之責，交通上亦極稱便利。惟地僻境狹，開辦有年，郵務迄未發達。

生業　附衣、食、住、行

化平業農者十之九，業商者十之一。十一之商，且多兼營農業，而業工者則甚少，故衣物恒多取給於客商，一切資費皆賴糶穀以出之。故生計無論年之豐歉，均不免有乏食、乏財之患。惟農耕之暇，則砍天然林木運往鄰縣出售。冬季或燃炭賣之，以養生。中上之家，婦女日趨奢惰，不事織紡。下等之家，婦女兼事耕耘,助場事,蓬頭垢面,體無完服,狀獨甚苦。誠能注重實業,提倡婦女織紡,以裕生計,不惟奢惰之風可革,即利權亦庶幾稍可挽回矣。

衣。通常衣料以棉布、洋布、絲布為大宗,綢緞上戶嫁娶稍有用者,紗羅則用之者甚少。布帽、緞帽官民普通用之。婦女金銀首飾、繡衣繡履多不時尚。衣裳身袖漸寬,較前尚窄之風漸革,日趨樸素。

食。食料以麥及蕎麥、油麥為大宗,糜穀、豆芋等次之。肉食以牛、羊、雞為最多。飲料尚茶,不用酒,更不吸紙烟。山珍海味,即上戶家亦鮮有用者。

住。明清住室,經同治兵燹,無一存者。同治十年,招安之民建築無完整規劃,恒就田地所在,結草蘆,覆土房,零星散居。近雖戶口日繁,瓦屋漸多,而參差任意,無整齊宏大之規模。

行。幹路官常督修,支路民皆治平。代步多用騾馬,運載間有牛車或人力車。至轎車、脚踏、汽車等則碍於山高征曲,道路難治,交通不便,無用之者。肩輿,清末及入民國,即上戶嫁娶,近亦盡革。

衛生

清潔為衛生之要。上戶之家,尚知注重,而下戶之家,家院門巷常積糞穢,最礙眼鼻。惟回教禮拜者甚重,清晨早起,空氣之新鮮,於公共衛生多有裨益。

禮。民國三年,中央禮制館規定:祀典,行脫帽三三九鞠躬禮;民眾吉凶禮,行脫帽三鞠躬禮;士相見,門內行脫帽一鞠躬禮,門外行不脫帽一鞠躬禮;武人,門內行禮與士同,門外則行舉手禮。握手禮,士相見,近亦行之。

樂。每逢祀典用樂器,或用劇樂代之。民間吉凶則不用。

文化

人有賢否智愚、貧賤富貴,究其所以區分之故,果安在哉?文明與野蠻而已。吾國開化,在早為全球萬國所共認。當五帝之世,垂拱無為,其制度考文無所稽。至三王尚忠、尚賢,[2] 遞進於文,故孔子有郁郁從周之嘆。① 所謂文者,何其禮乎?周之禮儀三百,威儀三千。其節文之美備,實蔑有以加矣。外則足以束其形,內則足以約其心,入以事父兄,出以事長上。舉凡視、聽、言、動,莫不繩之以禮。禮也者,其文化之首基,道德之鼻祖乎。

化平昔屬華亭,在周秦之季已被王化,以漢、明兩朝為極盛,人文蔚起,代不乏人。又得鄉前賢之陶鎔,迄今風俗敦龐,家誦戶絃,著述文章,亦有所考。矧近

---

① 《論語·八佾》:"子曰:'周監於二代,郁郁乎文哉!吾從周。'"

來培植學校，逐漸擴充，趨新進化，有加無已。雖然，新文化固宜輸入，舊禮教亦宜保存。有子曰："君子務本。"①孝弟者立身之本，忠信者作事之本，禮義者化俗之本，廉恥者強善之本，勤儉者起家之本。故蔣委員長力事提倡，所當務者也。

宗教

國家以人民爲主體，人民以宗教爲依歸。中國五大民族，各守宗教之道德。漢人尊孔子教，蒙藏宗喇嘛教，回族宗穆罕默德教。世雖亂，而信仰之心則如常也。回教之穆聖，猶儒教孔子。穆教以念、禮、齋、課、朝爲五功，虔行罔懈，如孔子以仁、義、禮、智、信爲五常，不容紊亂。至放敕五典，正倫常，教忠，教孝，敦本，易末窮，理盡信，悉於儒教相類。禮拜寺曰清真〔寺〕，布設境內。司教務者曰掌教，又稱阿衡，古之官名。昔湯以伊尹爲阿衡，言所依賴之人也，是爲阿衡名稱之始。然非品學兼優不能當教徒之聘選，領衆禮拜，講經傳道，厥職綦重。鎮原慕少堂宗孔論中謂，後孔子傳教於世界者，②天主、天方兩教。天方即穆聖之教也，其教又曰伊斯蘭，經語譯音即五功之總名稱。謹就調查所得，分志五功大概如左：

念。凡學齡兒童，必須父兄送□讀經，受教育則謂之念。或成年者每日常誦感贊主聖之簡文，口誦心維，不敢或忘，亦謂之念。

禮。每日五禮，曰晨禮，曰晌禮，曰晡禮，曰昏禮，曰宵禮。不能缺一，取"道不可須臾離"之意。

齋。每年之中必齋戒一月，謂之閉齋。雞鳴而食，星出而開。所以戒食、色，謹嗜欲，思過遷善，非禮勿視、非禮勿聽、非禮勿言、非禮勿動之義，均含於此也。

課。凡富而有財者，每年之終，每銀十四兩，必出三錢半以濟貧鄰，餘可類推，謂之天課，即樂善好施之義。

朝。即赴天方拜謁聖陵之舉。凡有資力者須去一次，或數次，否則以七日之禮代之。七日之禮，謂之主麻，又謂之聚禮也。

職官志

設官分職，所以治民。商、周、盧國建侯，秦、漢迄隋，置縣令，唐置刺史，後周增置縣令於東郭，宋於刺史之外又置推官、知州、司户、參軍、判官、監官、邑丞、巡

---

① 參見《論語·學而》。
② 孔子傳教之說實誤。

檢諸職，以分其權。金、元、明、清，文設知縣、典史、訓導，武設經制、外委、巡檢等官。民國元年，改知縣爲知事，爲親民之官。十七年，改knowknow知事爲縣長。化平未置廳以前無考，自前清同治十年置廳，今改爲縣。凡官斯土者，紀其姓名，志其惠績，因事論人，見書知政。僚佐悉附於後，庶無人往風微之感云。《職官志》第四。

通判

未置廳以前無考。

左壽崑，湖南長沙縣人，候補知縣。同治十年，莅化平任。安插回民，權篆四載，創辦壹是，爲守兼優。清查户口，每丁受田十畝，按名丈給，編發耕牛、農器、籽種，勸民務農。創設義學十二處，延師教訓回民子弟，並酌發筆墨伙食。又於每村立甲長一名，每甲立牌頭五名，使互相稽查，守望相助。於時榛莽初闢，教養方興，除暴安良，政平訟理。瘡痍小民，常樂永康，承平致福，功莫大焉。至今士民歌頌弗衰，稱爲名宦。

周錫文，湖南寧鄉縣人，監生，光緒二年實任。潔己愛民，循績茂著。

方傳穫，安徽桐城縣人，監生，光緒七年署任。才識優長，民歌善政。

張潤，陝西長安縣人，監生，光緒八年實任。政尚清簡，折獄嚴明。強暴畏威，良善懷德。

石枞官，江西瀘溪縣人，監生，候補知縣，光緒十一年署任。鋤強暴，綏善良，閻邑畏威感德。

張彥篤，河南光山縣人，監生，光緒十二年實任。兩長化政，人心悦服。

程梅亭，安徽宣城縣人，候補知州，[3]光緒十七年署任。政績平庸。

張彥篤，光緒十九年復任。

文祺，滿洲鑲黃旗人，監生，光緒二十七年署任。端方持己，剛果有爲。

鍾文海，湖南寧鄉縣人，蔭生，光緒二十九年署任。清丈地畝，增加田賦。

曾麟綬，湖南長沙縣人，附生，在任候補知州，光緒三十年實任。實心愛民，頌聲載道。

崔純祖，湖北勳陽縣人，蔭生，宣統二年任。宣統三年，治匪有功，地方賴以安堵。

縣知事〔縣長〕

李占鵬，甘肅清水縣人，民國三年任。清潔自守，政尚寬和。

楊楚材，江蘇宜興縣人，民國四年任。才識諳練，興利剔弊。

陳醒焕，河南人，民國五年任。勸農興學，政績顯著。

孔慶琳,安徽合肥人,民國六年任。重修城內高級小學校,督同勸學所,苦心經營,聿觀厥成,並籌集各款以興學務。

　　王海颿,甘肅隴西縣人,民國七年任。創建觀山八卦樓一座,名曰枕霞亭。民國九年,地震傾圮。

　　任榕,甘肅伏羌縣人,民國八年任。政平訟理,士民愛之。

　　寧濟廷,陝西城固縣人,民國九年任。提倡教育,重建孔廟大成殿。

　　謝瑩,安徽蕪湖人,民國十年任。慈祥愷悌,深知民隱,事無鉅細,必躬必親。

　　彭立栻,甘肅皋蘭縣人,民國十二年任。愛士恤民,亦有政聲。調署華亭而去。

　　李春榮,甘肅渭原縣人,民國十三年任。

　　張維嶽,甘肅隆德縣人,民國十四年任。清廉正直,實心任事。

　　王丙煒,甘肅皋蘭縣人,民國十五年任。因地制宜,官民相安。

　　華啟勳,山西聞喜縣人,民國十六年元月到任。勤慎廉能。

　　季樹梅,山東臨清縣人,民國十六年八月到任。權篆未久,因音啞而告退。

　　張文泉,河南洛陽縣人,民國十七年三月到任,甫數月調署華亭而去。歷任隴東各縣,富有經驗。

　　王希華,直隸鹽山縣人,民國十七年八月到任,甫數月調署崇信而去。

　　楊承基,山東德州人,民國十七年十月到任。富韜略,嫻吏治。當匪患後,招集流離,整頓防務,人民有恃不恐,新政應有僅有,是熱心辦事者。

　　冶存禮,甘肅西寧人,民國十九年三月到任。五月二十九日,遭吳發榮匪亂陷城,及陳珪璋部下駐軍郭團長之兵燹,罷官而去。

　　張飛鵬,甘肅固原縣人,為政寬厚,不求近功。民國二十年任。

　　樊希智,山西人,民國二十一年任。沉毅廉靜,勇於任事。

　　李慕白,甘肅天水人,民國二十二年任。通敏有才,斷決如流。

　　楊天柱,雲南人,民國二十三年任。廉能有惠政,民頌其德。創建觀山堡壘,勤勞昭著。

　　蓋世儒,甘肅慶陽縣人,民國二十三年八月到任。振興教育,革除積弊,併提倡編纂縣志。

　　張建勳,湖北襄陽縣人,民國二十五年十月到任。有造化平,民皆稱慶。

　　郝遇林,河北磁縣人,民國二十八年二月到任。庶政維新,心切愛民;迭請賑款,救濟化民;增設學校,力事推進教育;籌款編纂縣志,以重文獻;平修全境道路,便利交通;組訓民眾,俾禦外侮;以廉、富、教、衛,為推進縣政之準繩。不數月,而氣象煥然一新,且治有功,蒙省政府記大功一次。民眾感恩,立碑以彰善政。

原佑仁,甘肅甘谷縣人,民國二十八年十二月任。寬仁大度,學識優良,積極推進縣政,時時體念民艱。且獨行鄉間,勤求民隱。頌聲載道,利國福民,有造化平。

照磨

未置廳以前無考。
樊連三,河南人,監生。同治十三年署任。
章鳳壽,浙江仁和縣人,監生。光緒四年實任。
陸宦保,浙江山陰縣人,監生。光緒十一年署任。
童其康,四川巴縣人,監生。光緒十七年署任。
沈汝桐,浙江歸安縣人,監生。光緒十九年實任。
陳邦基,浙江山陰縣人,監生。光緒二十年署任。
黃榮甲,湖南寧鄉縣人,監生。光緒二十五年署任。
張延祺,湖南長沙縣人,從九。光緒二十六年署任。

都司

胡秉湘,湖南長沙縣人,參將銜,補用游擊,光緒八年實任。
程得鑫,陝西長安縣人,補用游擊,光緒二十三年實任。
鈺麟,滿洲正白旗人,[4]三品銜,補用游擊,光緒三十一年實任。

經制

楊祥麟,陝西潼關廳人,把總。同治十三年實任。
祁元清,甘肅固原州人,把總。光緒二十九年實任。

訓導

未置廳以前無考。
李馨,甘肅皋蘭縣人,歲貢。光緒元年署任。
王一德,甘肅成縣人,歲貢。光緒四年署任。
吳席珍,甘肅皋蘭縣人,歲貢。光緒五年署任。
何其煒,甘肅皋蘭縣人,增生。光緒七年署任。
杜振基,甘肅永昌縣人,拔貢。光緒八年署任。
耿守仁,甘肅皋蘭縣人,歲貢。光緒九年實任。
孫壽山,甘肅皋蘭縣人,歲貢。光緒十四年實任。

尉鴻,甘肅伏羌縣人,恩貢。光緒十六年署任。
張震,甘肅成縣人,舉人。光緒十七年署任。
王茂士,甘肅皋蘭縣人,廩生。光緒二十年署任。
張慎修,甘肅敦煌縣人,貢生。光緒二十二年署任。
劉景向,甘肅涇州人,增生。光緒二十四年署任。
賈思賢,甘肅貴德廳人,歲貢。光緒二十七年署任。
潘毓采,甘肅狄道人,廩生。光緒二十九年署任。
午克明,甘肅海城縣人,[5]歲貢。光緒二十九年署任。
羅世俊,甘肅秦州人,即天水縣。舉人。光緒三十一年實任。
王敬銘,甘肅安定縣人,貢生。光緒三十三年署任。

管獄員

張維,湖南人,民國十二年任。
劉應魁,甘肅河州人,民國十三年任,
牛煒璋,甘肅秦安縣人,[6]民國十四年任。
白鶴鳴,甘肅莊浪縣人,民國十八年任。
任廷珍,甘肅崇信縣人,民國二十一年任。
李子青,河北人,民國二十二年任。
張濟舟。

警佐

王文修,甘肅皋蘭縣人,民國六年任。
賈維重,甘肅靜寧縣人,民國八年任。
李國棟,甘肅莊浪縣人,民國九年任。
孫吳,湖南人,民國十三年任。
馮樹甲,甘肅平涼縣人,民國十四年任。
尹占升,北平人,民國十八年任。

公安局局長

李相身,北平人,民國二十一年任。
李子青,甘肅人,民國二十三年任。

縣黨部

民國二十二年成立。二十六年前爲整理委員制,後改爲指導委員,現在改爲書記長制。下設幹事、助理幹事各一人，工友一人。

委員

陳洪範，平涼縣人，民國二十二年二月任事。
朱炳章，民國二十二年五月任事。
米世昌，華亭縣人，民國二十三年二月任事。
李呈華，皋蘭縣人，民國二十五年任事。
強鎮英，華亭縣人，民國二十九年元月任事。

國民自衛隊

民國二十七年成立，總隊長一人，縣長兼。副總隊長一人。

司法處

民國二十五年七月一日成立，設審判官一人，檢查官一人，一縣長兼。下設主任書記官，書記執達員。

審判官

李如臺，甘肅□□縣人，民國二十五年七月任事。
彭樹海，河北人，民國二十八年七月任事。

合作指導員辦事處

民國二十七年成立，指導員二人。二十九年元月，改爲合作金庫調查員。現任調查員張映瑞。

回教公會

民國二十六年成立，常務委員三人，委員七人。

教育會

民國二十六年成立，常務幹事一人張文儒，幹事二人。

地方財政監理委員會

民國二十六年成立，主席一人于文源，委員五人。

文獻委員會

民國二十六年成立，委員長一人張逢泰，委員五人。

回民教育促進分會

民國二十七年成立,常務委員三人,委員七人。

戒烟所

民國二十六年成立,所長一人。

教育館

館長一人馬懷德,工友一人。

選舉志

成周造士,論秀書升。兩漢以來,特重徵辟。降自隋唐,進士始尊。有明復增鄉舉,清沿明制,得人爲最盛焉。化平建廳最遲,自同治十年至光緒三十四年僅有數貢,而科第尤少,兹特詳列於後,而以仕進附之。志《選舉》第五。

貢生

馬秀儒,清光緒十二年歲貢,隆德縣訓導。
秦君現,清光緒十五年恩貢。
馬餘德,清光緒十七年恩貢。
張元泰,清光緒二十二年歲貢,華亭縣教諭。
王賓,清光緒二十八年恩貢。
秦鏡川,清光緒三十四年歲貢。

武舉

劉殿璽,清光緒乙酉科武舉。①
喜登舉,清光緒乙酉科,科無考。

附貢

楊作舟,清光緒十九年附貢。
李發秀,清光緒二十五年附貢。

---

① 光緒乙酉:光緒十一年(1885)。

郭福金，清光緒三十年附貢，甘肅省政府參議兼參議會參議員。

增生

秦維嶽，清光緒十五年增生。
馬良駿，清光緒二十二年增生。

優生

張逢泰，清光緒三十年優生。民國十年三月，被選國會第三屆衆議院議員，初選當選員。十二年，蒙教育部獎給四等獎章。歷充勸學所所長及教育局局長，現充文獻委員會委員長暨省政府諮議。

附生

王嘉言，清光緒八年附生。
馬文秀，清光緒八年附生。
張學儒，清光緒十年附生。
張翰儒，清光緒十年附生。
楊明三，清光緒十二年附生。
金生輝，附生，年分無考。
秦奉周，清光緒十五年附生。
王之臣，附生，年分無考。
吳邦傑，清光緒十五年附生。
劉生林，附生，年分無考。
楊得春，清光緒十七年附生。
馮良驥，清光緒二十七年附生。
賈尚仁，清光緒十七年附生。
劉生春，清光緒十九年附生。
王肇基，清光緒二十一年附生。
林楓，清光緒二十四年附生。
楊襃真，清光緒二十四年附生。
楊清泮，清光緒二十五年附生。
楊世貴，清光緒二十二年附生。
馬象德，清光緒二十一年附生。
張鵬壽，清光緒二十五年附生。二十八年，舉充孝廉方正。

馬鴻章,清光緒二十三年附生。

李穩富,清光緒二十七年附生。

于文源,清光緒三十年附生。民國十五年,充任隴東游擊司令第三營營長,現充地方財政監理委員會主席暨省政府諮議。

赫生榮,清光緒三十年附生。

丁逢恩,清光緒三十年附生。

民國畢業生

禹德順,民國五年,甘肅優級師範科畢業。

計殿元,民國九年,甘肅省立第二中學校畢業。

伍景貴,民國九年,甘肅省立第二中學校畢業,中國大學預科畢業。

張文儒,民國十年,甘肅省立第二中學校畢業。十四年,蒙甘肅省長陸委充諮議。歷充本縣小學校校長。

王得俊,民國十二年,涇原道自治講習所畢業。

藍景朝,民國十二年,涇原道自治講習所畢業。

王照銘,民國十二年,涇原道自治講習所畢業。

馬文炳,民國十五年,甘肅農林講習所畢業。

李彥朝,民國二十五年,甘肅童子軍訓練班畢業。

張世儒,民國十六年,甘肅省立第七師範學校畢業。

張錫齡,民國十六年,甘肅省立第七師範學校畢業。

王萬鎰,民國二十五年,隴東中師兩校短期義務教育師資訓練班畢業。

張善繼,同右。

馬文毓,同右。

楊生俊,同右。

張建勳,民國二十六年,隴東中師兩校短期義務教育師資訓練班畢業。二十八年,西北幹部訓練團畢業。

禹秀岐,同右。

伍錦堂,民國二十八年,西北幹部訓練團畢業。

于士英,民國二十七年,西北訓練團畢業。

于士俊,民國二年,化平縣立高級小學校畢業。

吳興春,民國十三年,化平縣立高級小學校畢業。

馮增祥,民國十三年,化平縣立高級小學校畢業。

鄢長泰,民國十三年,化平縣立高級小學校畢業。

李玉新,民國十五年,化平縣立高級小學校畢業。

馬廷秀,民國十五年,化平縣立高級小學校畢業。

教育志

國家建立學校,原以興行教化,作育人材,典至渥也。民國肇興,力謀改進初、中、大三級學校,崇尚軍國民教育,務期風教修明,賢才蔚起,是教育爲當務之急重。而且大僻陋如化〔平〕,經十數年之締造經營,而學務未臻發達,亦地方前途之隱憂。然近今擴充學校,節節進化。嗣後仍賴賢能長官提倡於上,尤須學務職員致力於下,教育振興,裨益地方,豈淺鮮哉！志《教育》第六。

舊學校

儒學,額設訓導一員。歲試,原取文學二〔名〕,武學二名;科試,原取文學二名,廩生一名。歲貢,十年一舉;恩貢,逢慶典一舉;拔貢,逢酉年一舉。光緒二十八年,奉令停武試,廢八股,考試經義、策論。三十一年,停文試。民國元年取銷儒學。

歸儒書院

書院之設,代有成規。唐明皇置麗正書院,集文學之士,此爲中國設書院之始。宋時有白鹿、石鼓、應天、嶽麓四大書院。元時路、府、州並設書院,至明日益增多。清雍正十三年,詔各省督撫在省城內建設書院,郡縣願設者聽。歸儒書院係同治末年提督喻勝榮捐資創建,光緒三十二年改稱兩等小學堂。民國七年,知事孔慶琳重修,稱爲高級小學校。

義學

古謂之社學。同治十年設廳後,通判左壽崑創設十二處,分配四里,延師教訓回漢子弟,並酌發筆墨伙食。嗣因費絀,有停辦者。光緒三十二年,改稱初等小學堂。

勸學所

勸學所,清光緒三十三年,通判曾麟綬奉文設立。司其責者爲總董一人,勸學員一人。民國六年,以總董改稱勸學所長。

新學校　　以所在地名爲校名。

第一學區

化平縣百泉小學校在城内中街,係舊歸儒書院改組,現改爲縣城小學校。

清華初級小學校在縣城東關清真寺内,民國十五年立。現改爲縣東關初級小學校。

烏家嘴初級小學校,[7]民國二十四年立。

大園子初級小學校,民國五年二月立。

轍村初級小學校,民國二十四年立。

沙南初級小學校,民國二十四年二月立。

第二學區

崇義村初級小學校,光緒三十二年二月立。

官莊初級小學校,光緒三十二年二月立。

下胭脂川初級小學校,民國十一年二月立。

二道卡初級小學校,民國二十四年三月立。

惠家臺初級小學校,民國二十四年立。

西峽初級小學校,同右。

下堡子初級小學校,同右。

紅土梁初級小學校,同右。

沙塘川初級小學校,同右。

第三學區

黃林寨初級小學校,民國十七年二月立。

興和村初級小學校,民國二十四年□月立。

冶家村初級小學校,民國二十四年□月立。

下金家初級小學校,民國二十四年□月立。

第四學區

白面河初級小學校,光緒三十二年二月立。

澇池溝初級小學校,民國十五年二月立。

九社村初級小學校,民國二十四年元月立。

朱家峽初級小學校,民國二十四年□月立。

短期義務教育

第一區

縣城短期義務小學校,民國二十五年立。

吴家嘴短期義務小學校,民國二十五年立。
楊家灘短期義務小學校,民國二十五年立。
沙南村短期義務小學校,民國二十五年立。
第二區
紅土梁短期義務小學校,民國二十六年立。
煖水河短期義務小學校,民國二十六年立。
楊家店短期義務小學校,民國二十六年立。
崇義村短期義務小學校,民國二十六年立。
第三區
興和村短期義務小學校,民國二十五年立。
藍大莊短期義務小學校,民國二十五年立。
黃林寨短期義務小學校,民國二十五年立。
興盛莊短期義務小學校,民國二十五年立。
第四區
白面河短期義務小學校,[8]民國二十五年立。
黑家村短期義務小學校,民國二十五年立。
澇池溝短期義務小學校,民國二十五年立。
九社村短期義務小學校,民國二十五年立。

查化平教育落後,自蓋縣長世儒到任,力事推進,上列二十四年成立之各初級小學,皆其創辦教育之事實。

學田

化邑無學田,自勸學所成立後,呈請提撥武廟公產二百畝,充作學田。招佃收租,以裕學費。其他在城西二里。前數年,每畝年收租錢八百五十文,後改為每畝租洋五角。

學產

自設廳後,喻軍門勝榮建置鋪房七間,水磨二架。民國四、六、八等年,因其房均破爛不堪,先後呈請省政府變價充作基金,發商生息,每月利率曩係一分,後改加一分五厘。惟水磨,民國六年倒塌一架,所有一架帶地兩小段,年收租洋十一元。現又倒塌。

學款

一、教育基金。勸學所成立,接管學款時,僅有基本銀壹百兩,迨後陸續籌集,並先後變賣房產,以所獲價銀充作基金,現已合計實存銀壹千壹百六十三兩八錢八分。以八錢折合洋,又銀幣二百五十元,均發商生息。

一、斗秤款。民國五年,勸學所呈請提撥原額銀壹百二十兩。民國七年,商承知事孔慶琳轉呈財、教兩廳核准,加增銀八十兩,合計二百兩。以八錢折合洋二百五十元。

一、炭窑款。民國七年,知事孔慶琳以舊供縣署本炭陋規,撥充學費,是年收入錢二百二十仟文。迨後,改收銀洋,或年收數十元,或年收百餘元,現已加至三百餘元。

一、畜稅款。民國七年,由畜稅項下籌錢叁拾六仟文。民國九年,又奉教育廳令,籌牙用一分,收數無定額。二十二年,兩項合併,每月收洋五元。迨後,每月增至十餘元、二十餘元不等。

一、水磨款。民國七年,呈請孔知事〔慶琳〕轉呈核准,由各里水磨戶,每座捐錢一仟文。合計三十五座,年收錢三十五仟文。民國二十三年,除歇業倒閉五座外,每座改收洋一元,合計年收洋三十元。

一、鹽課款。民國九年,奉教育廳通令,撥歸地丁帶征鹽課銀十五兩三錢五分九厘六毫。十二年,又撥歸鹽課銀五十九兩六錢五分三厘八毫。二共銀七十五兩零一分三厘四毫。

一、牙屠款。民國十八年,奉祀官取銷,文廟祀典准每年八月二十七日舉行一次。廟址由教育局看護,祭儀臨時籌備。所有牙屠兩行,原供文、武廟,春秋二季祭祀牛羊,折合銀洋一百元,移充學款。

一、葡籃款。民國十六年,呈請縣署核准,由白面鎮糧市擺葡籃,各戶每年捐學費十四元。

一、油梁款。民國二十四年,蓋縣長世儒由各里油房分大小,每大梁油房捐洋五元,每小梁捐洋三元。計合大梁十五架,小梁十架,統共年收洋一百零五元。

教育機關

民國十五年,奉令勸學所改組教育局,設局長一人,縣督學一人,文牘收支各員分科辦事。二十二年奉通令,如遇教育經費不足三千元以上者,一律取銷。化平教費不足二千,故教育局停辦。現在教費已達三千餘元,因恐增加民眾負擔,尚未呈請恢復。

教養

民〔國〕二十八年六月,海固莠民竄擾縣境,本縣人民有被脅迫不得不加入者。平定後,共俘獲匪徒八十餘人。郝縣長遇林分別輕重,甘心為匪者則處以極刑,盲從被脅者宜從寬免。再三偵訊,結果内有三十餘人確甘心爲匪,惡蹟昭著,概行槍決。下餘五十餘人乃設教養院,實施感化。訓練二月餘之久,各莠民均自知罪戾,悛悔不已。有請纓殺敵者,有捐款助戰者,無不化頑悍爲馴良,乃一一釋放,各人均感激涕零而去。郝縣長遇林並書撰有記,勒石於院前,以志其事。兹特録其全文於後,以備參考。其全文云:

嗟夫!時至今日,弱肉強食之勢已成,[9]舉世之民族也,莫不競相團結,而圖生存。我國自"七七事變",烽燧遍南北,即深知民族之存亡已至最後關頭,非惟全國上下,集中意志,團結力量,共同抗日,期挽回陧杌之危機。即西北回胞,亦均同仇敵愾,請纓殺敵,貢獻一切於政府。其所以然者,無非欲求得我中華民族永久之生存也。乃有馬國瑞者,因不明國家利害之所在,糾合固〔原〕、海〔城〕少數莠民破壞社會秩序,於二十八年六月六日竄入縣屬黃花川、北面河諸地,使我優秀回胞陷於水火良深,惋惜也。

時朱公紹良總綰甘政,不忍不教而誅,遂派鄉宿郭參議福金,由省遄返故里,向馬申明大義,開導悔過,並由遇林及地方正紳迭函勸告,保證對其寬宥。奈何馬執迷不悔,終致毫無結果。然而朱公仁也,斯時猶不忍遽用武力,旋經各民衆團體一再懇求,以地方爲重,乃不獲,已而派陸軍九十七師各部隊包圍而解決之。惟其時俘獲莠民返,其遺棄眷屬無以爲家,無以爲生,至可憫。然禍首既除,於脅從者何尤?遇林籲請省府救濟,當蒙朱公不究既往,撥款令遇林成立教養院,盡力收容施感化,並蒙民政廳施廳長奎齡不辭勞苦,親來縣賑濟。是朱公仁德,可與天地同垂不朽矣。或問何謂"一民教養院"?蓋爲紀念朱公,以其字而名之也。孔子有言曰:"四海之内皆兄弟也。"①今後凡我中華民族悉能明乎此,與兄弟相親,勿存宗教界限,則庶幾不負朱公現在之善意也。是爲記。

甘肅省化平縣縣長兼國民政府軍事委員會軍法官、河北省磁縣郝遇林撰並書。大中華民國二十八年秋月上浣立。

救濟事項

(甲)招撫逃民歸里

化平地瘠民貧,加以連年災禍,民多逃亡。民〔國〕二十八年二月,郝縣長遇林攝篆斯邑,蒿目時艱,抱招撫之志,乃向省府請撥賑款,並布告暨咨文鄰縣,令各逃農回縣,並發給安家費、農具、籽種等,逃民聞風返里者絡繹不絶。不數月,荒蕪之地畝盡闢,咸慶安居。乃立碑以頌其德。

---

① 參見《論語·顔淵》。

（乙）以工代賑

化平縣於民〔國〕二十八年六月，忽有固〔原〕、海〔城〕莠民竄入縣境，搔擾地方，生民塗炭。平定後，災民遍野，待哺嗷嗷。郝縣長遇林愍焉憂之，除撥逃農款賑濟外，並向省府請款賑濟。用以工代賑之法，修築四鄉道路，共成數百里，非獨災民得慶再生，且化曩昔崎嶇狹徑爲康莊大道，交通稱便，全民感激不已，無不歌功頌德。並制定養路辦法，兹抄錄如下：

1. 凡大雨後，路基或橋梁沖毀，該管段保甲長應即征集壯丁補修；
2. 如毀壞程度過重，不易修補時，應呈報縣府設法辦理；
3. 全縣民衆務必對已成大道與橋梁切實保護；
4. 如發現不講公益之徒，在路旁或橋梁左右挖掘土壤，有妨路基與橋梁、橋根穩固時，發見人應立即報該地保甲長，扭送縣處罰之；
5. 道路兩傍樹木，由該管段保甲長負責保護，如有任意砍伐者，任何人均可扭送縣府究辦，或公議處罰；
6. 關於四、五兩項之報告人，得酌予獎勵。

禁烟

在郝縣長未莅任以前，因人民逃亡之故，烟民亦紛紛離縣，全縣共有烟民多少亦無法統計。迺於二十八年四月開始總登記，一面調查有照烟民，一面登記無照烟民，由各保甲長挨户清查，共計全縣烟民二百六十八名，從新發給四五期執照。並於七月擴充戒烟所設備，開始傳戒烟民，於是年十一月，將全縣烟民完全戒絕。在傳戒烟民時，由縣府訓令，戒烟所施以軍事訓練與精神講話，以鍛煉烟民身體，並振作其精神。烟民出所後，其體格與思想無不焕然一新。

【校勘記】

[1] 九十一：原作"九十"，據下文回漢實際丁口人數改。
[2] 賢：原作"質"，據文意改。
[3] 候：原作"侯"，據字意改。
[4] 滿洲：原作"滿州"，據《〔宣統〕甘志》卷五四《職官志·職官表》改。
[5] 海城：原作"海成"，據實際地名改。
[6] 秦安縣人："人"字原脱，據本志書例補。
[7] 烏家嘴：原作"烏家喙"，據本志卷一《建置志·區村》地名用字改。
[8] 白面河：原作"白面旗"，據前文改。
[9] 肉：原作"内"，據文意改。

化平縣志卷三

武備志

兵以衛民，可百年不用，不可一日不備。前代兵制，載在史册，歷歷可徵。前清定鼎之初，取鑒前明，權衡損益。滿洲駐防而外統名曰制兵，化平未置廳前無考。自置廳後設有化平營都司一缺，内分馬、步、守各兵，爲長治久安之策。民國成立，防營裁撤，僅留巡警。由巡警改爲警備隊，由警備隊改爲警察所。又注重團防，以收衆志成城、有備無患之效，現改爲保安隊。志《武備》第七。

兵防

未設化平營以前，原有白巖、化平二塘汛，早裁。提督喻君勝榮統領平江營兼帶關山防軍，陷陣衝鋒，戰功聿著。於同治九年，駐紮治境，巡防八載，紀律嚴明，萑苻盜熄，秋毫無犯，兵民相安。築城建廟及文武衙署，皆其督修締造之力。又出私錢若干，創設書院一所，並置鋪房七間，水磨二架，每年所收賃資作爲生童膏火獎賞。至今士林慕德，銜戢弗忘其時。左文襄公〔宗棠〕顔其書院曰"歸儒"，親書匾額，撰文泐碑。載《藝文志》。[1]

營制

化平城守營都司一員，外委一員。

同治十二年，城防額兵、馬、步、守共一百十五名。内：馬兵五十七名，步兵二十四名，守兵三十四名，操馬五十七匹。

光緒二十三年四月二十六日，前總督陶〔模〕具奏各裁二成，留馬、步、守兵共九十二名。内：馬兵四十六名，步兵十九名，守兵二十七名，操馬四十六匹。

光緒末年，防兵之外又增設巡警：縣城內巡警總局一處，東關分局一處，白面鎮分局一處，四里分局八處。巡員、照磨、外委二員，巡長二十四員，巡兵共五十二名。城關巡兵由化平營撥充。

警備隊

民國四年，奉令防兵裁撤，改巡警爲警備隊，定額八十名，歲需經費四千串。民國五年，取銷警備隊，設立警察所，所長由縣知事兼任，不另支薪。警佐一員，長警二十六名。

民國十七年秋，縣長楊承基因土匪擾亂，警察而外又設保安隊，以資防守。

民國十九年五月，新編陸軍第十三師師長陳珪璋令團長郭振海帶隊駐防。[2] 未久，吳匪發榮陷城，撤回。

民國二十年，十三師長又令直轄警衛第二團第二營營長馬玉麟率全營駐防。五月初間，陝匪張應坤率匪衆千餘名，由靜寧竄擾化平。雙方接觸，馬營長終以寡不敵衆，退却崆峒峽口。張應坤盤踞五日，男女一夕數驚，皆不安枕，逃避深山叢林，餓斃者甚多。馬營長調防平凉，朱營長來化〔平〕接防，旋又調防他縣。

民國二十二年，隴東綏靖司令楊渠統令張營長率全營來化〔平〕駐防，嗣因餉糈艱困調回。

團練

鄉團肇自南省，甘肅試行，獲益良多。化平雖小，亦有團練之設，以期鞏固地方而靖人心。光緒二十一年，河、湟變起，隴東大震，通判張彥篤籌辦城防，招募防勇一百名。邑人馬正金、于興和管帶，保衛治安，有恃不恐。宣統三年九月，革命軍起，土匪竊發，通判崔純祖積極設防援案，招募防勇，除匪安良，辦理悉協機宜。

民國二十一年，縣長樊希智辦理保衛團，委邑人楊世俊爲團總。二十二年，縣長李慕白辦理保衛團，委邑人者保泰爲團總。者保泰辭職，馬虎卿接充，辦理數月，又改委邑人藍登貴，歲需經費洋三百二十元。

民國二十三年，縣長楊天柱辦理保衛團，仍委邑人楊世俊爲團長，歲需經費與前數相同。[3] 縣長蓋世儒八月到任，委計殿華爲團長。

公安局

民國二十二年，由警察改爲公安局。二十三年五月，奉令取銷。

保安隊

民國二十四年二月，縣長蓋世儒奉令改保衛團爲保安隊，編爲兩隊，官兵共七十名，歲需經費二百五十八元。昕夕訓練團務，日有起色，鞏固城防，大有賴焉。

保安隊之編制及剿匪經過

保安隊之編制，原爲兩分隊，置隊長一人，特務長一人，上士一人，班長六人，隊兵六十名。二十八年六月，固〔原〕、海〔城〕莠民數千竄擾縣境，及派保安隊四十名前往北面河堵剿。至北面河時天已傍晚，由李隊長景榮率領駐守於碉堡中。次日天明，整隊入鎮，安撫地方，並派兵一名在堡內瞭望。匪忽大集，瞭望兵中彈，李隊長率衆退至鎮外，扼要抵禦。匪衆第一次衝鋒者一百八十餘名皆被擊斃，第二次復派百餘人衝殺，時已至下午，保安隊子彈將罄，即派兵二名赴縣領彈。匪衆愈集愈多，子彈已射擊盡净，不得已撤退。匪乘勢追殺，能回隊者僅十餘人，其中負傷者數人，遺失步槍三十餘支。因人槍俱遭損失，爲節省地方開支，以蘇民困起見，呈請省府縮編。去後，於十二月一日奉省令，縮編爲一分隊，除去特務長，置隊長一人，上士一人，班長三名，隊兵三十名。下餘隊兵三十名，編入常備隊受訓，並對於死傷隊兵家屬優加撫恤。

保甲

保甲爲古今弭盜之良法，自衛之基礎。其組織之法，前奉甘肅省政府民政廳規定：十家爲甲，設甲長一；十甲爲保，設保長一，皆隸屬鄉公所，鄉長助理員主之。化平先劃爲一鎮三鄉，後改爲四區，由四區改爲三區。民國二十七年十二月，動員全縣公務員、學生，分組下鄉編查户口。三區共三十八保，六聯，共三百零五甲，三千四百五十二户，男女共二三五二八口，壯丁共四千三百四十名。二十八年二月，郝縣長蒞任後，以化平幅幀狹小，全縣之大，僅等大縣一區，乃將三區合併爲二區。以香水、化臨二里爲第一區，編爲十九保，三聯，壯丁二四六二名；以聖諭、白面二里爲第二區，編爲十九保，三聯，壯丁一八七八名。

兵役

自抗戰發生開始征兵後，每次征兵時，由保、甲長按照各户壯丁之數抽調。富者則僱買頂替，貧者則非征不可，且常因分配不匀糾紛時起。郝縣長蒞任後，鑑於過去流弊太大，改用抽籤之法，凡抽中者，不問貧富一律應征。積弊盡除，人民稱便。

古蹟志

故宫爲墟，感深禾黍，遺阡在望，永禁樵蘇，所以崇古蹟也。化平自宋、金建縣以還，叠經兵燹，所謂勝地名區，付之荒烟蔓草者，正不知凡幾。然或得諸父老傳聞，稽之古址形蹟，東鱗西爪，亦有不可没滅者，茲列爲一編，亦以發思古之情耳。志《古蹟》第八。

城原

北魏百泉城，《華亭縣志》載：[4]在化平縣南白巖河川，河之上游有笄頭山，涇源出焉。笄頭右、左土石小山之下，清泉百數，湧列如星，名曰百泉。南北朝屬平凉郡。隋大業初，始更城名曰百泉城，定爲縣治。唐屬儀州，貞元三年，[5]吐蕃與渾瑊盟於平凉。[6]韓游瓌奉詔屯軍洛口，[7]以五百騎伏瑊營側，令曰："土蕃有變，可西趨百泉，以分其勢。"宋屬渭州。金大定七年，併入化平。元、明、清初屬華亭，舊城遺址猶有存者。《詩·大雅》"視彼百泉"即此地也。[8]

唐大震關，在縣西。《華亭縣志》載：①在化平西北。考唐天寶十五年，玄宗幸蜀。安禄山遣其將，以繒綵誘河隴將士於大震關，使郭英義擒斬之。代宗廣德元年冬十一月，吐蕃入大震關，據河西隴右之地。又大曆四年秋八月，[9]吐蕃寇靈武，鳳翔節度使李抱玉遣其將李晟將兵五千擊之。[10]晟選精鋭千人，出大震關至臨洮，屠吐蕃定秦堡以解其圍。宋仁宗慶曆間改名制勝關，[11]屬原州，管沿山小砦五十餘處。熙寧七年，[12]改關地爲安化縣，後降爲鎮，分屬渭州。金、元、明因之。清初屬華亭。今爲治境。

唐胭脂川，在縣北。《華亭縣志》載：②唐胭脂川在化平縣北，川水東流入涇。唐屬華亭。今屬華亭百三十里矣。[13]

宋安化城，平凉府舊志載：③華亭縣西北一百二十里。宋置安化縣屬儀州，西北至吐蕃界十里，[14]尋改屬渭州。金大定七年改爲化平縣。元併化平入華亭。今城西三里有故城遺址。又《華亭縣志》載：④宋安化城在化平縣西二里許，宋初置屬渭州，金改置化平縣。元、明、清初均屬華亭，今爲化平縣屬地。

金化平縣，《華亭縣志》載：⑤在安化城東二里許，金大定七年築化平城成，則宋安化城廢，縣治亦移。元、明、清初屬華亭。同治十年分置化平廳。

明聖女里，在縣南，一名聖女川，同治時左文襄公改爲聖諭川。《華亭縣志》

---

① 參見《〔民國〕增修華亭縣志》卷一《地理志·古蹟》"唐大震關"條。
② 參見《〔民國〕增修華亭縣志》卷一《地理志·古蹟》"唐胭脂川"條。
③ "平凉府舊志"所指具體文獻不詳。
④ 參見《〔民國〕增修華亭縣志》卷一《地理志·古蹟》"宋安化城"條。
⑤ 參見《〔民國〕增修華亭縣志》卷一《地理志·古蹟》"金化平縣"條。

載：①"明聖女里在化平縣南，今名聖女川。"

明白巖鎮，在縣東南，[15]即今之白面河鎮。《華亭縣志》載：②明白巖鎮在縣西北百二十里，今屬化平縣，俗稱白巖河。

制勝關，在縣西。[16]平涼府舊志載：③制勝關在華亭縣西北，即古安化縣治。《新唐志》：④"原州有制勝關，爲七關之一。"控帶隴山以西之路，舊號大震關，宋慶曆中改名制勝關，管沿坡小砦二十餘處，[17]與《華亭志》合。

漢朝那城，在華亭縣西北三十里。漢初割涇陽縣西南之地，因盧國故城置朝那縣，屬安定郡，平涼、蕭關、化平、華亭諸地皆屬之。後漢因之。後魏移併縣東二百里之靈臺縣。後周屬涇州。隋大業間復屬安定郡。唐大曆六年，吐蕃下青石嶺侵朝那。宋義寧初廢之。《括地志》：⑤"其城在百泉西北七十里。"《方輿紀要》：⑥"在百泉縣西南七十里。"《元和志》：⑦"在華亭縣西四十里。"胡三省云：⑧"在固原花石川。"《明一統志》：⑨"在平涼府東南。"城之所在，歷年既久，其說多不一致。

東晉黃石固，在縣北黃花川，後秦姚萇所築，夏主赫連夏於此置長城護軍使。後魏因之，置長城郡，改黃石固爲黃石縣。西魏復名長城縣。隋初縣廢，地屬原州，大業間屬百泉。唐復屬原州。宋屬渭州。元、明、清初爲黃石河鎮，屬華亭。華亭舊志謂，有銅、鐵、鹽、茶等場，今則無之。

唐彈箏峽，舊屬華亭。一名金佛峽，以崖穴塑三金佛，故名。其峽長二十里，在瓦亭砦東十五里。兩山壁立，峽勢險窄，水從中流，觸石箏箏有聲，如彈箏然。今割屬固原，與化平接壤。

宋香水店，在城西十里。昔有泉一窟，味甘而香，地亦因之得名。惜其泉今已涸竭。

趙龍峽，在縣北四十里。下寺莊有古鐘一座，鐫寧文曰："大明國西安府華亭縣化平里四河子小斜川趙龍峽古蹟。"據此鐫語，趙龍峽蓋多歷年所矣。

〔煤礦〕

縣東沙南村東北山產煤礦，質黑而光亮，燃燒無烟。惟已出土者，據查多在

---

① 參見《〔民國〕增修華亭縣志》卷一《地理志·古蹟》"明聖女里"條。
② 參見《〔民國〕增修華亭縣志》卷一《地理志·古蹟》"明白巖鎮"條。
③ "平涼府舊志"所指具體文獻不詳。
④ 參見《新唐書》卷三七《地理志·原州平涼郡》。
⑤ 參見《括地志》卷一《原州·百泉縣》"朝那故城"條。
⑥ 參見《讀史方輿紀要》卷五八《陝西七·平涼縣》。
⑦ 《元和郡縣圖志》無下句引文，本志疑誤注出處。
⑧ 參見《資治通鑑》卷二二四《唐紀四十》胡三省注。
⑨ 參見《大明一統志》卷三五《平涼府·古蹟》。

石層中,俗稱鷄窩炭。究竟蓄量多寡,尚有待於礦業專家測探。前任蓋縣長世儒曾將掘出之煤炭送賚甘肅省政府化驗,去後特製《煤礦分析表》發縣,飭令開採。張縣長建勛接事後招工開採,旋因經費告罄,迄今停辦。

縣北花崖子地方,有五六十年前開過煤炭之洞一口。據土人稱,係早年因爭地界毆傷一人命,遂即封壓。前任蓋縣長世儒諭飭宋保長元祺,開啓已壓之洞門,從事開採,嗣因經費問題停止進行。

〔鐵礦〕

縣南白面河以西王家山中有鐵礦。民國九年,有鐵匠蘇某自行採煉,成績甚好。後因採取困難遂未注意。蓋縣長世儒諭令蘇某協同該處保長再行採覓,以便提倡。據報仍有發現,曾將該鐵礦原料送賚省政府化驗。去後,旋奉令化驗之,成分亦佳,並列有分析表發下。

甘肅化平縣煤礦分析表	
一、煤質種類	烟煤
二、煤質產地	甘肅化平縣
三、請求化驗者	化平縣政府
四、化驗結果如下	
(1) 水分	10.24%
(2) 操發物	32.68%
(3) 固定炭	62.16%
(4) 灰分	26.40%
(5) 硫	1.14%
(6) 磷	微量
(7) 煤性	不粘結
(8) 熱量	46.54
(9) 其他	灰色係灰白色
五、化驗處所	甘肅省政府建設廳
六、化驗員	梁勉
七、化驗　年　月　日	25.6.21

甘肅化平縣褐鐵礦分析表

成分	百分率
鐵	28.62
二氧化砂	11.16
氧化鈣	12.34
硫磺	10.22
氧化鋁	21.12
磷	3.62
錳	1.66
炭酸鈣	12.46

〔化石〕

縣北沙塘川禮拜寺以北之山根下，發現魚化石，[18]頗稱珍異，惟近來無多。縣政府令飭保護，以免摧毀，留作考古者當有研究之價值矣。

〔名勝〕

龍泉寺，在縣北四十里。寺後依山，寺前丈許崖下有泉二竅，左右羅列，四時不涸，亦無溢流。今寺已毀，基址顯然，惟存鐵鼎一座。鐫字文曰："甘陝平涼府華亭縣化平里下寺河彭家莊有鳳凰山龍泉寺，上有大佛殿，左有關帝殿，右有韋陀殿、土地祠，前有龍王殿等殿。乾隆二十六年二月吉日鑄。"

涼殿峽，在縣南四十里。峽內山名"夾工壕"，上有古廟基石、門墩、石條、石杜均殘缺不全。相傳元太帝在此避暑，故名。今稱爲良田峽者。該名勝附八景：

觀嶺朝陽，在縣城東半里。孤峰高聳，靈秀獨鍾。峰頭建有堡壘，登之可以望遠，旭日燦爛，映照周圍。樹本密茂，風景絕佳，故有觀嶺朝陽之稱。民國七年，知事王海颷題詩聯如下："出彼東郭，有山翼然。登高一望，歲歲年年。海雲九點，噴出日邊。"

隴山叠翠，其山環峙西南，俗名關山。綿亙境內百餘里，層巒叠翠，清奇幽秀，故有是稱。"崑崙導脈，蜿蜒起伏。隴坂中橫，如車之軸。月明松頂，白鶴夢熟。"

涇水源清，在縣南三十五里。俗名涇河腦，爲涇水發源之地。又曰老龍潭，其水清且漣漪。清中衛令胡紀謨、化平通判曾麟綬各作有《涇源記》，見《藝文》，[①]乃化平之勝景。"峭右危壁，腰吐流霞。崖懸匹練，浪蹴飛花。幽宮咫尺，實生龍蛇。"

雙橋夜月，在縣西北三十里米稞山下。昔有古渡二橋，今廢。旁有山隆起一大圓峰，渾如月形，夜間發光。"郭外人歸，板橋殘雪。晚烟忽合，明明如月。碧天無際，疑有飛鶴。"

白巖映雪，在白面鎮之南。山勢高峻幽秀，石色潔白如雪。明代白巖鎮名稱實因於此。其形勝與西安之太白積雪彷彿相似。"如梨初花，如玉出土。鑿自何年？我疑太古。臥看明月，當築梅塢。"

炭峽浮青，在縣東二十五里。古名炭家峽，涇河由此出崆峒。石崖千尋，中流迅駛。一夫當關，萬夫莫開。峽中時有氤氳之氣。"天地錘鑪，萬物一冶。東風有心，綠照大野。楊柳青青，鷓鴣啞啞。"

煖水蒸雲，在縣西北二十里。水出甚溫，蒸蒸如釜上氣。若至春夏，清晨多雲，飯後即散。每占風雨，望雲物必以是爲首，洵稱奇觀。"蛙鳴春雨，柳弄晴烟。萬光千色，南陌北阡。一聲啼鳥，月滿前川。"

龍泉涵碧，縣西香水店有泉一窟，水色澄碧，深不見底，相傳爲昔年之龍池。"花飛絕磴，溪漲前灣。森森池水，淡淡春山。他日雨化，爲雨人間。"

玉皇閣，在縣東南三十里飛龍山。上有關帝廟、土地祠，浴佛日，賽會極盛。今毀，遺址猶存。建於何時無考。

朝陽紫金觀，在縣城東半里觀山。不知建於何代，早廢。

枕霞亭，民國七年，知事王海颷建八卦樓於觀山，題名枕霞亭。以其山屹然獨立，建樓於頂，有飄渺凌空之概，故取此義。九年，地震破爛，未久，被大風吹倒。

井泉

香水庵，即今之香水店。昔有鹽泉一眼，今仍源源不絕，居民賴之煮鹽和食。其各鄉村有普通井，有天然泉，惟涇河腦內有泉百餘，星羅棋布，爲泉最多處，宋置百泉縣，由於此也。

陵墓

僻陋荒陬，無帝王、先聖、名賢陵墓。

[①] 參見本志卷四《藝文志》載胡紀謨撰《涇水真源記》、曾麟綬撰《涇源記》。

喬木

黃花川崇義村禮拜寺附近,有古柳二株,大約十圍,高約十餘丈,分列左右,根盤節錯,形如龍爪,呼謂"龍爪柳"。識者咸謂千年以上古物,枝葉垂蔭數畝,見者靡不驚異。旁有泉,其味甘,經冬不冰,取之不涸。

城隍廟有柏三株,松三株。

關帝廟廢址內有柏三株。雖不高大,其色俱佳。

金石

火龍將軍,縣城西官莊,光緒十二年於炮臺山下,掘出二鐵炮。鏤文曰:"火龍將軍乾隆五十七年五月鋳。"如遇冰雹將起,輒放將軍炮擊之立止,甚驗。

縣政府鐵鐘。

城隍廟鐵鐘,高三尺二寸,口寬二尺三寸。上鑄"道光十七年十月吉日金火匠人李智具造"。

安化堡鐵鐘,乾隆三十二年十一月十五日造。

官莊鐵鐘,高三尺二寸,口寬二尺四寸。上鑄"大清乾隆十一年巧月朔十日鑄"。

歸儒書院碑,清光緒四年立。

官莊鐵鐘,高三尺一寸,口寬二尺四寸。上鑄"雍正四年六月吉日造"。

人物志

人物爲山水靈秀所鍾,官師教養所植。化平人物,未建廳前文獻無徵,姓名、籍員率多散失。既置廳後,及民國爲極衰時代,無出類拔萃之選。豈山水之靈秀,鍾毓於他縣,而不鍾毓化平乎?竊取輿論,皆以爲培養之不善,士習之多歧,互助之不講,貧寒之所困,實爲人物衰落之四大原因。其然乎?豈其然乎!孟子曰:①"若夫豪傑之士,雖無文王猶興。"或者近代無豪傑之士歟?若有之,化平地方自不至久黯而無色也,故略贅數語以志感。志《人物》第九。

鄉賢

明萬曆時有高義柱者,治境化平川人。家道殷實,年三十無子。夜夢乃父示

---

① 參見《孟子·盡心上》。

之曰："爾欲有子，非散財積德不可。"於是重信義，好施與，凡貧民有親喪，贈以葬之；寒家嫁女，助以妝奩。村人李喜，因無聘禮，婚幾悔，給資成全之。王自順以屠殺爲業，給錢勸另謀食，勿傷生。鄉里稱爲善人。後生五子，皆孝友。義柱七十三而終。採訪。

劉鴻緒，清順治時，治境南鄉秦家村人。幼穎悟，髫齡時，通《孝經》《四書》《春秋》大義，安貧樂道，不慕榮利。見善則稱，見惡則隱。年八十謂親友曰："吾將於八月八日去矣。"及期，戒子孫曰："勿以惡小而爲之，勿以善小而不爲。日計不足，月計有餘。爾等勗諸。"語畢而卒。後來子孫衣冠濟濟，人以爲善報云。

王朗，字元達，清嘉慶貢生，化平北鄉人。立身行己，言動循理。事親孝，教子嚴，閭里敬信之。晚年謝絕浮務，足不履城市，省身克己，老彌篤。每邑宰過，必式其廬，呼爲"先生"而不名。年八十四終。

楊凌霄，化平川人。性至孝，母没，水漿不入口者七日。乾隆丁酉拔貢，[①]官四川南溪知縣。到任先清理積案，有疑獄前任不能結者，必精思研慮，務得真情，不使小民久繫囹圄，一時頌聲大起。於積勞卒於官，没後歸里，惟載圖書而已。

王作樞，化平庠生。教讀多年，從游者衆，學規整嚴。清同治七年，歲大饑，糧路爲逆賊梗塞，糧價昂增三十餘倍。作樞二子，或死於病，或死於飢餓。作樞杜門忍飢，有饋食者，卻不受，竟餓斃。

李元吉，治境白巖鎮人。孝親友弟，品端學優，家頗富。萬曆時，歲饑，民多餓莩。元吉自呈捐粟八百石賑之，全活甚衆，官民咸欽。又監修文廟，公有力焉。

郭執中，清咸豐附生，化平東鄉人。性深沉直，不慕榮利。敦品行，恥隨流俗。課讀課耕外，不預外務。鄰族子弟皆敬憚之，無賭博非爲。其兄性揮霍，見中謹持，謀與析爨。中不與較，田宅器具悉以美者與焉，乃舌耕自給，以義行著聞。以上採訪。

孫壽山，同治時治境南鄉人。沉靜簡默，不苟言笑，有"長老"之稱。家世微寒，以農業致富。鄰里人有急難，寬借貸而薄子金。族人孫某赤貧，傭工於其家。優容備至，代謀家室，籌農業，生有子女，自立門户。寬厚待人，鄉里稱道不衰。

王嘉謀，道光時人。家貧，躬耕自給，好學。夏日轉水灌田，執書從牛後朗誦不輟。入庠後，言行罔不端謹，即尋常應酬，必工楷書，不作行草。遇寇亂，避難陝西武功，武人慕其品學，爭賓師之。亂平歸里，設帳授徒，首以《孝經》、小學敦其品行，使知治平之道，門下多名士。七十二卒。

清光緒時，治境聖諭里劉全孝杜門不出，不與人争事非，惟樂讀史。每與子

[①] 乾隆丁酉：乾隆四十二年(1777)。

孫言，必講論某朝名臣義士，某時孝子節婦。以孝弟爲首，以忍讓爲先，故子肖孫賢，五世同居，家門和順。全孝年九十三而卒。鄉里慕其德範，於墓前建坊，表其善行焉。

王崇儒，字伯雅，庠生，化平川人。孝友端謹，見義必爲。凡修橋梁，建祖祠，置祭田，皆身任其勞而出資亦鉅。又別捐義田以贍宗族，設義倉以備凶荒，創義塾以誨鄉里子弟。[19]所居爲永康村，故義塾、義倉皆以"永康"名。道光元年，公舉孝廉方正，官民同欽。享壽七十九而卒。

楊清化，陝西阿宏，安插治境。年七十餘，精神矍鑠。掌教本城清真寺，生徒甚衆，講經不倦，有不專致而馳騖者輒知之。教下來寺禮拜誠僞、吉凶莫不預知，故人信之如神。臨終遺言："戒種罌粟，絕嗜好，將來必嚴禁。"今果如所言。墳前碑傾斜，正擬工修，忽然碑自端正，亦異人也。

阿宏赫明德，治境龍江峽人，即香水店。年五十餘，性聰穎，寡言笑，習五功誠篤。辟穀煉氣，每日服棗七枚，靜坐寺中，默念天經。祈晴禱雨，靈驗弗爽。人爲邪氣所迷，求吹一"篤哇"，和湯服之立愈。臨終坐化，蓋修煉有得也。

李正芳，化平本城人。讀書通大義，天性純樸，孝行懿德，立有碑記。碑在城西官莊，民國六年三月立。其碑文照錄於《藝文志》內。①

王之臣，化平白面河澇池溝人。嗜學好古，重實行，恭以持己，謙以接人。口不道人過，有言人過者，則掩耳而走，戒子弟勿效之。常與兄弟子侄輩互以睦姻寬厚相敦勸，人皆仰之。長子恒德博通經文，克承父志。之臣卒於民國十七年六月，享壽七十有三。

陳玉梅，化平白面河澇池溝人。素性篤厚，言行端謹，敦宗族，和鄉里，排難解紛，爲鄉鄰所翕服。樂善好施，每遇饑饉，有貧餒告貸者無空返，不宣己惠。或與人和解詞訟，代墊銀錢，而無力償還者亦不索討，且對於地方公益熱心贊助。前經縣政府獎給"深明大義"匾額。官依重之，鄉里推爲人望。民國十七年正月而卒，享壽八十有四。

忠烈

同治初年，寇亂治境，殉難諸人事蹟未詳。確查姓名，備錄於《隴省忠義錄》者，有廩生趙維晉、民人王文剛等，計七十三人。或陣亡，或罵賊被害，或投井而沒，皆氣節之可嘉者。

廩生辛可薦、附生張自反、耆賓朱九一，嘉慶初大寇入境，脅裹不從，罵賊被

---

① 參見本志卷四《藝文志》載《民國顯考李老府君諱正芳字馨齋行一正性之碑序銘》。

害。邑人哀其義烈，碑旌文廟戟門。採訪。

李吉祥，道光元年，被寇擒縛，拷問鄰家藏金，五毒備至，不言遇害。

王典，道光廩生，品學兼優。同治初，寇亂執之，抗罵不屈，被害。

都司陳得勝，同治二年，奉令率甘、涼、單三營援華亭，戰寇匪於王家山，力竭陣亡。土人廟像祀之。

廩生潘家修、李儉，同治二年，率團勇戰寇於王家山，力竭陣亡。

同治六年四月七日夜，民團輸義堅守，城破。戰死者有：貢生石元蒸、潘存樸，廩生石元酹、柳作棟、石圭，增生胡生桂，附生石元燉、柳作舟，武生楊輔清、趙忠等三十一名。善後，武舉莊塘基等報官紳死義原由，詳請恤典，上憲未覆。民國十七年春，縣長葉超呈請省政府准入忠烈祠享祀。化平原屬華亭，是以採入。

孝義

清咸豐時廩生趙晉者，治境水溝人。生平孝友，好善樂施。因重修觀山廟宇，督工不暇回家，家有小兒痘疹沉重，喚晉來視，兒已氣絕，晉遂抱兒登山禱神。翌日黎明，兒呱呱啼，視之，痘隆隆起，飽滿無恙，兒竟復生。咸謂善德所感，故神明佑助焉。

有劉懷遠者，治境化平川人。幼孤家貧，獨與母居。同治初年遭寇亂，母子被虜。將殺其母，懷遠乞殺身留母，[20]賊感其孝，置之。同母逃至陝西郿邑，裸跣行傭養母，甚得歡心。及母卒，哭之慟，典身買棺，殯於破窰。日為傭，夜宿殯所以為常。迨甘肅平定，始扶母櫬歸，與父合厝。以親恩未報，終身不茹葷酒，鄉里稱為"善人"。年六十七無疾而終，其孝義可以風世。

張萬福，治境香水里黃花川人。幼時讀書，天性至孝，家雖貧，凡力所能者無不奉親。歲時新味親未嘗，不先入口。父早歿，與弟萬祿務農商業。弟在鄉，母隨之，而己在城，如遇新味，必親送鄉間奉母，顏色辭氣異常和婉，視母食畢始返，人皆稱為"張孝子"。待兄弟尤為篤愛，終不析產，性行純厚，有古人風。其妻馬氏，亦頗賢慧孝道。生有二子，均入泮成名，長子元泰歲貢，次子逢泰優生。子孫繁衍，皆讀書成名，人以為孝感所致。卒於光緒三十二年七月，享壽七十有二。

列女

明劉氏，治境聖女里人，歸張經。有二子：平康、德隆，女春姐。正德十年，大虜入寇，掠劉氏並春姐，脅以刃。劉氏及女咸大罵，承刃死之。二子後皆為大學生，平康歷陽曲縣丞，德隆歷寧國瑞州府經歷，隱母之死不以聞。

清郭氏,治境聖女里,王文章之妻也。幼讀《孝經》《論語》,事舅姑至孝。年二十夫亡,遺孤名長盛,最幼。家貧,氏晝耕夜織,以養舅姑,矢志不嫁。道光十八年,歲大饑,舅姑欲奪其志,謂氏曰:"與其苦守以餓死,何如再醮以全生。[21]"氏泣曰:"婦人所重者節耳。餓死事小,失節事大。"引刃自割其鼻,至死靡他。後舅姑相繼云亡,氏竭力營葬,撫孤成立。邑宰黃公聞氏孝行,賜以匾額,惜兵燹毀壞,而其柏舟矢志,井水銘心,鄉里至今稱之。

楊氏,劉福妻。同治三年,罵賊不屈死。

焦氏,張克勤妻。同治三年,遇賊投井死。

郭氏,林發妻。同治三年,賊虜不屈,被害死。

阿氏,治境官莊人,阿玉魁之女,馮有信之妻也。其兒萬成,妻任氏,任九喜之女。同治三年,遭匪亂,避匿山中。賊穿林搜山,阿氏婆媳被虜。賊欲污之,婆媳大罵不屈,拷索資財,氏無以應。加棒楚,任氏以身護姑,賊怒斷任氏兩膊,阿氏身仍受傷。賊去,家人昇歸,飲以湯藥,猶未死。翌日,賊至其家,婆媳見賊,厲聲叱之,賊愈怒,被焚死,慘不忍聞,節烈千古。今阿氏後嗣丁蕃家裕,其孫良驥讀書入泮,勤儉謹慎,昌大有基,蓋貞婦之報也。

耆瑞

于志成,聖諭川興盛莊人。年九十一歲,四世一堂。

馬懷喜,化臨里吳家嘴人。年八十四歲,歷充各禮拜寺教長。

馬金省,化臨里吳家嘴人。年八十九歲,敦品行,無急言。

舍天智,白面鎮澇池溝人,年九十八歲。

王照祥,香水里拜家村人,年九十四歲。

馬德志,香水里黃花川廟灣里人。光緒年舉鄉飲,年八十六歲,精神強固。

馬尚禮,黃花川廟灣里人。年八十四歲,老成持重,人無間言。

李文海,黃花川下堡之人。年八十七歲,勤謹如壯年。

楊永明,黃花川楊家店人。年八十六歲,敦品行,無急言遽色,以孝行聞。

方技[22]

劉道士,名崇厚,治境官莊人。鄉俗安竈、奠土、祈雨,用之道衣、道帽、法鼓、鐃鏄、書疏上表,禱神甚有效驗。喪事為亡者懺悔,愚民信之。

李法師,名保,治境道光時人。執鐵圈、單面鼓,且撞且搖,口唱俚歌,名曰"跳神"。抑或屈一足作商羊舞,或散髮赤身,以刀剁額,血印黃表,焚於神前,拖麻鞭在神前往來舞蹈欣躍,謂之"曳神",醫病輒有瘳者。

流寓

臨邛則司馬往舍，隆中則諸葛結廬，杜工部同谷羈留，陸放翁劍南僑寓，賢者托足，地以人傳。地無其人，不敢附會。

隱逸

地不同箕山穎水，士莫比巢父許由。三高四皓，固不能逢六逸七賢，亦無其選。與其失濫，不若闕如。

仙釋

仙釋專尚虛無寂滅，更有假似惑世誣民，存而不論。

災異志

國史，災異與祥瑞並重，縣志亦然。據採訪，化平六十餘年來，有災異而無祥瑞，編輯者未敢捏造，炫人耳目。僅就所有按年編記，無者暫爲闕如，以俟後親見祥瑞續修此志之君子補焉。志《災異》第十。[23]

同治十二年六月至八月，淋雨不止，傾壞廬舍甚多。

光緒五年六月，雹傷禾稼。八月大淋。

十年六月，迅雷大雨，水溢五六尺，漂牲畜，傷禾稼。[24]

十四年，大淋。

十五年五月，黃風自西北起，晝晦，雷震降雹，麥豆一空。

十八年四月，殞霜。

二十五六兩年，大旱，斗麥市銀貳兩。

三十一年六月，北面里狼食人。秋雨冰雹。

三十二年四月，殞霜。

三十四年戊申夏，五月望，地微震，窗櫺有聲。

宣統三年辛亥閏六月八日，大雨，洪水橫流，漂沒人畜。

民國元年壬子夏六月，降雹六寸，麥豆無收。

三年甲寅夏四月，白狼擾陝、甘，陳伯生率隊追擊。大隊經過化平往返兩次，化民驚懼，未敢家居。秋八月，大淋，勢如傾盆，山崩水溢高下，禾苗多被淹沒。又是年，人多痢疾。

五年丙辰六月，青燈教用妖術祭紙人，剪雞尾、割婦乳、童莖，天雨靖之，牛瘟。秋冬，泉水涸。割婦乳、童莖，華亭有之，化平祇剪雞尾耳。

六年丁巳夏五、六月，蚜蚄食豌豆。冬十月六日，掛雙耳。

七年戊午春二月，大霧二十日，壓折樹木，聞聲驚人。

八年乙未春，大旱。秋冬，人多大頭瘟。

九年庚申春，牛瘟。冬十一月七日下午七點鐘，地大震，震度約十五分鐘，震時流星亂墜，牆倒屋塌，地裂樹舞，雉鳴人哭。震訖，復大吼如雷，黑氣騰空，上蔽星月。既而黑氣退向東南，白氣復起西北。經二點鐘，時星月始朗。大震之後，繼以微震，每晝夜不下數次。此震之始至終，經三月始止，爲化平地震記中未有之大震災。

十年辛酉秋七八月，大淋。九月望日、十月二日、十二月十日地微震，均屋瓦有聲。

十年壬戌春正月十三日、三月二十九日、秋九月三十日，均地微震。

十二年癸亥夏五月五日，殞霜。六月二十五日、十月二十三日，地微震，窗戶作聲。

十三年甲子春三月十九日，地震十秒，寢者驚醒。夏六月二十一日，地微震三秒。

十四年乙丑春，牛瘟，十欄九空。

十五年丙寅春夏，大旱，斗麥市錢八串。秋七月二十日，甘肅劉總指揮郁芬派步兵旅長劉存簡擊黃司令得貴軍於窟窿峽口。居民大恐，劉旅獲勝，經過縣城，秋毫無犯，化民逃者乃返。

十六年丁卯春三月七日，地微震十秒。夏四月二十三日，地震二十五秒，樹木、房屋如傾。

十七年戊辰夏秋，大旱，泉水涸，河源渴。又是年，土匪百千成群，雜以變兵，多有槍彈，攻城掠鎮，焚殺姦淫，狙獗已極。化邑遭土匪楊老二、工富德、惠廷清等盤踞蹂躪之害，慘不堪言。

十八年己巳，大饑，斗麥市銀十元，雜糧八元。餓莩載道。

十九年庚午夏，虫食豌豆即稍。留種子置囤中，亦皮內生虫。又是年五月二十九日，土匪吳發榮陷城。既被匪害，又遭兵燹，將安插以後城關人民五十餘年之元氣一旦喪盡。

二十年辛未夏六月，大雨，山原洪潦，頃刻數尺。又是年元月間，受陝匪楊萬清、畢海軒、張應坤三部之經擾。五月朔，遭張應坤千餘眾之盤踞。

二十一年壬申春夏，大旱，麥收無種。七月，瘟疫大作，多轉腿霍亂、吐瀉黑水等症。有謂係日本倭寇賄買漢奸，致毒所致。謠傳井中俱下毒藥，相戒不敢汲水,瓜木食物皆不敢買用,爲數十年來之大駭異事。迄至九月,城鄉疫死之人甚多。又是年五月,馬榮華、馬中喜各匪隊竄擾化平。

　　二十二年癸酉春,牛瘟。四月八日,大風雪,隴山積厚盈尺,天寒如冬。五月間,土匪馬公章竄擾,被平涼三十八軍部派團長任云章擊敗,由聖諭川紅家峽而遁。

　　二十三年甲戌夏,旱。秋澇,蕎麥無收。

　　二十四年乙亥,雹傷白面、香水二區秋禾。

【校勘記】

[1] 藝文:原作"金石",據本志書例改。又,左宗棠撰《歸儒書院碑記》見本志卷四《藝文志》。
[2] 團長:原作"圖长",據文意改。
[3] 與:原作"於",據文意改。
[4] 參見《〔民國〕增修華亭縣志》卷一《地理志·古蹟》"北魏百泉城"條。
[5] 貞元三年:原作"貞元二年",據《舊唐書》卷十二、《新唐書》卷七《德宗本紀》改。
[6] 吐蕃:原作"土番",據《〔民國〕增修華亭縣志》卷一《地理志·古蹟》"北魏百泉城"條改。
[7] 韓游瓌:原作"韓環",據《新唐書》卷一五六《韓游瓌傳》改。
[8] 詩大雅視彼百泉:"大雅"原作"周頌","視彼"原作"視被",均據《詩經·大雅·公劉》改。
[9] 四年:原作"三年",據《新唐書》卷一五四《李晟傳》改。
[10] 李抱玉:原作"李抱真",據《新唐書》卷一五四《李晟傳》改。
[11] 宋仁宗慶曆間改名制勝關:此說有誤。據《〔乾隆〕甘志》卷十《關梁·鎮原縣》"木峽關"條載:"在縣西南,併石門、驛藏、制勝、石峽、木峽、六盤,皆唐時置之,以御吐蕃者。"
[12] 七年:原作"五年",據《〔乾隆〕甘志》卷二二《古蹟·華亭縣》"大震門"條改。
[13] 三十里:《〔民國〕增修華亭縣志》卷一《地理志·古蹟》"唐胭脂川"條作"五十里"。
[14] 吐蕃:"吐"字原脫,據文意補。
[15] 東南:原作"南",據《〔宣統〕甘志》卷九《輿地志·關梁·化平川直隸廳》"白巖河鎮"條改。
[16] 西:《〔宣統〕甘志》卷九《輿地志·關梁·化平川直隸廳》"制勝關"條作"東南"。
[17] 二十餘:《〔宣統〕甘志》卷九《輿地志·關梁·化平川直隸廳》"制勝關"條作"二十五"。
[18] 魚化石:原作"魚花石",據文意改。
[19] 義塾:原作"義熟",據文意改。下同。
[20] 乞:原作"迄",據文意改。
[21] 醮:原作"樵",據文意改。
[22] 方技:本志目錄作"方伎"。
[23] 志災異第十:此五字原無,據本志書例補。
[24] 稼:原作"嫁",據文意改。

化平縣志卷四

藝文志

　　文能致道，亦能載道。化平文藝，從古不乏名家，惜收輯無人，刊印無資。幾經兵火，以致地方精華，完全毀軼，良深浩嘆！今廣尋博訪，凡關乎化平政治、地理、山水、文化並有裨於世道人心者錄之，以備參考，藉示保存國粹之意。志《藝文》第十一。[1]

總督左宗棠　　奏勘明分撥化平廳轄境疏

　　為勘明分撥化平川廳轄境，擬定該通判、都司缺，次擬添設文武所屬員弁及應行籌辦各事宜，恭摺詳陳，仰祈聖鑒事。

　　竊臣於同治十年二月初九日，奉上諭：左宗棠奏《安插陝西就撫回衆請增官員以資鎮撫》一摺。[2]陝西就撫回衆一萬有奇，除該親屬認領外，共男女九千四百餘名，均安插華亭縣化平川地方。今該督飭令道員馮邦棟前往散給賑糧，[3]丈量地畝，按戶分撥房屋、窑洞，並購給籽種，酌發耕牛、騾、驢，督其開墾播種，辦理均屬妥協。著該督飭令總兵喻勝榮等妥爲彈壓，[4]一面檄飭該地方官加意撫綏，毋使失所。遇有詞訟案件，只分曲直，不分漢回，總以持平辦理，毋任稍滋事端。其所請添設化平川廳通判、化平營都司各缺，著該部議奏，餘著照所奏辦理，欽此。旋准吏部咨，開查陝西就撫回衆，既據該督奏稱安插化平川地方，散給賑糧、地畝，分撥房屋、籽種，督其開墾，並請設官董之。該督係為撫馭回衆、綏靖地方起見，自應准如所請，添設化平川廳通判，以資鎮撫。

　　又添鑄印信。禮部查定例，文職官員印信由吏部篆擬字樣送部鑄造等語。今陝甘總督左宗棠奏請添設化平川廳通判一缺，既經吏部議准，自應頒發通判關防一顆，以照信守。恭候命下，[5]由吏部撰擬字樣，移送臣部，即行鑄造頒發。又應建衙署，工部查陝西就撫回民，[6]既據該督奏稱安插化平川地方，應添設化平川廳通判並化平營都司各缺，自應准其建立衙署，以資辦公。應令該督飭委妥員據實查勘，籌款興修，報部核辦。又奏稱添設都司一缺，並飭千總牟春陽帶土勇二百四十名，分紮關山、三才鎮各口。調記名總兵喻勝榮帶所部平江營扼紮化平鎮，以司稽查。兵部查安插就撫回衆，既據該督奏稱，添設化平營都司，自係因時制宜起見，應如所請，准其添設化平營都司，以資鎮撫。其新設都司一缺，應作何項之缺，並添營屬各弁，如遇該地方承緝盜竊案件及未盡事宜，均俟該督續陳到日再行核辦。再，吏部查新設化平川通判一缺，應作何項之缺，並廳屬各員及一切未盡事宜，應由該督等詳細體察情形，奏明辦理。等因。

同治十年四月二十五日，奉旨依議，欽此。相應知照可也。等因。臣當即行知藩、臬兩司，會同甘肅軍需局妥議詳辦，並札委督辦平涼各屬善後事宜。記名道馮邦棟履勘新設化平川廳治四境轄界。據馮邦棟稟，奉札後遵即調取固原、隆德、平涼、華亭等州縣輿圖，並飭各派熟悉地輿書役前來，帶同親往各處逐一查勘。勘得化平川東南擬自四溝嶺起，[7]至羊套梁、老虎崖、黃家、瓦山一帶分界，向係平涼、華亭舊界；東北擬自土窑子石起，至錢家窑、董家川、[8]鹽池河一帶分界，向係華亭、固原舊界；西北擬自鹽池河起，至香水庵、龍江峽、關山一帶分界，向係華亭、隆德舊界，其鹽井一眼擬劃歸化平廳管轄；西南擬自關山至後麥子坪、龍臺山、石嘴子河一帶，與華亭縣分界。由羊套梁至龍江峽止，東西相距三十五里；由石嘴子河至鹽池河止，南北相距八十里。化平四境轄界周圍約計二百里，並繪圖貼説呈核。等因。臣當即札發藩、臬兩司會同甘肅軍需局，併前案妥議詳辦。去後兹據甘肅布政使崇保、按察司楊重雅，會同委辦軍需局員署蘭州道蔣凝學、西寧道舒之翰、候補道珒武等詳陳，新設化平川廳，周圍約計二百里，向係固原、隆德、華亭、平涼分轄之處，應如道員馮邦棟所擬撥歸該通判管轄。

其通判、都司應作何項之缺、之處，公同商議，請將添設化平川通判一缺作爲化平直隸撫民通判定爲"繁""疲""難"三字要缺，歸平慶涇固道所轄。並請仿照鎮西撫民同知添設照磨一缺作爲要缺，添設訓導一缺由外揀調。又例載陝甘題缺，該總督、提督揀選材技優長，諳練地方之員，保題請補。等因。今新設化平營都司係屬要缺，應請作爲題補之缺，以期揀選得人。又擬添設經制外委一員，如蒙俞允，該照磨、訓導應請敕部頒發印信。其都司所屬經制、外委應用木質鈐記，例由司刊發，以昭信守。[9]

至於應行舉辦各事宜，另呈清摺詳請，分別奏咨。如有未盡事宜，請俟安設妥定，再由該通判都司隨時察看情形，陸續陳請核辦。等因。前來臣覆核無異。除化平川廳額征地丁、正雜錢糧各若干，民地、屯地各若干，該司雖存有該四州縣額征總數，然應如何分撥，無案可稽。應俟飭令該管道府督同該四州縣，按照原撥地段界内額征之數，備細查明開造。其化平營兵丁應從何營分撥，由臣咨明，提臣核議，再行奏咨立案。其應修建壇廟、祠宇、衙署、倉廠，由臣委員據實查勘，籌款興修。再行咨部核辦外，所有勘定分撥新設化平廳轄境，擬定文武缺次，擬添設文武所屬員弁各緣由，謹恭摺陳明，並將應行舉辦各事宜開具清摺，咨部核辦。再，化平川與聖諭川兩水合流入北面河，歸涇水入涇州界。前摺誤稱入清水縣界，合併陳明。伏乞皇太后、皇上聖鑒，訓示施行。謹奏。

呈請劃撥錢糧細數變通辦理稟　　左壽崑　同治十二年署化平通判

　　謹稟者，竊查劃歸地畝錢糧一案，屢奉本道札催，迭經備文催平〔涼〕、固〔原〕、化〔平〕、隆〔德〕四州縣遵辦在案。閏六月初八日，[10]復奉本道札飛催，當即分別移會其平涼、固原兩州縣，均經會同勘界址，無地可撥。隆德縣原撥鹽井一眼，僅撥庄基地十七畝有零。查化平川舊隸華亭，此外如聖諭川即聖女川、北面河即白面河等處，均屬華亭管轄，應撥錢糧細數，似應由華亭查造申詳。伏思治道貴因時變通，若祗膠柱鼓瑟，拘泥成例，轉屬具文，徒繁案牘。惟揆度夫時勢之宜，斟酌損益，而仍不出乎範圍，斯下有遵循，事乃克有濟。平涼所屬，除靜寧州外，餘均數遭殘破，蹂躪不堪，黎民幾無孑遺，吏胥亦俱盡絕。固不僅案卷之焚毀無存已也，此時而欲清地畝，核錢糧，在卑廳新設之區自屬無案可稽，即華亭恐亦漫無把握。本道札內有"平涼縣籠統開報"一語，此實勢所必然。縱別州縣繪圖造報，"籠統"二字諒亦在所難免。卑職愚見，似宜將應征錢糧分別等第，上地每畝若干，中地、下地準此遞推，酌定數目，明示章程，令各州縣參酌情形，遵照辦理。既於要件不致宕延，[11]又可免往返駁飭文告紛繁。素仰宮太保因時制宜，通權達變，力除積習，不尚虛文，用敢妄抒一得之忱，以副憲臺實事求是之意。左壽崑謹稟。

　　旋奉督憲左批，所陳不爲無見，候行魏道，速即議復核奪繳。

皇清　武仝文　涇源辨

　　按《地志》："涇水出原州百泉縣笄頭山。"《山海經》則曰：①"數歷山之西，百五十里曰高山，涇水出焉。"考高山在平涼郡西，水由瓦亭川而東。笄頭山在平涼西南，下有百泉流爲涇水，皆匯於郡城之西數里。如以《地志》爲據，則百泉爲源，高山爲支；以《山海》爲據，則百泉爲支，高山爲源。兩說並存，則涇水南北有二源，與汭同矣。揆二水之形，百泉諸水大，倍於瓦亭川水，經小水入大水，以大納小，不以小納大，則涇源當在笄頭山。以地里記之，高山距平涼一百二十里，地頗遠，笄頭距平涼四十里，地較近。其瓦亭居崆峒之西北，笄頭出高山之東南，似又

① 參見《山海經》卷二《西山經》。

不當。以遠者爲支,近者爲源,下者爲源,上者爲支也。無已,則隨山而度其勢,循流而考其源,百泉之水由崆峒而東下,山環水湧,其勢澎湃,於勢爲最順。高山之水西出瓦亭川,地遠流細,北亂於涇,勢則少逆矣。

後世述河源者,曰崑崙,又曰星宿海,涇之大也,不及河而達於河。涇源人稱百泉者,謂之離奇湍瀉不可狎視,幾與星宿海。且唐宋之際,縣舊屬隴,尚未入平涼也。則朱子所稱吳山西北,安知不在華亭境內?而必執隴以問汭耶?載考弦蒲藪在今隴州蒲峪,是汧隴之西藪也,而其西北即爲華亭西山,是蔡氏之說也,亦非剌謬。後人不深考西北之義,誤以汭水爲汧,則泥古所致。不審《禹貢》,涇屬渭汭。及公劉汭鞫之什,果何所解?是不可不辨。[12]

涇水真源記　　碑在華亭明倫堂,乾隆五十五年泐石。　　潞陽胡紀謨

涇水本清,詩注誤也。宋蘇轍詩"袞袞河渭濁",①元人曹伯啓詩"涇清渭濁源何異",②予久已親見之,原不誣也。蓋笄頭山內百泉湧出,前匯爲潭者三。每潭左右山環抱,中開如門,人不能入。潭前有龍王廟,民多禱雨於此。東過崆峒,入於平涼川,澄清見底。乾隆五十五年,上命察視涇源,而涇清之名始定。中衛令胡紀謨作《涇源記》,並宇內名川,其清濁詳於志記而見之經傳者爲尤確。

顧《谷風》"涇以渭濁",③箋釋家咸謂涇濁渭清,承訛不易。我皇上萬幾餘暇,披閱蘇軾詩"袞袞河渭濁"、元人曹伯啓詩有"涇清渭濁源何異"之句,以傳注未足爲據,命西大臣察視涇渭二源何清何濁。庚戌三月,④予奉委往探涇源。至華亭西北九十里,有笄頭山,山甚高,面東北八峰,後二峰極聳,前六峰遞相卑遜,形如冠笄,故名笄頭。內有泉百餘,水自峽中出,流入大川。晶瑩明淨,沙石可數。山西峘有三龍祠,建自遠年,並無碑碣。詢之故老,云笄頭山土名涇河腦,又曰老龍潭。峽內每峰相對,凡四層,若門戶然。第一層峽稍寬,水亦淺。自二至四,水深不可測。有頭潭、二潭、三潭之目,特肖三龍神,以祈禱焉,少時大旱取湫。頭潭旁有仄徑可行,[13]稍進即窘。此後並頭潭,亦無敢入者。余策馬入峽,水纔數寸,溯源而上,曲折行半里,漸偪仄,水及馬腹不能涉。相隔第二層之峰,約三四丈,石崖僅離二三尺,激水注射峽中,投之以石,窅不見底。想二潭、三潭,更非人力所能到也。出峽後,欲登山俯看,而峰脊如削,無從駐足。山左右俱石,小山綿亙四五里,下有清泉數十層注川內,百泉所由名歟?考宋之百泉縣,即今

---

① 蘇轍詩見《欒城集》卷七《次韻子瞻見寄》。
② 曹伯啓詩見《曹文貞公詩集》卷四《涇陽述懷》。
③ 參見《詩經·邶風·谷風》。
④ 庚戌:乾隆五十五年(1790)。

之化平鎮。去笄頭山三十里,其爲涇源無疑。余復循流而自白巖河,歷炭家峽,東折五十里至崆峒山,又四十里,由平涼郡西門外與北川合,距笄頭山九十餘里。凡涇水所歷,土壤、石山俱見清,且漣漪毫無泥滓。惟由平涼至涇州,涇、汭合流處,百四十里中,南、北、西三面山水所歸,色與涇源少異,然不過微雜塵沙,鬚眉難鑑而已,迥非咸陽渭河之黃泥耀目者可比。是涇水之清,經身歷而始信。仰見聖天子明燭萬里,一言而真源早供御覽,足徵涇水有靈,不甘久匿其面目,俾數千年清濁混淆,一旦分明,亦千古未有之遭逢矣。余幸供是役,謹繪涇水源流、笄山二圖,並賦短章以紀其詳,如是云:

其一:無數泉飛大小珠,老龍潭底貯冰壺。汪洋千里無塵滓,不至高陵不受污。

其二:藏書獺祭論終刊,漫把笄山認六盤。顛倒涇渭成底語,於今益信說詩難。

其三:在山泉水本俱清,鳥鼠何必浪得名。出谷非遙同枳橘,濁流萬古不能更。

其四:法古原非泥古人,淵源聖學迥超倫。一從垢净分明後,二水方知面目真。

其五:紛紛毛鄭夢輻輠,賴有蘇曾句獨醒。水派河源衡帝簡,不須重補道元經。

趙先甲　　涇源詩二首

清濁混淆千百年,誰知判別自青天。
涇流本面從今定,始信詩家有謬傳。

誦讀懷疑數十年,涇清渭濁久昭然。
若非今遇皇天鑒,千古訛名嫁百泉。

涇源記　　通判　曾麟綬

《前漢書·地理志》:[1]"涇陽開頭山在西,《禹貢》涇水所出。"《後漢書·郡國志》:[2]"郭璞注《山海經》曰,涇水出朝那縣西丹頭山。"考證按:[3]"丹頭山當作开

---

[1] 參見《漢書》卷二八下《地理志》。
[2] 參見《後漢書》卷三三《郡國志》。
[3] 參見《四庫》本《後漢書》卷三三考證。

頭山。"《説文》：①"涇水出安定涇陽开頭山。"《禹貢》蔡傳：②"涇水，《地志》出安定郡涇陽縣西，今原州百泉縣岍頭山。"《事類統編》：③"涇水源出平涼縣西。"[14]注：平涼府古安定，平涼縣古涇陽、古朝那。鷄頭山，一作笄頭山，又名崆峒山。其説不一，似皆言涇水支流。《陝甘資政録·諸水總序》：④"涇水自安化至於高陵。"查安化係宋安化縣，金改爲化平縣，今化平廳，城西有故城遺址。《資政録》所指安化，是否即此化平，尚未可知。

丁未秋，⑤麟綬承乏化平，親至廳屬老龍潭，呼土人爲前導，探涇水所自出，循流溯源。土人歷歷指點，目擊涇水發源於昔華亭縣地方，今新設化平廳城西南隴山分水嶺之馬尾山。山後脊梁圓長約八九里，形如馬尾，象形而名。遍詢土人，並無名笄頭山者。西坐東向，高約二百丈，廣約百丈，絶頂一覽，靈秀獨鍾，拔地凌蒼，蜿蜒磅礴。左右迴崖沓嶂，兒孫羅列，屏風錦張。山下石罅中萬斛泉源不擇地湧出，行約三里，至良田峽，一名凉天峽，會流而下，廣纔尺許，漸下漸濶。中有迤北頭道溝、松林溝、透溝諸水，又有迤南二道溝、紅柳溝、石窩溝、鈕門溝、小南川、二龍河、大南川諸水，次第匯合，蕩漾瀠洄，東注入峽。自馬尾山至峽口約四十餘里，峽際寬窄或二三十丈，或二三里不等。水由峽邊行，右畔平疇甚夥，邇時樹木叢生，寂無烟户，行人亦稀，惟狍麞雉兔往焉。兩岸峰巒數十層，盤旋益遠，而山勢略低。行至峽口，各峰環抱。左有乾海子山，右有乏牛嶺，中壅一山，峻絶屹立，天衣無縫，而涇水由西面縱橫衝突，洞天石扉，訇然中開。高數十仞，遠約六七里，廣者二丈，狹者二三尺。峭壁嶙峋，沿巖松茂，奇香撲鼻，秀色可餐。崖勢曲斜而陡險，狂瀾急湍争喧豗。有古潭三，順流而下，各相距半里許。中潭圓形，濶約二丈，深不可測。上下二潭，一方一圓，濶深次之。耆舊傳爲老龍潭，一名涇河腦。大旱取水，禱雨輒應。山西岸昔有龍神祠，經同治初年兵燹，基址蕩然在山。泉水清碧澈底，不寒而慄。[15]正晝猶昏，怒激濤聲，雷鳴風吼。攀眠鶴之高枝，[16]俯馮夷之幽宫。樵採登臨，人莫敢近。山川奇美，寔是欲界之仙都。尋源至此，佇立半晌，望峰息心，窺谷忘返。東流出峽，瀑布懸崖，凌空飛下。奔騰澎湃，漸次坦夷。計十餘里至北面河，即古白崖河，經飛龍山麓，同紅崖河至撞銀山，匯聖諭川、龍江峽川、化平川，注炭家峽。又會黃花川、胭脂川，過大石灣，共行四十餘里至於崆峒山南。東流經平涼縣北，又東經涇州北，又東入陝西

---

① 參見《説文解字》卷十一《水部》"涇"字條。
② 參見《書經集傳》卷二《夏書·禹貢》。
③ 參見《事類統編》卷二八《地輿部·甘肅省·平涼市》。
④ 參見《皇朝經世文編》卷一四四載戴祖啓撰《陝甘資政録·諸水總序》。
⑤ 丁未：光緒三十三年(1907)。

邠州、長武縣,又東南至高陵縣入渭,會流至華陰入黃河。邃谷深崖,淵源有本,涓涓不絕,流爲江河。天下事,本深而末茂,形大而聲宏,類如斯也。

《平凉郡志》:①笄頭山在平凉縣西四十里,以形名。黄帝西至於崆峒,登笄頭,與崆峒山相連。武全文《涇源辨》亦曰:②"笄頭距平凉四十里。"查笄頭山下,涇河由馬尾山而來,謂馬尾山爲涇源,笄頭山爲支流,似碻鑿可據。又舊志,涇河在平凉西,笄頭山發源有二支:南支出崆峒峽中,曰前峽;北支出老龍潭,曰後峽。查後峽之水,自化平城西北三十里鋪米稞山,古名美高山發源。土人相傳亦名涇河腦。兩峰對峙,中閃一峽,背西面東進峽三里許,西北山下有巨泉三股,相距一丈至四丈。第一泉,天然石門劃開三尺,中間石寶,水勢洶湧,日夜奔放,洵奇景也。二泉、三泉亦然,但無石門。峽北岸有二石井,圍圓丈許,[17]深約三尺,水由井底向上衝立,汨汨細流,頻興雲霧,雨澤應時。又半山出一石嘴,恍惚龍吻,有泉二道,自石罅中湧流合飛而下,清瀏活潑,妙境移人。此外,尚有小泉數處,會流成溪出峽,由雙橋河約十里會煖水前後川,同爲支川,[18]鮑家川注下寺河,匯沙棠川,過鹽圈子,共行四十餘里,入崆峒後峽,出峽會爲涇。躬歷其地,稽察確實,至《山海經》數歷山之西百五十里,曰高山,涇水出焉。武全文《涇源辨》考"高山在平凉郡西,水由瓦亭川而東",匯於郡城之西數里則是涇水。有三源:謂馬尾山爲正源,米稞山、高山均爲別源可也。府、廳、州、縣,古今沿革各異名稱,山名亦有訛傳失真者,原難拘泥。惟據山川形勢所見,如斯書以志之,聊備參閲。

左文襄公　　歸儒書院碑記　光緒四年泐石。

人所別於禽獸者,何也?曰性善也。孩提之童子,孝弟發於性,雖戎與狄無異也。則就所發者推之,君臣之義從孝出也,夫婦、朋友從弟出也。同本而異枝,滋乎此,必長乎彼也。故曰:堯舜之道,孝弟而已矣。雖然,性之善,戎狄無異也,而犯上作亂,無所顧忌,中國有之矣。戎狄爲尤甚,何也?曰:此非性之異,教之異也。人所別於禽獸者,性之善也。中國所異於戎狄者,教之善也。然則戎狄有教乎?曰:其精者謂佛氏,繕性而錮其情,究於人倫,未之盡也。天主則攻擊佛氏者也,天方則因緣佛氏者也,其説皆本於事。天若生人,一切之事莫非上帝司之者。夫"上帝"之號,儒者稱之,曰"上帝臨汝,無貳爾心",[19]曰"昭事上帝,聿懷多福",[20]所以敬人事而求合天也。上帝能日籍圓頂方趾之群生,稽其

---

① 《平凉郡志》所指不詳。
② 參見本志卷四《藝文志》載武全文撰《涇源辨》。

善惡而賞罰之乎？君公百執事，奉天以臨民，亦以人治人也。人有人之道，父子、昆弟、君臣、夫婦、朋友，其概也。苟率性以用情，自盡人而合天，一切聽之上帝，則夫犯上作亂，無所顧忌，亦可曰上帝命之矣。此教之失，變亂無已時也。然則戎狄可教乎？曰：天方之徒，容貌、知識非與中國異也，又雜處乎中國，卒其所以異者，拘於彼教而未能出也。然而叛父母，賊兄弟，彼教亦惡之，則所性自善也。若以儒者之説進之，因其性而達其情，又推其情致之君臣、夫婦、朋友之間，固天方之徒性所有也，庶幾循途而返，適其所而休焉，倫誼明而習俗化矣。甘肅新設化平廳，以處回民。提督喻君勝榮分防其地，多善政，又出私錢若干，設書院以教之。余名之曰"歸儒"，並屬從事施君補華，發其義以書之碑。

民國顯考李老府君諱正芳字馨齋行一正性之碑序銘

民國甲寅年，[①]友人馨齋公捐館舍迄今三年矣。其哲嗣鳳來不忍泯其公德，因丐余銘石。余忝屬友誼，略知公遺事，又何可辭。公諱正芳，馨齋其字也，原籍渭南。因奉親逃難而之固原，旋之化平。公之孝行，不間於兵燹變亂之秋，可稱其孝矣。公居化平，篤勤儉，重信義，是以白手成家，大發財源，開設"太和祥"寶號。公於咸豐年立志讀書上進，後因家計，又習生理，所以買賣會計之精，老商弗及，人爲公平商也。而與之處，彬彬然若儒等。使非孝友和平、腹有詩書，能如是耶！至於睦鄰居，和鄉黨，親戚友，更不待言矣。公原配馬氏，慈和鄴謹，與公媲德，勘稱內助之賢。今猶康强，豈非賢德之報乎！公生道光二十六年五月二十九日吉時，卒於民國三年三月初八日，壽終正寢，享壽六旬晋九。生子二：次子鳳祥，性過聰明，前清千總，不幸早逝；惟守備長子孝友篤於天性，於公得疾之時，請名醫，奉湯藥，晝夜侍，藥親嘗，可稱大孝，即鳳來也。非公義方訓，子能若是乎？惟爲善必昌，吉人蒙主相，是以公之嫡孫六、重孫三，耕讀家傳。《詩》曰：[②]"君子有穀，詒孫子。[21]"即公之謂也。人生丁財兩難，而公之德克動主，不惟財旺，而丁更旺。兹當勒石，故略志其梗概云爾。銘曰：崆峒蒼蒼，涇河泱泱。斯人之德，山高水長。一鄉雅範，百代流芳。

勵俗俚言　　邑人張逢泰

溯自回衆遷定安集以來，届四十年矣。户口漸繁，家業漸足，人人安衣食之，樂享太平之福。回首當年，有不覺潸然出涕者。同治初載，陝民肇釁，殃及隴中。

---

① 民國甲寅：民國三年(1914)。
② 參見《詩經・魯頌・有駜》。

人離鄉井，財產拋散。前有團勇，後有官軍，追奔逐北，父母、妻子之倫，鰥寡孤獨之輩，轉溝壑，攖鋒刃，而死者不可勝紀。直至道阻途窮，屯聚金積堡，據守彈丸以拒官軍，如以卵當石，以螳當車，不待智者而知其必敗。官軍堅壁清野，以守爲戰，四面鑿掘深池，引黃河水環繞圍之。內設塹，外聯兵，雖插翅不能飛渡。堡中米珠薪桂，萬錢不得購升粟，竟至易子而食，析骸以爨。加之瘟疫大作，死僵盈城，臭氣蒸灼。天愁地慘，鬼哭神號。若再困數月，靡有孑遺矣。幸統帥有好生之德，量予投誠，天日再見，涸轍之魚，得以復生，死滅之灰，得以復燃。然十存一二，瘢夷剩體，鋒鏑餘生，苦難言狀。仰蒙恪靖侯左，收撫招安，始於化平立廳設官，爲之董治，發給口食、農器、牛、驢、籽種，劃撥田畝，俾資耕作。然地界山中，時當劫後，草木叢雜，雲霧彌漫，廬舍邱墟，田土荒蕪，不知幾費胼胝，幾經勞瘁，始能開墾，就熟漸至，年穀順成也。今者承平日久，田野治，家道成，父老凋謝，子弟習於浮華，未知遭變之苦，罔識締造之艱。書此欲以爲誡，惟願互相勸勉，士農工商，各守職業，不以侈靡相尚，不以強悍爲能，稍補風俗於萬一，共沐朝廷高厚之澤，永爲斯世馴良之民，豈不懿歟？孟子曰：①"生於憂患，死於安樂。"吾儕既於憂患中得生，當處安樂之時，猶能以處憂患，深自警惕，則大幸焉爾。

雜記

唐

宣宗大中三年，吐蕃以三州七關歸附。[22]康季榮復秦州、[23]原州、安樂州、石門、驛藏、木峽、制勝、六盤、石峽、蕭關及溫池，[24]鹽池，改安樂州爲威州。[25]邠寧復蕭關、涇原，賞絹六萬匹，其鹽利以贍軍，腴田以業民，五年輸稅。

宋

盧鑒，[26]儀州知州，有德政。轄境制勝關，號險要。李繼遷揚言將乘虛襲取入寇，有徙軍實於內地者，鑒曰："此詐也。"卒不徙，已而賊果不至。

明

正德十年，大虜深入掠華亭全境，南及汧隴，男女拒戰，死者甚衆。虜爲民殺者亦多。

清

乾隆四十六年，有甘民蘇四十三等，[27]猝起謀亂，侵犯化平，強劫良民，後經官軍追擊，挫敗而散。

乾隆四十九年，有海柱，滿洲人，任華亭縣，廉明寬惠。適逆寇作亂，公率士

---

① 參見《孟子·告子下》。

民登城嚴守，每日給賞食用，甚得人心。逆寇夜偵，見城上武備甚嚴，不敢侵犯。半月，官兵乃至。雖化平白巖被災，而城中安堵如故，故民皆德之曰："海公生我也。"未幾而卒。百姓道祭百里不絕，因爲立祠焉。

同治初年，陝民肇釁，蔓延隴中，饑饉薦臻，禍亂大起。有陝民數萬蹂躪治境，屯紮年餘，肆行劫掠，人民逃亡，田土荒蕪，糧盡食絕，逆亦別竄。

化平縣勸學所學事年報　　民國十一年十二月，所長張逢泰呈報。

（甲）縣教育當年之經過情形

（一）學校教育之情形

查第一區縣立高等小學校，校訓以"堅苦自立，忠實不欺"八字爲方針。正教員兼校長張文儒，辦理切實，授修身、國文，講解時善於發問，且有精神。餘若關於教授之預定及管理訓練之種種辦法，均有程序。助教員計殿元授地理，方位純熟，繪圖明晰。該區第一國民學校與高等小學校合。正教員張元泰，講解明晰。他如改良校務，注意衛生，頗能認真研究方法。

第二區區立第一國民學校，校舍樸雅堅固，學級編制亦合。教員蘇建章，教授各科，管理訓練，大致不差。惟該處風氣閉塞，人民不樂送子弟入校，以致該校學生寥寥。然欲勸導該處學齡兒童多多就學，非一朝一夕所能奏效。

第三區區立第一國民學校，教員馮良驥，對於校務力求進步，惟教室甚形狹隘，惜無款改良。現擬由卑所設法籌措，以便改良該校各室。

第四區區立第一國民學校，校舍雖係舊式，而光綫、空氣均尚合度。教員秦鏡川，經本年檢定委員檢定後，對於職務異常奮勉，惟授算術迄未得法。該區第二國民學校，係單級教授，教員石仰信，講授各科，瑕瑜互見，惟學生輟學，漫無限制。

第五區區立第一國民學校，歷年已久，業經傾塌，正擬籌款另建，暫行停辦。該區第二國民學校，校舍係覓借民房，該各房合宜，地點適中，無如學生太少，且辦理諸多未合，已由卑所逐一指導該校極力整頓，以圖改進。該區第三國民學校，設立胭脂川，前擬開辦之情形，已在去歲學事年報"翌年之教育計劃"內敘述明白矣。本年春初，既經卑所督促勸導，又與該處紳保接洽，業將該校於二月間完全開辦。校舍以公產房一所改造甚爲相當，學生較多，教員李維煜亦能任職。此全縣學校教育之情形也。

（二）社會教育之情形

查社會教育固亦多術，而求其爲用最廣、收效最速者，厥維講演閱報。化平雖係邊瘠之區，然設有講演所二處，閱報所一處。既經卑所督促，各講員訂定規則,履行職務,不得徒托空名。又責成各區學校在附近人烟稠密之處,將該校閲畢之報逐日張貼,以便公閲,而開風氣。凡此均已見諸實行者。此後當研究寬籌經費之法,以便加派講員游行講演,俾積極進行用副國家、開瀹民智之意。

(乙) 翌年之教育計劃

建築第五區第一國民學校,並擬籌高等小學校修理自習各室費。查第五區第一國民學校年久傾塌,因籌款另建而停辦,已在前"學校教育之情形"内叙明。現因籌款維艱,擬翌年由全縣教育費内酌提錢捌拾仟,作爲鳩工另建該校之需,其不敷之數,仍由卑所臨時籌補,以期告成。再查高等小學校自習室,苦於無款,迄未建造完善,學生頗有擁擠之虞。擬翌年一面由卑所竭力勸募,一面呈請縣公署,如遇相當之罰金或公款撥充以資辦理。如有餘款,併將坍塌之水磨一座同時營造。且擬在各學區調查學齡兒童一次,藉促就學,即係第三次之調查也。

(丙) 本細則第一條所列各事項之處理概要

(一) 義務教育之調查及勸導督促等事項

化平籌辦義務教育,業經積極進行。全縣擬設學校,以十六處爲標準,前已列表繪圖呈報廳長在案。所有已設高小及國民九校之辦理情形,已如前所述矣。至未成立之七校,擬擇風氣開通之地方,從速規劃,及早開辦。即風氣蔽塞之處,亦由卑所督勸,遵照部定期限,一律辦竣,俾收普及教育之效。惟學齡兒童尤宜認真調查,期得確數。兹事已經卑所連年辦理,切實進行。計全縣人民三千七十餘户,學齡兒童二千二百五十八名,其中已就學者二八二名,未就學者一二零七名,讀回經者七百六十九名。連同去年調查加入登記簿者二九名,已於去年《學事年報》内叙明在案。惟化平回族居多,重經而輕書,兼之知識固蔽,如使該父兄速送該未就學之子弟一律就學,既非卑所勸導督促不爲功,又非縣公署實行强迫難奏效。蓋强迫須由卑所不時呈請縣署相機辦理,認真施行,庶可收速效而振將來。

(二) 查核各學區之位置及其聯合事項

化平地方狹小,縱横僅百餘里。所有學區,業於民國六年商承縣公署就地理、習慣、感情各方面劃爲五區:城關及其附近爲第一區,東鄉爲第二區,西鄉爲第三區,南北二鄉爲第四、五區。此學區位置劃定之情形,尚無聯合事項。

(三) 各區委員會之設置事項

化平學務方興,教育人才缺乏,凡具有學務委員資格者,盡數職任教授,不暇籌畫辦理,並已擇其熱心地方之公正紳士,由卑所陳請縣長委任。按照每學區各設一人,辦理各該區學務。

(四) 查核各區學齡兒童之登記及其就學免緩事項

除由卑所人員周歷各區查核外,又督令各學務委員隨時查核登記,報告卑所,酌核就學免緩事項,以免愚民蒙蔽之弊。

（五）經管縣屬教育經費、編製預算決算並稽核各區教育經費、處理其紛爭事項

全縣教育經費,向歸卑所管理,每年編製預算決算呈縣轉賫廳長在案。惟斗秤行戶,年納學款銀貳百兩,而經收最爲辣手。有按期繳納者,有一二故意拖延任催罔應者,時有衝突。若非嚴重追收,或請縣提究,必致效尤成風,學款無着。至各區教育費異常奇絀,歷由卑所在全縣教育經費項內平均支配,尚無紛爭事項。

（六）查核各學校之建築及其設備事項

各區學校舍,經卑所人員周歷考核,有從新建築者,爲第一區縣立高等小校及第二區第一國民學校是也,屋宇寬敞,[28]空氣、光綫合度。其他因陋就簡,形甚狹隘者,或使之改良,或使之增備,罔不酌量情形,妥爲指導。且擬翌年建修第五區傾圮之第一國民學校。各情形已在前翌年之教育計畫內叙明。

（七）核定區立各校之學級編製及教科目增減事項

各級學校、學級之編製,經各該校各別編定。惟卑所人員周歷時,亦曾隨地指導,應改編者令其改編。而教科目之增減,亦復按照規章或考查各校狀況,隨時量爲糾正。

（八）縣立各校及其他教育事業之設置事項

縣立高等小校一,區立國民學校八,其他實業各學校因經費無着,未能興辦。

（九）核定區立各校及其他教育事業之設置事項

區立各校由卑所核定,呈縣備案。

（十）私立學校之認可及考核事項

全縣無私立學校。

（十一）代用學校之核定事項

擬將各寺念經學生加授教科書,暫作代用清真國民學校。然可施之以漸,不可濟之以猛,庶免群起反對之虞。

（十二）改良私塾事項[29]

向無私塾,亦無若何之改良。

（十三）社會教育之設施事項

已在前社會教育情形內叙明。

（十四）學校衛生事項

卑所每一周歷各區視察學校,對於衛生尤爲注意。舉凡空氣、光綫與夫身

體、房舍之清潔，罔不悉心指導，以期合宜。

（十五）縣署教育之統計報告事項

每年由卑所彙造呈報縣署轉呈。

（十六）縣知事特別委任事項

遇有各學校爭持款產事件，受縣署委任而調查之、處理之。勞怨有所不恤，辦理務得其平，仍將處理情形報縣核奪。

（丁）縣教育會議之議決案及其他要項紀錄

化平教育方興，浸灌未久，非強迫辦法無以啓文化而臻上理，故議決案中以各校學生較少，惟實行強迫各區學齡兒童就學爲首一之要項，但風氣錮蔽，不知將來之結果若何。

（戊）其他報告事項：無

呈縣政府轉請減輕負擔文

呈爲地瘠民貧，負擔過重，叩乞電憐恩准，轉請減輕負擔以示體恤而蘇民困事。

竊查化平係前清同治十年，劃分平〔涼〕、固〔原〕、隆〔德〕、華〔亭〕四州縣轄境而設治。偏域僻壤，萬山環境，區域極狹，物產素絀。以户口言，全縣僅有三千餘户，較之鄰封平〔涼〕、固〔原〕等縣，實不及各該縣一區一鎮之人數。以地畝言，其地丁銀僅有一千二百二十餘兩，全縣皆係山地，川地無多，且土質磽薄，即豐稔之年，所產食糧供不應求，如遇荒歉之歲，而覓食他鄉者比比皆是。以街市言，山城斗大商鋪二十餘家，純係小本營業，既無布行、錢局，且求一般實富商而不可得。城區如此，鄉鎮可知。前經省府委員調查有案，加之近數年災祲頻仍，地方凋敝，人民憔悴，不堪言狀，歷經報請賑恤亦在案。不幸本年又逢雨澤愆期，收成欵薄，城鄉各户，十室九空，以致流離失所，逃往固原、海原等縣者已達數百户。當此凋敝萬狀、民不聊生之際，除供納地方款三萬□千餘元外，又陡增騾子價洋。第一次奉派八匹，合洋二千元，第二次十匹，合洋二千五百元，第三次三十匹，合洋七千五百元。統共洋一萬二千元。就地瘠民貧之化平論之，固已緊上加緊，擔負太重，況平涼甲等縣，第三次祇派騾子四十匹，而化平彈丸之丙等縣，有如此之負擔，尤爲苦不堪言。現又奉令加倍徵兵，全縣未免恐慌。然在此國難期間，凡屬國民，自當努力抗戰救國，豈敢妄議？但查化平地狹民稀，情形特殊，且多係筋疲力竭、血盡汗乾之民，有不得不言者。謹爲略陳梗概，仰乞縣長鑒核，據情轉請主席恩准。每月徵兵或徵騾格外量予減輕，以示體恤而蘇民困，則全縣人民頂感鴻慈，永垂不朽。所有懇請減輕負擔各緣由是否有當，伏乞鑒核施行。

朱主席覆回教公會、回民教育促進會電文　　二十八年三月

化平縣回教公會、回民教育促進會覽：頃奉甘肅省政府朱主席紹良民一寅齊印電內開，化平郝縣長轉化平回教公會、回民教育促進會及各清真寺阿訇，據郝縣長轉呈漾代電悉，察核原電，情詞懇切，具見擁護政府之熱忱，殊堪嘉慰。本主席治甘有年，對於轄境同胞，歷秉總理"國內各民族一律平等"之遺訓，調和情感，破除畛域。此次固〔原〕、海〔原〕一帶少數莠民鼓動風潮，至堪惋惜。我回胞深明大義，予以輿論制裁，幸得和平解決。現糾紛平息，秩序恢復，善後事宜亦正辦理。惟抗戰緊急，國難嚴重，值覆車之當前，爲後車所宜戒除，一秉夙志，貫澈初衷外，各該團體及阿訇，或爲回胞導師，或爲教中耆宿，希即共體斯旨，隨時告誡我回族同胞，益加精誠團結，發揮伊斯蘭教尚武之精神，對付舉國同仇之敵寇，是所至盼。朱紹良民一寅齊印。等因奉此，除分電外，合亟轉電該會，知照務本。朱主席電示各節，互相詁誡，安分守己。俾副主席及本縣長之期望，是所至盼。縣長郝遇林感印。

回教公會、回民教育促進會又電　　民國二十八年六月

蘭州省政府主席朱鈞鑒：本縣此次被莠民糾衆蹂躪，蒙鈞座恩威並用，只懲禍首，不究脅從，民衆已屬萬分感激，乃更承施廳長不辭跋涉，携帶鉅款，趕程來縣，躬親安撫、賑濟，使燹後災黎有家可歸，有食可覓，尤見鈞座及施公愛民之切，空古絕今。本會及各阿訇，[30]除深致崇敬、獻旗、樹碑紀念仁德外，今後誓當率領全縣民衆，擁護鈞座，保衛西北，一致對外。特電奉聞，伏候垂察。

化平縣回教公會、回民教育促進會、抗敵後援會全叩支印。

朱主席覆回教公會電　　二十八年六月

化平回教公會支電悉：該會等深明大義，協力同心，消弭巨患，殊堪嘉許。至獻旗、樹碑，難免勞費，應毋庸議。朱紹良一民午文。

第八戰區司令長官甘肅主席朱公一民德政碑記　　碑在平涼縣城東門內。

古人有立言、立德、立功稱三不朽者，續著一時，功在萬世，令民衆頌其遺愛，與峴山碑並峙於亞東。如我第八戰區總司令長官、甘肅主席朱公一民，兩主甘政，德感天和，雨澤隨車，屏藩西北，砥柱中流，五族一家，軍民安堵。值此國難嚴重，而朱公運籌幕府，鎮靖三邊，[31]使敵人不能越雷池一步，國府依爲長城，人民得此福曜。本年敵機襲蘭，而朱公布置有方，謀定後戰，將敵機擊落數十架。敵

人聞朱公之名，膽戰心寒，不敢正視西北。我化平縣春耕時，逃荒之戶甚多，均不能回里。我公即撥賑款萬元，令行縣政府招撫流亡，各歸各莊，發給籽種、耕牛，並給安家費。此恩此德，民衆均沾。不幸去歲，固〔原〕、海〔原〕少數莠民聚衆謀亂，經朱公勸導解散，不懲辦一人，悉從寬大。詎料事平之後，復又謀亂，起自固〔原〕、海〔原〕，竄至化平，食我之糧，毁我之室，地方糜爛，目不忍睹。朱公上承蔣委員長愛民如子之至意，始終以寬大爲懷。遂令孔軍長之韓師長、李副師長軍隊包圍。揀派化平縣鄉人郭南浦先來勸說，令其繳械歸田，一概不究既往，予以自新之路。誰知此種莠民，頑梗不化，不聽勸說。以小醜而欲跳梁，不得已始用兵剿，一鼓蕩平，殲滅禍首，脅從悉免。此所謂剿撫兼施者也。我化〔平〕被難災民，先發運食糧，按戶救濟。嗣蒙委派民政廳廳長施公念遠，帶款散放，一恩再恩。我朱公威德兼全，小民何以報答？謹集化平全縣農、學、紳、商各界，勒石以表鴻功，藉垂久遠云爾。

　　化平縣農學紳商各界同敬立，張逢泰敬撰，中華民國二十八年仲夏月。

化平縣縣長郝遇林德政碑記

　　竊維縣治爲立國之本，縣長乃親民之官。政善則民安，不善則民苦，關係綦重。化平比年以來，災祲頻仍，農村破產，百業蕩然。幸蒙郝縣長遇林，河北省磁縣人，到任目睹心傷，撫綏殘區，不遺餘力。請求賑款壹萬元，招收各逃亡戶回里，發給籽種、耕牛、安家費，以維生計。開墾荒地，強迫造林，及提倡農村副業，以增生產。並懲辦地方匪民，安定鄉里。以故一切始有轉機，人民漸次復業，皆我公澄清庶政、實惠及民之功德也。執意本年六月間，[32]固〔原〕、海〔原〕莠民肇亂，竄擾化平，糜爛地方，荼毒人民，既食其糧，復毁其室。幸賴我公經驗宏富，處置有方，會同駐防平凉韓師長、省政府參議郭南浦，曁地方士紳、阿宏去函勸告，冀其投誠悔過。無如勸者諄諄，而聽者藐藐，不得已，始率同地方人士協助軍隊，以兵力解除，殲滅禍首，而盲從與脅迫者，非但皆從寬免究，又設教養院教養之。且我公愛民如子，[33]痌瘝在抱，俯念災後孑遺，十室九空，哀鴻嗷嗷，待哺甚殷，請求主席大加憫恤，先撥運食糧，按戶救濟，旋復撥款，以工代賑，築路百里，恩上加恩。我公垂如天之仁，災民沐更生之惠，莫不涕泣感激，惟是不獨災民感德，即全縣民衆，亦在春風化雨之中。公民等沾恩無報，是以集合同人，刊立碑記，藉表愛戴，頂感鴻恩，永垂不朽云爾。

　　化平縣紳學農商各界仝敬立，化平縣回民教育促進會常務委員張逢泰謹撰，中華民國二十八年季夏月。

歌詞　　甘肅省長薛篤弼　山西人

勸孝順[34]
我爹娘生我養我，吃盡苦和辛。
爲兒不知行孝道，怎麼能算人？
想求爹娘心歡喜，第一要保身。
安分守己務正業，努力報親恩。

勸勤學
我爹娘供我讀書，望我能顯揚。
光陰一去再不來，勸學莫廢荒。
正在青年不努力，到老徒悲傷。
自古將相本無種，男兒當自強。

勸勤苦
凡爲人總要自立，第一在辛勤。
若得吃得苦中苦，方爲人上人。
男要做工女做活，發奮莫因循。
不愁沒錢沒衣食，快樂養終身。

勸早起
每日間總要早起，愛惜好光陰。
勞神勞心兼勞力，越勞越精神。
日上三竿不起牀，志氣必銷沉。
公事私事獨耽擱，終歲成廢人。

勸夜思
又到了日落黃昏，我們休息時。
要把日間作的事，夜靜在尋思。
有善則安過則改，自省莫遲遲。
寢不愧衾古所訓，終始要堅持。

勸食思
人在世一日三餐，要知來處難。
盤中粒粒皆辛苦，相看勿等閒。
成功都從辛苦來，千萬莫偷安。
飽食終日不用心，可恥更可憐。

勸沐浴
我同胞注重衛生，第一要潔身。
沐浴不惟能去病，並能振精神。
人生表裏貴如一，革面更洗心。
勸君莫忘湯盤銘，日新又日新。

勸有恒
聖人説人而無恒，巫醫作不成。
始則習勤終又惰，落得勞無功。
堅忍耐勞休間斷，發奮是英雄。
請看日月輪流轉，年年一般同。

勸擇友
但能得幾個好友，勝似得黃金。
志同道合如手足，朋友在五倫。
有過相規善相勸，聽受要虛心。
能聽好話做好事，纔算是完人。

勸親愛
四萬萬同胞兄弟，和氣最爲先。
人人都能相親愛，度日也安然。
紅蓮白藕綠荷葉，同根本相連。
齊心協力禦外侮，團體要結堅。

勸知禮
人無禮不如禽獸，終久是下流。
尊敬長上守法律，纔得真自由。
舉手鞠躬循規矩，處處把心留。
同胞皆能知禮義，國運無疆休。

勸知恥
爲什麼我不如人？思量這原因。
譬如外國都富强，我國何弱貧？
大家奮勇齊努力，振作真精神。
揚我國威雪國恥，中華大國民。

勸悔改
常言道人非聖賢，誰也有過惡。
有過祇要能悔改，心中自快樂。

以前不知守本分，處處都不合。
從今脫離鬼魔界，立地便成佛。
勸愛國
請看那亡國百姓，受苦真可憐。
真是奴隸和牛馬，沒有自由權。
若是人人都愛國，國家得安全。
願我同胞齊努力，富強在眼前。
勸飲酒
酒裏邊含有毒質，好喝損精神。
冷酒傷肺熱傷肝，醉後語無倫。
招嫌被怨惹大禍，耽誤好光陰。
勸我同胞莫多飲，免禍又保身。
戒貪色
莫道是芙蓉美面，佳人再得難。
越是歡娛越煩惱，好月不常圓。
父母遺我千金體，怎麼輕棄損。
能不貪色割私愛，方算真奇男。
戒貪財
自古道"人爲財死"，銀錢真害人。
不義之財勿輕取，雖貧不算貧。
請看偸人騙人的，那個能保身？
莫爲子孫做牛馬，積德勝積金。
戒憤怒
好動氣易生疾病，讓人是要著。
不爭不辯不發怒，心胸多快活。
大事化小又化無，煩惱都省卻。
兩虎相鬥必有傷，忍耐最爲樂。
戒打罵
好打人或好罵人，實在是野蠻。
天賦民權人人有，貧富都一般。
我能愛人人也愛，情理是當然。
休謂世多不平事，總要理當先。

戒驕傲
對待人總要和平，首貴是虛心。
越有才學越謙下，切莫氣凌人。
貧富都要看得起，人格本均平。
恃才傲物遭時忌，災殃必及身。

戒奢侈
世界上最可恨的，是那浪蕩人。
好吃好穿好嫖賭，不顧後來貧。
勸我同胞學節儉，節儉可積金。
有錢多把好事做，莫枉費分心。

戒説謊
好説謊久成習慣，關係最非輕。
失却信用損人格，作事定不成。
尖嘴薄舌偏自得，折福誤一生。
自欺欺人切宜戒，保守好身名。

戒惡念
世界上人禽分辨，相差只一綫。
時時刻刻要留神，惡念須斬斷。
屋漏之中有帝天，莫謂人不見。
凡事但能問過心，纔算是爲善。

戒鴉片
鴉片烟實在可惱，害的人不少。
耽誤事業花錢銀，精力也耗了。
日高三丈睡未醒，晨昏都顛倒。
奉戒同胞早戒吸，快活直到老。

丢烟癮
看我們烟癮戒完，同登極樂天。
飲食增加容顔好，精力日健全。
爹娘望見心歡喜，朋友另眼觀。
從此誓與鴉片絶，立志要持堅。

戒紙烟
請看那紙烟害人，一枝幾枝錢。
耗損肺腑傷腦筋，精神不健全。

願我少年各自勉,萬莫吸紙烟。
節省銀錢保身體,快樂享高年。
戒烟賭
請看那洋烟賭博,害人真可憐。
傷人身體誤正業,家産消滅完。
官廳拿住按法辦,受苦真難堪。
勸我同胞快醒悟,莫賭莫吸烟。
戒嫖妓
請看那明娼暗妓,幾個有良心?
勾引青年騙銀錢,認錢不認人。
惹下便毒或魚口,貽害及子孫。
不早回頭快戒絕,大禍要臨身。
戒好訟
敬勸我父老兄弟,第一要忍氣。
官司贏了費光陰,輸了更失意。
傾家蕩產逞豪傑,有害而無利。
讓人纔是真君子,大家要牢記。
戒纏足
請看那纏足害人,疼痛實難堪。
損壞筋骨傷血脉,行走也艱難。
禁止纏足有明令,違犯罰從嚴。
勸我姊妹快醒悟,莫再把脚纏。
教子女
爲父母生兒養女,盼望早成人。
養不能教禽犢愛,嬌慣害終身。
男女八歲送學校,毋誤好光陰。
長大成人能自立,纔算是真親。
學工藝
我同胞游手好閑,成得什麽人?
家家都用外國貨,民窮國自貧。
勸我兄弟和姊妹,大家要辛勤。
工藝改良國用足,富強可立臻。

做好事
社會上慈善事業,全靠大家做。
富者出錢貧出力,酌量共補助。
聾啞學堂貧兒院,教養討生路。
積蓄資財莫吝嗇,同胞要看透。
忠職務
社會上正當營業,士農並工商。
脚踏實地把事做,勤苦莫怠荒。
雞能司晨犬守夜,禽獸比人強。
願我同胞各自勉,毋負好時光。
用國貨
我同胞愛用洋貨,經濟吃大虧。
民貧國病百事廢,外債竟累累。
勸我同胞用國貨,人人誓莫違。
將來土貨日暢銷,利權可挽回。
記國耻
我中華堂堂大國,錦繡好山河。
西境東鄰爭欺侮,利權喪失多。
關鹽路礦租借地,條約皆煩苛。
勸我同胞雪國耻,齊唱愛國歌。
重衛生 個人衛生
人生世性命為貴,注重在衛生。
衣食房屋宜潔净,空氣要流通。
每天早晚學運動,積健便為雄。
保身保家並保國,關係最非輕。
重衛生 公共衛生
各城鎮人烟稠密,災病易流行。
街道每天要打掃,陰溝要開通。
便溺要在廁所內,灰滓莫亂傾。
處處干净空氣好,個個得長生。
種樹木
無論是修屋築路,都要用木料。
樹木越多越有益,到處都需要。

空地都可種樹木，五年見成效。
調和氣候除厲疫，並能備旱潦。
修道路
請看那文明各國，注重在交通。
交通便利在道路，第一要寬平。
旁栽樹木固路脚，車馬都能行。
勤加修理勿損壞，同胞快興工。
告士人
我士人讀書明理，第一要立志。
勤求學問重道德，莫計名和利。
保教保種並保國，吾儒分内事。
民吾同胞物吾與，方不愧爲士。
告農人
我農人耕種田地，最戒是懶惰。
早起晚睡多勞苦，可望好收穫。
國稅總要早完納，莫等官追索。
男耕女織兒讀書，田家自有樂。
告工人
各强國經濟戰爭，根本在工藝。
我國原料最豐富，製造很容易。
改良舊式學新法，商戰稱利器。
國貨從此日流通，利人並自利。
告商人
我商人經營商業，信實是第一。
買賣交易要公平，童叟均無欺。
遇有客人買貨來，接待要和氣。
生意自然能興旺，一本生萬利。
告學徒
我青年學習經商，爲的是名利。
第一總要能勤苦，不可圖安逸。
有了工夫莫閑過，書算要熟習。
自古魚鹽出聖聖，男兒當自立。

告軍警

我軍警負的責任，第一在保民。
民脂民膏養我們，要知他辛苦。
社會一律皆平等，毋存驕慢心。
不貪錢財訛百姓，纔算是軍人。

附叙言

欲救國家，在正人心；欲正人心，在明教育。今中國海内鼎沸，人心澆漓極矣。憂時之士，莫不汲汲焉。謀補救之方法，圖教育之普及。雖然，教育必適合乎國情，而後可利於推行。曾亦思吾國今日之國情何如？人民之程度何如？就令實施普及教育政策，多設學校，廣造師資，嚴查學齡兒童，竊恐二十年内仍無大效。然則崇尚演説乎？顧演説僅囿於一隅，而不能遍及於多數地方。推行報紙乎？但報紙亦僅限於上中社會，而不能適用於一般人民。就中惟唱歌一科，爲普通人心理上所甚愛。且無論識字不識字，皆能學習，又不多費款項，即可辦到。兩兩比較，實屬輕而易舉，果能各處因勢利導，切實提倡，藉以補助報紙與演説之不及，獲效當比較速，而用力亦比較少。孟子曰：[①]"仁言不如仁聲之入人深也，善政不如善教之得民也。"篤弼昔年長常德縣時，嘗考古人創爲樂歌之源流，與夫近世發明唱歌之趣旨，並悉心體察吾國現時社會之狀況，曾編《俚言歌》二十五首，印發民間，一時巷詠途歌，雖數歲，童子莫不歡欣鼓舞，一唱百和，效力所至，習俗亦默化潛移。及宰長安，公餘又略事增改，都爲四十六首，顏曰《勸民歌》。篇中於立身行己、應事接物、出處大節三致意焉。歌詞求俚俗者，便記誦也；文義取淺近者，欲易解也；事不外尋常日用者，冀實行也。世之君子有賡同調者乎？所望設法推廣，或俯賜糾正，如能另選歌詞印行，尤所欣慕。然則篤弼斯歌之作，其亦移風易俗之一助也乎！是爲叙。

中華民國十四年十二月，甘肅省長薛篤弼。

楹聯

眼前皆赤子，除暴安良，豈能盡如人意；
頭上有青天，平情論事，但求無愧我心。
　　　　　　——縣長張文泉

青天下鑒此心，敢不光明正直？

---

① 參見《孟子·盡心上》。

赤子來游吾腹,願言愷悌慈祥。
四座泉聲一簾山色,數行楊柳幾處樓臺。
　　　　　——縣長樊希智
眼貴放高,到此邦尚愛孔方,便成鼠目;
手防過辣,看君子常懷愷悌,自見龍光。
　　　　　——知事孔慶琳
縣文廟:
聖道遍行地球,如日月經天,誰謂西秦不到;
人生要有模範,誦詩書知禮,同遵東魯雅言。
教育局:
近依孔廟爲鄰,讀《論語》兩篇,大義無非教育;
這是儀州舊地,合城鄉萬戶,相期漸入文明。
立人,達人,愛人,惡人,是爲仁人,急宜取法;
譽我,毒我,忌我,服我,反求在我,何恤浮言。
　　　　　——鎮源慕壽祺求是齋書室
行政須順人民所願;居官不聽子弟之言。
　　　　　——縣長楊天柱
縣屬第二區九社清真寺內,清光緒元年春,蒙左文襄公特贈親書匾額、對聯照列於左:
匾文:崇道揆文。
兩旁對聯:
義稟遵王夷塗共履;
心存遷善福域長登。
　　　　　——欽差大臣太子太保東閣大學士陝甘總督一等
　　　　　　恪靖伯題,恪靖伯加一等輕車都尉左宗棠書

【校勘記】

［1］十一:原作"十",據本志實有類目數改。
［2］就撫:此二字原脱,據《清穆宗實録》卷三〇四補。
［3］今:《清穆宗實録》卷三〇四作"經"。
［4］著該督飭令:"著"字原脱,據《清穆宗實録》卷三〇四補。"飭令",原作"仍令",據《清穆宗實録》卷三〇四改。

290　〔民國〕化平縣志

[5] 候：原作"侯"，據《清穆宗實錄》卷三〇四、《〔宣統〕甘志》卷四《輿地志·沿革表》改。

[6] 工部：原作"二部"，據《清穆宗實錄》卷三〇四、《〔宣統〕甘志》卷四《輿地志·沿革表》改。

[7] 四溝嶺：原作"四條嶺"，據《清穆宗實錄》卷三〇四、《〔宣統〕甘志》卷四《輿地志·沿革表》改。

[8] 董家川：原作"董家山"，據《清穆宗實錄》卷三〇四、《〔宣統〕甘志》卷四《輿地志·沿革表》改。

[9] 昭：原作"照"，據《清穆宗實錄》卷三〇四、《〔宣統〕甘志》卷四《輿地志·沿革表》改。

[10] 閏：原作"潤"，據《〔宣統〕甘志》卷十六《貢賦》改。

[11] 宕延：原作"巖延"，據《〔宣統〕甘志》卷十六《貢賦》改。

[12] 辨：原作"辦"，據文意改。

[13] 仄：原作"灰"，據《〔宣統〕甘志》卷六《輿地志·山川上》改。下文"漸偪仄"之"仄"同改。

[14] 涇水："水"字原脱，據《事類統編》卷二八《地輿部·甘肅省·平涼市》補。

[15] 慄：原作"慓"，據《〔宣統〕甘志》卷六《輿地志·山川上》改。

[16] 眠：原作"眼"，據《〔宣統〕甘志》卷六《輿地志·山川上》改。

[17] 丈：原作"文"，據《〔宣統〕甘志》卷六《輿地志·山川上》改。

[18] 焉支川：原作"馬支川"，據《平涼府志》卷十一《華亭縣·山川》、《〔順治〕華亭縣志》上卷《方輿一·山川》改。

[19] 貳：原作"二"，據《詩經·大雅·大明》改。

[20] 懷：原作"回"，據《詩經·大雅·大明》改。

[21] 貽孫子：原作"以貽子孫"，據《詩經·魯頌·有駜》改。

[22] 吐蕃：原作"吐番"，據《舊唐書》卷十八下、《新唐書》卷八《宣宗本紀》改。

[23] 秦州：原作"渭州"，據《新唐書》卷八《宣宗本紀》改。

[24] 蕭：此字原脱，據《新唐書》卷八《宣宗本紀》補。

[25] 威州：原作"武州"，據《新唐書》卷三七《地理志》、《太平寰宇記》卷三六《關西道十二·靈州》改。

[26] 盧鑒：此二字前原有"胡鑒一曰"四字，據《宋史》卷三二六《盧鑒傳》改。

[27] 四：原作"五"，據《欽定蘭州紀略》《欽定石峰堡紀略》等改。

[28] 寬敞：原作"寬廠"，據文意改。

[29] 私塾：原作"私熟"，據文意改。下同。

[30] 阿訇：原作"阿匍"，據文意改。

[31] 靖：原作"静"，據文意改。

[32] 孰：原作"熟"，據文意改。

[33] 愛：原作"受"，據文意改。

[34] 勸孝順：各歌詞題目原在各歌詞結尾之句之後，兹移至首句之前。下同。

附　　錄

《〔宣統〕甘肅新通志》所載化平直隸廳資料

卷一《天文志》

春分、秋分太陽高度表

化平直隸廳，日影離地平五十四度二十分〇秒。

夏至太陽高度表

化平直隸廳，日影離地平七十七度四十七分〇秒。

冬至太陽高度表

化平直隸廳，日影離地平三十度五十三分〇秒。

經度分秒表

化平直隸廳，分綫在西經十度四分〇秒。

緯度分秒表

化平直隸廳，北極三十五度四十分〇秒，低大興縣北極四度十五分〇秒。

甘肅列宿躔次表

化平直隸廳，地平經度在井宿二十九度五十二分四秒。

卷三《輿地志·圖考》

化平直隸廳圖

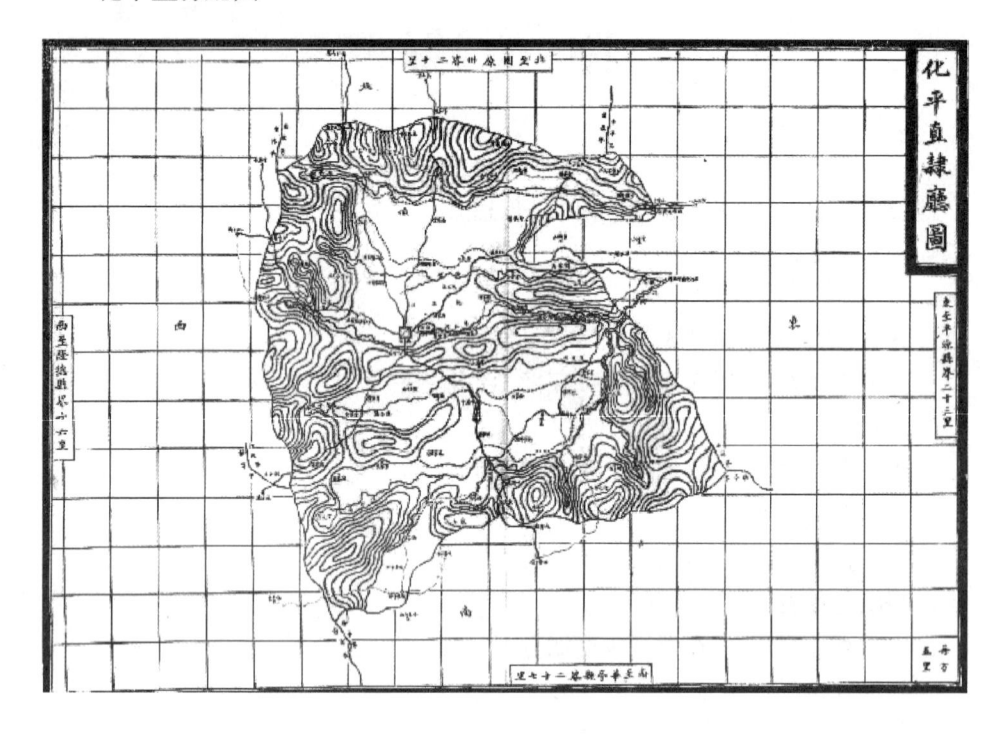

卷四《輿地志·沿革表·化平川直隸廳》

《禹貢》雍州,古盧國地。周武王時有盧人。秦屬北地郡,漢爲安定郡地。隋大業初,屬隴州。唐大曆八年,[1]隸義寧軍。宋初,置安化縣,屬渭州。①熙寧七年,[2]廢原州制勝關,移縣於關地,仍屬渭州。金大定七年,改名化平縣,屬平涼府。元併入華亭縣,明因之。皇清同治十年,劃平涼、固原、隆德、華亭四州縣地,分設化平川直隸廳。②

秦	北地郡地
漢	安定郡地
三國	

---

① 安化縣初置於乾德二年(964),屬儀州。熙寧五年(1072),因儀州廢,改屬渭州。參見魯人勇等《寧夏歷史地理考》卷十二《北宋、西夏、金》"安化縣"條。
② 其後原附左宗棠奏《勘明分撥化平廳轄境疏》,參見本志卷四《藝文志》,茲不復錄文。

續　表

晉	
南北朝	
隋	屬隴州
唐	屬義寧州
五代	
宋	安化縣，屬渭州，以固原州制勝關置縣，廢舊安化縣爲鎮
金	化平縣，屬平涼府
元	廢，併入華亭
明	華亭縣地

卷五《輿地志·疆域·化平川直隸廳》

治在布政司東南七百五十里。東至平涼府平涼縣界三十五里，西至平涼府隆德縣界三十五里，南至平涼府華亭縣界四十里，北至固原州界四十里。東南至華亭縣界四十五里，西南至隆德縣界四十里，東北至平涼縣界四十里，西北至固原州界三十里。距京師三千三百六十里。

卷六《輿地志·山川上·化平川直隸廳》

觀山，在廳城東半里，峰頭古有朝陽紫金觀，故名。一名魚兒山。平地崛起，高約三十丈，遠七里許，形似虎卧，三疊蟬聯，上多田疇，平緑藹然，乃化平之主山。

隴山，一名關山，在廳西南十里，綿亘境内，東北諸峰皆其山麓。

炮臺山，在廳北五里，每起冰雹，用炮於山上轟放輒止，故名。

馬家行山，在廳北三十里，一名樺樹山。

米稞山，在廳西北三十里鋪。新志：涇水别源發於此，逾山至隆德城二十里。隆德舊志"東南二十里曰美高山"，[1]即此。

鳳凰山，在廳北四十里。

豹子山，在廳西十里。

馬尾山，在廳西南四十里。新志：涇水正源出此。

白崖山，在廳南三十里，崖土色白，故名。《平涼府志》：白崖山在華亭西北，

---

[1] 參見《〔康熙〕隆德縣志》卷一《山川》。

笄頭山南，涇水別源出此。

飛鳳山，在廳東南二十五里。《平涼府志》：飛鳳山在華亭縣西北一百里，形如飛鳳，涇流經此。

飛龍山，在廳東南三十里，秀聯隴麓，清挹涇流。舊有廟，浴佛日賽會極盛，今毀，遺址猶存。

撞銀山，在廳東二十五里，與黑崖山對峙，中名炭家峽。

黑崖山，一名炭家山，在廳東二十三里，昔曾開礦採煤，因不旺，今廢。

石獅子梁，在廳南三十五里。

紅土梁，在廳東北二十里，土色紅潤，故名。

炭家峽，在廳東二十五里，涇河由此出崆峒，石岸千尋，中流迅駛，有一夫當關之險。

窟窿峽，在廳西三十里，險峻曲折，崎嶇難行。

涇水，在廳境者為南源，出治南三十五里。老龍潭一名涇河腦，東流過北面河鎮，即古白巖河。又東北聖女川水、化平川水皆南流注之，又東入平涼府平涼縣界，會北源水。《府志》：涇水有二源，南支出崆峒峽中，曰前峽；北支出老山，曰後峽。自華亭大會坡西北十里有泉百餘流為白巖川，其西北曰聖女川，曰化平川，曰龍家峽川，下流皆會於崆峒之前峽。又西北曰焉支川，[3]曰暖水前川、暖木後川，曰鮑家川，皆會於沙棠川而出崆峒之後峽，匯於崆峒之東麓。又西北曰臥陽川，曰蔡家川，曰瓦亭川，俱匯於金佛峽，循府川而東亦至東麓，與前後峽水合流為涇。至龍尾山之陽則六盤牛營迆東，北山諸水匯焉，而涇流始大。近廳倅曾麟綬頗主此說。惟《一統志》云：“《輿圖》：涇河二源，北源發自固原州南界、隆德縣東北界，二派會流，經瓦亭驛南，南合四水，又東南經安固鎮，至府西北合南源，即所云出自笄頭及高山。《府志》謂之‘後峽’，乃涇水正源也。南源發自華亭縣西北八十里、隆德縣東南界，二派合流，亦曰橫水，東流折東北與北源會，即白巖河。《府志》所謂‘前峽’，涇水之別源也。近志以笄頭山在府西南，多以白巖河為正源，與古不合。”①似此不唯北支非暖水河可當，即由老龍潭來者亦非涇水之正源矣。附錄論涇源者於後。②

卷八《輿地志·形勝·化平川直隸廳》

隴山峙其西南，六盤、崆峒鎮其東北，群峰環翠，百泉匯流，徑路崎嶇，臨峽林

---

① 參見《大清一統志》卷二○九《涇州·山川》。
② 其後原附胡紀讀撰《涇水真源記》、曾麟綬撰《涇源記》，均參見本志卷四《藝文志》，茲不復錄文。

立,捭捍固、隆,揞扼平、華,似亦前代安置降人之地。古稱大振門、[4]制勝關,控帶隴山西路,管領沿坡小砦,設險守國,防禦外侮,良有以也。洵爲秦鳳咽喉、隴關險要。

卷九《輿地志·關梁·化平川直隸廳》

制勝關,在廳東南,舊屬華亭。《新唐志》原州有制勝關,①七關之一,控帶隴山以西之路,即此。舊號大振門,[5]宋慶曆中改爲關。熙寧七年,徙安化縣治,此管沿坡小寨二十五處。

白巖河鎮,在廳東南,舊屬華亭縣。《九域志》:②安化縣有安化、白巖河二鎮。安化即宋初故縣,金因之。後魏於金縣西北六十里置大會鎮,即今大會坡。

趙龍峽,在廳北四十里。

頭道卡,在廳西北三十五里。二道卡在西北三十里,同治九年設,安插回民。

北面河橋,在廳南三十里。

雙橋,在廳西北三十里。

卷十一《輿地志·風俗》

漢民尚儉,性情樸拙,重農輕商,士無遠志。回俗急農重商,不務工藝,好鬥健訟。《化平新採訪》。

卷十三《輿地志·古蹟·化平川直隸廳》

化平故縣,在廳西三里,宋安化縣地,屬儀州,[6]西北至番界十里,尋改屬渭州。金大定七年,改爲化平縣,元併入華亭。遺址尚存。

安化故縣,在廳東。宋乾德二年,割秦隴三鎮之地,置安化縣,屬儀州。熙寧五年,[7]州廢,改屬渭州。七年,移治制勝關,以舊縣爲鎮。

卷十四《建置志·城池·化平川直隸廳》

城在觀山西半里,舊安、化、平、鎮地。同治十一年,提督喻勝榮署通判左壽崑創修土城。周二里三分,門四,女牆雉堞共五百五十四,均砌以磚。城樓四,旋圮其三,惟東城樓存。光緒三十二年,通判曾麟綏補修西北城,並修西城樓。

---

① 參見《新唐書》卷三七《地理志》。
② 參見《元豐九域志》卷三《秦鳳路·渭州》。

卷十五《建置志·官廨·化平川直隸廳》

通判署,在城正中,同治十二年創建。
訓導署,在學宮左。
照磨署,在廳署右。
都司署,在城內西北,同治十二年建。

卷十六《建置志·貢賦上·化平川直隸廳》

本廳原撥民地六百三十二頃三十三畝五分六厘,實徵地丁連閏銀一千一百五十二兩二錢五分六厘,實徵耗羨銀一百七十兩二錢五分六厘三毫,實徵額外雜賦銀五十兩四錢九分三厘。①

卷十七《建置志·貢賦下·附戶口·化平川直隸廳》

本廳三千一百七十六戶。男大六千一百四十丁,小二千八百五十六丁。女大五千三百三十二口,小二千二百八十四口。

卷十八《建置志·倉儲》

化平直隸廳廳治原無額糧,故無倉儲。

卷十九《建置志·驛遞》

甘肅驛遞新章銀糧總數
化平直隸廳共額設鋪司二十名,每名歲支工食銀六兩,一年連閏共該銀一百二十兩。

卷二〇《建置志·鹽法》

化平直隸廳原額鹽課銀六十九兩三錢五分一厘。

卷二六《祠祀志·壇廟·化平川直隸廳》

文廟,在廳城北街,同治十二年建。
崇聖祠,在學宮後。

---

① 其後原附左壽崑撰《稟請劃撥錢糧細數變通辦理》,參見本志卷四《藝文志》,兹不復錄文。

卷二八《祠祀志·祠宇上·化平川直隸廳》

關帝廟,在廳城西南。
文昌廟,在廳城東南。
城隍廟,在廳城東北。

卷三〇《祠祀志·寺觀·化平川直隸廳》

清真寺,東廟一座,四鄉八十座。

卷三一《學校志·學額·化平川直隸廳》

廳學額,廩生一缺,增生一缺,六年一貢。歲考取文武生各二名,科考取文生二名。

卷三五《學校志·書院·化平川直隸廳》

本廳歸儒書院在城內,同治十三年,提督喻勝榮捐置。①

卷三八《學校志·學堂·化平川直隸廳》

本廳兩等小學堂,在城內,舊爲歸儒書院,光緒三十一年,通判曾麟綬開辦。教習一員,學生十五名。四鄉初等學堂五,教習各一,學生四十餘名。

卷四〇《學校志·選舉下》

武舉·國朝
〔光緒〕乙酉科②
劉殿璽,化平廳人。

卷四一《兵防志·兵制》

兵制·綠營
同治十二年,設化平廳營都司一員,外委一員。
〔固原提督標屬各營汛〕化平營:馬兵四十五名,步兵十九名,守兵二十七名,馬四十五匹。

---

① 其後原附左宗棠撰《歸儒書院碑記》,參見本志卷四《藝文志》,茲不復錄文。
② 乙酉:光緒十一年(1885)。

卷四三《兵防志・巡警・化平川直隸廳》

本廳總局一所,局員三,分局十處,紳士各一人,巡兵二十四名。

卷四八《職官志・歷代官制》

國朝文職官制・化平川直隸廳
通判一員,同治十年,劃撥固原、隆德、華亭、平涼四州縣地設。儒學訓導一員,照磨一員。

國朝武職官制・化平川直隸廳
化平營都司一員。

卷五三、卷五四《職官志・職官表》

國朝武職官表・化平營都司　　同治十二年設。
胡秉湘,湖南長沙人,同治十二年署。
宋旺發,湖南平江人,同治十二年署。
劉璞,陝西洵陽人,光緒四年署。
楊德明,湖南湘潭人,光緒六年署。
胡秉湘,見前,光緒八年任。
王生吉,陝西高陵人,光緒十年署。
周宇龍,湖南長沙人,光緒十一年署。
周勝友,湖南湘鄉人,光緒十二年署。
胡秉湘,見前,光緒十四年回任。
張文魁,固原人,光緒十七年署。
胡秉湘,見前,光緒十八年回任。
程得鑫,陝西長安人,光緒二十三年任。
杜文桂,四川西充人,光緒二十九年署。
李士貞,陝西長安人,光緒三十年署。
鈺麟,滿洲正白旗人,光緒三十二年任。

卷五七《職官志・名宦上・平涼府》

宋
薛奎,字宿藝,絳州人。至道、咸平中任義州推官。嘗部民夫運糧至鹽州,會久雨,粟麥浥腐。奎白轉運使盧之翰,縱民還州而償所失。翰怒,欲劾之。奎徐曰："用兵久，人疲轉餉。今幸兵食有餘，安用此陳腐以困民。"奎在郡，凡不便於民者皆奏除之。

金

安師雄，皇統中知華亭縣，有德政。屢歲大旱，加以師旅，民不堪命。師雄下車即禱雨，已而甘霖三日，秋大熟。民因作記及歌以頌之。

明

張守亨，潁州衛人。正德間知華亭縣。剛方簡易，決獄如流。縣依山險，多盜，守亨設計擒其渠魁，盜遂息。每春秋政暇，循行郊野，勸民耕作，有不給者，補助之。月朔，禮請耆民，訪求閭閻利病，即次第興除。嘗大旱，步禱，甘雨如注，歲大稔。

吳連，平定州人。正德十一年，任平涼府同知。行縣至華亭，適華亭有警。民久不知兵，懼雉堞頹圮，咸謀夜遁西山。連令曰："敢私下城者，斬。"衆乃止。堅壁晝夜徒行，巡視數日，敵解去，城居無事。民咸頌之曰："吳公生我。"

李圭，山西安邑人。萬曆中，知華亭縣。蔬食布衣，一介不取。以禮讓化民三年，民相勸無訟。陞定府同知，民皆號泣以送。天啓改元，詔舉有宦績者，直指楊某，奏允入祀。

國朝

楊榮允，山西陽城進士。順治四年，任華亭縣。坦易近人，謙恭禮士，每談經校藝，夜分不倦。民有訟，迎刃立解。凡掣肘事悉以身任，毫不病民。善催科，吏胥宿弊爲之一清。在任七年，循績茂著，上嘉之，擢天下卓異第一，陞工部主事。民爲建祠，立碑以紀之。

佟希堯，遼東人。順治十年，由貢生任華亭縣。補葺城署，捐貲重修廟學，始輯縣志。民咸稱之。

卷六二《職官志・將才・化平川直隸廳》

國朝

喻勝榮，由提督統領平江營兼帶關山防軍，陷陣衝鋒，戰功丰著。同治九年，率隊駐防化平，紀律嚴明，巡防八載，盜弭民安，築城建廟，創修文武衙署，皆勝榮督兵締造，毫不累民。又捐款創立書院，經總督左宗棠顏其名曰"歸儒"，並置鋪房七間，水磨二輪，以每年所獲賃資充作生童膏獎之需，士林感德，至今弗忘。

卷六六《人物志・群材一・化平川直隸廳》

明

高義柱，化平川人。家素裕，年三十無子，夜夢乃父，示之曰："爾欲有子，非散財積德不可。"義柱於是重義信、好施予，凡鄉鄰婚嫁喪葬無力者，必量力助之。村人李喜因無幣禮，婚幾悔，義柱給資成全之。王自順以屠殺爲業，給資令別謀生計。鄉里稱爲善人。後舉五子，皆孝友。義柱年七十三而終。

國朝

劉全孝，化平聖女里回民。好讀書，杜門不出，每與子弟講論歷代名臣義士、孝子節婦，子弟恪遵教訓，不敢少逾。五世同居，閨門之內，整齊嚴肅。全孝年九十三而終，鄉里慕其德範，建坊表揚。

卷七三《人物志·孝義上·化平川直隸廳》

國朝

趙維晋，化平水溝人，咸豐時廩生。性孝，好善樂施。督修觀山廟宇，時小兒在家患痘疹，晋至家，兒氣已絕，遂抱兒登山禱神，兒忽呱呱泣，竟復生矣。咸謂神明祐助云。

劉懷遠，化平川人。幼孤貧，獨與母居。同治初年回亂被擄，賊將殺其母，懷遠乞以身代，賊感其義，並釋之。負母逃至陝西鄜縣，裸跣行傭養母，甚得歡心。後母卒，殯於鄜，日爲傭工，夜宿殯所。迨甘肅平定，扶櫬歸，與父合厝，終身不飲酒茹葷。年六十七，無疾而終。

卷七八《人物志·列女三·化平川直隸廳》

國朝

王文章妻郭氏，化平聖女里人。幼讀《孝經》《論語》，明大義。于歸後，事舅姑甚得婦道。年二十夫亡，家貧，藉紡績奉舅姑撫孤。道光十八年大饑，舅姑欲奪其志，氏引刀割鼻，誓死靡他。後舅姑相繼歿，竭力營葬。撫孤成立，守節終身。

馮有信妻阿氏，化平官莊人。同治三年回亂，同媳任氏均被擄。賊欲污之，姑媳大罵不屈，賊怒，斷任氏兩膊，阿氏受重傷。賊去，家人昇歸醫藥，未死。明日，賊復至，姑媳均被焚死。

附同治間回亂殉難烈婦烈女表

楊氏，劉福妻。

焦氏，張克勤妻。

郭氏，林發妻。

右年月未詳。

【校勘記】

[1] 大曆：原避清高宗弘曆諱改作"大歷"，據唐代宗李豫年號回改。下同。
[2] 七年：原作"五年"，據《宋史》卷八七《地理志》改。
[3] 焉支川：原作"馬克川"，據《平涼府志》卷十一《華亭縣·山川》、《〔順治〕華亭縣志》上卷《方輿一·山川》改。
[4] 大振門：此同《讀史方輿紀要》卷五八《陝西七·固原州》，《大清一統志》卷二〇二《平涼府》、《〔乾隆〕甘志》卷二二《古蹟》作"大震門"。
[5] 大振門：此同《讀史方輿紀要》卷五八《陝西七·固原州》，《大清一統志》卷二〇二《平涼府》、《〔乾隆〕甘志》卷二二《古蹟》作"大震門"。
[6] 儀州：原作"宜州"，據《宋史》卷八七《地理志》、《太平寰宇記》卷一〇五《隴右道一·儀州》改。下同。
[7] 五年：原作"二年"，據《宋史》卷八七《地理志》、《長編》卷二三九改。

參考文獻

一 古代文獻

(一) 陝甘寧舊志

《甘肅通志》：(清)許容等修撰,中國國家圖書館藏乾隆元年(1736)刻本。簡稱《〔乾隆〕甘志》。

《甘肅新通志》：(清)升允、長庚修,安維峻等纂,中國國家圖書館藏清宣統元年(1909)刻本。簡稱《〔宣統〕甘志》。

《〔嘉靖〕平涼府志》：(明)趙時春纂,中國國家圖書館藏明萬曆間據嘉靖間刻版增刻本。簡稱《平涼府志》。

《〔順治〕華亭縣志》：《中國地方志集成·甘肅府縣志輯》影印抄本,鳳凰出版社2008年版。

《〔康熙〕隆德縣志》：(清)常星景撰,中國國家圖書館藏清朝康熙五年(1666)刻本。

《〔民國〕增修華亭縣志》：張次房纂修,中國國家圖書館藏民國二十二年(1933)石印本。

《〔民國〕化平縣志》：張逢泰纂修,民國二十九年(1940)平涼一心印書館石印本；天津古籍出版社1988年版《寧夏歷代方志萃編》影印本；蘭州古籍書店1990年版《中國西北文獻叢書》影印本；甘肅文化出版社、寧夏人民出版社2008年版《回族典藏全書》影印本；寧夏人民出版社1992年版李子傑點校本。

(二) 經部

《尚書正義》：(漢)孔安國傳,(唐)孔穎達等正義,北京大學出版社2000年版。

《書經集傳》：(宋)蔡沈撰,影印文淵閣《四庫全書》本,臺灣商務印書館1986年版。

《毛詩正義》：(漢)鄭玄箋,(唐)孔穎達等正義,北京大學出版社2000

年版。

《禮記正義》：（漢）鄭玄注，（唐）孔穎達等正義，北京大學出版社 2000 年版。

《論語正義》：（清）劉寶楠撰，上海古籍出版社 1993 年版。

《孟子注疏》：（漢）趙岐注，（宋）孫奭疏，北京大學出版社 2000 年版。

《春秋左傳正義》：（晋）杜預注，（唐）孔穎達等正義，北京大學出版社 2000 年版。

《説文解字》：（漢）許慎撰，（宋）徐鉉校定，中華書局 1963 年版。

《爾雅注疏》：（晋）郭璞注，（宋）邢昺疏，北京大學出版社 2000 年版。

(三) 史部

《漢書》：（漢）班固撰，中華書局 1962 年版。

《後漢書》：（南朝宋）范曄撰，中華書局 1965 年版；影印文淵閣《四庫全書》本，臺灣商務印書館 1986 年版。

《舊唐書》：（後晋）劉昫等撰，中華書局 1975 年版。

《新唐書》：（宋）歐陽修、宋祁撰，中華書局 1975 年版。

《宋史》：（元）脱脱等撰，中華書局 1977 年版。

《清史稿》：趙爾巽等撰，中華書局 1977 年版。

《資治通鑑》：（宋）司馬光編著，（元）胡三省音注，中華書局 1956 年版。

《續資治通鑑長編》：（宋）李燾撰，中華書局 2004 年版。簡稱《長編》。

《欽定蘭州紀略》：影印文淵閣《四庫全書》本，臺灣商務印書館 1986 年版。

《欽定石峰堡紀略》：影印文淵閣《四庫全書》本，臺灣商務印書館 1986 年版。

《清實録》：中華書局 1985 年版。

《元和郡縣圖志》：（唐）李吉甫撰，賀次君點校，中華書局 1983 年版。

《元豐九域志》：（宋）王存撰，王文楚、魏嵩山點校，中華書局 1984 年版。

《太平寰宇記》：（宋）樂史撰，王文楚等點校，中華書局 2007 年版。

《大明一統志》：（明）李賢等撰，影印明天順監刻本，三秦出版社 1990 年版。

《大清一統志》：影印文淵閣《四庫全書》本，臺灣商務印書館 1986 年版。

《讀史方輿紀要》：（清）顧祖禹撰，賀次君、施和金點校，中華書局 2005 年版。

《水經注校證》：（北魏）酈道元注，陳橋驛校證，中華書局 2007 年版。

《括地志》：（唐）李泰等著，賀次君輯校，中華書局 1980 年版。

(四) 子部

《本草綱目》：(明) 李時珍,影印文淵閣《四庫全書》本,臺灣商務印書館 1986 年版。

《山海經校注》：袁珂校注,巴蜀書社 1992 年版。

(五) 集部

《欒城集》：(宋) 蘇轍撰,《四部叢刊初編》影印明活字印本,商務印書館 1929 年版。

《曹文貞公詩集》：(元) 曹伯啟撰,影印文淵閣《四庫全書》本,臺灣商務印書館 1986 年版。

《明經世文編》：(明) 陳子龍等編,中華書局 1962 年版。

《左宗棠全集》：(清) 左宗棠著,劉泱泱等點校,嶽麓書社 2009 年版。

《事類統編》：(清) 林意誠編,中國國家圖書館藏清朝柏溪林氏道光十九年 (1839) 刻本。

二　現當代文獻

(一) 著作

《隴右方志錄》：張維編,《中國西北文獻叢書》據北平大北印刷局 1934 年版影印,蘭州古籍書店 1990 年版。

《寧夏方志述略》：高樹榆等編著,吉林省圖書館學會 1985 年內部發行。

《中國地方志聯合目錄》：中國科學院北京天文臺編,中華書局 1985 年版。

《中國地方志總目提要》：金恩暉、胡述兆編,漢美圖書有限公司 1996 年版。

《甘肅省圖書館藏地方志目錄》：甘肅省圖書館編,蘭州大學出版社 1996 年版。

《寧夏歷史地理考》：魯人勇等編著,寧夏人民出版社 1993 年版。

《賀蘭集》：陳明猷著,寧夏人民出版社 1994 年版。

《寧夏歷代碑刻集》：銀川美術館編,寧夏人民出版社 2007 年版。

《寧夏歷史地理變遷》：吳忠禮、魯人勇、吳曉紅著,寧夏人民出版社 2008 年版。

《方志與寧夏》：范宗興等著,寧夏人民出版社 2008 年版。

《寧夏地方志研究》：胡玉冰著,中國社會科學出版社 2012 年版。

《陝甘地方志中寧夏史料輯校》：胡玉冰、韓超、邵敏、劉鴻雁輯校，上海古籍出版社 2015 年版。

（二）論文

《寧夏方志録》：高樹榆撰，《寧夏史志研究》1988 年第 2 期。

《民國〈化平縣志〉》：佘貴孝撰，《寧夏史志研究》1988 年第 3 期。

《〈化平縣志〉主修人張逢泰》：李子傑撰，《寧夏史志研究》1989 年第 2 期。

《新編化平縣志》：李子傑撰，《中國穆斯林》1991 年第 3 期。

《回鄉舊貌——民國〈化平縣志〉評介》：陳明猷撰，《回族研究》1992 年第 3 期。

《寧夏方志評述》：高樹榆撰，《圖書館理論與實踐》1993 年第 3 期。

《寧夏回族自治區地方志述評》：高樹榆撰，載金恩暉、胡述兆編《中國地方志總目提要》，漢美圖書有限公司 1996 年版。

《致力於回族教育的儒士張逢泰》：李子傑撰，《寧夏文史資料》第 25 輯，寧夏人民出版社 2001 年版。

《回族學者張續緒先生事略》：马辰撰，《寧夏文史資料》第 25 輯，寧夏人民出版社 2001 年版。

〔宣統〕新修硝河城志

(清)楊修德 纂　　胡玉冰　魏舒婧　校注

前　言

西吉縣建縣歷史較短，直接記載西吉歷史的文獻較少。西吉縣現存舊志有2部，其中宣統元年(1909)楊修德總纂之《新修硝河城志》完整傳世，民國三十六年(1947)馬國璵編《西吉縣志》只存卷一初稿。現藏甘肅省圖書館的民國三十三年(1944)手抄本《甘肅海原固原等縣回民歷次變亂真相》第五部分內容即"現行政治上之設施"記載了民國三十一年(1942)西吉縣政府成立之事，並簡要介紹西吉縣城的修建過程、所轄土地面積、人口、糧賦、教育經費及政府機構組成等。這是筆者所見較早記載民國時期西吉縣基本情況的文獻。民國三十六年(1947)，西吉縣歷史上第一部縣志《西吉縣志》的部分內容脫稿，惜縣志最後未成全書。同年，王天岳編修《西吉縣政叢記》，係王天岳在西吉的施政大綱。

一　整理與研究現狀

《〔宣統〕新修硝河城志》在《甘肅省圖書館藏地方志目錄》《中國地方志總目提要》等方志目錄中有著錄。《〔民國〕西吉縣志》在《寧夏地方文獻聯合目錄》《中國地方志總目提要》等方志目錄中有著錄。高樹榆《寧夏方志錄》《寧夏回族自治區地方志述評》等論文對《新修硝河城志》《西吉縣志》都有著錄，《寧夏方志評述》對《新修硝河城志》有提要式著錄。雨陽《〈新修硝河城志〉評介》專題研究《新修硝河城志》，特別對其地理、政治等方面的史料價值進行了評述。

二　編修始末及編修者生平

(一)編修始末

《新修硝河城志》附載於《〔宣統〕新修固原直隸州志》(簡稱《〔宣統〕固志》)第12卷，是《〔宣統〕固志》的一個有機組成部分，其內容又相對獨立。這部志書能在不到一年的時間內修成，與《〔宣統〕固志》關係很大。硝河城州判楊修德《〈新修硝河城志〉序》稱，他到硝河城任職時，正值甘肅省設通志局編修《甘肅通志》，宣統初（1909）前往拜見固原知州王學伊時談及此事，王學伊"出州志稿本，囑余采硝事附入焉。余不敏，未敢言著作，惟承公命令，思有以蔵厥事。"可見，因硝河城屬固原分州，編修固原州志時與硝河城有關的內容也是州志所需要的，故王學伊令新上任州判的楊修德采輯硝河城諸事，按《新修固原直隸州志》的編輯體例輯錄具體內容。

編修《新修硝河城志》是有一定困難的，正如楊修德所說："乃僻在一隅，文獻無徵。鴻儒碩彥絕蹟於花門，斷碣殘碑磨滅於兵燹。無已，檢閱舊檔，周咨輿論，略有所得，隨筆紀錄。數閱，昕宵積草盈寸。其無可採訪及新政未能完備者，即闕軼之，以昭紀實。"儘管條件比較艱苦，楊修德還是組建了一支 10 人編輯隊伍，很快就完成了王學伊所交辦的任務，編成《新修硝河城志》，作爲《新修固原直隸州志》的第 12 卷，順利出版，王學伊還欣然爲該志題寫書名"硝河城志" 4 字。

（二）編修者生平

在《新修硝河城志》的編輯隊伍中，楊修德任總纂，杜宗凱任襄校，趙德禮等 8 人擔當採訪。楊、杜二人分別是硝河城最後一任州判、千總。

據《硝河城志·官師志》記載，楊修德字明卿，貴州都勻府人，光緒二十三年（1897）丁酉科拔貢，光緒三十四年（1908）任硝河城最高文職長官——州判。國家圖書館藏寶全曾、陳矩民國十四年（1925）編《都勻縣志稿》卷十六載楊修德科舉事。

杜宗凱字仲武，固原州人，行伍花翎游擊，銜都司。與楊修德同一年任職爲硝河城最高武職長官——千總。爲名將後裔，治軍有方。

《新修硝河城志》8 位採訪者，有 6 人在志書中略有提及。《硝河城志·人物志》"戰功"載，趙德禮曾爲一員武將，積功保記名總兵，宣統元年（1909）時已年逾八旬，但仍然精神強固，猶如少壯，猶可見其當年驍健之風。他之所以名列編修人員中，大概是想借重其名望，實際參與編修的可能性不大。蘇玉珍、蘇輔廷、高全德等 3 人也都名列"戰功"者中，蘇玉珍歷保把總，蘇輔廷、高全德二人歷保五品軍功。"武科"載，蘇芳蓮爲同治十二年（1873）癸酉科武舉人。《硝河城志·學校志》"師範"載，王鳳翔固原州人，於光緒三十三年（1907）由州考充師範廩生。廩生張效齡、附生馬翼如事蹟均不詳。

三　志書版本特點及内容

（一）版本特點

《新修硝河城志》被編入《〔宣統〕固志》一起出版，版本特點與《〔宣統〕固志》

全同。排印本白口,四周雙邊,單、黑魚尾,版心自上而下依次題書名"固原州志" 4 字、卷次"卷十二" 3 字、分志名"硝河城志" 4 字、頁碼及製版機構。每半頁 10 行,行 22 字。書名頁及所附地圖由寶文堂刊刻,其他內容均由官報書局排印。

(二) 志書內容

《新修硝河城志》共 1 卷 24 頁。最前面的書衣及地圖共 3 頁。首頁右半頁爲書衣,中間題書名"硝河城志" 4 大字,書名右上側題寫時間"宣統己酉"(元年,1909) 4 字,左下側題"文水王學伊題" 6 字。

首頁左半頁至第 3 頁右半頁是《硝河疆域圖》和《硝河城圖》各 1 幅,繪製較爲精細。《硝河疆域圖》主要繪製出硝河分州轄境内的山脉、河流、村堡、州界等,有簡單的圖例說明。《硝河城圖》繪製出硝河城的城池建築(包括城牆及城内主要建築),另外還把城四周重要的山、河、寺、路等也都繪製出來。繪製運用立體繪圖方法,較爲形象地把有關建築、山脉、樹木等輪廓表現出來,具有較強的藝術性,宛如一幅山水風景素描。

第 3 頁左半頁爲牌記,上有"宣統元年端陽告成" 8 字,說明志書的刊成時間。牌記後爲楊修德《〈新修硝河城志〉序》 1 頁,序後是修志人員名單 1 頁。

志書正文内容類目設立上完全仿《〔宣統〕固志》設立爲 10 志,即《天文志》《地輿志》《官師志》《貢賦志》《學校志》《兵防志》《人物志》《藝文志》《庶務志》《軼事志》。由於硝河城轄境範圍較小,境内山川、河流較少,城内建築數量也有限,人文較爲落後,志書就據實際情況對各志内容記載有詳有略。

《天文志》載:"按硝河分野、經緯度、氣候與固原州同。"《軼事志》載:"風俗一切與固原州同。"此二志内容最簡,除此二句外再無其他内容。

《地輿志》包括 10 子目。《建置》簡述硝河歷史沿革,指出曾先後隸屬於陜西平凉府、甘肅平凉府鹽茶廳,同治十二年(1873)左宗棠奏請以硝河城爲固原直隸州分州,至此才有獨立的行政建置。《疆域》記硝河距省城、州城里數,轄境範圍及四至八到里數。《城垣》簡述硝河城規模及形勝,提及硝河改爲分州後並未新增建築,仍然沿用舊堡辦公。這一方面反映了當地經濟不發達的現狀,同時也反映了一定的民生理念。《山川》記載古城山、風臺山、貢頁山等 3 座山峰和硝河、馬蓮川等 2 條河流。《祠宇》載硝河城内文廟等 6 座廟宇。《官署》記州判衙署、千總衙署各一座。《鋪司》記本城鋪、硝溝口鋪、單家集等 3 處。《古蹟》載夾道城門、唐墩等 8 處。《村堡》載所領東鄉高園堡、南鄉馬蓮川、西鄉張春堡、北鄉馬昌堡以及本城堡等 5 堡所屬 61 處村堡名稱,其中高園堡所屬 13 處,馬蓮川所屬 8 處,張春堡所屬 10 處,馬昌堡所屬 6 處,本城堡所屬最多,達 24 處。《景致》載風臺秀聳、岑樓清幽、清波環帶、山郭張屏等 4 處當地勝景的特點。

《官師志》載硝河城文職最高長官州判 14 人，武職最高長官千總 11 人，均載其姓名、籍貫、任職時間。由志文可知，同治十三年（1874），袁範首任州判，凌維漢首任千總。光緒三十四年（1908），楊修德出任最後一任州判，杜宗凱出任最後一任千總。本志後還附有官員"俸餉"內容。

《貢賦志》記載當地《額征》《估撥》《物產》等。《物產》只有穀類 5 種、蔬類 8 種、禽類 5 種、獸類 9 種、雜類 3 種（羊皮、羊毛、蜂蜜），由此可見當地物質資源還是比較匱乏的。《學校志》記載當地有初等小學堂、師範各 1 所。《兵防志》記載硝河城《兵額》《塘汛》《馬廠》《校場》等內容。

《人物志》所載內容是《新修硝河城志》中最多的。記載當地文科生 17 人、武舉生 17 人的人員名單。有文科貢生 2 人，附生 7 人，監生 8 人，武科舉人 2 人，武生 12 人。又分《議敘》《戰功》《忠義》《節孝》《耆瑞》《方技》等子目，共記載 57 人的事蹟。其中《議敘》4 人，蘇上達事蹟最詳；《戰功》32 人，其中蘇姓有 20 人；《忠義》5 人，均為蘇姓；《節孝》6 人，蘇氏家有 4 人；《耆瑞》8 人，其中年齡 80 歲的老人 3 位，83 歲的 3 位，85 歲的 2 位；《方技》載關山人、蘇宏珍等 2 人事蹟，均帶一定的神話色彩，不可當信史資料來利用。

《藝文志》一般是舊志中內容相對較為豐富的部分，但硝河由於設立時間短，文化較為落後，歌詠其名山風景的詩歌基本沒有，當地人也少有詩作，故《硝河城志·藝文志》只輯錄有 3 篇文獻，包括左宗棠的《奏設硝河州判與鹽茶廳等處劃撥地界疏》奏疏文獻 1 篇，《重修武廟碑》《重修文昌宮碑》等 2 篇《碑碣》文獻。

《庶務志》所載內容與清末"新政"有關，但內容也僅"巡警""商務"兩種。從"商務"記載內容看，硝河地方經濟非常落後，城內貿易，所售者皆布匹、紙劄、農器之類，沒有大的商業活動。外地到本地來收購羊皮、羊毛，也不能形成集市。

四 文獻價值

硝河城分州自同治十三年（1874）正式建置，到宣統三年（1911）清王朝被推翻，前後存在過 37 年，其分州歷史不能算悠久。因此，在客觀上造成了《新修硝河城志》相對其他固原舊志而言內容比較簡略的事實。但作為唯一一部完整保存硝河史地資料的志書，《新修硝河城志》還是有一定利用價值的。

首先，傳世文獻中，《新修硝河城志》是今西吉縣傳世的第一部，也是最完整的一部。所載硝河分州的史地資料最全面、最集中、最係統，硝河地區地理、山川、村落、人物等方面的史料幸賴該志得以保留。其保存古代西吉縣有關資料之功是其他文獻無法替代的。

其次,志中所載與回族有關的信息或資料是難得的民族史研究材料。在《硝河城圖》中,城池西北面標繪有"回寺"建築物,説明當地回族聚積人數應該比較多。《學校志》載,初等小學堂"來堂肄業者回民子弟居多,亦民數然也。"説明回族人口占有相當的比例了。清真寺建築還構成了當地一景。《地輿志·景致》"岑樓清幽"載:"署後清真寺内有樓一座,高可凌霄,扉櫺洞達。公暇偶一登臨,亦足蕩滌塵囂,尚爲斯邑之勝。"《人物志·方技》記載蘇巨集珍事蹟,儘管事涉荒誕,但説明當地回族中有一技之長者還是有的。

再次,志書《人物志》中記載有多位元所謂"議敘"者、"戰功"者、"忠義"者,這些人的主要事蹟都與同治年間回民起義有關,且都爲直接參與鎮壓起義者。事蹟記載中提及起義時往往用仇視、污衊的態度,這是我們要批判的。但從歷史研究的角度看,則可以把這些事蹟當做研究清末回民起義的資料來利用。

整理説明

一、本書主要以標點、校勘、注釋等方式對《〔宣統〕新修硝河城志》進行整理。以臺灣成文出版社 1970 年版《中國方志叢書》影印宣統元年(1909)官報書局排印本爲底本,以鳳凰出版社等 2008 年版《中國地方志集成·寧夏府縣志輯》影印本爲對校本,部分整理成果參考陝西人民出版社 1992 年版陳明猷點校本。

二、整理成果以繁體橫排形式出版。注釋以當頁脚注形式注明,用圈碼①②③之類排序,校勘以[1][2][3]之類排序,放在卷末。正文中以"〔 〕"符號括注的文字,係整理者增加。

三、以校異文爲主,酌校内容異同。因用字習慣不同而出現人名、地名、族名等同名異寫現象,均出校説明。底本或對校本中存在明顯的誤、脱、衍、倒等現象,於正文中校改後出校説明。雖有異文但意可兩通者,不改正文,僅在校記中説明。除特殊需要外,校本有誤,一般不出校。

四、底本出現的異體字、俗體字、通假字、古今字等用字現象,一律不出校。某些不規範的異體字、俗體字、古今字等,或前後用字不一者,均按出版要求適當統改成規範、統一的字體,不出校記。舊地方志書中稱西北回民起義軍起事爲"回亂""回叛"等,稱起義者爲"賊""匪"等,將鎮壓起義者事蹟入"戰功""忠義"之中等,均當辨明且予以批判。爲保留文獻原貌,整理者對此類詞語一仍其舊。

五、當頁脚注出注釋條目。注釋内容主要包括:原文易致惑者(如文獻簡稱或省稱、干支紀年等)、原文提及的詩文或史料出處、原文體例中資料互見者、整理者對輯補史料的出處説明和整理者的補充文字等。

六、脚注中,凡言"本志"者,均指《新修硝河城志》。凡言"本志書例"者,均指《新修硝河城志》的編修體例。徵引文獻之版本,凡"中華書局點校本"簡稱"中華本"。

七、脚注中,凡引古代文獻,均只注明書名、卷次、篇名等,其作者、版本等詳見《參考文獻·古代文獻》。凡引現當代文獻,均只注明作者、書名或論文篇名、頁碼等,其出版社、刊物名、發表時間等詳見《參考文獻·現當代文獻》。若被引用古代文獻已有整理成果,一般直接吸收其合理意見,不再重複敘述校注理由,注明"參見××"字樣。注明引文出處、他校資料或他人校勘、考證成果,亦注明"參見××"字樣。脚注中,書名較長者沿用習慣簡稱,詳見《參考文獻》。

八、《新修硝河城志》之《天文志》《軼事志》具體内容原均不載,今據《新修固原州志》補。

九、《參考文獻》分《古代文獻》和《現當代文獻》分别著録。其中,《古代文獻》分陝甘寧舊志、經部、史部、子部、集部等五類著録,《現當代文獻》分著作、論文兩類著録。

〔硝河疆域圖〕

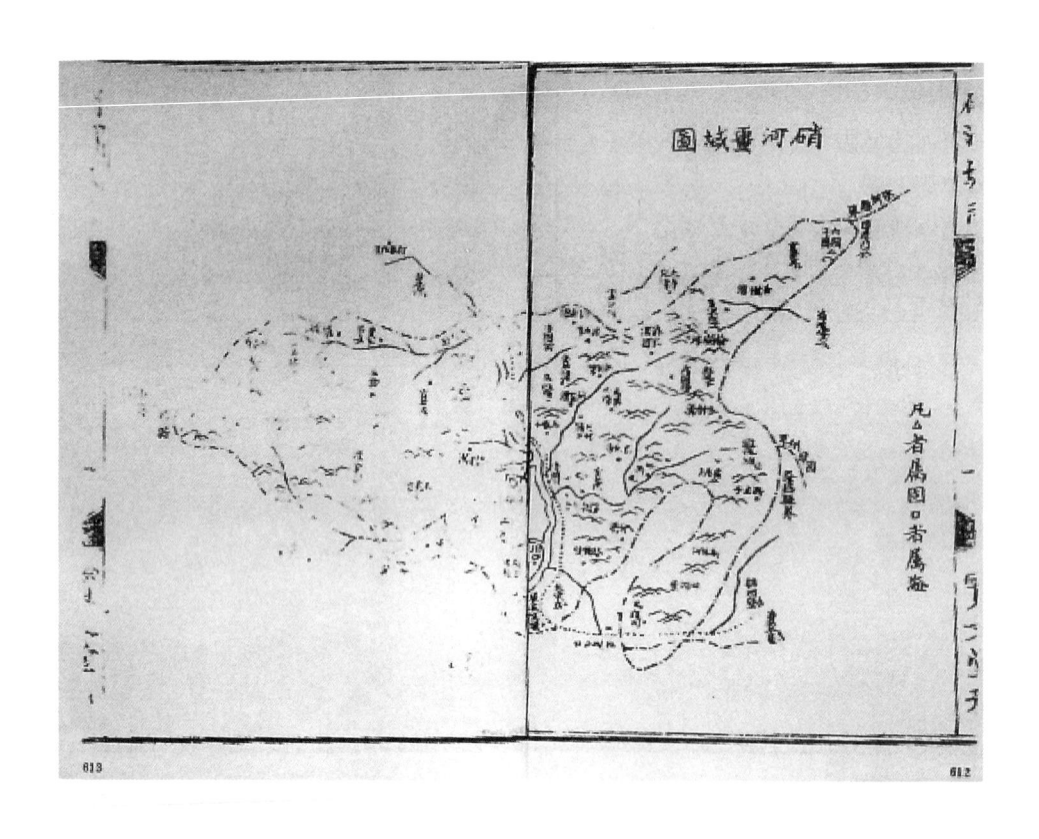

〔硝河城圖〕

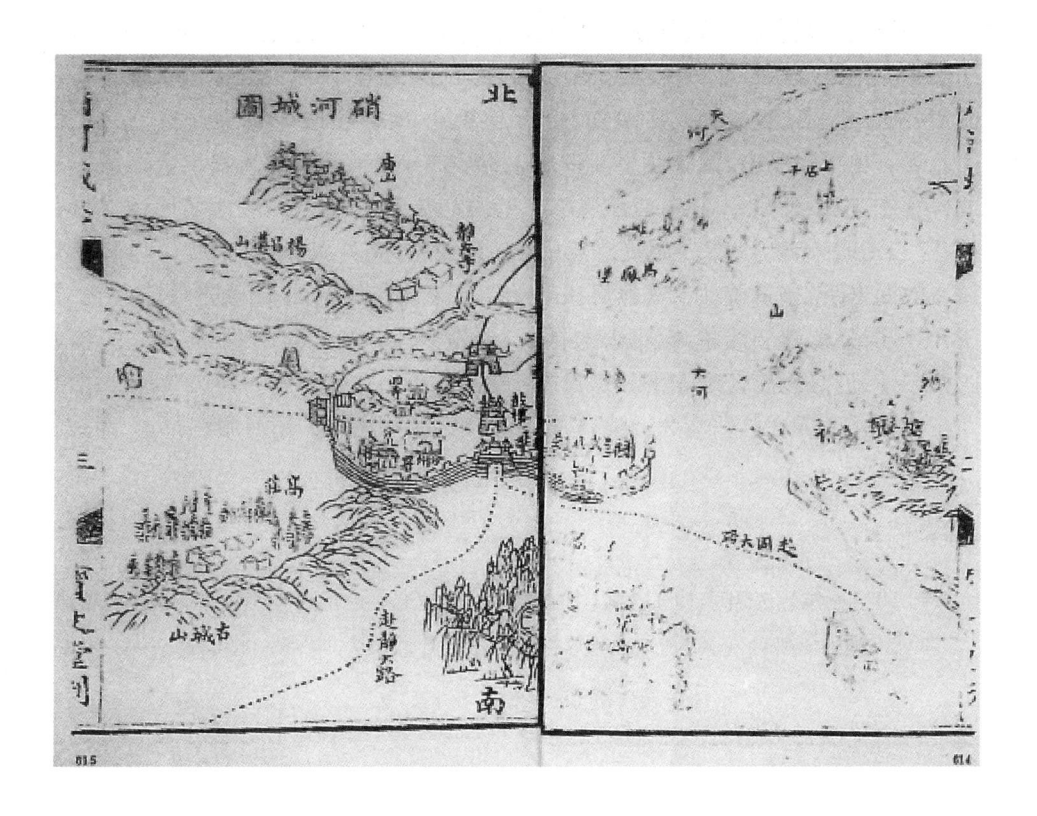

〔楊修德〕新修硝河城志序

　　硝河城昔爲平涼府鹽茶廳地，一荒涼古堡耳。方輿未之記，沿革無所考。自同治十二年，[1]陝甘總督左文襄公督兵度隴，回亂肅清，疏請升固原爲直隸州，設分州於此，是爲建置之始。宣統初，余承乏斯邑，時省垣設局纂《通志》。① 余至固原謁刺史王公平山，偶論及之，出《州志》稿本，②囑采硝事附入焉。余不敏，未敢言著作，惟承公命令，思有以蕆厥事。乃僻在一隅，文獻無徵。鴻儒碩彥，絶蹟於花門；斷碣殘碑，磨滅於兵燹。無已，檢閱舊檔，周諮輿論，略有所得，隨筆紀録。數閱宵昕，積草盈寸。其無可採訪及新政未能完備者，即闕軼之，以昭紀實。明知才同襪綫，難語續貂，竊幸公暇揮毫，無嫌刻鵠。後之君子，如能博采旁搜，匡余不逮，庶足以副公之志乎。是爲序。

　　宣統元年歲在己酉清和上浣，③黔南楊修德明卿甫序於硝河城官廨。

【校勘記】

[1] 十二年：原作"十三年"，據《〔宣統〕甘志》卷四《輿地志·沿革表·勘明鹽茶固原接壤地址擬分別劃撥新設州縣籌辦各事宜疏》改。

---

① 通志：指《甘肅新甘志》。
② 州志：指《新修固原直隸州志》。
③ 己酉清和上浣：清溥儀宣統元年(1909)四月上旬。

〔編修人員〕

新修硝河城志總纂
五品銜、署理固原直隸州硝河城州判、補用州判　　楊修德
襄校
固原提標、硝河城汛千總、留陝甘儘先補用都司　　杜宗凱
採訪
記名總兵　　趙德禮
硝河初等小學師範、廩生　　王鳳翔
廩生　　張效齡
附生　　馬翼如
武舉　　蘇芳蓮
軍功　　蘇玉珍
軍功　　蘇輔廷
軍功　　高全德

天　文　志

按硝河分野、經緯度、氣候，與固原州同。①

分野

固原宿分井、鬼，疆屬秦、雍。

《史記》云：②"秦地於天官，東井、輿鬼之分野。其界自弘農故關以西：京兆、馮翊、扶風、北地、上郡、西河、安定、天水、隴西。"

《天官書》云：③"東井爲水事。"注：東井八星，主水衡也。"輿鬼，鬼祠事，中白者爲質。"注：輿鬼四星，主祠事，天目也，主視明察奸謀。東北星主積馬，東南星主積兵，西南星主積布帛，西北星主積金玉，隨其變占之。中一星爲積屍，一名質，主喪死祠祀。占：鬼星明大，穀成；不明，百姓散；質，欲其舀名不明，明則兵起。

《管窺輯要》云：④"井、鬼，秦之分。雍州、岐隴、秦城、梁、益、邠、涇等州，皆屬秦分。"

東井八星，一曰天府，一曰東陵，一曰天井，一曰天關，一曰天門，一曰天梁，一曰天亭，一曰天侯，一曰天齊，一曰天平，天之南門也。《宋志》：距西南北第一星去極六十九度。赤道三十三度三十分，自九度十八分四十一秒入未。黃道三十一度三分，自八度三十四分九十四秒入未。

《井宿歌》云：八星橫列河中净，一星名鉞井邊安。兩河各三南北正，天樽三星井上頭。[1]樽上橫列五諸侯，侯上北河西積水。[2]欲覓積薪東畔是，[3]鉞下四星名水府。水位東邊四星序，四瀆橫列南河裏。南河下頭是軍市，軍市團圓十三星，[4]中有一個野雞精。孫子丈人市下列，各立兩星從東説。[5]闕丘二個南河東，其下一狼光蒙茸。[6]左畔九個彎弧弓，[7]一矢擬射頑狼胸。[8]有個老人南極中，

---

① 本志《天文志》下文所載之《分野》《經緯度》《氣候》均據《〔宣統〕固志》卷二《天文志》補。
② 參見《史記正義·列國分野》。
③ 參見《史記》卷二七《天官書》。
④ 參見《管窺輯要》卷十《列宿分野》。

春秋出入壽無窮。

鬼宿四星曰輿鬼。一曰天目,主視明,察奸偽,[9]朱雀頭眼。一曰天廟,主祀事。一曰天松,[10]一曰天匱,[11]一曰天壙,主疾病死喪,土星也。其中央色白如粉絮者,[12]謂之積屍氣,一曰質,一曰鈇鑕。鬼四星,《宋志》:距西南去極六十九度半。赤道二度二十分,黃道二度二十一分。

《鬼宿歌》云:四星册方似木櫃,中央白者積屍氣。鬼上四星是爟位,天狗七星鬼下是。外厨六間柳星次,天社六個弧東倚,[13]社東一星是天紀。

井鬼爲鶉首,於辰爲未,於州爲雍。

經緯度

《甘肅輿地志》云:①固原州距省八百六里。在省治度偏南一度三十八分。經度:偏京師中綫四十度十分四十九秒。緯度:北極出地三十六度二分。距省城中綫東鳥道三百八十六里。距省城橫綫南鳥道十四里。斜距三百八十六里又十分里之二。冬至日出辰初初刻十四分四十八秒,日入申正三刻十二秒。夏至日出寅正三刻十二秒,日入戌初初刻十四分四十八秒。

氣候

固原居萬山中,天氣高寒。時當春仲,河崖尚結堅冰;令遇秋中,林木已多落葉。至夏猶被褐,冬必氆裘,居斯土者視爲固然。若農家者流,布種麥、豆,率於春分之後、清明之前;遍植蘩、蕎,又在立夏之初、小滿之際。所有氣候,較平涼則寒甚。

近年亦有試種冬麥者。惟願十雨五風,收如崇如墉之效,使吾民永慶豐年耳。

【校勘記】

[1] 三星:《管窺輯要》卷四四《井宿歌》作"二星"。
[2] 上:《管窺輯要》卷四四《井宿歌》作"土"。
[3] 欲:《管窺輯要》卷四四《井宿歌》作"頭"。

① 甘肅輿地志:即《甘肅通志稿·輿地志》。

〔4〕團圓：《管窺輯要》卷四四《井宿歌》作"團團"。

〔5〕立：原作"位"，據《通志》卷三八《天文略》、《玉海》卷三《天文書》、《中國恒星觀測史》第五章第一節《校訂〈步天歌〉》、《管窺輯要》卷四四《井宿歌》改。

〔6〕其下一狼光蒙茸："其下"，《通志》卷三八《天文略》、《玉海》卷三《天文書》、《中國恒星觀測史》第五章第一節《校訂〈步天歌〉》均作"丘下"；《管窺輯要》卷四四《井宿歌》作"丘王"。《中國恒星觀測史》五章一節《校訂〈步天歌〉》又言"一本作'丘下一狼光熊熊'"。"蒙茸"，《管窺輯要》卷四四《井宿歌》作"蓬茸"。

〔7〕弓：原作"矢"，據《通志》卷三八《天文略》、《玉海》卷三《天文書》、《中國恒星觀測史》第五章第一節《校訂〈步天歌〉》、《管窺輯要》卷四四《井宿歌》改。

〔8〕狼：《管窺輯要》卷四四《井宿歌》作"狐"。

〔9〕僞：原作"爲"，據《陝西通志》卷一《星野》、《圖書編》卷一七《鬼宿總敘》改。

〔10〕天松：原作"天訟"，據《陝西通志》卷一《星野》、《圖書編》卷一七《鬼宿總敘》改。

〔11〕天匱：原作"天櫃"，據《陝西通志》卷一《星野》、《圖書編》卷一七《鬼宿總敘》改。

〔12〕粉絮：《圖書編》卷一七《鬼宿總敘》作"粉潔"。

〔13〕六個：《管窺輯要》卷四五《鬼宿歌》作"六星"。

地 輿 志

建置

按：硝河在《禹貢》爲雍州之域。秦、漢、唐、宋、元、明，其屬郡與固原州同。洎乎國朝順治初，與州均屬陝西平涼府，爲固原州、衛境。康熙五年，[1]隸甘肅，屬平涼府鹽茶廳境。迨同治十二年軍興以後，[2]陝甘總督左文襄公奏升固原州爲直隸州，改鹽茶廳爲海城縣，以硝河城爲州西南要區，因劃海城界設州判，名曰固原直隸州硝河城州判。

疆域

按：硝河距省城六百三十里，在省治東南。距州城一百三十里，在州治西南。計轄境縱三十六里，橫三十里。東至固原州界三十里，[3]西至隆德縣界十里，[4]南至隆德縣將臺堡十二里，[5]北至海城縣韓民堡十五里。東南至隆德縣樊西堡二十五里，西南至隆德縣黑虎溝莊五里，東北至海城縣界三十五里，[6]西北至隆德縣界二十里。[7]

城垣

按：硝河自同治設官後，城垣並未增築，仍沿舊堡置之。周圍約一里八分七厘，長六百六十八步。有城門三：曰南門，曰北門，曰小南門。城西襟山帶水，尚稱形勝。

山川

古城山，其勢蜿蜒聳秀，發脉於海城之須彌山。袤斜九十餘里。由境迤北曰廟兒山，又迤南五里曰紅崖山。十五里注脉於隆德之將臺堡。

風臺山,在城西十五里。山頂平坦,下環大溪。山中有深穴,時有峭風,土人築臺於麓,因以風臺名之。高約八十餘丈,當爲治城屏蔽。

貢頁山,在風臺之東,相距五里許。高約二百九十餘丈,形勢矗立,以嶺壑之鉅觀也。

硝河,一名苦水河,發源於海城之須彌山。東南流入境,經城東,會諸溝水,亦東南流而出境。水味苦,因名苦水河。

馬蓮川,發源於六盤山。南流六十里入境,會諸溝水,出隆德之將臺堡,入於苦水河。

祠宇

文昌宮,在城南門内。
文廟,附設文昌廟内。
萬壽宮,附設文昌廟内。
武廟,在城南門内。
三聖廟,在城南門外。
城隍廟,附設三聖廟内。
查硝邑各廟,春秋祭典所有祭品向未請領公款,皆係捐廉謹敬預備,亦綿蕞之禮而已。

官署

固原直隸州硝河城州判衙署一座。
固原城守營分防硝河城汛千總衙署一座。
查硝邑文武衙署,規模狹隘。開創之初,筆就民房改設,廳堂院落參差不齊,僅蔽風雨而已。

鋪司

本城鋪：書識一名,跑夫四名。
硝溝口鋪：書識一名,跑夫三名。
單家集：跑夫二名。

古蹟

夾道城門，在治城北門內，土人指爲古蕭關地。

唐墩，在高園堡，土墩隆然，相傳爲唐時廢壘。

楊芳城，距治城北十五里。土人相傳，楊芳，宋時人。今考之《方輿紀要》爲"羊房堡"。① 明時討滿四進兵處。

明代古寺，在馬昌堡。[8]

武聖廟，在隆德堡。廟有鐵鐘、鐵獅，古致歷落，雍正二年鑄。

白衣寺，舊址在城北門外一里許。同治軍興以前，寺甚巍煥。今已荒臺頹壁，基址僅存已。

道人古墓，在城北門廟兒山上，土人相傳爲古墓。道人姓名不著，年代亦未詳。

白骨塔，在城外一里許。

村堡

按：硝邑領堡五，曰高園堡，曰馬蓮川，曰張春堡，曰馬昌堡，曰本城堡。計城鄉户口，共九百七十四户。

一，東鄉高園堡所屬者：馬家小灣、泉兒灣、紅溝兒、高套子、哈喇溝、紅峴子、榆樹灣、崔家灣、杏樹灣、窰莊子、唐家套子、六個羊圈、榆碗園。

一，西鄉張春堡所屬者：羅兒灣、曹家吊嘴、狗兒岔、三岔莊、四岔莊、五岔莊、恰頭溝、汪家莊、榆木岔、張家大岔。

一，南鄉馬蓮川所屬者：趙家口子、柳林溝、大套子、新莊子、濫泥灘、范馬溝、麻子溝、陸家溝。

一，北鄉馬昌堡所屬者：水泉溝、蕆蔴灣、楊芳城、袁家灣、夏家口子、盧家腦。

一，本城堡所屬者：前淺岔、雒家大岔、官兒莊、半個堡、隆德堡、哈馬岔、包陳莊、馮灣、張家嘴頭、白崖子溝、谷子灣、蘇家溝口、蘇家口莊、蘇家腦、羊昌溝、小狼窩、大狼窩、穆張寺、王家灣、後淺岔、張家莊、油房溝、硬家灣、凌家溝。

---

① 參見《方輿紀要》卷五八《陝西七·固原州》"羊房堡"條。

景致

　　風臺秀聳。按：風臺山爲治境第一名勝，每當朝霞、夜月，登麓縱觀，佳氣氤氳，洵入畫界，蓋不啻蓬萊方丈云。
　　岑樓清幽。按：署後清真寺内有樓一座，高可凌霄，扉櫺洞達。公暇偶一登臨，亦足蕩滌塵囂，尚爲斯邑之勝。
　　清波環帶。按：南郊里許有赤峰，其勢突兀，有俯瞰群谷之致。硝河清波蕩漾，繞峰而流，如環帶然。
　　山郭張屏。按：城西諸峰環抱，負郭而來。嵐光排闥，雲烟繚繞，幾如十二錦屏，足以開豁心目，亦雅致也。

【校勘記】

[1] 康熙五年：《〔宣統〕固志》卷二《地輿志・建置》作"康熙四年"。
[2] 十二年：原作"十三年"，據《清史稿》卷六四《地理志・甘肅・平涼府》改。
[3] 三十里：《〔宣統〕甘志》卷五《輿地志・疆域》"固原州判"條作"二十五里"。
[4] 十里：《〔宣統〕甘志》卷五《輿地志・疆域》"固原州判"條作"五里"。
[5] 十二里：《〔宣統〕甘志》卷五《輿地志・疆域》"固原州判"條作"十五里"。
[6] 三十五里：《〔宣統〕甘志》卷五《輿地志・疆域》"固原州判"條作"六里"。
[7] 二十里：《〔宣統〕甘志》卷五《輿地志・疆域》"固原州判"條作"三十里"。
[8] 馬昌堡：本志《硝河城圖》标注作"馬廠堡"。

官師志

按：硝河文職州判一員，武職千總一員，均自同治十三年奏設，以佐固原直隸州城守營游擊治，今備錄之。

文職

袁範，字弗仙，安徽人，監生。同治十三年署任，後升清水知縣。
吳榮棟，湖南人，監生。光緒二年署任。
李清濟，河南人，監生。光緒三年署任。
康鈞，陝西人，同治癸酉科拔貢。① 光緒五年選授。在任勸設義學，政績可循，迭次調遷，年月在檔。
沈文仲，光緒五年七月代理。
劉漢章，光緒十一年六月代理。
吳鼎，陝西人，光緒十七年四月代理。
葉榮甲，字敦吾，湖南人，監生。光緒二十四年七月代理。
黃麗松，湖南人，監生。光緒二十四年十一月署任。
崔萬椿，字壽山，山西趙城縣人。光緒元年制科，舉孝廉方正。二十五年，補授行政，謹飭老成之望。
徐福禮，字菊仙，江蘇人，恩貢生。光緒二十七年，由白馬關州判調署。
董正官，字寅初，山西人，監生。光緒三十三年八月代理。
張宗淵，字景顏，陝西榆林縣人。光緒丁酉科拔貢。② 三十三年署任。
楊修德，字明卿，貴州都勻府人。光緒丁酉科拔貢。三十四年署任。

武職

凌維漢，四川中江縣人，行伍，花翎都司。同治十三年署任。

---

① 癸酉：同治十二年(1873)。
② 丁酉：光緒二十三年(1897)。

羅天德，四川三臺縣人，行伍，藍翎游擊銜都司。光緒九年補授。

雷鳴春，固原州人，行伍，藍翎千總。光緒十三年署任。

劉洪春，固原州人，行伍，把總。光緒十九年署任。

雷洪春，固原州人，行伍，游擊銜都司。光緒二十三署任。

王玉貴，山西介休縣人，行伍，藍翎都司。光緒二十五年署任。

姜永朝，碾伯縣人，行伍，花翎都司。光緒二十六年署任。

張宋魁，字梅村，固原州人，行伍，藍翎守備。光緒二十六年署任。

余珍，固原州人，行伍，花翎游擊。光緒二十八年署任。

劉玉魁，字獻廷，固原州人，行伍，花翎游擊銜都司。光緒二十八年補授，有幹濟才，軍民僉服。

杜宗凱，字仲武，固原州人，行伍，花翎游擊銜都司。光緒三十四年署任。名將後裔，治軍有方。

俸餉

州判一員，歲支養廉銀二百兩、俸銀四十五兩。各役鋪司、書夫口食，均如例。

千總一員俸餉與固原標制同。① 馬、步、守兵餉與固原標制同。②

---

① 《〔宣統〕固志》卷二《官師志》載，固原標制，千總每年例支養廉銀一百二十兩，俸銀一十四兩九錢六分四厘八毫，薪銀三十三兩三分五厘二毫，又坐馬二匹如例支。

② 《〔宣統〕固志》卷二《官師志》載，固原標制，馬、步、守兵每年每名例支餉銀一十二兩，又每年馬兵每名例支口糧八石，步兵每名支口糧六石，守兵每名支口糧四石，均照新章每石折發銀一兩。

貢　賦　志

按：硝河正供，原自鹽茶廳撥來。僅一隅之地，而土性歉燥，宜種黍菽。其餘物産，亦薄乎云爾。爰備述之。

額徵

一，原額地丁正耗銀四百五十五兩八錢三分。現除荒蕪不計外，實徵地丁正耗銀四百二十三兩一錢六分四毫。

一，原額糧正耗倉斗糧二百二十九石八斗七升四合。除荒蕪不計外，實徵倉糧二百一十一石四斗四合七勺。

一，鹽課向隨地丁徵收，原額銀四十九兩九錢九分六厘。除荒蕪不計外，實徵銀四十二兩三錢一分八厘五毫。

一，畜稅每年額解銀一十二兩。有閏之年，加解一兩。

一，磨課每年徵課銀七錢。

估撥

按：硝河汛每年估撥兵糧，計倉斗三百二十餘石之譜。係按每歲大小建估支。以本倉不敷，遂由秦安縣倉合力撥領，以資兵食。閏年亦有加增，成數在檔。

物産

穀類：大麥、小麥、蕎麥、蕎麥、莜麥。
蔬類：莞豆、白菜、韭菜、菠菜、紅白蘿蔔、葱、蒜。
禽類：雀、鴉、雞、鴨、山雞。
獸類：馬、牛、羊、犬、騾、驢、黄羊、狼、猪。
雜類：羊皮、羊毛、蜂蜜。

學 校 志

學堂

　　初等小學堂一所，在城內。係前分州康公鈞所立義塾。於光緒三十二年，經分州崔公萬椿改設。來堂肄業者，回民子弟居多，亦民數然也。

師範

　　按：硝河從前義塾、師範多由紳士延請，自光緒三十二年改設學堂，始由州考派。滿年束脩，係分州就地籌發。
　　張文華，廩生，固原州人，光緒三十二年由州考充。
　　王鳳翔，廩生，固原州人，光緒三十三年由州考充。

兵　防　志

兵額

千總一員、馬兵二十八名、步兵五十八名、守兵一十八名。官兵丁騎摻馬，共三十匹。

塘汛

按：硝河塘汛有二，曰馬蓮川，曰楊芳城。每年十月初一日起，至次年二月十五日止，安設防卡，藉資彈壓。平時派兵輪流梭查，重汛務也。

馬廠

按：硝河馬廠，係撥固原石窰寺地方荒地一段，水草暢茂，以資畜牧。計東至石窰寺山根爲界，西至李子溝崖根爲界，南至溝畔爲界，北至水溪爲界，均立有界石。

校場

按：硝河校場一處，在北城外。東一百零九弓，[①]南十五弓，西九十一弓，北五十七弓。

---

① 弓：量詞，用作丈量地畝的計算單位。舊時營造尺以五尺爲一弓（合1.6米），三百六十弓爲一里，二百四十方弓爲一畝。

人 物 志

按：硝河學額，文武諸生原附州學取錄。至於科第，則闃寂無聞。惟武功自同治軍興時，戰績赫然者尚有數人。殉難及節婦，亦有可述。茲據採訪所及者備志之。

文科

蘇增慶、張效齡，均光緒年貢生。

蘇效泉、蘇萬鍾、蘇文達、蘇玉清、趙汝爲、趙銘鼎、蘇自省，均光緒年附生。

蘇金清、趙生林、馬萬圖、王世芳、蘇國蓮、蘇仲英、馬廷棟、趙生林，均光緒年監生。

武科

蘇芳蓮，同治癸酉科武舉人。[①]

袁生榜，光緒乙亥恩科武舉人。[②]

蘇國珍，光緒丙子補同治庚午併科武舉人。[③]

周元朝、蘇國俊，均光緒初武舉人。

蘇桂籍、楊自得、馬毓清、蘇玉和、閻維漢、馬成祥、馬毓秀、馬仲榜、馬凌霄、袁仲連、趙生祿、蘇國藩，均光緒年武生。

議敍

蘇上達，太學生，家稱饒裕，慷慨好施。同治初，回氛肆擾，計漢民避亂城內

[①] 同治癸酉：同治十二年(1873)。
[②] 光緒乙亥：光緒元年(1875)。
[③] 光緒丙子補同治庚午併科："光緒丙子"即光緒二年(1876)，"同治庚午"即同治九年(1870)。

者六百餘家,達捐糧賙濟。嗣曹提督克忠駐境,招撫流民。達竭力勸降,以故被脅者僉釋甲悔罪。既而曹軍移金積堡,達復備糧六百石以助餉。左文襄公嘉其忱,疏請得敘功,加二品封典。鄉里榮之。

蘇守傑、馬尚彩、蘇守昌,均以例獎得候選從九。

戰功

蘇家良,字翰臣,素性剛毅,體貌雄偉。同治初,以回亂,慨然從戎。隨征河湟、安南間,身經百數十戰,迭克狄道、渭源、華亭、西和、張家川、巴燕戎格諸名城,一時以驍將稱。大吏疊涇記名提督、法什尚阿巴圖魯,特賞黃馬褂。歷官肅州鎮中營游擊,加一品封典。

蘇結簪,同治初與蘇提督家良合力從征,迭著戰績,涇保記名總兵,加提督銜。

趙德禮,賦性勇敢,勁氣內含。同治初,為蘇提督家良部將,領精選馬步旂隊,迭克回巢。積功保記名總兵提督,銜精勇巴圖魯。今年逾八旬,而精神強固,猶如少壯,亦可見驍健之風已。

蘇登第,少負大志,有勇能戰。同治初,回亂肅清,積功保記名總兵。

蘇家林,字傳臣,家良弟也。同治初,從征河州、西寧,[1]以勇往善戰,積功保花翎副將。

蘇家榮,字屏臣,家良弟也。同治初,助家良治軍事,有謀略,所向皆捷。涇職花翎副將。

趙生庫,同治初以行伍為蘇提督家良部軍,積功累保花翎副將。其勇於戰陣,至今猶有稱之者。

趙萬成、蘇玉和、馬玉,同治初均積功保花翎參將。

蘇守朝、馬占魁、蘇本祥、蘇結印、蘇國棟、李自正,同治間均以行伍積功,涇保花翎都司。

趙德榮、趙生忠、蘇宗保,以行伍於同治回亂時積功,涇保花翎都司銜守備。

潘義福、蘇結林、歷保千總。趙生功、趙生壽、蘇生秀、蘇玉珍、蘇玉廷、蘇守玉、歷保把總。蘇輔廷、高全德、蘇成和、蘇守裕、蘇守華。歷保五品軍功。

忠義

蘇登榮,乃蘇上達之堂弟也。為人直諒誠篤,素有膂力。同治初,陝回擾掠,隴匪糾應。榮嘗嚼齒指南而詈，有滅此朝食之致。曹提督克忠器其勇，論功迭洊花翎副將。其友趙萬成，一日與榮爲鄉人賫解軍糧，行至夏家寨，忽遇巨匪馬才棕率賊剽劫，遂約截堵，追捕數里，身被數十創，力既不支，榮曰："生不能報國，恨也。"成曰："吾雖死，奈有老親何？"乃北向叩首，仰天大呼，竟同殉於陣。其僕沙五、九子，瘞其骸，亦刎於墓側。

蘇國寶，乃蘇提督家良長子也。隨父征回亂，積功保花翎游擊。後官鞏昌，在伏羌縣郭家楞力戰陣亡。

蘇捨而罷，乃蘇提督家良子也。同治七年，隨其父率京馬營隊駐秦州。適陝回竄攻徽縣，遂舉隊襲追。至泥陽鎮，捨而罷出入鋒鏑獲勝。復窮追賊蹤，抵下店子草灘，馬足忽蹶，賊乘機回矛刺之，歿於陣，時年二十有八。而同時殉者，尚有張守寅、魯家祥二人云。

蘇進智，乃蘇上達弟也。同治初回亂，鄉民肆逃，智出積粟以助，全活甚眾。適曹提督克忠招降，智乃竭力安撫，投誠者以萬計。嘗遇賊於白草垣，智奮勇前敵，斬七十餘級，身被數十創，不稍退。歷保花翎副將。迨肅清，籌辦善後，勸設義塾，其力居多。光緒乙未，①河湟復亂，硝邑漢、回驚恐，互有忌畏。智遣其子玉珍，集靜、隆、固、海紳民，排難解紛，得以無恙。大吏重之，以額式其門云。

蘇九成，太學生，性樂善，好施與。同治紀元，回匪猖亂，民多流離。成捐糧賑恤，爲之招撫。並籌辦善後，不避勞怨。由是五堡肅然，成之功，民實賴之。

節孝

單氏，蘇吉堂妻，提督家良母也。居馬蓮川，年二十八而寡。子三：家良、家林、家榮，女一，均在幼弱。境遇寒苦，衣敝履穿，艱難自守。時以盡忠報國爲諸子訓，幾有歐、岳之風。嗣子皆官，孫亦成立，而氏膺一品封。壽八十四卒，計守節五十六載，謂之曰"德門壽母"，不宜然歟！

單氏，蘇宗全母也，居高園堡。道光初夫亡，氏年二十。今九十歲，計守節已七十載。

海氏，高萬基母也，居高園堡。道光初夫亡，氏年二十二。今九十歲，計守節已六十八載。

單氏，蘇守林母也，居高園堡。道光初夫亡，氏年二十一。今九十歲，計守節已六十九載。

---

① 乙未：光緒二十一年(1895)。

黄氏，蘇殿英母也，年二十八而寡。今七十五歲，計守節已四十三載。
趙蘇氏，居趙家口，今存年八十二歲。老而貧寡，亦可憫已。

耆瑞

陳孝、馬俊、馬顯海，今存，年均八十歲。
馬顯懷、馬顯朝、蘇存德，今存，年均八十三歲。
藍滿魁、蘇滿工，今存，年均八十五歲。

方技

關山人，不知里籍。咸豐紀元，結廬於邑北鄉羊昌溝谷之山巔。日沐於泉，時引鹿以游。四年夏，大旱，田禾枯萎。邑人蘇上達以其有道家術，以祈雨爲請。關欣然諾，乃設壇於後溝泉，撥雲止風。約二日，大雨如注，轉歉爲豐，由是衆益加敬。而每旱必禱，禱必應。無何，見其廬爲雲所罩，幾失徑路。村人登巔視之，關已瞑目，端坐而逝，遂集貲葬之。至今香火猶盛。

蘇宏珍，一名蘇巴巴，"巴巴"，回經語言，"至誠"也。嘗居於風臺山，悟清真理。每旱即誦天經，行坐泉之法。"坐泉"亦回俗，以阿訇坐於泉上誦經也。計生平祈雨有應者四十七次。及歿，告其子孫曰："當葬吾於風臺。"子違其言，仍卜兆於其舊塋。將葬，忽失足指。越一年，夢示其足指之所在，子往掘得之。其教中人皆以爲異，乃遷骸於風臺之麓。至今回民多禮祀者，有記文，惜語詞近俚，故未採錄。

【校勘記】

[1] 寧：原避清宣宗旻寧之名諱作"甯"，今回改。下同。

藝 文 志

按：硝河僻在山陬，居民鮮有絃誦，因而藝文無可登録，亦憾事也。惟同治軍興後，始爲設官分職，漸知禮教之化、兵刑之威，而其建置原疏，亟應載入志中，以見昔賢經營要區，具有苦心之意。

疏

查此疏後經部議各條，均見《固原州志》内。①

奏設硝河州判與鹽茶廳等處劃撥地界疏[1]　　左宗棠

奏爲勘明鹽茶、固原接壤，地址擬分別劃撥，新設州縣，所有籌辦各事宜，[2]恭摺陳明，仰祈聖鑒事。

竊臣前因平凉、鹽、固一帶地址毗連，形勢遼闊，治理難期周密，當經奏請，將固原州改爲直隸州，下馬關添設平遠縣，鹽茶廳改爲海城縣，並打拉池、[3]同心城等處添設縣丞、教佐各缺一摺，於同治十二年閏六月初七日奉到硃批"該部議奏，欽此"。[4]嗣准吏部咨遵旨會奏一摺，[5]内開吏部：[6]"查該督係爲控馭地方、彈壓撫綏起見，自應俯如所請。其改設、添設各員，分轄命盜、詞訟、錢糧、賦役，如有失防遲延，暨經徵不力，即將各該員等查參，由臣部分別照例議處。"刑部："查該督係爲各專責成起見，[7]應如所奏辦理。"户部："查該督所奏添設、改設各員，分轄境内應徵地丁、正雜錢糧以及新設學正、訓導、吏目、典史各員應需俸廉、[8]官役應需工食等項，應令該督飭司道各員，悉心妥議章程，奏明辦理，以歸久遠。"[9]禮部："查定例'文職官員印信由吏部選擬字樣送部鑄造'等語，今該督奏請改設、添設各缺，既經吏部議准，[10]自應鑄給印信，以昭信守。[11]恭候命下，由吏部選擬字樣送部，臣部即行照鑄頒發。"[12]"工部："查固原州改爲直隸州知州並添設縣治各事宜既經吏部議准添設，所有應建各衙門，[13]應令該督委員查勘，奏

---

① 固原州志：即《〔宣統〕新修固原州志》。

明辦理。"再,吏部:"查新設分駐巡檢、縣丞應作何名,並改設、添設各缺,應作何項之缺,及一切未盡事宜,應由該督陸續具奏到日,再行核辦。"等因。同治十二年八月二十五日奉旨"依議,欽此"。[14]相應知照可也。等因。臣當即行知藩、臬兩司,委議詳辦去後。

茲據覆稱:據固原州知州廖溥明會同委員陳日新稟稱,[15]勘得平遠自南而東,擬由雁門口起,至九采坪、[16]校場川、郭家灣分界,向係固原管轄;自北而西,擬由崔家掌、大樹塬、王化臺、伍家河、同心城分界,向係環縣、靈州管轄;正西擬自東河沿、王家團、阿布條分界,向係鹽茶管轄。東西自黃鼠岔至東河沿止,約距二百五十里。南北自老君臺至苦水河止,約距二百里,[17]周圍約五百七十里。[18]旋覆移會鹽茶同知聶墍,勘得硝河城自東而北,擬由張家莊起至下哈馬溝、楊芳城、大岔山分界,向係鹽茶管轄;自西而南,擬由東崖窪起,至陳家堡、新莊子、[19]單家集分界,向係鹽茶、靜寧管轄;自南而東,擬由韓溝堡起,至馬家大岔、黑虎溝、馬家陽坳分界,向係隆德管轄。東西自黑虎溝至陳家堡止,約距九十里;南北自楊芳城至單家集止,約距六十五里。計四圍約二百五十里。勘得打拉池自南而西,擬由石圈山、[20]曲木山、楊稍莊分界;自西而北,擬由黃土峴、周賀家、地窨子溝分界,向均係會寧管轄;[21]東至蒿子川、[22]三岔溝、高峴分界,均係鹽茶、[23]靖遠管轄。南北自炭山至曲木山止,約距一百二十里;[24]東西自高峴山至楊稍莊止,約距六十里。計四圍約二百二十里。等情。本司等核得固原州及各委員查勘地勢,若分撥環縣、隆德、[25]靜寧、會寧等處轄地,計平遠縣四圍約五百七十里,[26]州判、縣丞均轄二百數十里,轄境仍覺遼濶。擬將平遠縣地界東西南三面即照該州所勘為定,其東北之環縣地方,仍歸環縣管轄,北界之寧靈地方,因寧靈轄地較蹙,劃同心城北分界,[27]同心城、新莊子集、韋州堡等處,均撥歸平遠縣管轄,餘俱歸寧靈廳管轄。[28]平遠管轄既劃撥明白,[29]其平遠西鄉一帶,即令分駐同心城,巡檢就近管理,仍歸平遠縣統轄。固原州判轄境,[30]以所撥之鹽茶地方歸州判管轄,擬撥之隆德、靜寧地方,仍歸隆德、靜寧照舊分管。海城分駐縣丞地界,即以所撥之靖遠地方歸縣丞管,[31]其所撥會寧之地,仍歸會寧管。如此劃定疆界,則新設之區,[32]轄境不慮綿長,即將來劃分錢糧,亦祇鹽、固、寧靈、靖遠四處會辦,不致牽混他處,別滋轇轕。再,改設之知州即名固原直隸州知州,仍照舊制,定爲衝、繁、難三項缺。新設之州判,即名固原直隸州分駐硝河城州判,[33]定爲要缺。新設之知縣,即名甘肅平遠縣知縣,定爲衝、難二項中缺。新設之巡檢,即名甘肅平遠縣分駐同心城巡檢,定爲簡、缺。改設之知縣,即名甘肅海城縣知縣。查海城縣係鹽茶同知改設,仍應照同知舊制,[34]定爲衝、疲、難三項要缺;新設之縣丞即名甘肅海城縣分駐打拉池縣丞,[35]定爲要缺。

固原州學正以及吏目,仍照舊制。惟添設之平遠、海城二縣訓導、典史,均定爲簡、缺。添設各缺,請領印信,[36]先行委員署理,經始一切。其學額:固原州向係十五名,仍照舊數。平遠縣並海城縣請各添學額八名。海城縣縣丞應試童生,[37]歸海城縣學,毋庸再設鄉學,恐學額過多,轉致濫竽充數。至於建修衙署及各處應徵錢糧,[38]請候委署之員到任後查勘詳辦,[39]以昭核實。所有會議添設各處地界,並應領印信以及官役俸工等項數目,相應逐款開單會議,[40]等情前來。

臣覆核無異,除清單分送各部核辦外,相應請旨,勅部分別議覆,並頒發、添設各缺印信,以昭信守。至於建修衙署及各處應徵錢糧已由臣飭司委員署任,[41]隨時勘查詳辦。所有未盡事宜,容俟查明辦理,合併聲明。爲此恭摺具陳,[42]仰乞皇上聖鑒訓示。[43]謹奏。

碑碣

重修武廟碑

其銘曰:於皇武聖,赫聲濯靈。護我邦國,佑我硝民。今茲重建,衆善樂成。雍雍俎豆,萬古常新。其位允奠,霜秋露春。言念蒼赤,百福駢臻。

重修文昌宮碑

其略云:同治間,硝河汛,凌公維漢、分州康公鈞建議重葺,以邑紳張效齡督其工。繼之者汛官羅公天德,復定爲"兵三民七"之法,以資建造。越數月而工竣。計需銀一百五十餘兩,皆官吏捐廉成之也。

【校勘記】

[1] 奏設硝河州判與鹽茶廳等處劃撥地界疏:《〔宣統〕甘志》卷四《輿地志・沿革表》題作《勘明鹽茶固原接壤地址擬分別劃撥新設州縣籌辦各事宜疏》。
[2] 各:此字原無,據《〔宣統〕甘志》卷四《輿地志・沿革表》補。
[3] 打拉池:《〔宣統〕甘志》卷四《輿地志・沿革表》作"於"。
[4] 六月:《〔宣統〕甘志》卷四《輿地志・沿革表》作"四月"。
[5] 准:《〔宣統〕甘志》卷四《輿地志・沿革表》作"經"。
[6] 内開:原作"内閣",據《〔宣統〕甘志》卷四《輿地志・沿革表》改。
[7] 專:《〔宣統〕甘志》卷四《輿地志・沿革表》無此字。
[8] 員:《〔宣統〕甘志》卷四《輿地志・沿革表》作"官"。
[9] 規:原作"歸",據《〔宣統〕甘志》卷四《輿地志・沿革表》改。

[10] 既：原作"曁"，據《〔宣統〕甘志》卷四《輿地志·沿革表》改。

[11] 以：《〔宣統〕甘志》卷四《輿地志·沿革表》作"俾"。

[12] 臣部：此二字原無，據《〔宣統〕甘志》卷四《輿地志·沿革表》補。

[13] 衙門：《〔宣統〕甘志》卷四《輿地志·沿革表》作"衙署"。

[14] 二十五：《〔宣統〕甘志》卷四《輿地志·沿革表》作"二十三"。

[15] 會同：此二字原無，據《〔宣統〕甘志》卷四《輿地志·沿革表》補。

[16] 采：原作"菜"，據《〔宣統〕甘志》卷四《輿地志·沿革表》改。

[17] 距：此字原無，據《〔宣統〕甘志》卷四《輿地志·沿革表》補。

[18] 周圍：《〔宣統〕甘志》卷四《輿地志·沿革表》作"周"。

[19] 新莊子：《〔宣統〕甘志》卷四《輿地志·沿革表》作"新店子"。

[20] 圈：原作"卷"，據《〔宣統〕甘志》卷四《輿地志·沿革表》改。

[21] 均：此字原無，據《〔宣統〕甘志》卷四《輿地志·沿革表》補。

[22] 東至蒿子川：《〔宣統〕甘志》卷四《輿地志·沿革表》作"東自高子川"。

[23] 均：《〔宣統〕甘志》卷四《輿地志·沿革表》作"向"。

[24] 二十：《〔宣統〕甘志》卷四《輿地志·沿革表》作"三十"。

[25] 隆德：此二字原無，據《〔宣統〕甘志》卷四《輿地志·沿革表》補。

[26] 約：此字原無，據《〔宣統〕甘志》卷四《輿地志·沿革表》補。

[27] 劃同心城北分界：原作"劃撥"，據《〔宣統〕甘志》卷四《輿地志·沿革表》改。

[28] 廳：此字原無，據《〔宣統〕甘志》卷四《輿地志·沿革表》補。

[29] 管轄：《〔宣統〕甘志》卷四《輿地志·沿革表》作"轄境"。

[30] 轄境：《〔宣統〕甘志》卷四《輿地志·沿革表》作"轄地"。

[31] 所撥之靖遠地方歸縣丞管：《〔宣統〕甘志》卷四《輿地志·沿革表》作"所撥靖遠之地歸縣丞管理"。

[32] 則：原作"而"，據《〔宣統〕甘志》卷四《輿地志·沿革表》改。

[33] 分駐硝河城：《〔宣統〕甘志》卷四《輿地志·沿革表》無此五字。

[34] 仍應照同知舊制："仍應"，《〔宣統〕甘志》卷四《輿地志·沿革表》作"應仍"。"同知"二字原無，據補。

[35] 打拉池：《〔宣統〕甘志》卷四《輿地志·沿革表》無此三字。

[36] 領：《〔宣統〕甘志》卷四《輿地志·沿革表》作"頒"。下同。

[37] 海城縣：《〔宣統〕甘志》卷四《輿地志·沿革表》無"縣"字。

[38] 於：此字原無，據《〔宣統〕甘志》卷四《輿地志·沿革表》補。

[39] 候：《〔宣統〕甘志》卷四《輿地志·沿革表》作"俟"。

[40] 議：《〔宣統〕甘志》卷四《輿地志·沿革表》作"詳具奏"。

[41] 各處：此二字原無，據《〔宣統〕甘志》卷四《輿地志·沿革表》補。

[42] 具陳：此二字原無，《〔宣統〕甘志》卷四《輿地志·沿革表》補。

[43] 皇上：此二字原無，據《〔宣統〕甘志》卷四《輿地志·沿革表》補。

庶　務　志

巡警

　　本城總局一處,總巡一員,千總兼辦,幫巡、巡正、巡副各一名。四鄉分局四處,幫巡四名,巡正、巡副共八名,城鄉巡丁共六十名。

商務

　　查硝河城內貿易,所售者皆布匹、紙劄及農器等類,並無典當、巨商。每年外販來購羊皮、羊毛者,亦不成莊集。

軼 事 志

風俗一切，與固原州同。

風俗①

　　凡城關各廟演戲祀神之日，必請文武官長前往上香，各致香資，謂之"散會帖"。廟祝分送油饊，亦散神胙之意。祀神多有用羊者。

　　凡祈晴雨，各廟擇地設壇，文武官必齋沐恭詣，具祝文。延陰陽、道士，諷經祈雨，有"五方壇""八卦壇"之名。州牧率紳耆、陰陽、道士人等，至太白山後，汲泉水以驗雨之多寡，謂之"請靈湫"。其禮用皂旗一桿，老者持之；銅鑼一面，少者擊之；净瓶一具，童子抱之。均頭帶柳圈，手舉香枝。凡鑼一聲，衆念"南無佛"一句，謂之"念雨記"。

　　凡漢、回民俗，尚武而不尚文，好爭而不好讓。回民尤輕視儒書，習於悍狠，亦教有異同耳。

　　春季正月元旦，漢民各家祀神。門首貼春聯，富者張燈結彩。拜年：卑幼爲尊長叩首，道路相逢必以揖。元宵節：城中各户，門皆懸燈，玻璃、紗絹有差。各鄉有社火、秧歌。鐵行有"打鐵花"之俗，尚有別致。民間新婦，必先一日歸寧，節後方回，謂之"躲燈"。三月清明，公迎城隍出城至厲壇，演戲諷經。士女即於是日掃墓。

　　夏季五月五日端午節，各家蒸食角黍，門前插楊柳枝。六月六日，游東嶽山，謂之"登高山"。

　　秋季七月十五日，漢民各家祀祖。八月中秋，蒸食月餅。新婦亦有歸寧者。

　　冬季十月朔日，漢民公迎城隍出城至厲壇。各家掃墓，如清明禮。其富家有燒紙衣者，謂之"送寒衣"。十二月八日，各家食"臘八粥"。二十三日祀竈。除夕，祀神及其先祖焉。

---

① 本志《風俗》據《〔宣統〕固志》卷十一《軼事志·風俗》補。

〔民國〕西吉縣志

(民國)馬國璵 纂　　魏舒婧　胡玉冰　校注

前　言

一、編修者及編修始末

　　可供研究《西吉縣志》編修情況的資料很少，《西吉縣志》編修者馬國瑛民國三十六年(1947)秋撰《創修縣志序》爲了解縣志編修情況提供了寶貴的資料。據序文，《西吉縣志》的編修是在縣長龐育德任内進行的，主要由馬國瑛負責。

　　龐育德，生平不詳，民國三十六年(1947)任西吉縣縣長，監修《西吉縣志》。馬國瑛，回族，硝河城(今寧夏西吉縣沙溝鄉)人，生於1902年，卒於1952年2月，①生平資料不詳，民國三十六年(1947)編成《西吉縣志》卷一初稿。

　　《創修縣志序》首先對地方志的重要性進行了探討，然後分析西吉縣一直没有縣志的原因。馬國瑛從西吉縣之所以設縣的背景談到三大原因：一是地理位置特殊，爲五縣(固原、海原、隆德、静寧、莊浪)邊區，素稱岩地，交通不便；二是教育未興，民智未開；三是"三次民變"(1938年至1941年間3次回民起義)導致大量檔案文獻損毀。其後，馬國瑛又簡單回顧了西吉縣建縣5年(1942—1947)的建設成績，然後談到編修縣志的原委，他説："今春文獻委員會奉令改組，龐公育德新蒞邑宰。下車伊始，首以纂修縣志爲言，聘瑛司纂。俾載吾縣沿革、輿地、山川之形勝、户口之多寡及忠孝節義事略，考之史册，證諸見聞。……爰遵内政部公布修志實施辦法規定，按類分列，掇拾成篇，實事求是，以成此志。"

　　抗日戰争期間，1937年後各地修志工作曾一度被迫中止。抗戰勝利前夕，國民政府又重啓修史編志工作。1944年5月2日，國民政府行政院第660次會議通過並由内政部頒布《地方志書纂修辦法》《市縣文獻委員會組織規程》。1946年7月16日，行政院第751次會議通過新的《地方志書纂修辦法》，由内政部於當年10月1日修正公布。這些舉措對於各地加快恢復修志工作起到了積極的推動作用。國民政府在《市縣文獻委員會組織規程》中，要求各市縣設立的文獻

---

①　參見王佩瑚整理：《〈西吉縣志〉的始纂與馬國瑛》，載《西吉文史資料》(内部刊印)2002年版，第130頁。

委員會主要掌理各市縣文獻材料之徵集、保管事宜，以市縣政府民政科長、教育科長、各區鄉鎮長、中心國民學校校長、圖書館長、民衆教育館館長及市縣黨部代表爲當然委員，並延聘熟悉地方掌故的碩學通儒爲委員，主要徵集與本市縣沿革有關之各種舊志書及地圖、與本市縣有關之詩文、私人著述、私家譜牒、鄉賢名宦之傳記碑志等，調查本市縣附屬機關及各級黨部與人民團體之設施狀況、人民之宗教信仰、主要物品產額、經濟狀況等。《地方志書纂修辦法》明確規定，各地志書的纂修事宜，應由各級政府督促各地文獻委員會負責辦理，由此可見，民國時期各地編修縣志，文獻委員會發揮着重要的、實質性的作用。委員會的組成人員往往就是縣志編修班子成員，委員會徵集、調查的資料正是志書所需要的重要資料。

據馬國璵序知，1947年春，西吉縣文獻委員會奉令改組，龐育德新任縣長，由夏仙洲任文獻委員會主任。龐育德非常重視縣志的編修工作，延聘馬國璵負責纂修。馬國璵遵照内政部頒布的《地方志書纂修辦法》，分類編輯資料，既有自文獻徵引者，亦有實地調查所獲者。其序言志書已成，但傳世的縣志僅是卷一的稿本而已，實際上並沒有完成全志的編修工作。

二、編修方法及志書内容

按《地方志書纂修辦法》規定，志書要圖、文、表並茂。"圖"部分，既要有傳統志書中常見的輿圖、城池圖、水道圖等，還要有民國時期調查繪製的交通圖、地質圖、氣候圖、雨量圖等，要求用最新的科學方法精心繪製，並裝訂成專册。同時要求各地要分年精確調查當地土地、户口、物產、實業、賦税、教育、人民生活及社會經濟各種狀況，製成統計表，編入志書。還要特列當地"大事記"。其他"人物""藝文"等內容同傳統志書的要求。從傳世的《西吉縣志》看，内容上只涉及了沿革、自然、地理、建置等4方面，方法上更是只有純文字記載，沒有繪製地圖，也沒有相關的統計表格，這與國民政府有關修志的要求顯然還有很大的差距。從各種資料看，《西吉縣志》沒有編修團隊，可能是馬國璵憑一己之力在編纂。由於他個人學識及所見資料有限，傳世本《西吉縣志》各章内容都比較簡單，尤其缺乏資料豐富的考證。1947年的中國政局動蕩不安，寧夏全境亦籠罩在戰爭的陰影之中，這很可能也影響到了馬國璵的纂修志書活動，故《西吉縣志》未能按計劃如願修完。

以寧夏自治區圖書館藏本爲例，《西吉縣志》存卷一的大部分内容，共4章23目。從版本特徵看，此藏本當爲稿本，修改痕蹟明顯（詳見後述）。全書由

《〈西吉縣志〉目錄》《創修縣志序》及正文等 3 部分組成。缺修志凡例、編修人員名單、各種地圖及統計表等內容。《〈西吉縣志〉目錄》只是卷一的目錄,非全志的目錄,故全志欲編修多少卷,各卷的主要內容、類目等均不得而知。

正文由 4 章内容組成。第一章題目爲《沿革》,但並未如題把西吉縣的歷史沿革梳理出來,僅記有"近回教聖地西吉灘,而定縣名爲西吉,屬平凉甘肅省行政第二區"26 字的内容,説明西吉縣縣名的由來及現在行政隸屬情况。此亦證明傳世本尚在編,並未如馬國興《創修縣志序》中所言,志書已經完成了。

第二章《自然》包括《星野》《經緯》《氣候》《地質》等 4 目。《星野》內容引自《漢書·天文志》、甘肅省志,《經緯》《氣候》《地質》等內容顯然有別於民國以前舊志的內容,記載信息更加科學,描述內容也更加專業、細緻。如《地質》記載西吉縣地層構造情況時説:"構造由種種色彩沙岩及頁岩、石灰岩所組成。大致在下部者,以黃黑色爲主。本縣其下之一切地層皆不相整合,足證其沉積已在侏羅紀末葉之一盛大地殼運動以後也,以故轉運時之陷落或斷裂,即爲地震。又證明時代約在古生代之奧陶紀,爲最古之地層,底部未露出,致其確實之厚度無由推算,然就其已露之部分估計之,已在一千公尺以上。""侏羅紀""奧陶紀"這類的地質年代名詞在以往的舊志中是不會出現的。

第三章《地理》包括《疆域》《地形》《地勢》《山脉》《河流》《名勝與古蹟》(附《八景》)等 6 目。《疆域》高度概述西吉縣轄境範圍及四至距離,《地形》指出西吉形似桑葉,《地勢》通過對本縣山川地形的描述,突出其"堪爲軍事上注重之點,亦與古之九塞七關有所係也"的特殊地理意義。《山脉》記載西吉境內大關山、月亮山等 8 處山脉的地理位置、山勢走向、山形特點等。《河流》記載葫蘆河、濫泥河等 4 條河流的發源地、長度、流向、流域地及其水利特點等。《名勝與古蹟》的"名勝"實際上只記載了西吉"雲臺疊翠""古木垂陰"等《八景》。對每一景的名稱來歷都展開介紹,説明景致所在位置、距離縣城里數、景致特色、歷史掌故等,每一景致介紹完後還附詩 1 首,歌詠相關景致之美。這些內容既可以當做文學作品來欣賞,亦有一定的史料價值。如八景之一的"教陵園地":"園在縣東北七十華里沙溝,爲回教教主馬大善人光烈公藏魄之處。園廣三百余畝,叢葬二千餘塚,多名人哲士及各省回教徒之墓,亦爲回教崇拜之地,而豐林茂草,埋骨丘山,凡臨其境者,莫不撫然傷悲。且依山伴水,每值夏日晚照,夕陽飛霞,與夫農村烟火,點綴其中,益增無窮之感慨也。"這段記載既説明了沙溝回民墓地所在位置、基本情況、歷史地位和意義,還用飽含深情的筆觸抒發對亡者的悼念之情,對讀者有一定的感染力。《古蹟》記載西吉境內沐家營、石城、硝河城等 8 處古蹟,較爲詳細地記載了這幾處古蹟所在位置、與古蹟有關的掌故、存廢情況等。

第四章《建置》包括《縣治》《城池》《黨部》《看守所》《忠烈祠》《苗圃》《集市》《鄉鎮》《學校》《橋梁》《公路》《鄉鎮道》等 12 目。本章開篇先簡要回顧了西吉縣設縣的歷史背景,提出西吉建置當自民國三十年(1941)開始的觀點,此篇文字相當於舊志卷前的"小序"。《縣治》記載西吉縣政府辦公地由其前身甘肅省第二區行政督察專員行署演變到現縣級政府的過程。《城池》記載西吉縣縣城的修築經過,涉及修築負責人、縣城規模、布局等情況。《黨部》《看守所》《忠烈祠》《苗圃》《學校》等主要記載相關建築所在位置、建築時間、規模及布局、有關歷史等。《集市》記載西吉縣縣城人口數量、集市交易時間及地點、集貿市場建設等情況。《鄉鎮》記載西吉縣基層社會主要由 3 鎮 6 鄉 63 堡組成,但只記鄉鎮名稱,未載各堡名稱。還記載了鄉鎮設置原則、行政機構運行方式等。《橋梁》《公路》《鄉鎮道》主要記載西吉縣交通設施及運行情況。本章在《看守所》後記載沐家營中心學校及中正中心女校,在《鄉鎮道》後還記載縣參議會、民衆教育館、衛生院等 3 處建築。但這些內容在志書目錄中均未標注出相應的具體類目名稱。

三、稿本特點

寧夏自治區圖書館藏《西吉縣志》係稿本,共 20 頁,其中目錄的前半頁內容重複抄錄。從抄寫筆蹟看,當係一人寫就。《創修縣志序》落款爲"中華民國三十六年秋邑後學馬國璵謹識",其下鈐蓋有"馬國璵章"陽文方印,故很可能爲馬國璵手抄。

此本用新式標點斷句,斷句符號爲逗號、句號兩種,逗號都置於本行當斷句的文字之下,全爲一逗到底,段末加一句號。這種把斷句符號直接置於句中的作法有別於傳統文獻將斷句符號置於文字右旁的作法。稿本因爲修改文本等原因而出現每頁行數不一的現象,每半頁 11 行至 14 行不等。受斷句符號的影響,稿本每行字數也不固定,多爲 18 字。

本稿本最大的特點就是有多處修改痕蹟。從修改情況看,多數是從遣詞造句方面對文本進一步潤色,也有一部分是對原本記載的內容進行修改或補充。

從遣詞造句方面看,有的是修改原文存在的文字錯誤或表達不準確問題,如第三章《地理·疆域》全縣面積"約四百平方公里"之"約四百"3 字改爲"二六一二"。此當據實地勘測資料修改。同章《山脉》"月亮山"條:"連綿二百余華"後補"里"1 字;"爲本縣最高之地"之"縣"改爲"山"字。前者是補足脱文,後者是更準確地表達。第四章《建置·西吉縣政府》條:"轄境劃爲九鎮,共六十四保"句之

"四"改作"三";①"縣政府"條"建於城内北面"之"北"改作"西"。據本章《鄉鎮》載,堡數實爲63,故前者據改誤字。後者亦據實際布局改。

志書更多的修改是在内容記載方面,多據新資料補充或修改原文記載。如第三章《地理·河流》"葫蘆河"條,首3字"葫蘆河"下補"又名苦水河"5字,補充新内容。再如《八景》之"寶河月亮",有關月亮山南名"寶河"的清泉記載原作:"俗傳中有金馬駒,水清則現,濁則隱,後被喇嘛盗去。至今水猶發光,似有月亮隱現其中,故稱月亮山。"修改作:"其中似有金屬礦物質,水清則現,濁則隱。每當日中,水猶發光,如月亮隱現其中,故水稱寶河,山名月亮山。"原作的解釋顯係附會傳說,改作的解釋更可信些。"蘆河清流"景致介紹中原載,葫蘆河對兩岸居民生活多有益處,"植樹成陰,夏天炎熱,頗供行人憩息。"所附詩歌有"千家田園資灌溉"句。修改爲"惜鹼質太大,不能灌植,夏天炎熱,只供行人憩息。"詩句也改作"千家田園無灌溉"。將"植樹成陰"改作"惜鹼質太大,不能灌植","頗"改作"只","資"改作"無",反映了編者"實事求是"(馬國璵序語)的態度。

《古蹟》所載内容由於涉及歷史,故對原稿修改之處較多。如"石城"條,"唐廣德二年"5字後補"及元和中先後"6字,說明唐朝石城被吐蕃陷落不僅發生在代宗朝,憲宗朝也曾發生過。"自稱招賢王都指揮使"9字後補"大營宮殿於硝河"7字,補充說明明朝成化四年(1468)滿俊(即滿四)謀反的具體情況。鎮壓滿俊的項忠官名"總督"改爲"副都御史",劉玉官名"總兵"改爲"都督"。考《明史》卷十三《憲宗本紀》載,成化四年(1468)秋七月"癸酉,都督同知劉玉爲平虜副將軍,充總兵官,太監劉祥監軍,副都御史項忠總督軍務,討滿俊。"②《弇山堂別集》卷六九《命將》所載同《明史》。也就是說,討伐滿俊時,劉玉以"都督同知"的身份充任"總兵官",項忠以"副都御史"的身份充任爲"總督"。《弇山堂別集》卷八〇《賞功考》又載,因平滿四石城叛亂有功,升總兵劉玉爲左都督,總督、左副都御史項忠爲右都御史。由此可知,討伐滿俊時,載項忠官職爲"總督"或"副都御史",劉玉官職爲"總兵"或"都督"都没有問題。因《御定資治通鑑綱目》三編卷十三載成化四年討平滿俊時,項忠官職爲"副都御史",劉玉官職爲"都督",《西吉縣志》據此統一修改了項忠、劉玉二人的官職。

"硝河城"條原作:"硝河城,爲明肅蕃行邸,尚存柱底石,雕刻精巧,今回教以其址爲清真寺。"先修改爲:"硝河城,僞滿四爲招賢王府,及滿四滅,後明肅蕃以作牧地行邸。今尚存柱底石,雕刻精巧,回教以其址爲清真寺。"後又將句中"滿

---

① "九鎮"當改作"三鎮六鄉"。《〔民國〕西吉縣志·建置·鄉鎮》載:"本縣劃爲三鎮六鄉,……凡有集市之地設鎮,無集市者爲鄉。""鄉"與"鎮"是不同層級的建置,不當統稱爲"鎮",據改。
② (清)張廷玉等:《明史》,中華書局1974年版,第165頁。

四"改爲"滿俊"。修改中增加了硝河城曾被滿俊占領的事實,補充記載該城在明朝曾是肅蕃的"牧地行邸"而不單純是"行邸",記述更加全面、詳實。

第四章《建置·集市》"是日外來客商爲數甚多"本爲本段最後一句,又據最新情況補寫道:"三十六年建東西兩栅門,東名光烈,西名西月,均爲磚箍。上建樓房各三間,工程頗巨。"《學校》原載,縣立初級中學自民國三十三年(1943)起開始建蓋,由於本縣木料缺乏等原因,至龐育德縣長到任前仍未蓋好。龐縣長到任後督促加緊修建,"然以工程浩大,刻正建築中,年底可竣。"志書修改過程中中學主體工程完工,於是這句話最後又修改爲"然以工程浩大,經半年餘始竣,其圖書設備及閱報室,正在籌建中。"《鄉鎮道》文後原載:"縣參議會、民衆教育館,刻正興工建築中,預計今秋工可竣。"稿本最後修改爲"縣參議會、民衆教育館,龐縣長以發展民智及壯觀民意機構起見,竭忱與地方人士興工建築中,規模甚大,預計今秋工可竣。教育館址三十餘畝,係省府委員馬君震武之私產,自動所捐。"最後又補充了正在民國三十六年(1947)秋建蓋衛生院事。這些顯然是據最新的建設進展情況補充修改的。

另外,稿本個別地方的修改不明其意。如《創修縣志序》"今春文獻委員會奉令改組,縣長龐公新莅邑宰,以夏君仙洲主任會務"句刪改爲"今春文獻委員會奉令改組,龐公育德新莅邑宰"。增龐縣長之名"育德"2字,刪去"以夏君仙洲主任會務"9字。

四、編修質量及文獻價值

從傳世稿本提供的版本信息看,原編者非常認真地對縣志初稿進行了修改,明顯改進了志稿的編修質量。但由於志書未最後定稿,《西吉縣志》尚待完善、改進的地方還有很多。除内容需要大量補充外,僅就編寫體例看,某些内容當歸置在一起。如第四章《縣治》後依次接述"西吉縣政府""城池""縣政府"等內容,"西吉縣政府"與"縣政府"内容當合併在一起,不當割裂開。另外,某些内容表述上有錯誤,當糾正。如《氣候》載:"溫度,夏至極熱之時,在攝氏表七十五度至八十度。寒度,冬至極冷之時,在攝氏表十五度至二十度。"此處"攝氏表"顯然是"華氏表"之誤。部分内容記載與他書記載有異。如有關縣城建設情況,《西吉縣志》第四章《城池》載,縣城建設需時1年,城池周圍1 200公尺。《甘肅海原固原等縣回民歷次變亂真相》之"現行政治上之設施"記載,縣城於1943年2月20日興工,至同年6月底竣工,城池周圍1 000公尺,高12公尺,厚5公尺。不知孰是。

作爲民國時期西吉縣唯一一部按舊志體例來編修的志書,《西吉縣志》由於未最後完稿,大大影響了它的文獻價值。但從其僅存的内容來看,還是有一定的文獻利用價值。比如,氣候、地質等内容,爲研究民國時期西吉縣的相關情况保存了值得研究的資料,地形、地勢、山脉、河流等内容,爲了解西吉地理狀况提供了可資借鑒的參考資料,苗圃、集市、鄉鎮、學校等内容,爲了解西吉縣民國時期的國計民生狀况提供了第一手的研究資料,而有關古蹟、景致的内容,不僅讓後人對西吉縣的歷史人文有更深刻的了解,同時附載的詩歌也爲研究西吉文學提供了一定的資料。與回族有關的資料,也是研究民國時期西吉民族狀况需要重視的資料。

整理說明

一、本書主要以標點、校勘、注釋等方式對《〔民國〕西吉縣志》進行整理。以寧夏圖書館藏民國三十六年（1947）抄本爲底本，以1987年版《固原地區史志資料》與2002年版《西吉文史資料》整理本等爲對校本。

二、整理成果以繁體橫排形式出版。注釋以當頁脚注形式注明，用圈碼①②③之類排序，校勘以[1][2][3]之類排序，放在卷末。正文中以"〔 〕"符號括注的文字，係整理者增加。

三、以校異文爲主，酌校内容異同。因用字習慣不同而出現人名、地名、族名等同名異寫現象，均出校説明。底本或對校本中存在明顯的誤、脱、衍、倒等現象，於正文中校改後出校説明。雖有異文但意可兩通者，不改正文，僅在校記中説明。除特殊需要外，校本有誤，一般不出校。

四、底本出現的異體字、俗體字、通假字、古今字等用字現象，一律不出校。某些不規範的異體字、俗體字、古今字等，或前後用字不一者，均按出版要求適當統改成規範、統一的字體，不出校記。舊地方志書中稱西北回民起義軍起事爲"回亂""回叛"等，稱起義者爲"賊""匪"等，將鎮壓起義者事蹟入"戰功""忠義"之中等，均當辨明且予以批判。爲保留文獻原貌，整理者對此類詞語一仍其舊。

五、當頁脚注出注釋條目。注釋内容主要包括：原文易致惑者（如文獻簡稱或省稱、干支紀年等）、原文提及的詩文或史料出處、原文體例中資料互見者、整理者對輯補史料的出處説明和整理者的補充文字等。

六、脚注中，凡言"本志"者，均指《西吉縣志》。凡言"本志書例"者，均指《西吉縣志》的編修體例。《西吉縣志》脚注言"本志編修者"指"馬國璵"。徵引文獻之版本，凡"中華書局點校本"簡稱"中華本"。

七、脚注中，凡引古代文獻，均只注明書名、卷次、篇名等，其作者、版本等詳見《參考文獻·古代文獻》。凡引現當代文獻，均只注明作者、書名或論文篇名、頁碼等，其出版社、刊物名、發表時間等詳見《參考文獻·現當代文獻》。若被引用古代文獻已有整理成果，一般直接吸收其合理意見，不再重複敘述校注理由，注明"參見××"字樣。注明引文出處、他校資料或他人校勘、考證成果，亦注明

"參見××"字樣。脚注中,書名較長者沿用習慣簡稱,詳見《參考文獻》。

八、宣統《甘肅新通志》載有豐富的硝河城資料,王天岳編《西吉縣政叢紀》是重要的民國時期西吉資料,均附録於後。

九、《參考文獻》分《古代文獻》和《現當代文獻》分別著録。其中,《古代文獻》分陝甘寧舊志、經部、史部、子部、集部等五類著録,《現當代文獻》分著作、論文兩類著録。

西吉縣志目錄

卷一
    第一章　沿革
    第二章　自然
        星野　　經緯　　氣候　　地質
    第三章　地理
        疆域　　地形　　地勢　　山脈　　河流　　名勝與古蹟　附八景
    第四章　建置
        縣治　　縣府　　城池　　黨部　　看守所[①]　忠烈祠　　苗圃
        集市　　鄉鎮　　學校　　橋梁　　公路　　鄉鎮道[②]

[①]　看守所：本志正文本目下另有題爲《沐家營中心學校及中正中心女校》的內容。
[②]　鄉鎮道：本志正文本目下另有題爲《衛生院》的內容。

〔馬國璵〕創修縣志序

溯自國史備而知興亡，《春秋》作而善惡分，是史書之記載爲國家之一要務也。然國史之纂修亦賴徵集省縣之志，而省縣之有志亦猶國之有史也，豈不大已哉？[1]嗟乎！各縣皆有志書，本縣獨無者，何也？蓋成立縣治僅歷五春，雖轄地甚廣、户口稱繁，然因環境之趨使，修志遽難措手故也。[2]夫吾縣僻處隴山之間，未設治前，東屬固原，南隸静〔寧〕、隆〔德〕、莊〔浪〕三縣，西北轄之海原，[3]爲五縣邊區，素稱巖地而交通不便，教育未興。東西南北均距縣城約百十華里，民智未開，推政不易。而三次民變，①其重要因素亦由於此。我政府有鑒於斯，特於民國三十一年冬，始由固〔原〕、海〔原〕、隆〔德〕、静〔寧〕、莊〔浪〕五縣屬境，劃撥成立，[4]以縣城附近回教聖地西吉灘而定縣名焉。[5]成立迄今，五年建設，公路橋梁暢行無阻，政教推進一日千里。朝氣勃勃，猶有可觀焉。今春文獻委員會奉令改組，龐公育德新莅邑宰。[6]下車伊始，首以纂修縣志爲言，聘璵司纂。俾載吾縣沿革、輿地、山川之形勝、户口之多寡及忠孝節義事略，考之史册，證諸見聞。愧璵無學，敢妄舉書之，而以志之所關，爰遵内政部公布修志實施辦法規定，②按類分列，掇拾成篇，實事求是，以成此志。是爲序。

中華民國三十六年秋，邑後學馬國璵謹識。

【校勘記】

[1] 已：原作"矣"，本志編修者删改。疑原編修者誤改。
[2] 措：原作"着"，本志編修者删改。
[3] 西北：此二字下原有"則"，本志編修者删。

① 三次民變：指1939年至1941年間，固原、海原等地回民在馬國璘、馬國瑞等領導下連續三次爆發的反對國民黨横徵暴斂的武裝暴動，時稱"海固事變"。
② 據《中國方志文獻彙編》附録二《中華民國時期修志文獻》（方志出版社1999年版，第1440至1460頁）載，國民政府曾多次制定下發了有關指導編修地方志的政府文件，本序所言"修志實施辦法"蓋指1946年10月1日修正公布的《地方志書纂修辦法》。

［4］成立：此二字下原有"縣治"，本志編修者刪。
［5］縣名："縣"字原無，本志編修者補。
［6］龐公育德新茬邑宰："龐公育德"原作"縣長龐公"，"邑宰"二字下原有"以夏君仙洲主任會務"九字，本志編修者刪改。

第一章 沿　　革[1]

西吉在《禹貢》屬雍州。① 商隸要服。戰國時夷虜居之。秦昭王開北地郡。[2]漢武帝置安定郡。晉魏仍舊。周筑原州,[3]隋置平涼郡,唐復筑原州,均屬所隸。至憲宗元和中,陷於吐蕃,②其盤踞之要地,即縣北之石城也。及宋,爲夏人所據。元至元十年,廢原州,立開成府,[4]爲安西王行都,[5]未幾,國除。而元豫王建國於海原西安州,爲其屬境。明洪武二年,平章俞通源、[6]大將徐達、左丞薛顯攻走豫王於西安州,餘衆徙北平,以其屬地分賜楚、沐、韓、肅諸藩爲牧場。沐藩所得之地,即今縣城沐家營等處是也。迄明中葉,内患頻侵。成化四年,有滿俊之亂。俊爲元豫王裔,洪武初,安置開城,即千户巴丹之孫也,據石城叛。副都御使項忠、巡撫馬文升等討平之,毀石城房,安民墾地。清雍正四年,更爲西陲牧地,聽民開墾。乾隆後,劃東境硝河城、馬蓮川等地屬固原。東南將臺鄉火家集、平峰、興平、蒙宣等鄉屬隆德、靜寧、莊浪三縣。西北三合、新營、白崖等鄉及縣城,於同治十三年冬成立海城縣治,劃撥海原。民國因之。然地處偏僻,距城窵遠,又以交通蔽塞,教育不振,而三次地方民變,其重要因素,亦皆於此。我政府有鑒於斯,特於三十一年冬成立縣治,以附近回教聖地西吉灘,而定縣名爲西吉,屬平涼甘肅省行政第二區。

【校勘記】

[1] 第一章沿革：此五字原無,據本志書例及原編目錄補。
[2] 秦昭王：原作"秦旺王",據史實改。
[3] 周筑原州：《〔宣統〕固志》卷一《地輿志》作"北周筑原州城"。
[4] 開成：原作"開城",據《元史》卷六〇《地理志》、《大明一統志》卷三五《平涼府》、《大清一統志》卷二〇一《平涼府》改。下同。
[5] 安西王：原作"西安王",據《元史》卷七《世祖本紀》"至元九年(1272)十月丙戌"條、卷六〇《地理志》"開成州"條改。
[6] 俞通源：原作"俞通海",據《明太祖實錄》卷四一"洪武二年(1369)四月乙酉"條改。

① "西吉在禹貢屬雍州"句至後文"以附近回教聖地西吉灘"之"以附"二字：本段内容原脱,據《西吉文史資料》第二節補。
② 據《新唐書》卷三七《地理志》,原州在唐朝兩次陷於吐蕃,一次在廣德元年(763),一次在廣明後,憲宗元和中並無陷於吐蕃的記載,本志不知何據。

第二章 自　　然

星野

《晋書·天文志》：[1]自東井十六度至柳八度爲鶉首，[2]爲秦分野。按甘肅省志：①"平涼，古安定郡，入營室一度。"西吉舊屬平涼，分野同。

經緯

西吉位於世界東經綫一〇三度五十一分，北緯三十六度九分。

氣候

隴東地氣最寒，本縣處六盤之北，[3]寒度尤甚。暮春草木始萌，中秋先已零落，[4]故農務必及時耕種，早則不生，遲則不實。入冬冰堅凍結，泉澗斷流，仲春始解。[5]夏則乾旱。即雨而多雹，[6]餘則雪。皮棉衣服雖三伏日不能離，紗葛蒲葵多無用焉。
　　溫度，夏至極熱之時在華氏表七十五度至八十度。[7]
　　寒度，冬至極冷之時在華氏表十五度至二十度。
　　風速，平時在五十度至六十度，風時在九十五度至一〇〇度。
　　雨量，春夏少秋冬多，全年雨量四百至五百五十公厘。②

地質

爲山地，部分構造其中沉積物，自中生代以來之陸相地層爲主。一部分又爲

---

① 參見《〔乾隆〕甘志》卷二《分野》。
② 公厘：長度單位，1公厘等於1毫米。

後來之黃土所填充,造成大規模之黃土山地。可分爲地層與構造而述之:地層自下而上,亦即自古而新;構造由種種色彩沙岩及頁岩、石灰岩所組成。大致在下部者,以黃黑色爲主。本縣其下之一切地層皆不相整合,足徵其沉積已在侏羅紀末葉之一盛大地殼運動以後也,以故轉運時之陷落或斷裂,即爲地震。又証明時代約在古生代之奧陶纪,爲最古之地層。底部未露出,致其確實之厚度無由推算,然就其已露之部分估計之,已在一千公尺以上。①

【校勘記】

[1] 晋書:原作"漢書",據《晋書》卷十一《天文志》改。
[2] 八度:原作"三度",據《晋書》卷十一《天文志》、《〔乾隆〕甘志》卷二《分野》改。
[3] 六盤之北:本志第三章《山脉》載:"大關山即六盤山之北幹也,位於縣東。"故疑"之北"當作"之西"。
[4] 中秋:《海城縣志》卷一《建置志·氣候》作"初秋"。
[5] 仲春:《海城縣志》卷一《建置志·氣候》作"首夏"。
[6] 即雨而多雹:"即雨"原倒作"雨即",本志原编者乙正;"而"字原無,本志編修者補。
[7] 華氏表:原作"攝氏表",據文意改。下同。

---

① 公尺:長度單位,1公尺等於1米。

第三章　地　　理

疆域

　　本縣在未設治前爲五縣邊區，於民國三十一年始由固〔原〕、海〔原〕、隆〔德〕、静〔寧〕、莊〔浪〕五縣屬境劃撥成立。地處隴山之間，縮轂固〔原〕、海〔原〕，扼六盤北面之吭。東連固原，南接隆德，西毗静〔寧〕、會〔寧〕，北界海原。全縣面積二六一二平方公里。[1]縣府在沐家營，東至石家莊固原界六十華里，南至火家集隆德界六十五華里，西至馬家咀會寧界七十五華里，北至月亮山海原界七十華里。

地形

　　本縣形似桑葉，爲昔荒僻寂蕪之境。雖亂山錯雜、地瘠民貧而不失農桑之意義，[2]爲自然之造就，亦環境之促成者也。

地勢

　　本縣處隴山之間，地勢高寒。全境亂山縱橫，前控六盤，後據寶山，左依石城，右恃平峰。葫蘆河流繞於内，雲臺山聳秀其中，爲固原之屏障，海〔原〕静〔寧〕之咽喉。北通寧夏，南達天水，東接平凉，西毗會寧，[3]堪爲軍事上注重之點，亦與古之九塞七關有所係也。

山脉

　　大關山，即六盤山之北幹也，位於縣東，横亘於硝河、白崖兩鄉，嶺外屬固原縣界，亦稱隴山。峰巒層接，伸入海〔原〕固〔原〕分界四口子峽，高约二百公尺，連綿二百餘華里。其間老潰灣梁、廟溝峽、偏城拱北梁、石家莊、八都溝，[4]均占軍事要點。

月亮山，位於本縣北境，又名七里寶山，以高七華里得名，爲隴山之首，枝布全縣。其間斷嶺禿巒，深溝大漊，爲古群牧之處，連綿二百餘華里，[5]曲折圍繞於三合、蒙宣、新營等鄉鎮，伸入海原境。[6]其嶺即海西分界，高約三百公尺。附近新營鎮屬之石城、[7]白城子，均占軍事上要點。

平峰嶺，來自三合鎮，東向至隆屬興盛山趨公議鎮，其嶺廟兒坪爲本山最高之地，[8]長凡三十餘公里。[9]

大王廟山，又名筆尖山，自三合鎮舊營起，西接月亮山脈，東入八臺轎接馬鞍山，高百餘公尺，長五十餘華里。[10]

興文山，由會屬入境，至蒙宣鄉雷家河，東向黨家岔胡家山，接隆〔德〕屬補雨山，高百餘公尺，長六十華里。

黃龍山，在蒙宣鄉西，接會寧清江驛山與靜寧顯神廟山，高百餘公尺，長七十華里。

雲臺山，又名掃竹嶺，[11]詳邑景。

箐溪山，即月亮山北幹，又名石山，多石崖削壁，峰巒危嶺，朱崖碧草，循堪娛目。長百餘華里，高百餘公尺，位於新營、白崖兩鄉鎮之間，爲海西之分界。[12]

河流

葫蘆河，又名苦水河，[13]發源於縣西新營鎮龍王壩，直貫縣境。流經城關鎮、硝河鄉，至將臺鄉火家集入隆境，長凡百餘華里。平時水小味鹹，夏秋之間大雨時行，山水暴發，水勢較大，然無載舟及灌溉之利。[14]

濫泥河，發源於縣西三合鎮舊營等處，流經平峰、興平至將臺鄉入葫蘆河，長凡八十餘華里，[15]水勢與葫蘆河相等。

沙溝河，發源於白崖鄉九條溝，向北流經沙溝，入海原縣屬李俊鄉，出四口子峽，長凡六十華里。上段水清味甘，下段與下大寨硝水匯合，[16]味苦，有害於農田。

偏城河，發源於大關山，平時水小甘清，每值夏秋山雨暴發，駭浪怒濤，澎湃奔馳，有害農村。流至陶家堡入沙溝河，長三十餘華里。

名勝與古蹟

八景

雲臺疊翠

雲臺山，在縣城北三十五華里，爲月亮山分枝。山高峰峻，深洞危橋，[17]重巒叠翠,曲而幽深,傳爲唐初羽士程野仙棲鶴之處。每於山雨欲來,必先油然作雲,即晴亦多烟嵐。啼鳥鐘聲,隱約其中,花香撲鼻,足堪娛目,夏中游人甚夥。

詩曰:雲繞高臺月色新,危峰懸崖自嶙峋。隐約鐘聲鳴山寺,髣髴鳥語唤游人。山光映碧花初放,樹影拖烟葉無塵。一軸自然風景畫,別有天地更帶春。

古木垂陰

白崖鄉馬家西溝,距縣城六十華里,有古柳樹一株,高約二丈餘市尺,身大約二十市尺,根盤半畝許。前有清流,旁居農家。因年代久遠,樹心已空,相傳爲宋元時所植,然無可稽考。[18]每當仲春萌芽,夏中垂陰,鄉人時止其下,乘涼休息。

詩曰:古木垂陰映朝陽,農者盤桓話麻桑。蒲節猶談屈原事,中秋暢飲貴妃香。烟火不斷鄉村晚,雞犬相聞里落長。無情流水悠然逝,[19]黄花籬畔自分芳。

石城天險

石城,在縣北六十華里,三面峭壁,惟東南有人工鑿成之石級可上,類如天梯。登巓四顧,諸山環列,懸絕深阻,其險要猶存。[20]城之上有石窟數隻,儲水其中,足供汲飲。而殘碣斷碑,荒烟蔓草,撫今思昔,知滿俊之所以恃爲天險也。

詩曰:岡巒峻巍入雲標,朝日蒼茫夜寂寥。颯颯風聲沉萬壑,[21]森森劍氣透重霄。石級有路憑誰鑿,荒城無烟待人燒。殘壘徒資斜陽照,牧馬悲嘶已非遥。

虞泉映月

泉在白崖鄉大寨,其地名晦虞谷,爲回教教主馬光烈公之別墅。有清泉一眼,廣約半畝,深二尺餘。岸上古柳數株,垂影其中。新月初上,中秋良夜,誠有勝於廣寒者。滿清末,平凉知府善昌題聯云:"滿谷清風月作伴,[22]一湾泉水山爲隣。"信不謬也。

詩曰:垂柳疏影清泉邊,泉中映月水底天。萬古青山依稀在,千秋緑水作比隣。良夜自得濂溪意,春宵時結塵外緣。天涯恨灑滄桑淚,每逢中秋倍思然。

教陵園地

園在縣東北七十華里沙溝,爲回教教主馬大善人光烈公藏魄之處。園廣三百餘畝,叢葬二千餘塚,多名人哲士及各省回教徒之墓,亦爲回教崇拜之地。而豐林茂草,埋骨丘山,凡臨其境者,莫不撫然傷悲。且依山伴水,每值夏日晚照,夕陽飛霞,與夫農村烟火,點綴其中,益增無窮之感慨也。

詩曰:陵園清幽別有春,吟風弄月好修真。放懷時作千秋想,入抱常同太古鄰。願以淑身兼淑世,可將斯道覺斯民。幸有善哲典型在,囈語何知夢醒人。

寶河月亮

七里寶山,又名月亮山,在縣城北七十華里。山之南有清泉焉,名曰寶河。

其中似有金屬礦物質,[23]水清則現,濁則隱。每当日中,水猶發光,如月亮隱現其中,故水称寶河,山名月亮山。

詩曰:清泉映月沸流波,似有礦金現寶河。[24]烟霞常依爲伴侶,燕子翩飛來去過。春深曉翠雲封路,雨後斜陽鳥鳴珂。樵牧相逢喜問訊,桑麻話別自吟哦。

蘆河清流

葫蘆河,發源於縣西龍王垻,水流甚緩,清可見底。城岸居民藉以汲飲,惜碱質太大,不能灌植。[25]夏天炎熱,只供行人憩息。[26]或沐浴其中,爲天然澡池。直貫縣境,亦吾縣東西一大動脉也,經静流入渭河。

詩曰:山色水光一望中,長流樹影處處同。千家田園無灌漑,[27]兩岸村莊繞西東。濯纓不啻滄浪水,浴身有似温泉風。直貫縣境九十里,馳歸渭河自從容。

鐵嘴魚池

池在縣城西南約七華里之鐵家嘴。原有清泉流出,於民國九年地震,兩山崩合,水潴其中。周圍數十畝,深碧無底。經鄉人由黄河取來魚卵投之,生產頗繁。近年游魚無數,鱗分五彩,蘆草沿岸,柳垂池邊。每當夏秋之間,水天一色,詩客騷人,吟哦其地,亦吾邑之一雅境也。

詩曰:好向林泉結净因,鳶飛魚躍見天真。潭光欲動出鱣鮪,柳影輕拂挽游人。緑野郊原有生意,碧池清流無俗塵。他日灘頭作漁父,垂綸水邊自在身。

古蹟

沐家營,即縣城也,爲明洪武二年黔國公沐英賜地。[28]先是英隨征有功,洪武初賜武延川、新圈等莊爲牧場,築城於市井衝要之處。於洪武十四年春,英奉詔赴滇,留其季子昕及後裔一枝,並藍、馬二姓及土司張朵兒、沈智等一十八户屯牧於此,[29]故名。

石城,即邑景石城天險也,三面削壁,惟東南有石級可登。山嶺平垣,廣數十畝。唐廣德二年及元和中先後陷於吐番,[30]名汝遮。明初賜沐蕃爲牧地,後爲滿俊所踞。[31]成化四年,俊與其徒李俊、楊虎等叛,有精卒四千,自稱招賢王都指揮使。[32]大營宮殿於硝河城,[33]劉清、邢端禦之,敗績。巡撫陳价等以兵三萬討之,亦敗。關中大震,簡派副都御史項忠,[34]都督劉玉、伏羌伯、毛中與巡撫馬文升等率京兵及陝西四鎮之兵數萬進討。[35]屢戰擒之,毀其城池,安撫者數萬人。夫石城彈丸之地,[36]滿俊醜類,[37]何所恃以無恐?及細察地形,知其險在四山也。《通鑑綱目》：①成化戊子四年，②石城酋滿俊反，遣都督劉玉、副都御史項忠討平之。[38]

新營，爲明肅蕃朱楧之苦水牧地也，本名鹼溝，築有牧城，名牧營。嘉靖丙午秋，③因營基傾圮，改道新建，名曰新營，而殘碣斷碑尚可憑吊。[39]今置鎮公所於其地，營址惜經地震搖塌。[40]

舊營，亦爲明朱楧牧營，略與新營同，今屬三合鎮。

隆德故城，在縣東將臺鄉火家集，[41]距縣城六十三華里，爲隆城故址。[42]《九域志》：宋天禧元年置羊牧隆城，[43]慶曆三年改爲隆德寨，屬德順軍，隸鳳翔路，[44]至金陞爲縣。今城址依稀尚在。[45]

秦城，在將臺鄉馬蓮川等處，爲滅義渠築之營址也。[46]今尚在。

硝河城，爲滿俊僞招賢王府，及滿俊滅，後明肅蕃以作牧地行邸。[47]今尚存柱底石，雕刻精巧，[48]回教以其址爲清真寺。

將臺堡，爲宋金時戍守兵營之遺址。

【校勘記】

［１］二六一二：原作"約四百"，本志編修者刪改。
［２］意義：原倒作"義意"，據文意改。
［３］圮：原作"連"，本志編修者改。
［４］石家庄八都溝：此六字原無，本志編修者補。
［５］里：此字原無，本志編修者補。
［６］境：原作"界"，本志編修者刪改。
［７］之：此字原無，本志編修者補。
［８］山：原作"縣"，本志編修者刪改。
［９］長：此字原無，本志編修者補。
［10］長五十餘華里：《隆德縣志》作"長凡百餘里"。
［11］掃竹嶺：原作"嘯竹嶺"，據《大清一統志》卷二〇一、《〔乾隆〕甘志》卷五《山川》改。
［12］分界：此二字下原有"也"，本志編修者刪。
［13］又名苦水河：此五字原無，本志編修者補。
［14］載：原作"戴"，據改。
［15］長凡八十餘華里：《隆德縣志》作"長一百二十里"。

---

① 參見《御定資治通鑑綱目三編》卷一三"成化四年(1468)冬十一月"條。
② 成化戊子：成化四年(1468)。
③ 嘉靖丙午：嘉靖二十五年(1546)。

第三章 地　理　365

[16] 硝：原作"臭"，本志編修者刪改。
[17] 橋：原作"崖"，本志編修者刪改。
[18] 考：原字漫漶不清，本志編修者刪改。
[19] 悠：原作"攸"，據文意改。
[20] 其：此字原無，本志編修者補。
[21] 颯颯：原作"瑟瑟"，本志編修者刪改。
[22] 滿：原作"故"，本志編修者刪改。
[23] "其中似有金屬礦物質"句至後文"山稱月亮山"句：原作"俗傳中有金馬駒水清則現濁則隱後被喇嘛盜去至今水猶發光似有月亮隱現其中故稱月亮山"，本志編修者刪改。
[24] 似有礦金現寶河：原作"何來金馬現寶河"，本志編修者刪改。
[25] 惜鹼質太大不能灌植：原作"植樹成陰"，本志編修者刪改。
[26] 只：原作"頗"，本志編修者刪改。
[27] 無：原作"資"，本志編修者刪改。
[28] 沐英：原作"沭英"，據《明史》卷一二六《沐英傳》、《明太祖實錄》卷四三"洪武二年(1369)六月丙寅"條改。
[29] 沈智：《鹽茶廳志備遺·城堡·沐家堡》作"智"。
[30] 廣德二年及元和中先後："廣德二年"，《新唐書》卷三七《地理志》作"廣德元年"。"及元和中先後"六字原無，本志編修者補。
[31] 踞：原作"躒"，本志編修者刪改。
[32] 自稱招賢王都指揮使：據《明史》卷一七八，此處當作"自稱招賢王"。"都指揮使"爲下文邢端官名。
[33] 大營宮殿於硝河城：此八字原無，本志編修者補。
[34] 副都御史：原作"都督"，本志編修者刪改。
[35] 都督：原作"總兵"，本志編修者刪改，"等""之"字原無，本志編修者補。《明史》卷一七八載"京軍得毋遣"，知京兵並未進討。
[36] 彈丸之地：原作"彈丸"，本志編修者刪改。
[37] 滿俊：原作"滿四"，本志編修者刪改。
[38] 都督劉玉：此四字原無，本志編修者補，"副都御史"，原作"都督"，本志編修者刪改，"項忠"下原有"等"字，本志編修者刪。
[39] 而殘碣斷碑尚可憑吊：此九字原無，本志編修者補。
[40] 營址惜經地震搖塌："惜"字原無，本志編修者補，"搖塌"下原有"尚可憑吊"四字，本志編修者刪。
[41] 縣東：此二字原無，本志編修者補。
[42] 距縣城六十三華里爲隆城故址：此十三字原無，本志編修者補。
[43] 羊牧隆城：《元豐九域志》卷三作"羊牧城"。
[44] 隸鳳翔路：此四字原無，本志編修者補。查《元豐九域志》卷三，"鳳翔路"當作"秦鳳路"。

[45] 依稀：此二字原無，本志編修者補。
[46] 義渠：原作"渠義"，據史實改。
[47] 爲滿俊爲招賢王府及滿俊滅後明肅蕃以作牧地行邸："滿俊爲招賢王府及滿俊滅後"十二字原無，本志編修者補；"滿俊"原作"滿四"，本志編修者刪改；"以作牧地"四字原無，本志編修者補。
[48] 精巧：此二字下原有"今"字，本志編修者刪。

第四章　建　　置

　　本縣在未設治前屬固〔原〕、海〔原〕、隆〔德〕、靜〔寧〕、莊〔浪〕五縣邊區，荒僻寂蕪，居民零星，政府常有鞭長莫及之感。而鄉村之文化交通，處處落後。且黑暗帳幕，層密籠罩，以故萑苻滿澤，行旅視爲畏途。而境接近奸區，難無隱禍。斯時地方團隊紀律不佳，[1]當抗戰嚴重時期，奸黨匪類，勾結作祟，離間挑撥，無所不至。當道既經失察，愚民毒受煽惑，[2]禍亂肇端。演變三次，民陷浩劫，影响後方，西北爲之震動。幸層峰恩威並用，寬猛相濟，卒使燎原之火次第弭消。因之政府不得不注視於斯境也，特於民三十年秋，先設甘肅省第二區行政督察專員行署於前，歷時一載，而西吉縣治亦隨之誕生於後矣，故吾縣建置自三十年始。

縣治

甘肅省第二區行政督察專員行署

　　民國三十年夏爲第三次民變時，地方陷於混亂，有不堪收拾之勢。層峰爲安定計，除派軍分駐各鄉村外，於是年秋，成立行署於沐家營，爲行政機構，整編戶口，查勘地形，以爲籌設縣治初步之進行，民已飽受其害矣。[3]

西吉縣政府

　　自行署設立，地方行政逐漸推行。層峰亦慎重考慮，非改設縣治不足以適應當地環境。乃於三十一年春，積極籌備，由五縣邊區劃撥土地人口，於雙十節正式成立西吉縣政府於沐家營。其先設立行署，亦於是日撤銷，並定沐家營爲縣城，轄境劃爲九鎮，[4]共六十三保。[5]一切建設，開始工作。

城池

　　縣府既已正式成立，所轄疆域已劃定，以荒僻寂蕪之沐家營爲縣府所在地。斯時居民不過二三十戶，人口不滿一百。首任縣長孫宗濂與地方人士籌集民工，循數百年沐英頹圮營址建築縣城。委科員楊鳳舞經理事務，需時一年始告工竣，計周圍一千二百公尺，[6]高八公尺三寸，厚三公尺。開南北二門，南名"中正"，北名"北辰"。四角及門頂之上均建小房,爲守衛宿舍。城內全係深坑,或荒蕪田園,城工告竣後始於其內填平建築。

縣政府

建於城內西面,[7]列開三門向南。前院計中山禮堂一座,中爲各科室大辦公廳,左右爲會議室、田糧科。中院大廳一座,分設會計、統計、軍法等各室,縣長辦公室。後院多屬土基疊成之土窰,爲職員宿舍。又前中兩院廂房共十八間,爲秘書、庶務、收發、電臺等室;其次爲廚房、馬棚及警衛室十餘間。總計其中房舍,自三十二年春開工建築,迄至今日沿沿補建,已大致完備。

縣黨部

於民國三十三年建於城內東北角。大禮堂五間,左右廂房十二間,爲辦公及宿舍等室。大門南門後院土窰數座,爲廚房等。

看守所

在城內中北,爲原有民人馬玉祿堡子,捐入公產,經政府署加修葺,計房窰三十餘間。

沐家營中心學校及中正中心女校

於民國三十三年建於城內,依西北城牆,內禮堂、教室、宿舍等各三十餘間,大門向東開。

忠烈祠

建於縣城中間,計瓦房三楹於土臺之上,爲舉行大會講演之處。上供關、岳二公及抗戰陣亡將士之牌位。臺前即公共體育場。

苗圃

在縣城外西南面,位於葫蘆河之畔,廣三十畝。圃畦花堤,分列布置,中有井水可供汲飲。榆苗柳秧,年植千株。惜河水鹹苦,不能灌溉。房約十間,爲苗圃辦公及宿舍之處。每當炎夏,花木成陰,雨後天晴,草色交翠,頗堪娛目,故署名"中山公園"。各鄉鎮苗圃,及全縣各保保苗圃,[8]多正建築中。

集市

　　本縣城內除縣府、黨部、學校外，內無居民，所有各機關及民人均住北門外，[9]總計本城人口，男女一千五百九十一人。率多業農者，餘爲小商負販。街面一条，由東至西長約半華里。以農曆爲計，單日逢市，例爲一、三、五、七、九日。是日外來客商爲數甚多。三十六年建东西兩栅門，东名"光烈"，西名"西月"，均爲磚籬。上建楼房各三間，工程頗鉅。[10]

鄉鎮

　　本縣劃爲三鎮六鄉：曰城關鎮，轄十保；曰新營鎮，轄七保；曰三合鎮，轄六保；曰硝河鄉，轄八保；曰將臺鄉，轄七保；曰白崖鄉，轄七保；曰興平鄉，轄七保；曰蒙宣鄉，轄五保；曰平峰鄉，轄六保。凡有集市之地設鎮，無集市者爲鄉。以鄉鎮中心點設鄉鎮公所，爲行政機構。各鄉鎮公所業已先後建築完備，其規模亦爲可觀。

學校

　　縣立初級中學校在城東何家店子，距縣城五華里。建自民國三十三年，[11]因本縣木料缺乏，歷時三載尚未竣工，其間教室及宿舍已粗就緒。今年龐縣長茌任之後，鑒斯校之建築未完，商諸地方人士，設法由學田收入項下，撥款建築大禮堂一座，並增修宿舍。然以工程浩大，[12]經半年餘始竣，其圖書設備及閱報室，正在籌建中。[13]

　　各鄉鎮中心學十二處，保校五十三處，均按照規定先後建築完備。惟三合鎮中心校，規模甚大，建築整齊，爲本縣之冠。新營、將臺各有女子國民學校一處。[14]

橋梁

　　本縣沿西靜公路，計楊坊城橋、何家店橋，餘有小橋四五，皆土築成。因本縣氣候不匀，夏多暴雨，時被沖毀，無年不在修築中。

公路

静西海段本縣段由將臺鄉起至新營月亮山,長八十五公里。

西固段由縣城起經白崖鄉沙溝接固原縣境,長五十公里。

鄉鎮道

本縣鄉鎮道均以縣城爲中心點。除硝河、新營、將臺、白崖等鄉鎮居静西、海固公路线外,其餘各鄉鎮道皆築完成,暢行無阻。縣參議會、民衆教育館,[15]龐縣長以发展民智及壯观民意機構起見,竭忱与地方人士興工建築中,[16]規模甚大,預計今秋工可竣。教育館址三十餘畝,係省府委員馬君震武之私產,自動所捐。[17]

衛生院

在城外北浚街,[18]房院整齊而寬宏,建自三十六年秋。

【校勘記】

[1]團隊:此二字下原有"又"字,本志編修者删。

[2]煽惑:此二字下原有"所谓一犬吠影百犬吠聲"十字,本志編修者删。

[3]民已飽受其害矣:本志編修者先將此七字改作"然民已飽受兵去匪来匪去兵来之苦矣",後又將改动全删。

[4]九鎮:當改作"三鎮六鄉"。本志卷四《建置·鄉鎮》載:"本縣劃爲三鎮六鄉,……凡有集市之地設鎮,無集市者爲鄉。""鄉"與"鎮"是不同類别的建置,不當統稱爲"鎮",據改。

[5]六十三保:原作"六十四保",本志編修者删改。

[6]需時一年始告工竣計周圍一千二百公尺:據《甘肅海原固原等縣回民歷次變亂真相》之"現行政治上之設施"載,縣城於1943年2月20日興工,至同年六月底竣工,城池周圍1000公尺。未知孰是。

[7]西面:原作"北面",本志編修者删改。

[8]各:原作"每",本志編修者據文意改。

[9]及:此字原無,本志編修者補。

[10]"三十六年建東西兩棚門"句至"工程頗鉅"句:此三十三字原無,本志編修者補。

第四章 建　置　371

[11] 三十三年：疑當作"三十四年"。
[12] 浩大：此二字下原有"刻正建築中年底可竣"九字，本志編修者删。
[13] 經半年餘始竣其圖書設備及閱報室正在籌建中：此二十字原無，本志編修者補。
[14] 新營將臺各有女子國民學校一處：此十四字原無，本志編修者補。
[15] 教育館：此三字下原有"刻正"二字，本志編修者删。
[16] 龐縣長以发展民智及壯观民意機構起見竭忱与地方人士：此二十四字原無，本志編修者補。
[17] 教育館址三十餘畝係省府委員馬君震武之私產自動所捐：此二十四字原無，本志編修者補。
[18] 北浚街：此三字後原有"診療室九間"五字，後改作"辦公各室"四字，後又將改动全删。

附　　録

一　《〔宣統〕甘肅新通志》所載硝河城史料

卷一《天文志》①

春分、秋分太陽高度表

硝河城州判，日影離地平五十四度四分〇秒。

夏至太陽高度表

硝河城州判，日影離地平七十七度三十一分十秒。

冬至太陽高度表

硝河城州判，日影離地平三十度三十七分〇秒。

經度分秒表

硝河城州判，分綫在西經十度四十分〇秒。

緯度分秒表

硝河城州判，北極三十五度五十六分〇秒，低大興縣北極三度五十九分〇秒。

甘肅列宿躔次表

硝河城州判，地平經度在井宿二十九度十六分四秒。

---

① 參見《陝甘地方志中寧夏史料輯校》上册第 301—304 頁。

卷三《輿地志·圖考》①

固原州硝河城分州圖

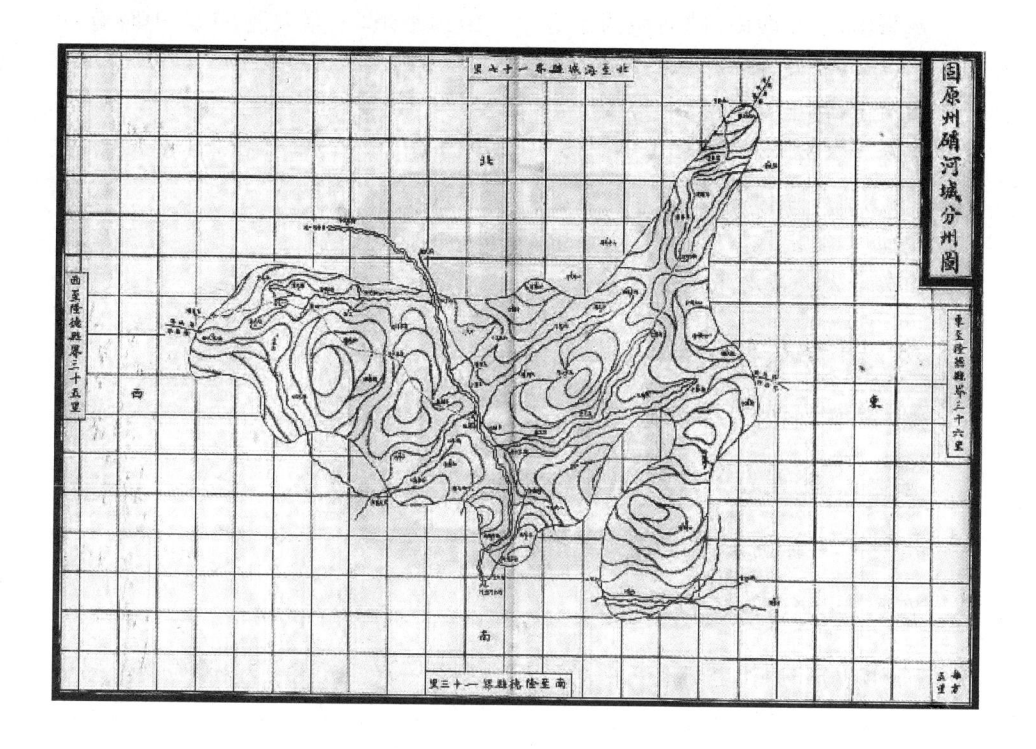

卷四《輿地志·沿革表》②

同治十三年，[1]撥鹽茶地方，設固原直隸州判於硝河城管轄。

卷五《輿地志·疆域》③

固原州判，駐硝河城。治距州城一百三十里。東至固原州界二十五里，[2]西至平涼府隆德縣界五里，[3]南至隆德縣界十五里，[4]北至海城縣界十五里。東南至固原州界三十里，西南至隆德界五里，東北至海城縣界六里，[5]西北至隆德縣界三十里。[6]

---

① 參見《陝甘地方志中寧夏史料輯校》上冊第 293 頁。
② 參見《陝甘地方志中寧夏史料輯校》上冊第 320 頁。
③ 參見《陝甘地方志中寧夏史料輯校》上冊第 329 頁。

卷六《輿地志·山川上·固原直隸州》①

古城山,在州西南一百里。硝河城西迤北爲廟兒山,迤南五里爲紅崖山。

風臺山,在州西南,硝河城西十五里。山頂平坦,下環大溪,山穴中時有巨風,土人築臺於麓,高八十餘丈,以爲屏蔽。

貢貢山,在風臺山東五里許。

硝河一名苦水河,以水味苦,因名。源出須彌山東南,流經硝河城東,會諸溝水,又東南流入隆德縣境。

馬蓮川,源出六盤山,南流六十里,入州西南硝河城境,會諸澗水,[7]經隆德縣之將臺堡入於苦水河。

卷十四《建置志·城池》②

州判駐硝河城。城周三里許,[8]南北二門,又有小南門。

卷十五《建置志·官廨》③

州判署,在硝河城內,同治兵燹後重建。

卷十六《建置志·貢賦上》④

硝河城分州原撥更名地三百七十五頃五十一畝三分六厘,內除現荒未墾地三十九頃二十三畝四分外,實熟地三百三十六頃二十七畝九分六厘。又撥善靡地一百四十八頃九十一畝一分四厘。額徵地丁連閏銀三百九十九兩四錢五分,內除荒蕪無徵銀三十二兩七錢六分一厘外,實徵地丁連閏銀三百六十六兩六錢八分九厘,實徵耗羨銀五十五兩三厘。額徵糧一百九十九石八斗八升七合三勺,內除荒蕪無徵糧一十九石三斗七升四合一勺外,實徵糧一百八十石五斗一升三合一勺,實徵耗羨糧二十七石七升七合。額外雜賦共應徵銀五十七兩七錢九分六厘,內除無從徵收銀八兩三錢七分一厘外,實徵銀四十九兩四錢二分五厘。

卷十七《建置志·貢賦下·附户口》⑤

硝河城州判九百六十二户。男大一千六百二十三丁,小一千一百九十一丁。

---

① 參見《陝甘地方志中寧夏史料輯校》上冊第338—339頁。
② 參見《陝甘地方志中寧夏史料輯校》上冊第358頁。
③ 參見《陝甘地方志中寧夏史料輯校》上冊第366頁。
④ 參見《陝甘地方志中寧夏史料輯校》上冊第435—436頁。
⑤ 參見《陝甘地方志中寧夏史料輯校》上冊第440頁。

女大一千三百七十四口,小九百四十三口。

卷十八《建置志·倉儲》①

硝河城州判常平等倉共儲各項京斗糧一百二十二石四斗七合一勺。

卷十九《建置志·驛遞》②

甘肅驛遞新章銀糧總數

硝河城州判所管各驛共安夫一十一名,統計連閏一歲共支工食銀一百二十八兩七錢。額設鋪司三名,③每名歲支工食銀三兩三錢四分九厘,一年連閏共該銀一十兩九錢七分。

卷二〇《建置志·鹽法》④

硝河城州判原額鹽課銀四十九兩九錢九分六厘,內除無從征收銀八兩三錢七分一厘外,現征銀四十一兩六錢二分五厘。[9]

卷二三《建置志·厘稅》⑤

硝河城州判征收無額畜稅銀六兩五錢。

卷二六《祠祀志·壇廟·固原直隸州》⑥

文廟……硝河城分州舊在城南門,現附文昌廟內。

崇聖祠,在學宮東,各縣同。

卷二八《祠祀志·祠宇上·硝河城分州》⑦

關帝廟……硝河城分州在城南門。

文昌廟……硝河城分州在廳城南。

城隍廟……硝河城分州附設三聖廟內。

武聖廟,在隆德堡。[10]

---

① 參見《陝甘地方志中寧夏史料輯校》上冊第 441 頁。
② 參見《陝甘地方志中寧夏史料輯校》上冊第 479 頁。
③ 《新修硝河城志·鋪司》載,本城鋪跑夫 4 名,硝溝口跑夫 3 名,跑夫 2 名,共 9 名。
④ 參見《陝甘地方志中寧夏史料輯校》上冊第 487 頁。
⑤ 參見《陝甘地方志中寧夏史料輯校》上冊第 442 頁。
⑥ 參見《陝甘地方志中寧夏史料輯校》上冊第 406—407 頁。
⑦ 參見《陝甘地方志中寧夏史料輯校》上冊第 410—413 頁。

魁星閣,在城上。

卷三〇《祠祀志·寺觀·硝河城分州》①

白衣寺,在城北門外,同治軍興,僅存基址。

卷三八《學校志·學堂》②

硝河城分州初等小學堂,在城內,光緒三十二年,州判崔萬椿開辦。教習一員,學生十五名。

卷四一《兵防志·兵制》③

綠營·固原提督標屬各營汛
硝河城汛:馬兵二十二名,步兵四十六名,守兵十四名,馬二十。

卷四三《兵防志·巡警》④

硝河城州判總局一所,分局一處,局員四,巡兵十四名。

卷四八《職官志·歷代官制·國朝文職官制》⑤

州判一員,分駐硝河城,同治十三年,劃撥舊鹽茶廳地設。

卷六六《人物志·群材一·固原直隸州·國朝》⑥

蘇家良,字翰臣,硝河城回民。性剛直,貌雄偉。同治初回亂,家良隨征關內外,迭克狄道、渭源、華亭、西和、張家川、巴燕、戎格諸城,當時以驍將稱。大吏疊薦,記名提督,加法什尚阿巴圖魯,賞穿黃馬褂。歷官肅州鎮標中營游擊,加一品封典。弟家林,字傅臣,同治初,從征河州、西寧,勇往善戰。家榮,字屏臣,助家良治軍事。均以功保花翎副將。

蘇進智,硝河城回民。同治初回亂,嘗出粟以賑飢民。投提督曹克忠部下。嘗遇賊白草塬,奮勇前敵,斬賊七十餘級,身被數十創不稍退,歷保花翎副將。肅

---

① 參見《陝甘地方志中寧夏史料輯校》上冊第 426 頁。
② 參見《陝甘地方志中寧夏史料輯校》上冊第 381 頁。
③ 參見《陝甘地方志中寧夏史料輯校》上冊第 450 頁。
④ 參見《陝甘地方志中寧夏史料輯校》上冊第 455 頁。
⑤ 參見《陝甘地方志中寧夏史料輯校》下冊第 577 頁。
⑥ 參見《陝甘地方志中寧夏史料輯校》下冊第 762 頁。

清後,籌辦善後,勸設義塾,功尤多。光緒乙未,①河湟復亂,硝河城漢回驚恐,互有畏忌,進智遣子玉珍集靜、隆、固、海紳民排解,得無事,大吏重之,以額式其門。

卷七〇《人物志·忠節一·固原直隸州·國朝》②

蘇登榮,硝河城監生上達堂弟。同治初,隸提督曹克忠部下,以功保花翎副將。與同邑趙萬成押解軍糧,行至夏家寨,遇巨匪馬才棕率賊剽劫,相約截堵,追捕數里,身被數十創,力竭,與萬成同殉於難。其僕沙五九子瘞其骸,亦刎於墓側。

蘇國寶,硝河城人,提督家良長子。隨父征逆回,以功保花翎游擊。後官鞏昌,在伏羌縣郭家楞力戰陣亡。

蘇捨而罷,提督家良次子。同治七年,隨父率京營馬隊駐秦州,[11]適陝回竄攻徽縣,遂舉隊襲追至泥陽鎮。捨而罷出入鋒鏑,獲勝,復窮賊蹤追抵下店子草灘,馬足忽蹶,賊回矛刺之,沒於陣,時年二十八。同時殉難者張守寅、魯家祥二人。

卷七三《人物志·孝義上·固原直隸州·國朝》③

蘇上達,硝河城回民,太學生。同治元年,回亂,避入城者六百餘家,上達出糧賙濟。嗣提督曹克忠駐境招撫流民,上達竭力勸降以故被脅者,僉釋甲悔罪。既曹軍移攻金積堡,上達復備糧六百石助餉。總督左宗棠疏請得敘功,賞二品封典。

蘇九成,硝河城太學生。性樂善好施予。同治元年,回亂,民多流離。九成捐糧賑恤,爲之招撫,並籌辦善後,不避勞怨。五堡晏然,民實賴之。

卷七八《人物志·列女三·固原直隸州·國朝》④

蘇吉堂妻單氏,硝河城人。年二十八夫亡,家貧,撫子家良、家榮、家林,均成立。後家良以功官提督。守節五十六年,卒。誥封一品夫人。

蘇宗全母單氏,硝河城人。年二十夫亡,守節七十年,現存。

高萬基母海氏,硝河城人。年二十二夫亡,守節六十八年,現存。

蘇守林母單氏,硝河城人。年二十一夫亡,守節六十九年,[12]現存。

---

① 光緒乙未:光緒二十一年(1895)。
② 參見《陝甘地方志中寧夏史料輯校》下冊第 802 頁。
③ 參見《陝甘地方志中寧夏史料輯校》下冊第 816 頁。
④ 參見《陝甘地方志中寧夏史料輯校》下冊第 846—858 頁。

蘇殿英母黃氏,硝河城人。年二十八夫亡,守節四十三年,現存。
趙某妻蘇氏,硝河城人。夫亡,甘貧守節,現年八十二歲。

附同治間回亂殉難烈婦烈女表

閻氏,李生吉妻。
楊氏,李進堂妻。
余氏,李玉蓮妻。
吳氏,李相英妻。
何氏,李吉春妻。
侯氏,唐夢龍母。石氏、劉氏、馬氏,均夢龍叔母。鄭氏、顧氏,夢龍嫂。
張氏,韓文苑妻。
韓氏,楊慶林妻。
右二年二月分。
韓氏,吳興周妻。
張氏,趙萬年妻。
劉氏,李向善妻。
田氏,韓錫昭母。文氏,錫昭妻。藺氏,錫昭弟妻。
右二年七月分。
耿氏,常純五妻。
楊氏,韓文蔚妻。
王氏,楊玉成妻。
常氏,祁述唐妻。
梁氏,曹長久妻。
張氏,曹作新母。
王氏,吳夢魁子媳。
梁氏,韓文蘭妻。
張氏,虎問德妻。李氏、喬氏,均問德媳。
黃氏,黃九福妻。
右二年八月分。
韓氏,楊德明妻。
右二年九月分。
董氏,王憲章母。
右二年十月分。
尹氏,高近顏母。張氏,近顏妻。

張氏,高襄清妻。
王氏,苟全孝妻。
劉氏,苟全魁妻。
黃氏,苟登業嫂。
黃氏,苟自林妻。
王氏,苟全成妻。
李氏,苟自深妻。
黃氏,苟全德妻。
董氏,苟全惠母。劉氏,全惠妻。
王氏,苟自白妻。
張氏,苟全祿妻。
孫氏,王一貴妻。
苟氏,王一富妻。
田氏,王全義妻。
右二年十一月分。
鄧氏,張炳林妻。孟氏,炳林媳。
崔氏,周學古妻。
右三年正月分。
梁氏,劉傑母。
陳氏,王彥漢妻。
賈氏,虎漢傑叔母。王氏,虎漢傑妻。韓氏、張氏,均漢傑媳。
右三年二月分。
曹氏,白絢堂妻。
高氏,白德娃祖母。
曹氏,梁玉財母。
毛氏,連三元母。
賀氏,白天佑嫂。甄氏,天佑媳。
右三年三月分。
楊氏,張永春妻。
尹氏,李樹蔭妻。
李氏,田生春弟媳。
尹氏,李柱銀妻。
張氏,田生春妻。

李氏,田生琳妻。
右三年四月分。
范氏,王玖妻。
右三年五月分。
韓氏,楊慶齡妻。
甯氏,劉萬邦母。
右三年六月分。
梁氏,趙炯妻。
孟氏,房肯構嫂。
右三年七月分。
趙氏,黃建正母。
田氏,張進士妻。
右三年八月分。
張氏,張連級妻。
右三年十月分。
倪氏,白正儒妻。秀貞、碎秀,均正儒女。
霍氏,梁殿鵬妻。張氏,殿鵬弟媳。
杜氏,梁嘉亭妻。
右三年十一月分。
梁氏,敖存實母。
右三年十二月分。
王氏,朱玉連妻。
楊氏,朱全珍妻。
楊氏,朱全盛妻。
朱氏,陳虎妻。
李氏,張進福妻。朱氏,進福媳。
趙氏,李積妻。
童氏,李安妻。
朱氏,李榮妻。
寵氏,李德貴妻。
趙氏,李穩妻。
孫氏,蔣貴妻。
右四年二月分。

張氏,王純德母。
陳氏,李文秀妻。
張氏,高政妻。
安氏,郭永壽母。
章氏,張鳳翔母。
李氏,常伯順母。
張氏,劉大亨妻。
右四年三月分。
張氏,唐德成母。
右四年四月分。
劉氏,姬達財妻。
右四年五月分。
秦氏,陳啓有母。
張氏,秦宏緒妻。
秦氏,周宗江妻。
右四年六月分。
謝氏,黃顯達妻。
唐氏,李楨姪妻。
右四年八月分。
王氏,楊成乾叔母。張氏,成乾妻。玉蓮、跟蓮,均成乾女。
李氏,白廷楨妻。
虎氏,高宏全妻。
白氏,李玉德妻。
米氏,楊進榮妻。
李氏,高宏靈妻。
楊氏,李玉珍母。
右四年九月分。
劉氏,傅和妻。
王氏,傅全貞妻。
右四年十月分。
張氏,陳邦贊妻。
右五年正月分。
趙氏,朱起禮妻。

右五年六月分。
楊氏,張鵬舉叔母。
右五年八月分。
韓氏,趙頂妻。祁氏、戴氏、徐氏、王氏,均頂媳。
何氏,蘇善積妻。白氏,善積媳。
右五年十月分。
陳氏,孟宗思妻。
楊氏,趙德蓄妻。
右六年五月分。
孫氏,路知儒妻。
孟氏,房延齡母。王氏,延齡嫂。
伍氏,王仲元弟妻。
右六年十月分。
董氏,夫名未詳。
右七年正月分。
白氏,夫名未詳。
右七年二月分。

附光緒間回亂殉難烈婦烈女表
高氏,任可忠妻。
右二年八月分。
柳氏,王雙鎖妻。
汪氏,王受娃妻。
路氏,信得功嫂。春兒,得功女。
馮氏,宋立朝母。
右六年正月分。
杜氏,朱自勵妻。
彭氏,朱清妻。
趙氏,王善士母。戴氏,善士妻。王女兒,善士女。
谷氏,王四倍妻。
賀氏,馬占魁妻。
薛氏,朱寅祖母。
麻氏,祁杰母。
劉氏,楊澧妻。

劉氏,楊苾妻。
王氏,楊芬妻。
趙氏,朱良棟妻。
田氏,朱緒妻。
王氏,朱寬妻。諸氏,寬嫂。小娃,寬女。
王氏,朱滿賢妻。
白氏,宋兆興母。
朱氏,宋來煥母。李氏,來煥妻。
張氏,王現妻。
右六年二月分。
周氏,劉梅妻。
王氏,胡義學妻。
王氏,曾愷勇妻。
章氏,張興妻。
薛氏,張年妻。
李氏,張有年妻。
朱氏,張采仲母。孟氏,采仲妻。
趙氏,張年之表姊。
胡氏,种仲義妻。
王氏,劉三級妻。
右六年三月分。
秦氏,王萬成母。劉氏,萬成妻。李氏,萬成嫂。烈姐,萬成女。
路氏,王萬順妻。
汪氏,王萬林妻。
張氏,王萬田妻。
朱氏,任萬倉妻。
宮氏,任萬居妻。
宮氏,常遐齡妻。
王氏,朱乃倉妻。
張氏,朱陞玉妻。恩花,陞玉女。
李氏,朱義妻。
李氏,朱存妻。
魏氏,柳考妻。

王氏,柳茂妻。
王氏,柳章妻。
朱氏,柳作時妻。
潮姐,柳具娃女。
趙氏,朱羊兒妻。
朱氏,柳招羊妻。
常氏,張榮嫂。章氏,榮妻。
楊氏,張德妻。
盧氏,張成娃妻。
朱氏,張志娃妻。
陳氏,李養成妻。
朱氏,王廷花妻。
朱氏,王廷榮妻。
陳氏,王起福妻。
潘氏,王純妻。
孟氏,王幽蘭妻。
信氏,王冬成妻。
趙氏,王誦蘭妻。
薛氏,王貴妻。
右六年四月分。
蒙氏,王作新妻。
呂氏,王作所妻。
路氏,王路娃妻。
唐氏,王存記妻。
孟氏,王芳妻。蓮姐,芳女。
汝氏,王永德妻。
朱氏,王永雙妻。
張氏,王雙桂妻。
李氏,王生娃妻。
汪氏,王大喜母。朱氏,王大喜妻。
蘇氏,王金田妻。
朱氏,王義兒母。
賈氏,王有娃母。

汪氏,王彥妻。
趙氏,王萬雙妻。
朱氏,王德孚妻。
劉氏,王德盛妻。
關氏,王德禮妻。
何氏,王德仁妻。
劉氏,王德榮妻。
張氏,李文新妻。
朱氏,李文德妻。
王氏,李兔娃妻。
王氏,李文全妻。
楊氏,李隆妻。
朱氏,李興兒妻。
張氏,李萬玉妻。
朱氏,王萬一妻。
田氏,王萬昌妻。
曹氏,王萬花妻。
段氏,王萬福妻。
朱氏,王閏記妻。
張氏,薛來成妻。
王氏,路過兒母。秀姐,路過兒女。
路氏,常滿兒妻。
李氏,王樹勳母。朱氏,樹勳妻。
張氏,王廷有妻。
段氏,王歲蘭妻。
朱氏,王泰妻。
侯氏,王願學妻。
張氏,王儒學妻。
潤英、姑養,均王樹勳侄孫女。
杜氏,王存玉母。朱氏,存玉妻。
朱氏,王萬中母。汪氏,萬中妻。
田氏,劉繼堂妻。
朱氏,溫養智妻。

王氏,朱文齋妻。

王氏,朱金娃妻。

朱氏,柳映花母。王氏,映花妻。

李氏,王儒妻。

党氏,王存兒妻。

張氏,王德兒妻。

張氏,王壯妻。

李氏,柳憲章妻。

朱氏,柳貴章妻。

王氏,柳作棟妻。

朱氏,柳羊圈妻。

安氏,柳萬福妻。

田氏,樊俊德妻。

王氏,樊信德妻。

潘氏,樊根喜妻。

劉氏,樊榮母。汝氏,榮妻。

朱氏,樊昌妻。茹姐,昌女。

張氏,朱登皋妻。

朱蜡兒、朱桃兒、朱細桃,並朱考學女。

王氏,劉國梁妻。萃姐,國梁侄女。

周氏,劉國隆妻。

李氏,劉恭妻。

朱氏,劉恒妻。

柳氏,劉書妻。

王氏,劉信妻。

朱氏,劉剛妻。

高氏,李自泰母。

張氏,李永茂母。吳氏,永茂妻。

王氏,李尚彩母。張氏,尚彩妻。

朱氏,崔彥芳妻。

文氏,孟四汝妻。

趙氏,孟根娃妻。

陳氏,孟懷周妻。

屈氏,朱榮妻。
郗氏,朱映花妻。
張氏,朱華妻。
張氏,朱芝林妻。
右六年五月分。
潘氏,楊宗貴妻。
王氏,楊宗曾妻。
張氏,楊宗興妻。
侍氏,楊別長妻。
謝氏,楊萬學妻。
翁氏,楊萬祿妻。
宋氏,楊宗年妻。
右六年六月分。
朱氏,馬進前妻。
柳氏,馬榮妻。
路氏,馬駝兒母。
李氏,馬生榮妻。
謝氏,馬尚德妻。
王氏,馬會德妻。
王氏,荊儒林妻。
秦氏,荊三元妻。
劉氏,荊耀青妻。
荊氏,朱萬年妻。
潘氏,宋自新妻。
張氏,朱秀兒妻。
吳氏,朱生雲妻。
崔氏,柳逢青妻。
姚氏,柳逢柏妻。
張氏,柳逢槐妻。
李氏,王昭妻。
汪氏,王申信妻。
田氏,張乃云妻。
朱氏,張雙良妻。

吳氏，張寬妻。
朱氏，雷現妻。
朱氏，雷鳳娃妻。
侯氏，雷永和妻。
朱氏，雷茹娃妻。
韓氏，屈存兒母。
孟氏，屈鳳春妻。
劉氏，屈萬銀母。
田氏，屈林妻。
吳氏，郭喜云妻。
胡氏，荆向林母。劉氏，向林妻。
汝氏，楊存主妻。
田氏，楊萬錦妻。
安氏，張書紳妻。
朱氏，郭源弟妻。
朱氏，白蓮妻。
右六年七月分。
張氏，馬伍金妻。
侯氏，張喜兒妻。
朱氏，張存興妻。
王氏，柳正邦妻。
張氏，柳靜可妻。
高氏，柳觀朝妻。
陸氏，柳貝娃母。朱氏，貝娃妻。
柳氏，秦萬林妻。
王氏，崔彦寅妻。
杜氏，高玉妻。
張氏，高彩妻。
吳氏，高保妻。
王氏，范長榮妻。
朱氏，范秀妻。
右六年八月分。
趙氏，朱桂芳母。李氏，桂芳妻。

李氏，魏功妻。丑姐，功女。
胡氏，王守源妻。
趙氏，王發源妻。
趙氏，袁肖本妻。
趙氏，袁雙存妻。
朱氏，李見有妻。
張氏，李永禄妻。
朱氏，井向善妻。
韓氏，井向玉妻。
孟氏，井向禄妻。
王氏，井生兒妻。
王氏，井守兒妻。
賀氏，甯庚寅妻。
羅氏，張自重嫂。
胡氏，魏貴母。
周氏，朱有恒母。余氏，有恒妻。段氏，有恒嫂。
王氏，趙可母。
朱氏，李長郁妻。供蘭、翠蘭，均長郁女。
楊氏，趙玉良妻。
右六年九月分。
陳氏，韓文達母。
王氏，韓存貴妻。陳氏，存貴妾。
宋氏，韓富貴妻。
戴氏，何連陞妻。
右六年十月分。
趙氏，朱茂妻。
蘇氏，朱敦善妻。
王氏，朱萬卷妻。
李氏，石貴妻。
文氏，石進存母。朱氏，進存妻。
何氏，王清妻。
魏氏，張清妻。
薛氏，朱光煜妻。

柳氏，信中規母。甘氏，中規嫂。任氏，中規弟妻。朱信氏，中規女。

關氏，朱增來妻。

李氏，田有年妻。

任氏，田永春妻。

井氏，田永川妻。

右六年十一月分。

范氏，尚有存妻。

右二十一年，月分未詳。

二 〔民國〕西吉縣政叢紀

自民國三十四年十月至三十六年元月

韓城 王天岳

要目

緒論

一、計劃提要

二、治安第一

三、教養第一

四、一舉數得

五、樹立風尚

六、體察民隱

七、減輕民負

八、尊重民意[13]

九、征服荒山

十、政治測驗

十一、政情靈通

十二、管理訓練

結論

緒論

西吉始於三十一年十月十日，由海〔原〕、固〔原〕、隆〔德〕、静〔寧〕、莊〔浪〕五縣邊區劃撥而成。治設沐家營，爲昔年著名不靖之區。荒僻寂蕪，行旅無不視爲畏途。全縣回漢雜居，交通梗塞，地瘠民貧，文化落後。尤以沙溝、濫泥河一帶，爲民二十七、二十八及三十年三次變亂肇端之地,聞者莫不談虎變色。故其施政,最爲困難。首任縣長孫宗濂,奉命獨身來吉,籌設縣治,苦心經營,三年縣政基礎初告奠定。然於管、教、養、衞、自治諸安政尚待有一精密計劃,確切執行,而順利完成也。天岳於三十四年十月奉命接篆,三十六年春卸職。歲爲時一年有餘,然深感地方環境特殊,而縣政之設置,更不能不權其輕重,分別緩急,因勢利導,以求有治也。茲當奉調之際,爰將施政梗概叢記於後,俾外界人士得以明瞭西吉實際情況,藉爲研究縣政者之資考。

一、計劃提要

目前縣政工作,厥維促進地方自治而其實施方法,尤賴有精密之預定計劃,與夫完善之行政技術以求具成。是故天岳到任後,即針對當地"人""財""地""物""時""空"諸條件,以及宗教語言、風俗習慣各環境,訂定施政計劃,簡明標□,用作行政張本。茲提要分列於下:

(1) 工作目標:完成地方自治。

(2) 工作方針:實施計劃政治,發揮人事效能。

(3) 工作原則:以安定求繁榮,以工作樹信仰。

(4) 工作大綱:甲,政治建設(子、重點:愛民;丑、效能:民主);乙,文化建設(子、重點:教民;丑、效能:民智);丙,經濟建設(子、重點:勞民;丑、效能:民富);丁,心理建設(子、重點:新、速、實;丑、效能:樹立建國風尚)。

二、治安第一

嘗聞文化落後之區,萑苻不靖;經濟落後之區,禮樂難興。而西吉正類此也。當天岳初臨斯土,匪案時起,而地方自衞武力又單薄不可用,遂發起治安第一口號。其辦法如下:

(1) 健全保安警察隊。本縣保安警察隊,官警質量較差,積習更深且多,目不識丁,欲求有用,當作正本清源之謀。隨即毅然決然,向各鄉鎮招收學警二十名,裁劣留優,加以訓練,官警考勤,切實注意。並在城外設置派出所、商組軍警聯合稽查處,實施以來,頗收宏效。

(2) 加強自衞武力。本縣自衞兵,以災歉裁編,所存官兵僅十餘名。天岳到任後,即迅爲征集,恢復原來建置,甲種隊一中隊遴選當地在鄉軍官充任各級隊長。并一面集中民槍,務使人各一枝。一面向各方請領彈藥,充實實力。雖然在辦理期間,[14]尚遇少許阻力。其至三月後,接連破獲匪案,地方匪氛爲之一清。有識者歸功於自衞武力之加強。

（3）普遍設置情報網。剿滅匪患，情報第一。[15]況西吉環境特殊，更不能不耳目廣布，情報靈通。然專設人員，人無府款，遂即決定，利用現任公教人員，組織情報網，以縣政府爲總機關，利用各級機構組織"民""社""軍""教"四大組，各級組織只發生縱的關係，避免橫的聯繫，并規定情報時間，注重通訊技術。（一）"民"字組以全縣九鄉、鎮分組，小組九。以六十三保爲六十三組，七百四十九甲，各設情報員一人。（二）"社"字組由縣農會、商會、工會、婦女會各設小組一，以各鄉、鎮分會爲組，并於會員中各選定若干人爲情報員。（三）"軍"字組由警察隊、自衛隊、國民兵隊部各設一小組，駐防外鄉、鎮之警察隊、自衛隊、鄉鎮國民兵隊各成立一小組。并由警察隊、自衛隊各組便衣偵探一隊，每隊五人，常穿化裝，在縣境内外偵察。（四）"教"字組於十二個中心學校秘密建立情報小組十二處，并於保國民學校中，選擇忠誠教員秘密擔任情報員。

（4）成立警衛聯合大隊。地方自衛武力，計有保安警察隊、自衛隊、保安隊三單位，各有係統，互不隸屬，爲運用靈活，統一指揮，集中力量，發生效能，計特呈準成立警衛聯合大隊，縣長擔任總隊長，軍事科長任總隊副。負責全縣治安、一切有關軍事部署諸任務，本縣治安良好指揮統一之效也。

（5）商定越境剿匪。本縣過去對於肅清匪患，多採取本境内安定主義，所以，外來之匪多有化名匿居本縣者，一如租界然，殊失根絶匪患之意。天岳到任後，一改過去錯誤之措置，立即商同鄰封，擬定越境剿匪辦法。自這實施以來，非徒本縣得以安寧，鄰封亦皆相安無事。以犯案重重之匪首，如車進山、王遠齊等均經本縣密緝正法，故未三月而槍決諸匪十餘名，檢獲槍支甚多。聞者無不喪膽，匪氛爲之一清。曾蒙省府以剿匪努力一再記功嘉許，而政府威信亦日益彰著矣。

（6）其他。除上述各項外，并隨時嚴密清查户口，勵行聯防會哨，設置盤查哨，舉辦聯保連坐，發行通行證，獎勵檢舉密報匪情等，無一而非注重治安之措施也。

三、教養第一

西吉三經變亂之餘，復遭連年荒旱，農村原氣損傷殆甚。人民困苦，亦達極點。且接近奸區，無識人民，易受煽動，政府稍一措置失當，監察不周，足可致成遽變。是以求治之道，莫過於教養。古云："無以教民，何以化匪；無以養民，何以絶盜？"信非虛語。天岳到任後，（一）爲力謀教育之發展，以啓民智。（二）爲辦理農村救濟事，以安民生。故年餘以來，老弱均有所依，壯者負販從道。朗朗不絶之書聲，亦遍全縣。而外傳難治之邑，事實上亦未見其盡然也。兹將經辦之有關教養各項表列如次：

（一）教

（1）籌集基金。計全縣十二個中心學校，各籌基金六萬元；五十一個國民學校，各籌基金三萬元。共三百二十五萬元，組會保管，貸放生息，藉作充實學校各項設備之用。

（2）辦理成人及婦女識字班。計共掃除文盲男女七千五百四十名。

（3）實施學齡兒童強迫入學，較原來學額增加幾一倍以上。

（4）增加男女保國民學校四處。

（5）檢定小學師資，延聘師範畢業生。全縣各中心學校以師範畢業者已達五分之三。

（6）籌募貧寒學生獎學基金共五百萬元，承地方垂愛，定名爲"天岳獎學金"。組會保管生息，以補助貧寒學生升學。

（7）成立民教館一處。

（8）增設縣中班級兩班，其經費及教師津貼，除預算外者，均由地方籌募開支。

（9）提倡各項康樂活動。尤以三十四年度舉辦之第一屆秋運，項目衆多，成績優異，至今膾炙人口。并舉辦學生文藝競賽、講演競賽、各校成績展覽等，風氣一新，有助於政令之推行者不少。

（10）整理增加學田五千畝以上。

（二）養

（1）成立員工消費合作社一處，員工生活賴以安定。

（2）成立縣銀行一處，股金一千萬元。辦理小宗貸放活動、農村經營。

（3）辦理春耕貸款五百四十萬元。

（4）辦理麥工貸款三百萬元。

（5）辦理畜牧貸款一千五百六十萬元。

（6）貸放春耕籽種二千石。

（7）發放工賑款三百六十八萬餘元。

（8）發放青黃不接賑款五百四十餘萬元。

（9）發放匪災救濟款二百六十五萬餘元。

（10）發放冬令救濟賑款一百七十餘萬元。

（11）發放賑糧六百七十餘石。

（12）辦理青黃不接、自救捐獻及食糧貨放運動共計款四十二萬餘元，雜糧二千五百餘石。

(13) 健全保苗圃六十三處，擴充面積二百二十四畝，已育苗者六十三畝。
　　(14) 全縣培植行道樹六千二畝餘株，模範林三千四百五十株，保造林一萬七千四百餘株，教育林六千九百餘株，民造林四萬二千餘株，荒山造林一萬九千五百餘株，共計十萬株以上。
　　(15) 增殖牧草四千四百一十畝。
　　(16) 推廣小麥黑穗病防治法，增加小麥產量一萬石左右。
　　(17) 獎勵婦女紡紗織布，以裕民衣。
　　(18) 試種斯字棉，雖成績不佳，而植棉風氣已開。

四、一舉數得

　　西吉為新設縣份，地方偏僻，在政治意義上，急需繁榮。更以公教人員待遇低微，政府雖欲調整，而苦乏財源。經天岳一再熟思，欲解決此項問題，莫若"改集立市"是舉也，不但地方日臻繁榮，且政令賴以宣達，而稅收亦藉以徵收矣。計成立之集市有白崖鄉及金塘川兩處。前者純為回教區，大有古昔不相往來之風，且為歷次變亂之源，經一再倡導，設立集市，并規定屆期輪流，每甲一人，全鄉共二百甲，每集至少二百人以上。并規定每旬二、六、十各日為集市日期，人民亦漸習慣。而於溝通文化，開通風氣，宣達政府政令意義甚大。此外，如城關鎮集市，原為一、四、七，改為每旬一、三、五、七、九單日，新營原為二、五、八，改為每旬二、四、六、八、十雙日，馬蓮川原為二、五、八，仍改為雙日。如此，不但市面日漸繁榮，貨暢其流，而人民肩挑貿易，藉以謀生者亦與日俱增矣。再就三十五年度，因改集增收之稅額言，已超收原計算三倍以上。僅營業牌照稅一項，較預算超收在五倍以上。全縣公教人員，因之能按月請領薪津，分厘未欠。在二區各縣乃為僅有之偏形，省銀行營業狀況，亦由賠款而大盈利。金融靈活，經濟繁榮，斯成一舉數得，值得記憶者。

五、樹立風尚

　　本縣以文化落後，民智未開，事事應注重啟示與倡導。新的縣份，即需新的作風。孟子所謂"善政不如善教之"。天岳於蒞縣之初，即針對地方客觀環境，手訂保甲規約十二條，提經全縣各保民大會一致通過，其條文：(1) 戶戶參加保會。(2) 天天工作不鬆。(3) 時時查報戶籍。(4) 處處注意衛生。(5) 月月修補道路。(6) 年年栽樹造林。(7) 人人讀書識字。(8) 家家聞得機聲。(9) 事事應當自治。(10) 萬萬不要好訟。(11) 樣樣遵守法令。(12) 個個都成好人。並印刷成冊，廣為散發，通令書之於牆壁，人人熟書，個個背誦，以蔚成新風尚之濃厚風氣,而期藉以促進地方自治之工作,易於推動其他,如提倡早起,守時負責,嚴禁烟、酒、嫖、賭,[16]厲行大公無私之人才,主義推行"新""速""實"政治作風,倡導各項康樂活動,嚴懲貪污等,無一非樹立社會良好風尚之措施。

六、體察民隱

本縣係由各縣邊陲劃撥而成,人民對政府之信仰向無正確認識。因之,忠厚者往往受人之欺騙,含冤莫伸,狡黠者妄滋事端,大興訴訟之門,隱痛不一而足。故天岳每月必親躬出巡各鄉、鎮一次,務使民隱痛察下情上達,精神貫通,作為施政之參考。一方面設置密告箱,任人檢舉密告,每晚親為啟封,一方面又以人民對於法律常識欠缺,亟須廣布,特設人民問事處於縣政府大門內,任人前來,派員隨時解答問題。同時於九鄉、鎮各成立鄉、鎮調解委員會,其委員由人民公推,經縣府以法令,短期講習,以便擔任調解事宜,藉除人民訴訟之累。并規定每日早晚升降旗時,為縣長親自接見民眾之時間,凡民眾無論以公、私事件,有需向縣長面告或面詢者,皆可準時見面。實施以來,收效良好,民隱以伸,而好訟之風亦因之日漸減少矣。

七、減輕民負

本縣歷經天災人禍,農村破產,人民貧苦已達極點。天岳任職一年有餘,除有關各項經濟建設採取以工代賑方式,政治文化建設,以勸募方式,向各富戶勸募興辦外,向來縣府一切開支,均力求儉節,未向民間攤派分文。故集楹聯文為"儉以養廉,勤以養拙;不問收穫,只問耕耘",懸之於府,以昭示於諸同仁,并有以自勉也。至如呈請減運李旺、靖遠軍糧七千餘石,計節省人民負擔不下一萬萬元。又以鄉鎮公費不敷,任意攤派,特會通民意機關,規定每鄉、鎮每月補助辦公費一萬楹一萬五千元。以重事實,嚴禁一切攤派,即至微之臨時代僱腳力民工等,非經天岳親自核准手批,一律不得徇情,稍有通融,違者議處。其他如:(一)辦理人民直接交納軍糧,減少賠累。(二)各級人員下鄉,按照規定付給繕宿費。(三)三五年青黃不接,副乾無法供應,親往靜寧,呈請騎兵移防,約計每月減少馬乾差價三百萬以上。(四)改善補給發款手續,由人民隨送隨領價款等苦心焦思,熟一而非力謀減輕民負也。

八、尊重民意[17]

天岳到任之次月,除辦理省參議員選舉,并試辦將臺選民選鄉長成功後,一面即派高級糧員,分赴各鄉鎮巡迴督導召開鄉、鎮民代表會,又以保民大會為人民直接施行政權之糧會,故特別重視。在縣鎮穆營保,保民大會時,親自參加,以資倡導。并以"户户參加保會"列爲保甲規約一條,重視該項集會之程度於此可見。其他關於民富、等級之規定,小小争端之調解,均在糧民大會上以公意調處。旋於三十五年七八兩月,全縣鄉、鎮保長副苦違實隨民選。選期前,曾親赴各鄉、鎮廣爲宣傳,多方鼓勵當地公正士紳及優秀青年參加競選。同時,關於候選人資糧及各鄉、鎮對於同級民意機關之决議案,均能切實執行,而無因鎮敷衍,積延不辦、或不協調之處,此善尊重民意,發揚民主精神之實情也。

九、征服荒山

本縣山丘約占全面積十分之七强,已墾者不及半數。天岳爲謀地盡其利,計認定荒山造林爲本縣百年大計,全力以赴。先由縣府選定縣城南山,挖掘淺水平溝二百餘畝,移植樹苗八千餘株,以資示範。幸天雨適時,均已成活。凡有各種集會,親率民衆,前往參觀,以資推廣。此外,并發動全縣各保普遍各挖水平溝一百畝,計共六十三保,已完成水平溝六千三百畝,以俟後來移植樹苗。相信數年以後,西吉荒山秃嶺,盡可變成鬱鬱蒼蒼,成爲風景地帶。此項爲保持水土,征服荒山之計劃,亦即總理經濟建設主要措施。并於南山之上,建立牌坊一座,親筆"保持水土,征服荒山"匾額,并手叙文,以資紀念。

十、政治測驗

三十五年九月三日晚九時,按據情報,匪徒馬思義部有竄擾西吉沙溝,藉以盤踞,企圖鼓動回民,擾亂大局等情。適時駐軍鄭團奉命他調,錢團尚未全部開來。天岳遂於午夜一面緊急部署,一面會商駐軍,協力防範。然以地方電綫向付闕如,通信甚感困難,更來匪情人未證實,遂决定由駐軍兩排,會同自衛隊一分隊於當晚下三時出發,前往搜索,并清查户口,藉現究竟。同時并分別通知各鄉、鎮及駐防外鄉各警察隊一體警戒。四日晨,接到沙溝以及各處情報,稱敵約五六百人,並有一部騎兵已占據困嶇頭營與楊郎鎮,當將該處鄉公所自衛隊槍枝劫去,并俘鄉公所干事一員各等情。彼時天已大雨,天岳遂同錢團長商議,分派兩連騎兵分駐沙溝、白崖子、大寨兒三據點。待五日上午十時,搜到情報,匪徒已潛入西吉境地白崖鄉之葉家堡、尖山堡、牽羊何一帶,與我駐軍對峙中。又據報固、西交界硝口子、上店子等處,仍發現有匪蹟約三百餘人,似有西竄企圖。然該地距縣屬偏城較近,偏城所駐自衛隊兵力甚感單薄,晚九時,商同錢團擬請節派若干騎兵協助,錢團以再無兵力調往爲辭。此時天岳遂下令派自衛隊楊分隊長率干兵三十名,連夜進駐夏寨子,以便與偏城取得連繫。[18]當時并一面電請上峰派援圍剿。據悉葉團長已派郭連由隆屬瓦店率部前來,但以路程過遠,一刻尚難抵達。至六日,據報硝口匪徒已較前進距偏城二十里處,斯時情況異常緊急,城防甚感空虛,除部署留守自衛隊,由吳分隊長負責外,即將縣政府全體同仁分別編隊,各負一方,暫守城池,以圖報效。并飭警隊擔任外綫防禦戰鬥,以策安全。七日上午,據報葉團郭連確已開駐隆屬興隆鎮,業與本縣將臺鄉地方團隊密取連繫。斯時,天岳遂同錢面商議,採取攻勢,而錢團以奉令別有計劃未果。[19]不意匪徒消息靈通,以我防戒備過嚴,無隙可乘,連夜向隆屬關山潛竄,錢團計劃雖未實現,而本縣賴以安靜矣。憶此次匪徒竄擾縣境,時經五日,雖未完成剿滅任務,然團隊齊心努力,部置適當,民衆深明大義,服從政府命令,堅壁消理,不但一無裹脅,毫無損失,而匪徒之原來企圖已成粉碎。人民信仰政府,擁護政府之向心於此可見,設非素日故治設施之能鞏固人心,則為匪徒壓境,奸民以起,而地方又遭不幸矣。鐵般事實,誠為西吉政治上成功或失敗之一大測驗也。

十一、政情靈通

本縣山巒重重,交通梗塞,若不設法改進,非徒政令無法傳遞,且各方情報已難取得聯繫,誤時失事,莫此為甚。故天岳到任後,立即倡辦西吉民報,一面啓牖民智,一面宣達政令。更鑒於地面遼闊,傳遞公文不便,遂即組織通訊網。縣政府為總站,各鄉、鎮為分站,制定通訊簿,按照相距里程規定送達時間,最遠地方務必當日到達。實行以來,業將全縣,由靜的狀態中頓減,脉絡之靈活,運用之妙,非言可喻。又且請領話機數部,裝設重要鄉鎮,以補不足。他如興修西靖大車道四十五公里,西固大車道十五公里,補修西海靜公路八十五公里等,無一而非,力謀通訊之發展,求其政治之靈通也。

十二、管理訓練

天岳個性最强,向來忌惡如仇,誠信待人,事事着重實際,一切毁譽,在所不計。故任職後,一改縣政府往昔作風,不容許有些許衙門氣習。所有職員,均係青年中學畢業學生,毫未沾染社會惡習。計全府職員約共五十餘人。初以縣府職員宿舍窄狹,員工住外,不僅工作效率過低,而管理亦感不便,乃於農暇發動民力,以土坯建窰洞十三座。從此,住同處,食同竈,作息按時,出入有序。公務員在縣級面受軍事管理,兼且勵行晨操、練習國術者,在甘肅全省實不多見。其他如成立公務員業餘進修社,各職員除記日記外,面吟讀之聲,時時有所聞,儼然學府也。至關於用人方面,一本人才主義,務使人盡其才,才盡其用。尤其注重訓練干部。如:一、辦理講習;二、集訓鄉鎮經濟戶籍干事;三、舉辦師資檢定;

四、訓練保苗圃技士；五、訓練保長；六、舉辦鄉鎮調解委員講習；七、辦理學警訓練；八、辦理鄉、鎮長法令講習等。無一而非力謀政治之改良，藉以發揮人事效能。

結論

綜觀以上各項，僅就大要者，略事叙及，并偏重有關政治上之設施。他如調整插花飛地，代黄掌歸海原，吴家灣歸西吉，改修葫蘆河道，籌集罐礦股金五百萬元，呈請成立郵政局，推行衛生行政，嚴格執行禁政，辦理公職候選人，檢核三百七十三名，清徵田軍公糧，改善運糧方法，成立及改選各級人民團體，構築國防工事等一般普通工作，其中尤以擴修監獄、依限征齊編餘自衛隊兵兩項，曾蒙省府嘉獎在案，均能如期如意完成，兹不贅述。惟天岳以縣長考試及格，設篆西吉，歷經一年有餘，對縣政經驗缺乏，然以"學""做"精神，處處留心，本（一）精神重於物質，（二）情感重於勢力，（三）希望重於現實，（四）身教重於説教，（五）除弊重於興利之五種精神，考考求治，未感稍事懈息，而各級人員幸能上下齊一襄助，[20]不請餘力，所有收穫，天岳未敢自私面自矜，謹記概要，以期就正於熱心及從事縣政工作之君子焉。

【校勘記】

［1］十三：原作"十二"，據《清穆宗實録》卷三七二、《新修硝河城志·建置》改。

［2］二十五里：《新修硝河城志·疆域》作"三十里"。

［3］五里：《新修硝河城志·疆域》作"十里"。

［4］十五里：《新修硝河城志·疆域》作"十二里"。

［5］六里：《新修硝河城志·疆域》作"三十五里"。

［6］三十里：《新修硝河城志·疆域》作"二十里"。

［7］澗水：《新修硝河城志·山川》作"溝水"。

［8］三里許：《新修硝河城志·城垣》作"一里八分七厘"。

［9］四十一兩六錢二分五厘：《新修硝河城志·額徵》作"四十二兩三錢一分八厘五毫"。

［10］武聖廟：《新修硝河城志·祠宇》作"武廟"。

［11］京營馬隊：《新修硝河城志·人物志·忠義》作"京馬營隊"。

［12］六十九年：原作"六十年"，據《新修硝河城志·孝節》改。

［13］尊重：原作"遵重"，據文意改。

［14］期間：原作"其間"，據文意改。

［15］情報：原作"清報"，據文意改。

［16］賭：原作"睹"，據文意改。
［17］民意：原作"民重"，據本叢紀《要目》改。
［18］與：原作"於"，據文意改。
［19］而：原作"面"，據文意改。
［20］而：原作"面"，據文意改。

參 考 文 獻

一　古代文獻

(一) 陝甘寧舊志

《陝西通志》：(清) 劉於義監修，影印文淵閣《四庫全書》本，臺灣商務印書館1986年版。

《甘肅通志》：(清) 許容等修撰，中國國家圖書館藏乾隆元年(1736)刻本。簡稱《〔乾隆〕甘志》。

《甘肅新通志》：(清) 升允、長庚修，安維峻等纂，中國國家圖書館藏清宣統元年(1909)刻本。簡稱《〔宣統〕甘志》。

《甘肅通志稿》：甘肅省圖書館藏稿本。

《新修固原直隸州志》：王學伊總纂，《中國地方志集成·寧夏府縣志輯》本，鳳凰出版社2008年版；陝西人民出版社1992年版陳明猷整理本。簡稱《〔宣統〕固志》。

《明清固原州志》：李作斌主編，寧新出管字〔2003〕第411號，固原市地方志辦公室2007年内部發行。

《鹽茶廳志備遺》：(清) 朱亨衍修撰，《寧夏歷代方志萃編》據甘肅省圖書館藏民國三十三年(1944)抄本影印，天津古籍出版社1988年版；《中國西北文獻叢書》影印張維藏琴城趙氏抄本，蘭州古籍書店1990年版；寧夏人民出版社2007年版劉華點校本。

《海城縣志》：(清) 楊金庚等纂，甘肅省圖書館藏光緒三十四年(1908)抄本；《中國方志叢書》影印本，成文出版社1970年版；《中國地方志集成·寧夏府縣志輯》影印本，鳳凰出版社、上海書店、巴蜀書社2008年版。

《隆德縣志》：桑丹桂纂，中國國家圖書館藏民國二十四年(1935)石印本。

(二) 史部

《史記》：(漢) 司馬遷撰，中華書局2013年版。

《晋書》：（唐）房玄齡等撰，中華書局 1974 年版。
《新唐書》：（宋）歐陽修、宋祁撰，中華書局 1975 年版。
《元史》：（明）宋濂等撰，中華書局 1976 年版。
《明史》：（清）張廷玉等撰，中華書局 1974 年版。
《清史稿》：趙爾巽等撰，中華書局 1977 年版。
《御定資治通鑑綱目三編》：影印文淵閣《四庫全書》本，臺灣商務印書館 1986 年版。
《明實錄》：臺灣"中央研究院"歷史語言研究所校印，1962 年版。
《通志》：（宋）鄭樵撰，浙江古籍出版社 2000 年版。
《西征石城記》：（明）馬文升撰，《續修四庫全書》影印上海圖書館藏明嘉靖間袁氏嘉趣堂刻《金聲玉振集》本，上海古籍出版社 2002 年版。
《元豐九域志》：（宋）王存撰，王文楚、魏嵩山點校，中華書局 1984 年版。
《大清一統志》：影印文淵閣《四庫全書》本，臺灣商務印書館 1986 年版。
《讀史方輿紀要》：（清）顧祖禹撰，賀次君、施和金點校，中華書局 2005 年版。

(三) 子部

《管窺輯要》：（清）黄鼎撰，《故宮珍本叢刊》本，海南出版社 2000 年版。
《玉海》：（宋）王應麟撰，江蘇古籍出版社、上海書店 1987 年版。
《圖書編》：（明）章潢撰，影印文淵閣《四庫全書》本，臺灣商務印書館 1986 年版。

(四) 集部

《左宗棠全集》：（清）左宗棠撰，劉泱泱等點校，岳麓書社 2009 年版。

二 現當代文獻

(一) 著作

《寧夏方志述略》：高樹榆等編著，吉林省圖書館學會 1985 年内部發行。
《中國地方志聯合目錄》：中國科學院北京天文臺編，中華書局 1985 年版。
《寧夏地方文獻聯合目錄》：寧夏圖書館協作委員會編，寧夏人民出版社 1992 年版。
《中國地方志總目提要》：金恩暉、胡述兆編，漢美圖書有限公司 1996 年版。

《甘肅省圖書館藏地方志目錄》：甘肅省圖書館編，蘭州大學出版社 1996 年版。

《〈清實錄〉寧夏資料輯錄》：吳忠禮、楊新才主編，寧夏人民出版社 1986 年版。

《固原地區史志資料》：第二輯，固原地區地方志辦公室 1987 年版。

《〈明實錄〉寧夏資料輯錄》：楊新才、吳忠禮主編，寧夏人民出版社 1988 年版。

《中國恒星觀測史》：潘鼐著，學林出版社 1989 年版。

《海固回民起義與回民騎兵團》：中共寧夏回族自治區委員會黨史研究室編，寧夏人民出版社 1991 年版。

《寧夏歷史地理考》：魯人勇等編著，寧夏人民出版社 1993 年版。

《固原歷史地理與文化》：薛正昌著，甘肅文化出版社 1998 年版。

《中國方志文獻彙編》：中國地方志指導小組辦公室選編，方志出版社 1999 年版。

《西吉文史資料》：内部刊印，2002 年版。

《寧夏歷史地理變遷》：吳忠禮、魯人勇、吳曉紅著，寧夏人民出版社 2008 年版。

《方志與寧夏》：范宗興等著，寧夏人民出版社 2008 年版。

《寧夏地方志研究》：胡玉冰著，中國社會科學出版社 2012 年版。

《陝甘地方志中寧夏史料輯校》：胡玉冰、韓超、邵敏、劉鴻雁輯校，上海古籍出版社 2015 年版。

（二）論文

《〈新修硝河城志〉評介》：雨陽撰，《寧夏史志研究》1988 年第 4 期。

《寧夏方志錄》：高樹榆撰，《寧夏史志研究》1988 年第 2 期。

《寧夏方志評述》：高樹榆撰，《圖書館理論與實踐》1993 年第 3 期。

《寧夏回族自治區地方志述評》：高樹榆撰，載金恩暉、胡述兆編《中國地方志總目提要》，漢美圖書有限公司 1996 年版。

《〈西吉縣志〉的始纂與馬國璵》：王佩瑚整理，載《西吉文史資料》（内部刊印）2002 年版。

《固原地區舊志考述》：劉佩撰，2010 屆寧夏大學漢語言文字學專業古文獻學研究方向碩士研究生畢業論文（胡玉冰教授指導）。

後　　記

胡玉冰

　　作爲《寧夏珍稀方志叢刊》主編，筆者非常感謝對本叢書出版給予支持的各位領導、學界同仁、研究生、責任編輯及家人們。感謝自治區副主席姚愛興先生特批本叢書爲自治區成立60周年獻禮項目，解決了叢書出版費的問題，感謝寧夏地方志辦公室給予的項目平臺，感謝崔曉華、劉天明、負有强等先生的大力支持。2011年爲寧夏大學"學科建設年"，2016年又逢"雙一流"建設期，感謝金能明、何建國、許興、謝應忠等校領導，感謝王正英、李學斌、李建設、陳曉芳、趙軍等職能部門領導，在你們的關心與支持下，以筆者爲學術帶頭人的學術團隊才能不斷推出新成果。合力出版本叢書，當是本團隊對學校的最好回報。邵敏、柳玉宏、蔡淑梅等寧夏大學人文學院青年教師作爲本叢書首批成果的作者，盡心盡力，不厭其煩，堅持不懈，保證了書稿的學術質量，爲完成好本項目帶了個好頭。田富軍、安正發等青年教師在本叢書計劃框架內會陸續出版高質量的學術成果。人文學院研究生韓超等同學在本叢書出版過程中也貢獻良多。孫佳、韓超、孫瑜、曹陽等是本叢書首批成果的作者，張煜坤、何玫玫、馬玲玲、魏舒婧、穆旋、徐遠超、孫小倩、李甜、李榮、張倩、曲絨、張娜娜、劉紅、蒲婧、王敏、韓中慧、付明易、何娟亮、姚玉婷等同學在舊志整理、書稿校對過程中也付出了辛勤的勞動。同學中有的已畢業離校，有的還將繼續求學。筆者想，無論他們將來身處何方，從事何種工作，大家共同追求學術的這段經歷應該是難忘的。研究生同學的青春朝氣讓筆者更加堅信：薪火相傳，學術常新。中國社會科學出版社張林等本叢書第一批成果的責任編輯、上海古籍出版社王珺等本叢書第二批成果的責任編輯，精心審讀、編輯，也讓本叢書學術質量得到了提升，謹致謝忱。本叢書的順利出版，也要感謝筆者及各位作者家人的理解與支持。你們默默無聞的奉獻精神，已幻化成萬千文字，在作者的成果中熠熠生輝。

　　學術成績從來就不是無源之水，無本之木。有了巨人的肩膀，我們才會看得更高、更遠。在寧夏，有一批從事地方文獻整理與研究的學者，他們的探索和努力爲我們今天的成績奠定了堅實的基礎，陳明猷、高樹榆、吴忠禮等老一輩學者更爲我們樹立了治學的榜樣。因篇幅所限,對學界各位同仁,恕不一一列舉大名。

　　此次全面整理寧夏地方舊志,主要由筆者策劃并組織實施。舊志整理的每一個環節,由筆者提出具體建議,各舊志底本的選擇、《總序》《前言》《整理説明》《後記》的撰寫等也皆由筆者完成。具體整理過程中,各團隊成員所取得的注釋或校勘等學術成果大家互享,這也體現了我們團隊合作的特色。宋朝沈括在《夢溪筆談》卷二五《雜志二》記載:"宋宣獻博學,喜藏異書,皆手自校讎,常謂:'校書如掃塵,一面掃,一面生。故有一書每三四校猶有脱謬。'"宋綬(謚曰"宣獻")家藏萬卷,博校經史,猶有"校書如掃塵"的感概,我輩於整理寧夏地方舊志而言,只能説:"盡心而已!"更如《詩經・小雅・小旻》所詠:"戰戰兢兢,如臨深淵,如履薄冰。"我們從主觀上力求圓滿,但因學識水平所限,成果中訛誤之處肯定在所難免,敬請學界同仁批評指正。

二〇一五年七月二十三日於寧夏銀川
二〇一七年八月三日修改於寧夏銀川